Friedrich Kluge, Frederick Lutz

English Etymology

A select glossary serving as an introduction to the history of the English language

Friedrich Kluge, Frederick Lutz

English Etymology
A select glossary serving as an introduction to the history of the English language

ISBN/EAN: 9783337084288

Printed in Europe, USA, Canada, Australia, Japan

Cover: Foto ©ninafisch / pixelio.de

More available books at **www.hansebooks.com**

ENGLISH ETYMOLOGY

A SELECT GLOSSARY

SERVING AS AN INTRODUCTION TO THE HISTORY
OF THE ENGLISH LANGUAGE

BY

FRIEDRICH KLUGE

PROFESSOR OF THE GERMAN LANGUAGE AND LITERATURE AT THE
UNIVERSITY OF FREIBURG IN BADEN, GERMANY

AND

FREDERICK LUTZ

PROFESSOR OF MODERN LANGUAGES AT ALBION COLLEGE, MICHIGAN

BOSTON, U.S.A.
D. C. HEATH & CO., PUBLISHERS
1898

PREFACE.

Our primer of English Etymology is meant to serve as an introduction to the study of the historical grammar of English. However manifold the advantages which the student may derive from Professor Skeat's Etymological Dictionary, it cannot be denied that it does not commend itself as a book for beginners. Though it is a work of deep research, brilliant sagacity, and admirable completeness, the linguistic laws underlying the various changes of form and meaning are not brought out clearly enough to be easily grasped by the uninitiated. We, therefore, propose to furnish the student with a small and concise book enabling him to get an insight into the main linguistic phenomena. We are greatly indebted to Professor Skeat, of whose excellent work we have made ample use, drawing from it a great deal of material, which we hereby thankfully acknowledge. As our aim has, of course, not been to produce a book in any way comparable to our predecessor's work in fulness of detail and general completeness, we have confined ourselves merely to selecting all words, the history of which bears on the development of the language at large. We have therefore, in the first place, traced back to the older periods loanwords of Scandinavian, French and Latin origin, and such genuine English words as may afford matter for linguistic investigation. In this way we hope to have provided a basis for every historical grammar of English, e.g. for Sweet's History of English Sounds.

If we may be allowed to give a hint as to the use of our little book, we should advise the teacher to make it a point to deal always with a group of words at a time. Special interest attaches, for instance, to words of early Christian origin, to the names of festivals and the days of the week; besides these the names of the various parts of the house and of the materials used in building, the words for cattle and the various kinds of meat, for eating and drinking, etc. might be made the subject of a suggestive discussion. By treating etymology in this way, the teacher will have the advantage of converting a lesson in the growth of the English language into an inquiry into the history of the Anglo-Saxon race, thus lending to a naturally dry subject a fresh charm and a deeper meaning.

In conclusion, our best thanks are due to Professor W. Franz of Tübingen University, who has placed many words and etymologies at our disposal and assisted us in various other ways.

Freiburg i. B.

F. KLUGE — F. LUTZ.

LIST OF ABBREVIATIONS.

acc. = accusative case
adj. = adjective
adv. = adverb
BRET. = Breton
CELT. = Celtic
conj. = conjunction
CORN. = Cornish
cp. = compare
Cymr. = Cymric (Welsh)
Dan. = Danish
dat. = dative case
der(iv). = derived, derivative
dimin. = diminutive
DU. = Dutch
E. = modern English
f. (fem.) = feminine
frequent. = frequentative
FR. = French
FRIES. = Friesic
G. = modern German
Gael. = Gaelic
gen. = genitive case
GOTH. = Gothic
GR. = Greek
Icel. = Icelandic
inf. = infinitive mood
infl. = inflected
interj. = interjection
IR. = Irish
ITAL. = Italian
LAT. = Latin
LG. = Low German

lit. = literally
LITH. = Lithuanian
m. = masculine
ME. = Middle English
MHG. = Middle High German
n. (neutr.) = neuter
nom. = nominative
obl. = oblique case
ODU. = Old Dutch
OFR. = Old French
OHG. = Old High German
OIR. = Old Irish
ON. = Old Norse
ONFR. = Old North French
orig. = original, originally
OSAX. = Old Saxon
OSLOV. = Old Slovenian
pl. = plural
p. p. = past participle
prob. = probably
pron. = pronoun
prop. = properly
PROV. = Provençal
prt. = preterite, past tense
RUSS. = Russian
sb. = substantive
SKR. = Sanskrit
SPAN. = Spanish
superl. = superlative
SWED. = Swedish
TEUT. = Teutonic
vb. = verb

LIST OF SYMBOLS IN TEUT. WORDS.

ĕ (not umlauted) = European and Aryan *e*.

ẹ́ in OE. ME. long closed *e*.

ẹ̀ in OE. ME. long open *e*.

ę in OHG. MHG. OSAX. closed *e* (umlauted).

ə a reduced Aryan und pre-Teut. vowel.

ọ́ in Oe. Me. long closed *o*.

ọ̀ in OE. ME. words long open *o*.

ċ in OE. words palatalized *k*.

ǧ in ME. words as in NE. *age bridge*.

ʒ iu Oe. Me. words a spirantic palatalized *g*.

þ in Teut. words = E. *th*.

đ in On. Oe. Osax. words = E. *th*.

ƕ in Goth. is *h* + *w*.

√ = root.

* before a word conjectured or inferred.

A

a¹, an indef. article ME. *a an*, OE. *án*: ident. with *one*.

a² ME. *a*: ident. with *on* (cp. *back*, *abroad*).

abase; cp. *base*.

abash short for ME. *abaisshe abaïsche (abaïsse)*: borrowed from OFR. *esbahiss-* stem of OFR. *esbahir* (FR. *ébahir*) 'astonish'.

abate ME. *abáte*: adapt. of OFR. *abatre* 'beat down'.

abbess, abbey see *abbot*.

abbot ME. *abbot*; older by-form ME. OE. *abbod*. Source LAT. *abbâtem (abbas)*, whence IT. *abbáte*, FR. *abbé*, OHG. *abbât* G.DU. *abt.* — Hence abbess ME. *abbesse* from FR. *abbesse* (but OE. *abbudisse* = LAT. *abbatissa*) 'abbess' and abbey ME. *abbeie* from FR. *abbaye* (OFR. *abeïe*).

abide cp. *bide* and *abode*.

able ME. *áble*: adapt. of OFR. *(h)able* = SPAN. *habil*, IT. *abile*; source LAT. *habilis*.

abode ME. *abód* prop. 'delay, abiding'; cp. *bide*.

abound ME. *abounde*: adapt. of FR. *abonder* = LAT. *abundare* 'abound'.

about ME. *aboute* OE. *ábútan onbútan*; cp. *but* for OE. *bútan*.

above ME. *above* earlier *abufen* OE. *ábufan*; akin to G. *oben* OHG. *obana* 'from above'; cp. *over*.

abridge ME. *abrigge abregge*: adapt. of OFR. *abrigier abregier* (source LAT. *abbreviare* 'shorten').

abroad ME. *a bród* prop. 'broadly, widely'; cp. *broad*.

abuse cp. *use*.

accord vb. ME. *acorde* late OE. (c.1140) *ácordian*: borrowed from OFR. *acorder* FR. *accorder* (cp. IT. *accordare*).

accuse ME. *accúse* from FR. *accuser* (LAT. *accusare*).

accrue (*accrew*) vb. from FR. *accrue* sb. 'growth, increase' (orig. part. of FR. *accroître*: LAT. *ad+cretum*); cp. *increase*.

ace ME. *ás áce*: loanword from FR. *as* (= SPAN. *as*, G. *ass*, DU. *aas*). Source LAT. *as* (acc. *assem*) 'a unit, pound, foot'.

ache earlier spelling *ake* ME. *áke*; derived from OE. *éce* ME. *eche* 'pain' under the influence of the vb. OE. *acan* ME. *ake* 'ache, feel pain'.

achieve ME. *achǻve*: adapt. of FR. *achever* 'accomplish'. Akin to *chief.*

acorn ME. *acorn* OE. *æcern*; ident. with GOTH. *akran* 'crop, fruit', ON. *akarn*, DU. *aker*, G. *ecker*. The meaning 'acorn' being a later and special one as compared with GOTH. *akran* 'fruit', the group may be derived from TEUT. *akra-* = *acre.*

acquaint vb. ME. *aqueinte a-cointe*: borrowed fr. OFR. *acointer* 'advise' cp. *quaint.*

acquire ME. *aquire aquére*: borrowed from OFR. *aquerre* (FR. *acquérir* = LAT. *acquîrere*).

acre ME. *aker* OE. *æcer* 'a field, acre' = synon. GOTH. *akrs*, OSAX. *akkar*, OHG. *acchar* G. *acker*, DU. *akker*, ON. *akr*: a common Teut. and Aryan word: TEUT. *akra-z*, pre-TEUT. *agro-s* = SKR. *ajra-s*, GR. ἀγρός, LAT. *ager* (stem *agro-*) 'acre': Aryan √ *ag* in LAT. *ago*, GR. ἄγω, SKR. *aj*, ON. *aka*. The orig. meaning of *acre* (INDO-TEUT. *agro-s*) was 'place where the cattle are driven'; cp. G. *trift* from *treiben.*

adage from FR. *adage* = LAT. *adagium* 'proverb'.

add ME. *adde* from LAT. *addere* 'add'.

adder ME. *adder* older *nadder* OE. *næ(d)dre* = OSAX. *nâdra*, DU. *adder*, OHG. *nât(a)ra* MHG. *nâter* G. *natter* (otter), ICEL. *nadra* f. — *nadr* m., GOTH. *nadrs*: cogn. with IR. *nathair*, W. *neidr*. For the loss of initial *n* cp. *auger* and *apron.*

adjourn vb. ME. *ajurne ajorne*: adapted from FR. *ajourner* (deriv. of FR. *jour — journée* 'day').

ado ME. *adǫ* prop. *at dǫ*: prop. infinit. 'to do' with *at*, orig. in Northern English.

advance vb. for ME. *avaunce*: loanword from FR. *avancer* 'go before' (deriv. of FR. *avant* = ITAL. *avante*, LAT. *ab* + *ante*).

advice sb. for ME. *avis*: adopt. of FR. *avis* (= IT. *avviso*, LAT. *advîsum*). — The vb. advise ME. *avîse* is FR. *aviser* (= IT. *avvisar*, LAT. **advîsare*).

afford ME. *aforthe* 'provide' OE. *ȝefordian* 'promote': deriv. of *forth.*

affray 'frighten' ME. *afraie*: from FR. *effrayer* 'frighten'. — Hence the part. **afraid** 'frightened' ME. *afraied.*

after ME. *after* OE. *æfter* adv. prep. = GOTH. *aftra* 'back, again', OHG. OSAX. *aftar* 'back', DU. *achter.*

again ME. *agein* OE. *ongeȝn ongeán*; ident. with G. *gegen* OHG. *gégin gagan*, OSAX. *gegin?*, ON. *gagn.* — **against** ME. *ageinest* earlier *ageines* = OE. *tógeȝnes.*

age ME. *áge*: adoption of FR. *âge* (OFR. *a-age e-age*). Source a LAT. type **aetaticum* (= LAT. *aetas*) 'time'.

aghast part. of ME. *agaste* vb. 'terrify' OE. *gástan* 'terrify'; akin to GOTH. *usgaisjan* 'make afraid' and perh. to *ghost.*

aglet 'spangle, pin' (Shakesp.) from FR. *aiguillet* dimin. of *ai-guille* 'needle'.

ago ME. *agǫ́ agǫ́n*: orig. part. 'gone by, past' from *go*.

agog adapt. of OFR. *en gogues* 'lusty, lively, in a pleasant humor' — FR. *gogue* 'mirth, glee'.

agree ME. *agrẹ́e*; adapt. of FR. *agrẹ́er* (= IT. *aggradare*; source LAT. *gratum* 'pleasing, agreeable').

ague ME. *ágüe*: source OFR. *agu* 'sharp, acute' (= FR. *aigu*). Source LAT. *acûtus*.

aid vb. from FR. *aider* 'help'.

ail vb. ME. *aile eile* OE. *eʒlan* 'trouble, afflict' = GOTH. *us-agljan* 'trouble': deriv. of OE. *eʒle* = GOTH. *aglus* 'loathsome, troublesome'. For √*ag* cp. *awe*.

air[1] ME. *aire* older *eir*: loanword from FR. *air* (source LAT. *aer*). — air[2] from FR. *air* 'external appearance' is considered ident. with *air*[1].

aisel (Shakesp.); cp. *eisel*.

ajar ME. *acher — oncher* (OE. *on čerr — on čyrr*) 'ajar' cp. *char*.

akimbo ME. *a kembǫ́we — a kenbǫ́we* (in the phrase »his hand, his armes a kembǫ́we setten«); for ME. *bǫ́we* cp. *bow* and *elbow*. The first element represents an adapted ON. *kengr* 'crook the shape of a horse-shoe' (cp. ON. *kengboginn* 'crooked'). Another suggestion proceeds from an OE. *cyneboga* formed as OE. *cyne-widde*.

alder ME. *alder* OE. *álor* = OHG. *êlira êrila* G. *erle*, ON. *elr elre(r)*, DU. LG. *eller* (GOTH. **ailiza* is found in SPAN. *alisa*, FR. *alize* 'wild sorb, wild service-berry'). Akin to OSLOV. *jelicha*, LAT. *alnus* (for **alsnus*) 'alder'.

ale ME. *ále* OE. *ealu ealo* (infl. *ealod*) = OSAX. *alo*, ON. SW. DAN. *ǫl*; akin to OSLOV. *olŭ* 'cider', LITH. *alus* 'beer'.

alight 'alight from a horse' cp. *light* vb.

all ME. *al(l)* — plur. *alle* OE. *al(l) eal(l)* — plur. *ealle* = OSAX. OHG. DU. LG. *al*, G. *all*, ON. *allr*, GOTH. *alls*. A primary form *ala-* is found in compounds and derivatives; cp. OSAX. OHG. *alung* MHG. *alenc* 'entire, complete', GOTH. *alamans* 'all men', OHG. *ala-wâri* 'all true', *ala-niuwi* 'all new'. Cogn. W. OIR. *uile* (base *olio-*).

allay ME. *alaie aleie aleǧǧe* 'lay aside, give up'; from *lay*[1]. Perh. mixed with OFR. *aleyer* (FR. *aloyer*)?

allege ME. *aleǧǧe* 'give testimony': adapted from OFR. *alegier alegger*?

alley ME. *aley*: loanword from FR. *allée* 'a going, passage'.

allow vb. ME. *aloue*: adapt. of FR. *allouer* 'grant' (LAT. type *ad-locare*).

allure ME. *alüre*: from OFR. *alurer*, deriv. of *lure* 'bait'.

almond ME. *almaunde*: from OFR. *almande* (= FR. *amande*, whence DU. *amandel*). Source LAT. *amygdala* (GR. *ἀμυγδάλη*) 'an almond', whence a vulgar LAT. **amendla** (IT. *mandola* = OHG. *mandala* G. *mandel*).

alms ME. *almes* OE. *ælmesse* (infl. *ælmessan*): borrowed from OIR. *almsan*. Akin to the synon. OSAX. *alamôsna*, ODU. *aelmoese ael-moesene* DU. *aalmoes*, OHG. *alamuo-san alamôsan* G. *almosen*. Source LAT.-GR. *eleemosyna* (cp. IT. *limo-sina*) with a vulgar pronunciation *almôsna* = PROVENZ. *almosna*, OFR. **almosne** FR. *aumône*.

alone ME. *alóne* late OE. *eall-âna* prop. 'all singly' = synon. G. *allein*, DU. *alleen*. Cp. *one*.

along ME. *along* OE. *ondlong andlong*; cp. *long*. The prefix E. *a* for OE. *and* is = to G. *ent-* in *entlang* 'along' (OFRIS. *ond-linga*).

aloof adapt. of DU. *te loef* 'to the windward'; ident. with *luff*.

already orig. 'quite ready'; cp. *ready*. — also prop. 'quite so' ME. *alsó* OE. *ealswá* 'quite so' = G. *also*. Ident. with *as*. — al-though ME. *although altheigh*; in OE. we find *theah + eal* (e. g. »þeah ic eal mæge« 'although I may'); cp. *though*.

alum ME. *alum* from OFR. *alum* = FR. *alun*; source LAT. *alûmen*, whence G. *alaun*, DU. *aluin*.

alway ME. *alway* **alwey** OE. *eal-newëʒ*: orig. acc. sing. (some-times contr. to *ealneʒ*) prop. 'all the way, all the time'; the com-moner form is *always* ME. *al-waies*, being an adv. gen. sing. 'all the time, always'.

amaze vb. ME. *amáse* OE. *â-mâ-sian*.

amid, amidst; cp. *middle*. — **amiss** ME. *on misse*; cp. *miss*.

among ME. *among*; prop. *on-mang — on ʒemang* 'in the crowd'; OE. *ʒemang* 'crowd' see under *mingle*. Ident. with LG. *mang* 'among'.

amount ME. *amounte*: adapt. of FR. *amonter* 'amount to' (FR. *amont* 'uphill' = LAT. *ad montem*); cp. *mount*.

ancestor ME. *auncestre*: loan-word from FR. *ancêtre* older *ancestre* (ME. *auncessour* from OFR. *ances-sour*); source LAT. *antecessor(em)*.

anchor ME. *anker* OE. *ancor on-cor*; cp. ON. *akkeri*, DU. G. *anker* late OHG. *anchar*: a loanword from LAT. *ancora* (IT. *ancora*, FR. *ancre*).

ancient ME. *auncient* older *auncién* (for the secondary *t* cp. *pageant, parchment*): adapt. of FR. *ancien* (= IT. *anziano*; LAT. type *anteânus*).

and ME. OE. *and* = OSAX. *endi*, DU. *en*, OHG. *anti enti inti unti* MHG. *unde* G. *und*. The cogn. SKR. *âtha* 'also, further, and' points to ARYAN *onthâ* 'and, also'.

andiron ME. *aundíre*: loanword from OFR. *andier* (FR. *landier*) 'fire-dog'. Source unknown, perh. fr. a LAT. type *amitârius* (LAT. *ames*)? Cp. MED.-LAT. *andêna* 'fire-dog'.

angel ME. *aungĕl*: borrowed from OFR. *angele* (FR. *ange*). The FR. word supplanted the orig.

OE. ME. *engel* = G. DU. *engel* OHG.
OSAX. *ęngil*, GOTH. *aggilus*: early
church-loanwords from LAT. *angelus* = GR. ἄγγελος 'angel'.

anger ME. *anger* 'affliction, sore,
trouble': Scand. loanword from
ON. *angr* 'grief, sorrow' (DAN.
anger 'penitence', SW. *ånger* 'regret'); akin to LAT. *angor* 'bodily
or mental torture'.

angle[1] ME. *angel* OE. *angol*
ǫngul = synon. OHG. *angul* G.
angel, ON. *ǫngull*. Akin to LAT.
uncus 'a hook', GR. ὄγκος 'a hook',
ἄγκιστρον 'fish-hook', SKR. *aṅká*
'hook', OIR. *écad* 'hook'.

angle[2] (corner) ME. *angle* from
FR. *angle* = LAT. *angulus* 'corner'.

anguish ME *anguisse*: from OFR.
anguisse FR. *angoisse*. Source LAT.
angustia 'straitness, poverty, perplexity'.

ankle ME. *ankel* orig. *anklé* OE.
ancleow 'ankle' = DU. *anklaauw*,
OHG. *anchlào*, ON. *ǫkkla* (prop.
ankulàw?); akin to DU. *enkel*,
OHG. *anchal ęnchil* G. *enkel* 'ankle'.
Source and formation of the
group are doubtful; perh. akin
to SKR. *aṅguli aṅguṣṭha* 'thumb,
toe', AVEST. *aṅguṣṭa* 'toe'?

announce ME. *anounce*: adapt.
of FR. *annoncer* (= LAT. *annuntiare*); cp. *pronounce*.

annoy ME. *anoye anuy(e)* 'weariness': from OFR. *enoi anui* FR.
ennui (source LAT. *in odio* 'in
hatred').

anoint ME. *anointe*: adapt. of
OFR. *enoint* 'anointed' part. of
enoindre 'anoint'; cp. *ointment*.

anon 'immediately' ME. *anón*
earlier *anán* OE. *on án* 'in one'
(moment); cp. *one*.

another; see *other*.

answer sb. ME. *answare* OE.
andswaru; corresp. to the synon.
OSAX. *ant-swôr*, OFRIS. *ondser*,
ON. *andsvar?* — Thereto the
deriv. vb. **answer** ME. *answere*
OE. *andswarian*. Source the TEUT.
√*swar* = *swear*; hence *answer*
was orig. 'a solemn charge made
to rebut a charge'; *and-* means
'against'.

ant ME. *am(e)te* OE. *æmete* 'emmet': TEUT. base *ämaitjôn*; cp.
OHG. *ameiza* MHG. *ameize* G. *ameise*,
MDU. *emte eempte*. Perh. akin to
G. *emsig* OHG. *emizzi emizzi* 'industrious'. See *emmet*.

antler ME. *auntelére*: loanword
from OFR. *antoillier* (*andoillier* =
FR. *andouiller*); LAT. type *antocularis* 'tine of a stag's horn
in front of the eyes'.

anvil short for ME. *anvelt anfelt* OE. *anfilt* = OHG. *anafalz*,
DU. *aanbeeld* ODU. *anbelt*: TEUT.
base *anafalti-* and *ana-balti-*; cp.
the synon. OHG. *ana-bôz* cogn.
w. *beat*.

any ME. *any* (*ény ǫny*) OE.
éniʒ = OSAX. *ênig ênag*, DU.
eenig, OHG. *einag* G. *einig* 'only,
sole': deriv. of TEUT. *aina* =
E. *one*.

ape ME. *ápe* OE. *apa* = DU.
aap, ON. *api*, OHG. *affo* MHG. G.
affe: a common TEUT. word,
whence ORUSS. SLOV. *opica*, OBO-

HEM. *opice* 'ape' are borrowed. Source of TEUT. *apan-* unknown.

appal(l) vb. ME. *appalle*: adapted from OFR. *apallir* 'grow pale', akin to *pale*.

apparel ME. *aparaile appareile*: adapted from OFR. *aparailler apareiller* 'dress' = FR. *appareiller* (IT. *apparrechiare*).

appeal ME. *a(p)péle*: adapt. from FR. *appeler* (=LAT. IT. *appellare*).

appear vb. ME. *a(p)pére*: adapt. from OFR. *aperer aparir apareir aparoir* (= IT. *apparire*; source LAT. *apparêre*).

appease vb. ME. *apése* earlier *apaise*: loanword from FR. *apaiser* 'pacify'; akin to *peace*.

apple ME. *appel* OE. *æppel* = DU. LG. *appel*, MHG. G. *apfel* OHG. *apful*: WESTTEUT. base *applu-*, allied to IR. *uball*, LITH. *obúlas*, OSLOV. *ablúko* 'apple', RUSS. *jabloko*.

apply vb. ME. *aplie*: adapted from OFR. *aplier* (FR. *appliquer*, IT. *applicare*, LAT. *applicare* 'apply'); cp. *ply* vb.

apprentice ME. *aprentice aprentis*: loanword fr. OFR. *aprentis* and *aprentif* FR. *apprenti* (source LAT. *apprendere* 'learn').

approach vb. ME. *apróche*: adapt. from FR. *approcher*: LAT. type *adpropiare* 'draw near'.

apricot borrowed from FR. *abricot*; corresp. to DU. *abrikoos*, G. *aprikose*; akin to SPAN. *albaricoque*, IT. *albercocco* (mod. GR. πραικόκκια) from LAT. *praecocium*

(*malum praec cocious*'.

April ME. (LAT. *aprîlis*; form *averil* p Cp. G. DU. *A*

apron orig. *pron náproun*: *peron* 'a lar of *nappe* = napkin'; cp. loss of initi and *a u g e r.*

arch ME. (*arce- biscop*): *arch-*. Cp. th OHG. *erzi-* G (-*aggilus*). S(Gr. prefix *ar*. OFR. *arch* (ii enced the E.

archer ME. FR. *archer* 'b(*arcarius*, deri are (»we, y(*are* OE. (Nort to the secon(ME. *art* OE. e('be' is prob.

ark ME. *ar*. *earce*) = OHG. MHG. *arche* 'c G. *arche* 'No; 'Noah's ark', venant, ark,] 'money-box, N loanword fro(*arca.*

arm[1] ME. (OSAX. DU. *ar*. *arms*, OHG. *a*

to LAT. *armus* 'the topmost part of the upper arm, fore-quarter', OSLOV. *ramę* 'shoulder, **arm**', PRUSS. *irmo* 'arm', SKR. *îrmá-s* 'fore-quarter, arm', AVEST. *arema* 'arm', ARMEN. *armukn* 'elbow'.

arm² 'a weapon' ME. *armes* plur. from OFR. *armes* = LAT. *arma* 'weapons'.

armor ME. *armour(e)* *armüre*: borrowed from OFR. *armure* *ar-me-ure* (LAT. *armatûra*) 'armor'.

army ME. *armie* *armę́*: adoption of FR. *armée* (= IT. *armata*; base LAT. *armare*).

arrange borrowed from FR. *arranger* (deriv. of FR. *rang* 'rank, file' from OHG. *hrinc* G. *ring* 'a ring or circle of people'; cp. *rank*).

arrant ident. with *errant*.

arras ME. *arras*; orig. »cloth of Arras«: *Arras* is the name of a town in Artois (France) famous for its manufacture. See *cambric* and *lawn*².

array ME. *araie*: adapt. of OFR. *arraier* *areier* 'arrange' (= IT. *arredare*): of Teut. origin; cp. GOTH. *garaids* under *ready*.

arrest ME. *a(r)reste*: adapt. of OFR. *arester* FR. *arrêter* (= IT. *arrestare*, LAT. *restare* 'stay back').

arrival ME. *arivaile* prop. 'landing'; adapt. of OFR. *arrivaille* 'landing'. — **arrive** ME. *arive* prop. 'bring to shore, come to shore': adapt. of FR. *arriver* = IT. *arrivare*; LAT. type *adripare* (*rîpa* 'shore').

arrow ME. *arwe* late OE. *arwe*: adapt. of ON. *ǫr* (plur. *ǫrvar*). The native OE. word was *earh* ident. with ON. *ǫr* (cp. GOTH. *arhwazna* 'dart' and LAT. *arcus* 'bow').

as ME. *as(e)* *als(e)* also *alswǫ* OE. *ealswá* = synon. OSAX. HG. *álsô*, DU. *als*, MHG. *also als álse*. The compound means prop. 'entirely so'; cp. *all* and *so*.

ash¹ sb. 'the name of a tree' ME. *asch* OE. *æsć* = OHG. *asc* G. *esche*, DU. *esch*, ON. *askr* 'ash'.

ash² sb. ME. *asche* OE. *æsće* (infl. *ascan axan*); mod. E. is commonly used in the plur. *ashes* (ME. *asches*). Cogn. w. ON. *aska*, DU. *asch*, OHG. *aska* G. *asche*, GOTH. *azgô* 'ashes'.

ask vb. older by-form *ax* ME. *aske axe* (KENT. *ǫxi*) OE. *áscian* *ǽcsian*: Teut. base *aiskôjan* = OSAX. *êscôn*, OHG. *eiskôn* (G. *heischen*). Akin to LITH. *jëskoti*, OSLOV. *iskati*, SKR. *icch* 'seek'.

asp¹ 'a venomous serpent' from LAT. *aspis*.

asp² 'a tree' ME. *aspe* OE. *æspe* = synon. ON. *ǫsp*, OHG. *aspa* MHG. *aspe* G. *espe*, DU. *esp*: perh. connected with LAT. *arbor* (if from *azbos* by rhotacism) 'tree'.

ass ME. *asse* OE. *assa* (infl. sing. *assan*): loanword from OIR. *assan* 'ass'; cp. ON. *asne* from OFR. *asne* = FR. *âne*. Source LAT. *asinus*, whence also GOTH. *asilus*, OE. *esol*, OHG. *ęsil* G. *esel* 'ass', DU. *ezel* and further OSLOV. *osĭlŭ*, RUSS. *oselŭ* 'ass'.

assail vb. ME. *asaile*: adapt. of FR. *assaillir*; see *assault*.

assault vb. ME. *a(s)saut*: adapted from FR. *assaut* (= IT. *assalto*, MED. LAT. *assaltus*).

assay ME. *assay assai* **borrowed** from OFR. *assai assay* = FR. *essai* (IT. *assagio* from LAT. *exagium* 'weighing').

assemble ME. *a(s)semble a(s)-semle*: adapt. of FR. *assembler* (IT. *assemblare* deriv. of LAT. *simul* 'together').

assuage ME. *aswáǧe a(s)süáǧe*: loanword fr. OFR. *asoager asuager*, LAT. type *ad-suaviare* deriv. of *suavis* 'sweet'.

assure vb. ME. *a(s)süre* borrowed from FR. *assurer* (= IT. *assecurare*).

astonish transformed after vbs. in *-ish* from an earlier *astony astone* ME. *astonie astune* **astoune**: borrowed from OFR. *estoner* = FR. *étonner*; LAT. type *ex+tonare* 'thunder'. But cp. *stun*.

at ME. *at* OE. *æt* = OSAX. *at*, OHG. *aʒ*, ON. GOTH. *at*: akin w. LAT. *ad* 'to', OIR. *ad-*.

atone vb. from *atone* adv. 'at one, agreed' = ME. *at ǫn* 'into one'; cp. *one*.

attach vb. ME. *attacche* (law term) 'take prisoner, arrest': adapt. of FR. *attacher* (= SPAN. *atacar*, IT. *attaccare*).

attain vb. ME. *attaine atteine*: borrowed from FR. *atteindre* (= LAT. *attingere* 'touch upon').

attire vb. ME. *atire*: adapted fr. OFR. *atirer* 'adorn'. Source a Teut. sb. *tir* 'ornament, honor' = OSAX. OE. *tīr* 'glory, honor' (G. *zierde*).

attorney ME. *atourney* older *aturné atourné* 'agent, deputy, commissioner'?: adapt. of FR. *atorné* part. of *atorner* 'direct, appoint'.

auburn orig. 'whitish or flaxen-colored, reddish-brown' ME. *auburne awburne* 'citron-colored': from OFR. *auborne alborne* (= IT. *alburno*) = MED. LAT. *alburnus* 'whitish' (*albus* 'white').

auger orig. *nauger* (like *adder* for *nadder*, *apron* for *napron* with loss of an initial *n*) ME. *nauger* older *náve-gǫr* OE. *nafo-gár* 'an auger' prop. 'borer, piercer of naves' (see *nave*[1] and *gore*[2]); cp. the synon. OHG. *nabugêr* MHG. *nabegêr* G. (dial.) *näber*, ICEL. *nafarr*.

aught 'a whit, anything' ME. *aught* older *awight* OE. *áwiht ánwiht* 'aught'; OE. *án* is *one* and for *wiht* see *whit* and *not*.

August from LAT. *augustus*; ME. *aust* from OFR. *aoust* = FR. *août*? or from late OE. *august* changed to *auwest*?

aunt ME. *aunt(e)*: adapt. of OFR. *ante* (FR. *tante*). Source LAT. *amita* 'aunt'.

avail ME. *availe*: source FR. *vaille* from *valoir* 'be worth'.

avalanche: adoption of the synon. FR. *avalanche* (FR. *aval* 'downward' = OFR. *a val* is LAT. *ad vallem* 'valleyward').

avenge ME. *avenǧe*: adapt. of OFR. *avengier* 'avenge' (source

LAT. *vindicare* 'vindicate'); cp. *vengeance*.

avoid ME. *avoide*: adapted from FR. *avoider* 'empty out'; cp. *void*.

avouch 'declare, confess' from OFR. *avoch(i)er*; cp. *vouch*.

avow ME. *avowe avoue* from FR. *avouer*; cp. *vow*.

await ME. *awaite* from ONFR. *await(i)er*; cp. *wait*.

award ME. *awarde* from ONFR. *eswarde(i)r* 'examine'. For the Teut. source see under *guard*.

aware ME. *iware* OE. *zewara zewær* = OHG. OSAX. *giwar* G. *gewahr*, DU. *gewaar* 'watchful, wary'; cp. *wary*.

away ME. *away awey* OE. *onwëz* 'away' prop. 'on the way'; cp. *way* and *alway*.

awe ME. *awe* older *age*: adapt. of ON. *agi* 'awe, terror'. Akin to OE. *eze* ME. *eie* 'fear, terror' = GOTH. *agis* and GR. *ἄχος* 'anguish'; cp. GOTH. *aglus* 'molesting', OIR. *agor* 'I fear'.

awkward ME. *awkward aukward* beside late ME. *auke* 'contrary, wrong'; *auk-* contr. of *avek-* = ON. *ǫfugr* 'turned the wrong way'. Cogn. w. OSAX. *abuh*, OHG. *abuh* and SKR. *apâk* 'turned away'.

awl ME. *aul awel* OE. *awel eawol* 'awl': if traceable to a Teut. base *awola* (for *agwola-*), akin to LAT. *acus* 'needle' — *aculeus* 'sting'.

awn ME. *aune* older *awene agene*: Scand. loanword from ON. *ǫgn* which is ident. with OE.

ægne, OHG. *agana* MHG. *agene* G. *ahne*, GOTH. *ahana* 'chaff'; prob. related. to GR. *ἄχνη ἄχυρον* 'chaff', LITH. *akŭtas*, OPRUSS. *ackons* 'awn'.

awry ME. *awry(e) onwry*; cp. *wry*.

ax(e) ME. *ax* OE. *eax* = the synon. OE. *eax æx*, OHG. *ahsa* MHG. *ahse* G. *achse*, DU. *as* and with formative *-l* the synon. ON. *ǫxull*, whence borrowed ME. *axel* E. *axle-(tree)*. For a pre-TEUT. *aksa* cp. SKR. *ákša*, GR. *ἄξων*, LAT. *axis*, OSLOV. *osî*, LITH. *aszis* 'axle'.

ax(e) ME. *ax(e)* OE. *ax* orig. *acas *acces* = synon. OSAX. OHG. *accus* MHG. *ackes* G. *ax(t)*, DU. *aaks*, ON. *ǫx*, GOTH. *aqizi* 'axe'. Pre-TEUT. *agésî agzî (aksî)* appears also in GR. *ἀξίνη* 'axe'.

axle ME. *axel* in *axel-trę*: borrowed from ON. *ǫxultrę*; akin to *ax*.

aye¹ 'yes' occurring in the 16th cent. as *I* and not found earlier; perh. ident. with *I* = OE. *ic*; in OE. we find *nic* (for *ne + ic*) 'no' (in answering). The orthography of *aye* was influenced perhaps by *aye²* (cp. *nay*).

aye² ME. *ay ey*: borrowed from ON. *ei* ever; akin to GOTH. *aiw* 'ever', OHG. OSAX. *io* G. *je*; cp. *ever*. In the Aryan langs. a sb. *aiwa-* 'age, time' exists in GOTH. *aiws*, LAT. *aevum*, GR. *αἰών*.

B

babe ME. *babe* fuller form *bábán*: from W. GAEL. IR. CORN. *baban* 'a babe, child'.

baboon ME. *bábwln* *bāboin*: loanword from the synon. FR. *babouin*. Akin to DU. *baviaan*, G. *pavian*. Source OFR. *babou* 'grimace'?

baby ME. *bábl*: dimin. of *babe*.

bachelor ME. *bachelér*: borrowed from OFR. *bacheler* = FR. *bachelier*. Source MED.-LAT. *baccalārius*.

back[1] cp. *basin*.

back[2] 'the hinder part of the body' ME. *bak* OE. *bæc* = OSAX. DU. (in comp.), ICEL. SW. *bak* 'back'. — **back** adv. for *aback* ME. *abak* OE. *on bæc* 'backward' prop. 'on the back'. — **backboard** OE. *bæcbord* = DU. LG. *bakboord* (whence G. *backbord*, FR. *babord*), ICEL. *bakbord* 'larboard'.

backgammon prop. 'backgame', because the men when taken are put back. See *gammon*.

bacon ME. *bácon bácoun*: borrowed from OFR. *bacon* 'flitch of bacon'. Source a TEUT. base *bakon* = MDU. MLG. *bake*, OHG. *bahho* MHG. *bache* 'side of bacon, ham'; akin to *back* sb.

bad ME. *bad(de)* 'worthless, wicked'; prob. ident. with OE. *abǽded* 'forced, compelled': orig.

part. of the vb. *á-bǽdan* 'compel, restrain'.

badge late ME. *baǧǧe*: of FR. origin, cp. OFR. *bage*, MED.-LAT. *bagia* 'signum, a ring'.

badger orig. ident. with an obsolete *badger* 'one who buys corn'; cp. FR. *blaireau* 'badger' orig. 'little corn-merchant'. The source is a MED.-LAT. *bladārius*, OFR. *blayer* 'corn-merchant' (FR. *blé* 'corn'): E. *badger* for *bladger*?

bag ME. *bagge*: loanword from ON. *baggi* 'bag, bundle'. — **baggage** ME. *baggáge* according to FR. *baggage* points to OFR. *bague* = ON. *baggi*.

bail 'a hoop' ME. *beil*: perh. traceable to an OE. **beʒel *byʒel* = G. *bügel*, ON. *bygill*; √ *búg* in *bow*.

bail vb. borrowed from OFR. *bailer* 'secure, keep in custody'. Akin to **bailiff** ME. *bailif bailí*: from OFR. *bailif* (whence also DU. *baljuw*) later *baili bailli* = MED.-LAT. *baillivus ballivus*. Source LAT. *bajulus* 'burdenbearer'.

bairn 'child' (Sc.) ME. *bǫrn* OE. *bǫarn* 'child' = OHG. GOTH. *barn*, ON. *barn* (whence also ME. *barn*): deriv. of the TEUT. √ *ber* 'produce', prop. partic. with the meaning 'that which is born'.

bait vb. ME. *baite beite* 'feed': borrowed from ON. *beita* 'cause to bite' = MHG. *beizen* 'bait', OE.

bǽtan: causative of TEUT. *bítan* 'bite'; cp. *bite*.

bake ME. *báke* OE. *bacan* str. vb. = ON. *baka*, OHG. *bahhan* 'bake'. The G. forms partly show TEUT. *kk* for TEUT. *k*: G. *backen*, DU. *bakken* (OSAX. *bakkeri* 'baker'); the *kk* is also shown in *batch*. The TEUT. √ *bak* from pre-TEUT. *bhǒg* is perh. connected with GR. φώγειν 'roast'.

bald ME. *balled* (OE. *bealléde?*); source and history unknown.

baldrick ME. *baudrik bauderik*; akin to ON. *baldrekr*, MHG. *balderich*, FR. *baudroy* (OFR. *baldrei*, whence ME. *baudry*), MED.-LAT. *baldringus*: related to LAT. *balteus* under *belt*.

bale sb. 'a large bundle of merchandise ready for transportation': loanword from OFR. *ba(l)le* (= SPAN. *bala*, IT. *balla*); of Teut. origin, ident. with *ball*.

bale vb. 'empty water out of a ship', also spelled *bail*: borrowed from DU. *balien* 'bale out'; DU. *balie* (= MLG. *ballige balge*, LG. *balje*, IT. *baglia*) 'tub' fr. FR. *baille* represents a Lat. type *bacula* (cogn. w. *basin*).

bale ME. *bále* OE. *bealu*; cp. OSAX. *balu*, OHG. *balu*, ON. *bǫl* 'evil, calamity'; GOTH. *balws* 'evil' in comp. and deriv. as *balweins balwjan* 'torment'.

ball[1] 'a spherical body' ME. *ball(e)*: borrowed from OFR. *balle* = OHG. *balla ballo* 'a ball, sphere', ON. *bǫllr* 'ball'.

ball[2] 'a dance' (= DU. G. *ball*): borrowed from FR. *bal* 'a dance' (= SPAN. *baile*, IT. *ballo*) 'a dance'. FR. *baller* (IT. *ballare*) is traced to GR. βαλλίζειν 'dance'.

ballast: loanword from SW. DAN. *ballast* orig. *baglast* for *barlass* prop. 'bare last' i. e. 'mere load' = DU. LG. G. *ballast*.

balm ME. *baum* (*baume bame basme*): adapt. of FR. *baume*. Source LAT. *balsamum*, whence G. *balsam*, DU. *balsem*.

bane 'harm' ME. *báne*; OE. *bana* means 'murderer'; cp. ON. *bane*, OHG. *bano* 'death'. Akin to GR. φόνος 'murder'.

bank ME. *banke* OE. *banca* = ON. *bakki* (orig. **banke*): akin to *bench*. — bank (for money) adapt. of FR. *banque* = IT. *banca*: ult. source TEUT. *bank(i)* in *bench*.

bar ME. *barre*: adapt. of OFR. *barre*.

bare ME. *báre* OE. *bær* = OHG. G. *bar*, ON. *berr*: TEUT.-GOTH. base *baza-* = pre-TEUT. *bhaso-* in OSLOV. *bosǔ* 'bare-foot', LITH. *basas*.

bargain sb. ME. *bargain*: adapt. of OFR. *bargaine* 'traffic'.

barge ME. *barge*: adapt. of OFR. *barge*. Source a MED.LÁT. *barica*, whence also *bark[2]*.

bark[1] 'the rind of a tree' ME. *barke*: possibly a loanword from the equiv. ON. *bǫrkr*; cp. G. LG. *borke*, NORTHFRIS. *buark*, GOTH. **barkus*: prob. akin to *birch* on account of SKR. *bhùrja* m. 'birch'

— n. 'birchbark'. *Bark* orig. 'birchbark'? cp. *birch*.

bark² adapt. of FR. *barque*; ident. with *barge*.

bark vb. ME. *berke* OE. *beorcan*; cp. OE. *borcian* 'bark' and ON. *berkja* 'bark': TEUT. √ *berk*, not recorded elsewhere.

barley ME. *barli* older *barlich* late OE. *bǽrlič*; how the word is connected with the synon. OE. *bĕre* (cp. *barn*), is uncertain. Source a TEUT. base *baraz* (*bariz* = ON. *barr*, cp. GOTH. *barizeins* 'made of barley'), akin to LAT. *far* 'corn' (ARYAN base *bharos-*).

barm 'yeast' ME. *berme* OE. *beorma* = DU. *berm*, MLG. *berme*: Teut. base *berman-* from an Aryan base *bhermen-* in LAT. *fermentum*.

barn ME. *berne* OE. *bern* short for orig. *bere-ern* 'barley-house'; cp. *barley*. OE. *-ern* (for *ærn* *rænn) 'house' corresponds to GOTH. **razn** 'house', ON. *rann*.

barnacle¹ 'a fish' ME. *bernake*; transformed by suffix-exchange from OE. *byrnete* 'lolligo'.

barnacle² 'a kind of goose' ME. *bernake*; an ANGLO-LAT. *bernaca* of the 12th cent. is the first record of the obscure word.

barnacles³ 'spectacles' orig. 'irons put on the noses of horses to keep them quiet' dimin. to ME. *bernac* from OFR. *bernac* 'camus, a barnacle'.

baron ME. *bároun*: loanword from FR. *baron*, whence also ODU. *baroen*, MHG. *barûn* G. DU. *baron*. Source a military word LAT. *baro* 'mercenary', which oftentimes is found in the Teut. Leges Barbarorum for 'baron'.

barrel ME. *bárel* prop. *baril*: borrowed fr. FR. *baril*.

barren ME. *barrein*: a FR. loanword, cp. OFR. *brahain barhain* (FR. *bréhaigne* 'sterile'). Source unknown.

barrow 'a wheel-barrow' ME. *bárwe* (OE. *bearwe): derived from the TEUT. √ *ber* in *bear*; as for the *w*-suffix cp. also OE. *meox-byrwe*, WESTPHAL. *bierwe* 'a bier, stretcher'.

barter Engl. deriv. of OFR. *barate* 'deceit, fraud' (OFR. *barater* 'beguile'), whence ME. *barát baręt*, ODU. *baraet* 'fraud', MHG. *bârât*.

base¹ 'low' from FR. *basse* f. (*bas* m.). Source VULG.-LAT. *bassus*?

base² sb. 'foundation' ME. *báse* (*bas*): loanword from FR. *base* (LAT. *basis*).

bashful see *abash*.

basin ME. *básin*: loanword from FR. *bassin*. Source LAT. *baccínum* (akin w. LAT. *bacar* and *bicárium*?) whence DU. *bekken*, OHG. (OSAX.) *bekkîn* G. *becken* 'basin'; cp. DU. LG. *bak* 'bowl, tub, trough', FR. *bac* 'trough, basin' = LAT. *bacca*).

bask vb. ME. *baske*: a Scand. loanword, from ON. *badask* 'bathe oneself'. Source see under *bath*.

basket ME. *básket*; commonly considered ident. with BRITANN.-LAT. *bascauda* 'dish-pan' (= OFR. *baschoe* 'bucket'); an OE. *bascod *baxod* was supplanted by *bascot*, -*ot* being an E. dimin. suffix. A primit. LAT.-GALL. *basca* appears in FR. *bâche* 'tilt, vat'.

bass 'a fish' ME. *base barse* OE. *bœrs* = DU. *baars*, G. *barsch*; cp. SWED. *abborre*, DAN. *oborre* (*rr* from *rs*).

bastard ME. *bastard* (= G. *bastard*, DU. *bastaard*): borrowed from OFR. *bastard* (FR. *bâtard* = SPAN. IT. *bastardo*). Source OFR. *bast* = SPAN. IT. *basto* 'pack-saddle'; cp. OFR. *fils de bast* 'a bastard', lit. 'a son of a pack-saddle' (not of a bed, cp. G. *bankert* prop. 'son of a bench').

baste[1] vb. 'beat with a stick, strike': a Scand. loanword from ON. *beysta* 'beat' = SW. *bösta* 'thump', DAN. *böste* 'strike'.

baste[2] vb. 'pour fat over meat'; origin unknown.

baste[3] vb. 'sew slightly' ME. *bâste*: borrowed from OFR. *bastir* (FR. *bâtir* = SPAN. *bastear*, IT. *imbastare*) 'baste'. Source a TEUT. *bastjan* = OHG. *bęstan* 'patch' MHG. *bęsten* 'bind'.

bat[1] 'a short cudgel' ME. late OE. *bat(tt)*: loanword from IR. GAEL. *bat* 'staff, cudgel' or more prob. fr. FR. *batte* 'a rammer, wand'.

bat[2] 'a winged mammal'; the Scotch by-form *ba(c)k* points to ME. *bakke* = DAN. *bakke* (only in comp. *aftenbakke* 'evening-bat'). Perh. connected with *back* and *bacon*, made prob. by G. (dial.) *speckmaus* 'bat' prop. 'flitch-mouse'.

batch ME. *bacche* OE. **bœčče*; deriv. from the TEUT. √ *bakk* (:*bak*); see *bake*.

bath ME. *bath* OE. *bæd* = OSAX. *bath*, DU. G. OHG. *bad*, ON. *bad*. The dental being suffix, the word rests on a TEUT. √ *ba* (*bē*) in OHG. *bâen* = G. *bähen*. — **bathe** vb. ME. *bâthe* OE. *badian* = OHG. *badôn* G. *baden*, ON. *bada*: deriv. from the TEUT. sb. *bapa-* 'bath'.

batten vb. 'grow fat' ME. **batne*: a Scand. loanword from ON. *batna* 'grow better' (= GOTH. *gabatnan* 'profit'). Akin to *better* and *boot*[2].

batter vb. 'beat' ME. *batre*: from FR. *battre*. Source LAT. *battuere*. Hence batter 'a compound of eggs, flour and milk' ME. *batüre*: from OFR. *bate-ure* 'a beating'.

battle ME. *bâtaile*: loanword from FR. *bataille*, whence ODU. *bataelghe*, MHG. *bateile* 'battle'. Source LAT. *battuere* 'beat'.

bay adj. 'reddish' ME. *bay*: from FR. *bai*. Source LAT. *badius* 'bay-colored'.

bay[1] 'inlet of the sea' ME. *baie*: borrowed from FR. *baie* (= SPAN. *bahia*, IT. *baja*).

bay[2] sb. 'a kind of laurel-tree, sweet-bay' ME. *bay baie* 'a berry': borrowed from OFR. *baie baye* FR. *baie* 'a berry'. Source LAT. *bacca bâca* 'berry'.

bay vb. 'bark as a dog' ME. *baye* shortened from *abaye*: loanword from OFR. *abaier* FR. *aboyer*.

bay[3] 'berry' (in *bay-rum*) ME. *bai hei* OE. *béʒ* ᴢ. NORTHFRIS. *bei*,

DITMARSCH *beie*, DU. *bei* 'berry': Teut. base *baijiz bajjiz*; not ident. with OFR. *baie* = LAT. *bacca*.

be 'exist' ME. *bę́* OE. *bę́on* fr. a Teut. base **bijan*; cp. OHG. *bim* = OSAX. *biu-m* 'I am', which answers to LAT. *fio*: Aryan base *bhiō* (*bhijō*) traceable to *bhwíō bhuiō*; cp. √ *bhû* in LAT. *fui* 'I was'. Cp. *booth* and *build*.

be- prefix ME. OE. *be-*: ident. with *by*.

beacon ME. *bę́ken* OE. *bę́acen* = OHG. *bouhhan*, OSAX. *bôkan* (DU. *baak*, G. *bake* fr. OFRIS. *bâken*): TEUT. base *baukna-*. See *beck*.

bead ME. *bę́de* 'a bead, a prayer' OE. *ʒebed* 'prayer'. Deriv. from the TEUT. √ *bed*; cp. *bid*.

beadle ME. *bę́del bę́dĕl*: loanword from OFR. *bedel* = FR. *bédeau* (IT. *bidello*). Source a Teut. *bidil* = OHG. *bitil*.

beaker ME. *biker*; cp. the synon. DU. *beker*, OSAX. *bikeri*, OHG. *bëhhâri* G. *becher*. Perh. the E. word is borrowed from the synon. ON. *bikarr*. Source LAT. *biccarium* (IT. *bicchiere*) with the by-form *piccarium* (see *pitcher*). Further connections under *basin*.

beam 'a piece of timber'. ME. *bę́m* OE. *bę́am* 'a tree' = OHG. MHG. *boum* G. *baum*, LG. DU. *boom*, OSAX. *bôm* 'a tree'. The corresp. synon. GOTH. *bagms* (ON. *badmr*?) 'tree' seems to point to a TEUT. *bagwma-* with a by-form *bawma- bauma-*.

bean ME. *bę́ne bę́n* OE. *bę́an* = synon. OHG. *bôna* G. *bohne*, DU. *boon*, ON. *baun*: TEUT. base *baunô-* 'bean'. The early existence of the word (GOTH. **bauna*) is attested by the name of the Fris. island *Baunonia* (island of beans?).

bear vb. 'carry' ME. *bę́re* OE. *bëran* = OSAX. OHG. *bëran*, ON. *bera*, DU. *baren*, GOTH. *bairan*. Akin to LAT. *ferre*, GR. φέρειν, SKR. √ *bhar* 'bear, carry': ARYAN √ *bher*. Cp. *bier* and *birth*.

bear sb. 'ursus' ME. *bę́re* OE. *bëra* = OHG. *bëro* MHG. *bër* G. *bär*, DU. *beer*. The TEUT. *bëron-* (ON. *bjǫrn*) is based on an Aryan adj. *bhero-* 'brown' preserved in LITH. *bëras* 'brown'.

beard ME. *bę́rd* OE. *bę́ard* = DU. *baard*, OFRIS. *berd*, OHG. G. *bart*: TEUT. base *barda-* = ARYAN *bhardha-* in LAT. *barba*, OSLOV. *brada*, LITH. *barzdà*, PRUSS. *bordus* 'beard'.

beast ME. *bę́st*: loanword from OFR. *beste* (FR. *bête*), whence also LG. DU. *beest* 'beast'. Source LAT. *bêstia* (in a vulgar form *bêsta*).

beat vb. ME. *bę́te* OE. *bę́atan* = OHG. *bôʒʒan* MHG. *bôʒen*, ICEL. *bauta* 'beat'. Cp. *beetle*.

beaver[1] 'an animal' ME. *bę́ver* OE. *beofor* = OHG. *bibar* G. *biber*, DU. *bever*, ON. *bjorr*: TEUT. *bebruz* (whence are borrowed IT. *bevero*, FR. *bièvre*) points to PRE-TEUT. *bhebhrus* = LAT. *fiber*, CORN. *befer*, OSLOV. *bebrŭ*, LITH. *bebrus*, LETT. *bebris*, RUSS. *bobrŭ* 'beaver'. In SKR. there is an adj. *babhrús* 'brown', which is perh. a redupl.

form pointing to LITH. *beras* 'brown' under *bear*.

beaver² 'the lower part of a helmet' borrowed from the synon. FR. *bavière*, whence also the synon. DU. *bever*.

because ME. *because bicause bycause* (also separately written *be-*, *bi-*, *by- cause*): *by* the prep. + *cause*.

beck¹ 'a stream' ME. *bek*: loanword from ON. *bekkr* (= SW. *bäck*); cp. OSAX. *beki*, DU. *beek*, OHG. *bah(hh)* G. *bach* from a TEUT. *baki-*.

beck² 'a nod or sign' ME. *bek* short for ME. *beke* OE. *beacen*; see *beacon*.

bed ME. OE. *bed (dd)* = GOTH. *badi* (stem *badja-*), OHG. *beti betti* MHG. *bette bete* G. *bett*, DU. *bed*. The cogn. CYMR. *bedd* 'grave' (CELT. base *bedo-*) points to the ARYAN √*bhedh bhodh* (in LAT. *fodio* 'I dig', LITH. *bedu* 'I dig'), as is evident in G. *beet* (blumenbeet) = E. *bed* (flowerbed).

bedrid ME. *bedred* OE. *bedrida*: lit. 'a bed-rider' = MLG. *bedderêde* 'bedridden'. Cp. *r i d e* (and the phrase »ride on anchor«). Akin to OHG. *bettiriso*, MLG. *bedderêse* 'bedridden' — *bankrêse* 'a lazy fellow'.

bee ME. *be* OE. *beo* contr. of *bie* (infl. *bian*) = OHG. *bia*, DU. *bij*; with *n*-suffix G. *biene* from OHG. *bini*. Akin to PRUSS. *bitte*, LITH. *bitis*, LETT. *bitte*, IR. *bech* 'bee'; also LAT. *fucus* 'drone' (Aryan base *bhoiko-?*).

beech ME. *beche* OE. *bece* (orig. *baecie* = LG. *bake* 'beech'): formed with vowel mutation from **boc* in OE. *boc-treow*; cp. OHG. *buohha* MHG. *buoche* G. *buche*, ON. *bok*. The name of this tree (whence *book*) is a PRE-TEUT. *bhâgos* = LAT. *fâgus* 'beech', GR. φᾱγός φηγός. The GR. word signifies perh. originally 'tree with edible fruit, food-tree' (φαγεῖν 'eat').

beef ME. *bef* older *baf (beof)*: borrowed from OFR. *boef* FR. *boeuf*. Source LAT. *bovem (bos)*.

beer ME. *ber* OE. *beor* = OHG. OSAX. *bior* G. DU. *bier*. A common WESTTEUT. word (base *beura-*), perh. derived fr. OE. OSAX. *beo*, ON. *bygg* 'barley'; hence *beer* prop. 'barley-juice'?

beet ME. OE. *bete*. Source LAT. *bêta* (= FR. *bette*, IT. *bieta*), whence also G. *beete*.

beetle¹ ME. *betel* OE. *bytel betel* = the synon. LG. *bôtel*, ON. *beytill* 'hammer'. The TEUT. base *bautila-* belongs to the TEUT. √*baut* in *beat*.

beetle² an insect ME. *bitel* OE. *bitola*; derived from an adj. OE. *bitol* 'inclined to bite'.

beg vb. ME. *begge* shortened from OE. *bedecian*, formed from *bid* with intensive *k* (as in *hark*, *lurk*, *walk*).

begin ME. *beginne* OE. *beginnan* str. vb. = OSAX. OHG. *biginnan*, DU. G. *beginnen*, GOTH. *duginnen* 'begin'. The TEUT. √*gen* (the initial *g* of which may be an

Aryan *k* in the compound) is traceable to the Aryan √*ken* in OSLOV. *po-čìną* (infinit. *po-čęti* 'begin', *konĭ* 'beginning').

beguile vb. ME. *begíle* (= MDU. *beghijlen*): loanword from OFR. *guiler*. Cp. *wile.*

behalf 'interest, benefit' ME. *on behalve* for *on halve* or *be halve* OE. *on (be) healfe*; OE. *healf* sb. (= OHG. *halba*) means 'side'.

behave vb. late ME. *beháve* OE. *behabban*: ident. with *have.* — **behavior** shows a FR. ending in imitation of *havior*, var. of *haver* for *aver* 'possession'.

behead vb. ME. *behéde bihefden* OE. *behęafdian*; cp. MHG. *behoubeten* 'behead'. Cp. *head.*

behest ME. *behest(e) bihest* earlier *behęse* OE. *behǽs* 'command, vow.' OE. *hǽs* (base *hǽsi- haisi-*) points to TEUT. GOTH. *haitan* = OE. *hátan*; cp. *hight* and *hest.*

behind ME. *behínde(n)* OE. *behíndan* 'afterwards, after'. Cp. *hinder* and *hindmost.*

behold vb. ME. *behólde* OE. *beháldan (behęaldan)* 'hold, see'. Cp. *hold.*

behoof ME. *behóf* OE. *behóf* = synon. DU. *behoef*, MLG. *behôf*, MHG. *behuof* G. *behuf*, ICEL. *hóf* 'moderation'. — **behoove** vb. ME. *behǫve* OE. *behófian* 'be necessary' = DU. *behoeven*, MLG. *behoven.*

belch vb. akin to ME. *belke* OE. *bælcian bealcian* and with suffix *bealcettan* 'belch'.

belfry ME. *berfray berfrey berfreid berfreit* adapt. of OFR. *berfrei berefreu* = FR. *beffroi.* Source MHG. *bȩrcvrit* from *berc* 'protection' and *frid* 'a place of security'.

belief ME. *belęve* from the vb. ME. *belęve* = *believe.* Phonetically not ident. with ME. *belęve ilęve* OE. *ʒelęafa* = OSAX. *gilôbo*, DU. *geloof*, OHG. *giloubo* G. *glaube.* — **believe** vb. ME. *bilęve* orig. *ilęve* OE. *ʒelęfan ʒelýfan* 'believe' = OSAX. *gilôbian*, DU. *gelooven*, OHG. *gilouban* G. *glauben*, GOTH. *galaubjan.*

bell ME. OE. *belle* = DU. *bel*, LG. *belle*: WEST-TEUT. base *bȩllôn.* Akin to *bellow*?

bellow vb. ME. *bel(o)we belwe* OE. *belgian bylgian* 'bellow': TEUT. base **balligôn*? Prob. an extended form with vowel mutation and intensive formative of OE. *bȩllan* = OHG. *bȩllan* 'bellow'. If *bell-* is traceable to *belz bels*, the TEUT. √ corresponds to SKR. *bhaṣ* (for *bhals*) 'bellow' = *bhâṣ* 'speak' and LITH. *balsas* 'voice'.

bellows ME. *belwes* (also *belies*) 'a bellows': prop. plur. of *belowe belu beli* 'a bellows, a bag, belly' OE. *bælʒ bylʒ (blǽstbylʒ)* 'a bag' = ON. *belgr*, G. DU. *balg* 'skin'. Ident. with *belly.* A TEUT. √ *belg* 'swell' appears in OHG. *bȩlgan* 'be angry', OE. *ʒebolgen* 'angry', ON. *bolgen* 'swollen'; cogn. W. OIR. *bolgaim* 'I swell' — *bolg bolc* 'bag, bellows' — OGALL. *bulga* 'leather-bag'. Cp. *bolster.*

belly ME. *belie bell* 'belly, womb, also a bellows' OE. *belȝ bylȝ* 'a bag, pouch, purse, bag of any kind'. Ident. with *bellows*.

below ME. *bilǫwe* cp. *low.*

belt ME. OE. *belt* = OHG. *balz*, ON. *belti* 'a belt, border'. Source LAT. (GALL.?) *balteus* 'belt'.

bench ME. *bench* OE. *benč*: with umlaut and palatalization from a TEUT. base *banki(z)* = OSAX. DU. G. OHG. *bank*, ON. *bekkr*; FR. *banc* and IT. SPAN. *banco* are TEUT. loanwords. Cp. *bank.*

bend sb. 'a band, bond' ME. OE. *bend* (= OSAX. *bendi*, ODU. *bende*, GOTH. *bandi* 'a band, bond') from the √ *bënd* in *bind*, whence also bend vb. 'bow, curve' ME. *bende* OE. *bendan* 'bind, curve, bend'.

beneath ME. *benčthe* OE. *beneodan* = DU. *beneden*; from OE. *neodan,* OSAX. *nithana,* OHG. *nidana* MHG. *niden(e)* 'below'. Cp. *nether.*

benison ME. *beneisoun*: borrowed from OFR. *beneïçon.* Source LAT. *benedictionem* (vp. ME. *maleisoun* = OFR. *maleïçon,* LAT. *maledictionem*).

bent-grass OE. *beonot* = OSAX. *binut,* OHG. *binuȝ* MHG. *bin(e)ȝ* G. *binse,* DU. *bentgras.*

bequeath vb. ME. *bequǫthe* OE. *becwědan* 'declare, affirm'. — bequest ME. *biqueste* usually *biquide byquide bequide.* For the OE. vb. *cwědan* 'speak' cp. *quoth.*

bereave vb. ME. *birǫve (rǫve)* OE. *berǫafian (rǫafian)* = OSAX. *birôbôn,* DU. *berooven,* OHG. *(bi)rou-*

bôn G. *berauben,* GOTH. *biraubôn* 'rob', ON. *raufa* 'rob'.

berry ME. OE. *berie*; cp. synon. OHG. *beri* G. *beere.* The *r* was orig. *z* = *s*; cp. GOTH. *basi* in *weinabasi* 'wineberry, grape', DU. *bes* 'berry'.

beseech vb. ME. *bisęche bisęke* OE. *bisęčan*: ident. with *seek.*

besom 'a broom' ME. *besom besme* 'a broom, rod' OE. *besma* 'a rod' = DU. *bezem,* OHG. *běsamo* G. *besen* 'a broom', GOTH. **bisma.* LAT. *ferula* may accord with the Teut. word in an Aryan √ *bhes.*

best ME. *beste* OE. *betsta* = GOTH. *batista,* OHG. *beȝȝisto* MHG. G. *beste,* OSAX. *bętsto.* Cp. *better* and *boot*^{2}.

bestow vb. ME. *bestǫwe*; cp. *stow.*

betide vb. ME. *betǐde*; cp. *tide.*

betray vb. ME. *betraie* (by-form *betraisse*): adapt. of FR. *trahir* (source LAT. *tradere* 'deliver'). Cp. *traitor* and *treason.*

betroth vb. ME. *bitreuthie* 'betroth'; deriv. from *truth.*

better ME. *better* OE. *betera* = GOTH. *batiza*, OHG. *beȝȝiro* G. *besser,* OSAX. *bętoro*, DU. *beter,* ON. *betre.* Cp. the corresp. superl. *best.* No primitive adj. exists in the Teut. and Aryan langs.; for the root cp. *boot*^{2} and *best.*

between ME. *bitwǫne* OE. *betwǫonum* 'between'; in OE. the orig. construction was *be sǽm twǫonum* = 'between the seas',

OE. *twḗon earlier twĭhn 'two' answers to GOTH. tweihns = LAT. bīnus (Aryan base dweikno-s). — betwixt ME. betwix (by-form betwixe) OE. betweox bitwihs (by-form betweoxn = OSAX. undartwisk 'between', OHG. undar zwiskêm 'between' G. zwischen. The Teut. base twiska- 'two' is a deriv. of TEUT. twa in two.

beverage ME. beverăge beverege: loanword from OFR. bevrage beurage breuvaige = FR. breuvage. Source LAT. bibere (LAT. type biberaticum).

bevy 'a company' ME. bevey bevḗ; doubtful if ident. with OFR. beveye FR. bevée 'drink, drinking'? then the E. word might prop. denote 'a drinking-party'.

beyond ME. beyonde OE. bezǵn-dan. Cp. yon.

bible ME. bible: loanword from FR. bible, whence also DU. bijbel, G. SW. DAN. bibel. Source LAT. biblia.

bid ME. bidde OE. biddan str. vb. = GOTH. bidjan, OSAX. biddian, DU. bidden, OHG. bittan G. bitten, ON. bidja 'bid'. The TEUT. √ bĕd for bid goes back to an Aryan √ bhĭdh in GR. πείθω 'move by praying' which with LAT. fīdo 'trust' points to connection with bide.

bide ME. bīde OE. bīdan str. vb. = GOTH. beidan, OSAX. bīdan, OHG. bītan, ON. bīda. The strong verb TEUT. bīdan 'wait' agrees with LAT. fīdo 'I trust' and GR. πείθομαι 'I trust, obey' (πείθω 'I move by

entreaty'): pre-TEUT. bhīdh. Cp. bid 'pray' for the identity of bide with TEUT. bidjan.

bier ME. bḗre bḗre OE. bấr = OSAX. OHG. bâra G. bahre, DU. baar; the modern spelling with ie (since 1600) is due to FR. bière. Source a TEUT. bêrô-, derived fr. bear (TEUT. √ bĕr).

bile ME. bĭle OE. býle = DU. buil, OHG. bûlla *bûllia 'blain' MHG. biule G. beule: TEUT. base bûljô(n)-.

bill[1] 'a writing, account' together with its dimin. billet 'a note' ME. bille 'a letter' (dimin. billette 'a note'): from MED.-LAT. billa bulla 'a bubble, boss, leaden seal, a bull'. Cp. bull.

bill[2] 'sword' ME. OE. bill 'sword' = OHG. OSAX. bil(ll) 'a sword'. If GOTH. *bilja- goes back to Aryan bhilyo- for bhidlyo-, connection with LAT. findere is possible. Hence bill 'the instrument for splitting' and

bill[3] 'bird's beak' ME. bill(e) bil(e) OE. bile 'beak'; prob. connected with bill[2].

billow ME. *bilwe prop. *bilge: borrowed from ON. bylgja: TEUT. √ bĕlg 'swell' treated under bag and bellows.

bin ME. binne OE. binn 'manger': CELT. loanword from GALL. benna 'kind of vehicle', whence also FR. benne 'a basket, hamper' (IT. benna 'sleigh, cart'). G. benne 'basket-wagon' is of FR. origin.

bind ME. binde OE. bindan str. vb. = OSAX. bindan, ON. binda, DU.

G. *binden*, OHG. *bintan*: TEUT. √*bĕnd*. An Aryan √*bhendh* appears in SKR. *bandh* 'bind'; SKR. *bandhu* 'relative' points to connection with GR. πενθερός 'father-in-law', GR. πεῖσμα for *πενθσμα, LAT. *of-fend-imentum* 'band, rope'. Cp. **band**, **bend**.

birch ME. *birche* OE. *birče* = OHG. *bircha* G. *birke* : TEUT. base *birkjŏn-*. The synon. OE. *beorc*, DU. *berk*, ON. *bjǫrk* from an orig. base *bĕrkô-* are an Aryan *bhergâ* = SKR. *bhûrja*, OSLOV. *brĕza*, LITH. *bérżas* 'birch'. Cp. *bark*[1].

bird ME. *bird* mostly *brid* 'a bird', orig. 'a young bird' OE. *brid* (plur. *briddas*) 'the young of any bird': TEUT. base *bridja-* for *brĕdjo-*; akin to *breed* and *brood*?

birth ME. *birthe* older *i-birde* OE. *ʒebyrd* = OSAX. *giburd*, DU. *geboorte*, OHG. *giburt* G. *geburt*, ON. *burdr* 'birth', GOTH. *gabaúrþs* 'birth': deriv. from a TEUT. vb. *gabĕran* 'produce' with suffix *di-*: *þi* (cp. IR. *brith* 'birth', SKR. *bhṛti* 'bearing').

bishop ME. *bishop bisshop* OE. *bisčeop* = OSAX. *biskop*, DU. *bisschop*, OHG. *biscof* G. *bischof*, ON. *biskup*. WEST-TEUT. *biskop* (taken as a compound *bi+skop*) is identical with GOTH. *alpiskaúpus* = GR. ἐπίσκοπος, LAT. *episcopus*. The initial *e* is also wanting in IT. *vescovo*, OFR. PROV. *vesque* (but FR. *évêque* from OFR. *evesque*) = vulgar LAT. *(e)biscopus*.

bitch ME. *bicche* OE. *bičče*; TEUT. base *bikjôn-* also in ON. *bikkja* 'bitch'; cp. OFR. *biche* 'bitch'.

bite ME. *bite* OE. *bītan* str. vb. = OSAX. *bîtan*, OHG. *bîʒʒan* G. *beissen*, DU. *bijten* 'bite', ON. *bíta*. A TEUT. str. vb. *bîtan* 'bite' is developed from an Aryan √*bhid* 'split' in LAT. *findo*, SKR. *bhid* 'split'. Cp. *bitter* and *bill*[2].

bitter adj. ME. *bitter* OE. *bitter biter* = OSAX. OHG. *bittar* MHG. G. DU. MLG. LG. DAN. SW. *bitter*, ON. *bitr* 'bitter': TEUT. base *bitra-* (and *baitra-* in GOTH. *baitrs* 'bitter'), prop. 'biting': deriv. from the TEUT. √*bît* in *bite*.

bittern ME. *bitor* older *butor* (= DU. *butoor*): borrowed from FR. *butor* (= IT. *bittore*). Source LAT. *bos taurus* a bird's name?

black ME. *blak* OE. *blæc* (*blac-*); akin to LG. *black* 'ink'.

bladder ME. *bladdre* OE. *blǽdre* = DU. *blaar*, LG. *bladere*, OHG. *blâttara* G. *blatter*, ICEL. *bladra*; the TEUT. base *blĕdrôn-* (with *drô-* as suffix) comes from the TEUT. √*blĕ* in *blow*[2].

blade ME. *bláde* OE. *blæd* (plur. *bladu*) = synon. OHG. *blat* G. *blatt*, DU. OSAX. *blad*, ON. *blad*, GOTH. **blada-*. Their dental seems to be formative; *bla-* from pre-TEUT. *bhlo-* is perh. akin to LAT. *fol-ium*, GR. φύλλον: Aryan √*bhol bhlo-* in *bloom*?

blain ME. *blein* OE. *bleʒen* = DU. *blein*: TEUT. base *blajinô-* from TEUT. √*bla* in *bladder*?

blame vb. ME. *bláme* (= MDU. *blamen*): loanword from FR.

2*

blâmer (= OSPAN. *blasmar*, IT. *biasimare*: source LAT. *blasphemare*).

blank ME. *blank* OE. *blanc blǫnc* = synon. OHG. MHG. *blanc* G. *blank*; ON. *blakkr* 'gray or white horse': TEUT. √ *blĕnk* in *blink*. The TEUT. adj. *blanka-* was introduced into the Roman. langs.; cp. IT. *bianco*, FR. *blanc* with the deriv. FR. *blanchet* = OFR. *blanket*, whence ME. E. **blanket** 'a coarse woolen cover'.

blare vb. 'roar' ME. *bláre* vb. = DU. *blaren*, G. *blärren plärren*.

blast ME. *blast* OE. *blæst* = OHG. *blâst*, ON. *blástr* 'a gust of wind': deriv. of the TEUT. √ *blês* = DU. *blazen*, OHG. *blâsan* G. *blasen*, ON. *blása*, GOTH. *blêsan*. A shorter √ *blê* cp. under *blow*².

blaze sb. 'a flame' ME. *bláse* 'flame, torch' OE. *blǽse* (infl. *blâsan*) 'torch' = LG. MHG. *blas* 'a torch'. Akin to GOTH. *blêsan* = G. *blasen* 'blow' (cp. G. *windlicht* 'torch').

blaze vb. 'proclaim' ME. *bláse* 'blow as a trumpet': perh. loanword from ON. *blása* 'blow' = DU. *blazen* 'sound a trumpet', OHG. *blâsan* G. *blasen* 'blow', GOTH. *blêsan* (in *ufblêsan* 'puff up'). — **blazon**¹ 'proclamation' from FR. *blasonner* 'blazon', whence DU. *blazoen*. — **blazon**² ME. *bláson* older *blásoún* from FR. *blason* 'coat of arms' (whence also DU. *blazoen*)?

bleach vb. ME. *blḗche* OE. *blǽčan* = ON. *bleikja* 'whiten': TEUT. base *blaikjan* from the adj. **bleak**

ME. *bleik* late OE. *blǽc*: borrowed from ON. *bleikr* = orig. OE. *blâc* ME. *blǫ́k*, DU. *bleek*, G. *bleich*. A TEUT. √ *blĭk* appears in OE. *blĭcan*, ON. *blíka*, OSAX. *blĭkan*, DU. *blijken*, OHG. *blĭhhan* 'shine'.

blear-eyed 'having sore eyes' ME. *blḗr-eyed bler-eighed* fr. *blḗre* 'blear' + *eye eiʒe* 'eye'; cp. DAN. *plir-øjet*, LG. *blĕr-ôged* 'blear-eyed' (akin to LG. *flirr-ôge* 'a bleared-eye', *ên flirr up't ôge hebben* 'have a bleared eye').

bleat vb. ME. *blḗte* OE. *blǽtan* = DU. *blaten bleeten*, LG. *bleten*, OHG. *blâʒan* MHG. *blâʒen*.

bleed vb. ME. *blḗde* OE. *blḗdan* = OFRIS. *blêda*, DU. *bloeden*, LG. *blȫden*, OHG. *bluotan*, ON. *blǽda* 'bleed': deriv. from TEUT. *blôda-* in *blood*.

blemish vb. ME. *blemiss(h)e* 'wound, injure, soil': loanword from OFR. *blemiss-*, stem of some forms of FR. *blêmir* 'grow pale' (FR. *bleme blesme* 'pale, wan').

blench vb. ME. *blenche* (also *blenke*) 'shrink back, give way', OE. *blenčan* 'deceive': causative of *blink*, TEUT. base *blankjan*.

blend¹ vb. ME. *blḗnde* (pret. *blĕnde*) OE. *blandan* = OSAX. GOTH. *blandan*, ON. *blanda*, OHG. *blantan* MHG. *blanden*.

blend² vb. ME. *blĕnde* OE. *blendan* = OHG. *blentan blenten* G. *blenden*: causative of *blind* vb.

bless vb. ME. *blesse*, older *blĕtsie* OE. *blĕtsian* older *blǽdsian* 'bless' from a TEUT. base *blôdisôn*, not found elsewhere in TEUT. The

vb. orig. 'sprinkle with blood' is appar. a deriv. of TEUT. *blôda-* in *blood.*

blind adj. ME. OE. *blind* = OSAX. DU. G. SW. DAN. *blind* (OHG. MHG. *blint*), ON. *blindr*, GOTH. *blinds.* Akin to ON. *blunda* vb. 'close one's eyes' and to LITH. *blandyti* 'cast down one's eyes' — *blęsti blisti* 'grow dark'. — **blind** vb. 'make blind' deriv. of *blind,* supplanting ME. *blęnde* (pret. *blĕnde*) OE. *blęndan* = synon. OHG. *blęntan* G. *blenden*: causative of the TEUT. base *blinda* in *blind* adj. **blindfold** adj. ME. *blĭndfelle* OE. *blindfellian* 'strike blind, put out the eyes'; the mod. phonology of the second element of the word is due to confusion with *fold?* But its origin is obscure; it may be akin to OE. *fĕll,* G. *fell* OHG. *fĕl,* GOTH. *fill* = LAT. *pellis.*

blink vb. ME. *blinke* = G. DU. *blinken,* SW. *blinka,* DAN. *blinke.*

bliss ME. *blisse* OE. *bliss* older *blĭds blĭds* (= OSAX. *blĭdsea*): *s*-deriv. of *blithe.*

blister ME. *blister* OE. **blŷstre* = ODU. *bluyster.* Root unknown.

blithe ME. *blithe* OE. *blĭde* 'joyful, glad' (cp. *bliss*) = OSAX. *blĭthi,* LG. *blĭde,* DU. *blij(de),* OHG. *blĭdi,* ON. *blĭdr,* SW. DAN. *blid,* GOTH. *bleiþs.* The dental is formative, but the TEUT. √*blĭ* unknown elsewhere.

block ME. *block* 'a block' (of wood). Cp. the synon. DU. *blok,* MLG. *block,* OHG. *bloh* MHG. *bloch*

G. *block.* Uncertain whether the E. word is a native E. word or adapt. fr. FR. *bloc* 'block, log'.

blond from FR. *blond,* whence also G. DU. DAN. *blond.* Source a lost TEUT. *blunda-* (= IT. *biondo,* SPAN. *blondo*).

blood ME. OE. *blôd* = OSAX. *blôd,* DU. *bloed,* LG. *blood,* OHG. MHG. *bluot* G. *blut,* ON. *blôd,* SW. DAN. *blod*: TEUT. base *blôda-* (and *blôþa-* in GOTH. *blôþ*) from a pre-TEUT. *bhlôto- bhlâto-,* not found elsewhere. Its relation to the √*blô* 'bloom' is doubtful. See *bleed* and *bless.*

bloom ME. *blôm(e)*: borrowed from ON. *blôm blômi* = GOTH. *blôma,* OSAX. *blômo,* DU. *bloem,* OHG. *bluoma (bluomo)* G. *blume* 'flower'. For the √*blô* cp. LAT. *flôs* and OIR. *blâth* 'blossom' and *blow*[1].

blossom ME. *blosme* OE. *blôstm(a) blôsma* = DU. *bloesem (bloem),* MLG. *blo(s)sem*: deriv. of the TEUT. √*blô* in *blow.*[1]

blow sb. 'a stroke' ME. *blowe*; deriv. from ME. *blĕwe* OE. *blĕowan* = OHG. *bliuwan* MHG. *bliuwen* G. *bläuen,* DU. *blouwen,* GOTH. *bliggwan* 'strike': TEUT. √*bleu blew.*

blow[1] vb. 'bloom' ME. *blǫwe* OE. *blǫwan* 'blossom' = OSAX. *blôjan,* DU. *bloeijen,* OHG. *bluojan* G. *blühen* 'blow, bloom', GOTH. **blôjan.* The TEUT. √*blô* appears also in *bloom* and *blossom.*

blow[2] vb. 'puff' ME. *blǫwe* OE. *blâwan* str. vb. = OHG. *blâian* 'blow'

MHG. *blæwen blæjen* G. *blähen* 'blow, swell'. The TEUT. √ *blê blâ* agrees partly with LAT. *flare* (Aryan *bhlâ* in *blade* and *bladder*).

blue ME. *blêw*: not deriv. from OE. *blêwen* (deriv. of OE. *blâw*), whence ME. **blêwe* ought to be derived. ME. *blêw blêu* is loanword from the synon. FR. *bleu* (= IT. *biavo*); ME- *blô* 'blue' is adapt. of ON. *blár*. The source of the whole group is a TEUT. base *blâwa- b!êwa-* 'blue' = OE. *blâw*, ON. *blár*, DU. *blaauw*, OHG. *blâo* G. *blau*; ident. W. LAT. *flavus* 'yellow'.

boar ME. *bôr* OE. *bár* = OHG. MHG. *bêr* 'a young boar', OSAX. *bêr(swîn)*, LG. *bêr*, DU. *beer* : TEUT. base *baizu-* or *bairu-*.

board 'a plank' ME. OE. *bôrd* 'board, plank, shield, table' = OSAX, DU. SW. DAN. *bord*, LG. *boord*, G. *bort*, ON. *bord*, GOTH. (*fôtu*)-*baúrd* 'foot-stool': TEUT. base *borda-* with the by-form *breda-* in OE. *brëd* = G. *brett* (DU. *berd* ODU. *bred*).

boast vb. ME. *bôste*; perh. traceable to an OE. **bôsettian*: deriv. from TEUT. √ *baus bus* in G. *böse* OHG. *bôsi?*

boat ME. *bôt* OE. *bát* = ON. *beit* 'boat'. The E. word is the source of ON. *bátr*, DU. G. *boot* and FR. *bateau*.

bodice 'stays for women' formerly *bodies*, being plur. of *body*. Cp. *pence* for *pennies*.

bodkin ME. *boidekin* 'a small dagger'; of uncertain origin, related to W. *bidog*, IR. *bideog* 'a dagger'? The diphthong *oi* in ME. shows foreign origin of ME. *boidekin*; but the suffix seems to be Anglisized.

body ME. *bôdy bôdi* OE. *bodiȝ* 'body'; akin to OHG. *botah* MHG. *botech* 'trunk, corpse'. Relation to OHG. *botahha* G. *bottich* 'a large vessel, tub' is uncertain.

boil 'a small tumor' ME. *bile* OE. *bŷl(e)*: ident. with *bile*.

boil vb. 'bubble up' ME. *boile boyle*: loanword from OFR. *boillir* FR. *bouillir* = SPAN. *bullir*, IT. *bollire* 'boil'. Source LAT. *bullire* 'bubble'.

boisterous ME. *boistrous* 'rough, coarse': an extended form of ME. *boistous* 'rough, clumsy'. The *oi*-diphthong points to foreign origin; no source yet found.

bold ME. *bôld* OE. *báld* (*bêald* older *bêalp*) = GOTH. **balpa-* (in *balpaba* adv.), ON. *ballr* (orig. **balpr*), OSAX. OHG. *bald* 'bold' (hence G. *bald* 'soon, quickly').

bole ME. *bôle* = MHG. *bole* G. *bohle* 'a thick plank'; akin to ON. *bolr* 'trunk of a tree' and perh. related to GR. φάλαγξ 'stem of a tree'.

boll ME. *bolle* OE. *bolla* 'bowel, a round vessel' = DU. *bol* m. OHG. *bolla* 'a round vessel', ON. *bolli*. Perh. akin to *ball* and LAT. *follis* 'hose'.

bolster ME. OE. *bolster* = DU. MHG. *bolster* OHG. *bolstar* G.

polster, ON. *bolstr*: deriv. with *str-* suffix from the TEUT. √ *belg* 'swell'; hence its orig. meaning 'swelling' (TEUT. base *bolstra-* from **bolhstra-*).

bolt vb. 'sift meal' ME. *bulte*: borrowed from OFR. *bulter* (FR. *bluter*) 'sift'.

bolt 'a stout pin of iron etc., an arrow' ME. OE. *bolt* = synon. OHG. *bolz*, DU. *bout*, ON. *bolte*. Borrowed from LAT. *catapulta*?

bone ME. *bọ́n* OE. *bán* = G. *bein*, OSAX. *bên*, DU. *been*, ON. *bein*, SW. DAN. *ben*, GOTH. **bain* (DU. G. ON. SW. also 'leg'). Perh. cogn. with ON. *beinn* 'straight'.

bonnet ME. *bonet*: loanword from OFR. *bonet* orig. FR. *chapel de bonet*; MED.-LAT. *bonneta* 'a stuff of which caps were made'.

bonny ME. *bony*: an ENGL. derivative of FR. *bon* 'good'.

booby not found in ME. OE., with ENGL. ending derived from SPAN. *bobo* 'fool'?

book ME. *bọ́k* OE. *bóc* = G. *buch* OHG. *buoh*, OSAX. *bôk*, DU. *boek*, GOTH. *bôka* f. — *bôk* n. 'a letter of the alphabet' shows in the plur. the meaning 'writing, document, book', and the OHG. OSAX. OE. corresponding *buoh bôk* occurs in pluralform with the meaning 'a single book'. Therefore it is evident, that the sing. meant orig. (as in GOTH.) 'a single letter of the alphabet'. The TEUT. base *bôka-* (cp. *beech*) was orig. 'beech-bark,

beech-tablet' used to scratch runes on.

boom borrowed from DU. *boom* (= LG. *boom*) 'a tree, beam, pole'. Ident. with *beam*.

boon ME. *bọ́ne* 'petition, favor': loanword from ON. *bón* 'a prayer'. There was a native OE. *bẹ́n* ME. *bẹ́ne* 'a prayer'.

boor adapt. of DU. *boer* (= G. *bauer*) 'peasant'. Akin to OE. *ʒebúr*, cp. *neighbor*.

boot[1] ME. *bóte*; loanword from OFR. *bote* (*boute*) = FR. *botte* (IT. *bota*); akin to G. *bossen* 'shoes'. Source unknown.

boot[2] 'advantage' ME. *bóte* OE. *bót* = OSAX. GOTH. *bôta*, OHG. *buoʒa buoʒ* G. *busse*, ON. *bót*. For the TEUT. √ *bat* cp. *batten*, *better* and *best*.

booth ME. *bóthe*: loanword from ODAN. *bóth* (DAN. *bod*) = MHG. *buode* G. *bude*. The OICEL. *búd* differs from DAN. *bód* in the root-vowels (TEUT. *ô : û*). The dental is suffix. For the TEUT. √ *bú* (INDO-TEUT. *bhû*) 'dwell' cp. LITH. *butas* 'house', OIR. *both* (*bothán*) 'hut' (base *bhú·to*). See *build* and *be*.

booty in the 15th cent. spelled *bọ́tye* and *butin*; akin to the equiv. FR. *butin*, DU. *buit*, G. *beute*, ON. *býte* 'booty'; the FR. word represents an OSAX. **bûtîn *bûtî*, which is cogn. w. OIR. *buaid* 'victory' and CYMR. *budd* 'advantage, profit'. Aryan √ *bhud* : *bhaud*.

border ME. *border bord(e)ure*: adapt. of FR. *bordure*. Ultimate source OHG. *borto* 'edge'.

bore vb. ME. *bóre* OE. *borian* = OHG. *borôn* G. *bohren*, DU. *boren*, ON. *bora*. The TEUT. base *bórôn* agrees with LAT. *forâre* 'bore'; cp. GR. φάρος 'plough', SKR. *bhurij* 'scissors'; Aryan √ *bher bhər*.

borough and *-bury* in place-names ME. *borwe* (and *biry*) OE. *burh burg* (dat. sing. *byrʒ*) 'town'. OE. *burg* = synon. OSAX. *bur(u)g*, DU. *burg*, OHG. *bur(u)g* G. *burg*, ON. *borg*, GOTH. *baúrgs* 'town'.

borrow vb. ME. *borwe* OE. *borgian* 'protect, borrow' = OHG. *borgên* G. *borgen* 'borrow, give a pledge'. Prob. akin to OHG. *bërgan*, GOTH. *bairgan* 'protect, shelter' (OSLOV. *brěgą* 'I take care of').

bosom ME. *bósum* OE. *bósm* = OSAX. *bôsm*, DU. *boezem*, OHG. *buosam* G. *busen*, GOTH. **bôsma-*.

botch vb. 'mend a garment' ME. *bocche* 'repair': deriv. from *boot* 'mending, repair of a thing'? perh. ident. with OE. *bótettian* 'repair'? Cp. G. dial. *büetzen* 'mend shoes'. = OHG. *buozzen* 'repair'.

botch 'a swelling on the skin, a boil' ME. *bocche*: borrowed from OFR. *boche* 'a sore' (FR. *bosse* 'swelling' = IT. *boccia* 'ball').

both ME. *bóthe* = OSAX. *bêdie*, OFRIS. *bêthe bêde*, OHG. G. *beide*, ON. *bádir*, SW. *báda*, DAN. *baade*. The stem of the numeral in its oldest forms had no dental: GOTH. *bai* = OE. *beʒen bâ bû* 'both'. The dental ending is short for the article: ME. *bóthe* = OE. *bâ dâ*, G. *beide* instead of *bei die*. In the older periods the article was combined with the numeral; cp. GOTH. *ba pô scipa* 'both ships', OE. *beʒen dâ gebródru* 'both brothers'.

bottle[1] 'a hollow vessel' ME. *botel* = DU. *bottel*, LG. *buttel buddel*: loanwords from FR. *bouteille* (= SPAN. *botella*, IT. *bottiglia*) Source MED.-LAT. *buticula* f. dimin. of *butis* 'a butt'.

bottle[2] 'a bundle of hay' ME. *botel*: loanword from OFR. *botel* dimin. of FR. *botte* 'a bundle of hay'. Source a TEUT. *bauta-* in OHG. *bôzo* 'a bundle of flax'.

bottom ME. *botum* OE. *botm* = OSAX. *bodom*, DU. *bodem*, OHG. *bodam* G. *boden*. The TEUT. bases *bupma-* (= OHG. *bodam*) or *butna-* (= ON. *botn*) or with assimilation *butma-* (= OE. *botm*) represent Aryan bases *bhutno-bhudno*; cp. ARYAN *bhudhno-* 'bottom' in SKR. *budhna*; cp. GR. πυθμήν, LAT. *fundus* (if traceable to *bhudhno-s*?). The phonetical relations of the group are obscure.

bough ME. *bóugh bów* OE. *bóh bóg* = DU. *boeg* 'bow of the ship', OHG. *buog* 'upper joint of the arm or leg, shoulder, hip' G. *bug* 'shoulders, withers', ON. *bógr* 'shoulder, bow of a ship'. GOTH.

bôgus from PRE-TEUT. *bhâghû-s* 'arm, fore-arm' corresponds to SKR. *bâhú* 'arm', also GR. *πᾶχυς* *πῆχυς* 'fore-arm, elbow'.

bounce vb. ME. *bounse* 'beat, knock' OE. **bunsian*: frequent. of a primit. **bûnan*? Akin to LG. *bunsen bumsen* (*bansen*?) 'knock'?

bound sb. ME. *bounde* older *boune*: borrowed fr. OFR. *bonde bonne* 'boundary'. — boundary points to FR. *bonnier*, whence also DU. *bunder* ODU. *bunre*. Source MED.-LAT. *bodina*.

bound vb. 'leap, spring' borrowed from FR. *bondir* 'leap, spring' prop. 'resound'. Source LAT. *bombitare* 'hum'?

bound adj. 'ready, prepared' ME. *boun* 'ready, prepared to go': loanword from ON. *búinn* 'prepared', part. of *búa* 'till, prepare'; cp. *busk*.

bounty ME. *bounté*: loanword from FR. *bonté*; source LAT. *bonitatem*. — bounteous ME. *bountevous*: derived from OFR. *bontive* 'benevolent' by influence of *righteous*.

bourn 'boundary' adapt. of FR. *borne*; ident. with *bound*.

bow vb. 'bend' ME. *bowe* earlier *búwe* OE. *búgan* str. vb. 'bend, flee' (only intr.) = DU. *buigen*, MLG. *bûgen*, OHG. *biogan* G. *biegen*, GOTH. *biugan* 'bend'. The TEUT. √*bûg* is an ARYAN *bhûk* on account of OHG. *buhil* 'hill'. A cogn. √*bhûg* appears in LAT. *fugio*, GR. *φεύγω*. — bow¹ sb. 'a

weapon, a bend' ME. *bówe* OE. *boga* = OHG. OSAX. *bogo*, DU. *boog*, G. *bogen*, ON. *bogi*.

bow² 'the forward part of a ship', var. of *bough*.

bowel ME. *bouél bowel*: loanword from OFR. *bouel* (FR. *boyau*); source LAT. *botellus* 'sausage' (IT. *budello*), whence also ODU. *bodeline* DU. *beuling* 'sausage'.

bower sb. ME. *bour* OE. *búr* 'a dwelling' (see *neighbor* = OE. *néhʒebúr*) = OSAX. MLG. *búr* 'a house, cage', OHG. MHG. *búr* 'a chamber' G. *bauer* 'a cage', ON. *búr* 'a chamber, larder'. For the TEUT. √*bû* 'dwell' cp. *build*.

bowl ME. *bolle* OE. *bolla* = ON. *bolli*, DU. *bol*, OHG. *bolla*.

box¹ 'a chest' ME. OE. *box*: borrowed from a VULG.-LAT. **buxem* for *buxidem* (nom. *buxis*), whence also DU. *bus*, G. *büchse* 'box' OHG. *buhsa* for **buhsja*. VULG.-LAT. *buxis* (from GR. *πύξις* 'box made of the box-tree' cp. *box²*) appears in FR. *bossette*, IT. *bossolo* 'box'.

box² 'the name of a tree' ME. *box-tré* OE. *box*: borrowed from LAT.-ROM. *buxus* (= IT. *bosso*, SPAN. *box*, FR. *buis*), whence also OHG. MHG. *buhs(-boum)* = G. *buchsbaum* 'box-tree', DU. *busboom*.

boy ME. *boie* OE. **bôia*; perh. dimin. of a lost OE. **bô* 'brother' = FLEM. *boe* 'brother': childish abbreviation of E. *brother*, as G. *bube* OHG. *buobo* is a reduplication of **bô* 'brother'?

boycott first heard of in Dec. 1880. *Captain James Boycott* was a farmer at Lough Mask, co. Mayo, Ireland; the Irish league pronounced their edict, in consequence of which no one wished to work or have anything to do with him; he was the victim of the system of procedure named after him.

brace sb. ME. *bráce*: adapt. of OFR. *brace*. Source LAT. *bracchium*.

brach ME. *bracche*: adapt. of OFR. *brache*. Source OHG. *bracko* 'hunting dog' = DU. *brak* ODU. *bracke*.

brad ME. *brad* usually *brod*: loanword from ON. *broddr* 'spike, shaft' (= OE. *brord* 'spike', OHG. *brort* 'edge'). The TEUT. base *brozda-* answers to OIR. *brot* 'sting'.

brag vb. 'boast' ME. *bra(g)ge*; akin to OFR. *braguer* 'flaunt, brave, brag'. Source doubtful.

braid vb. 'weave' ME. *breide* OE. *bréȝdan* 'move to and fro, weave' = OSAX. *brégdan*, LG. *breiden*, OHG. *brëttan* MHG. *brëtten*, ON. *bregda* 'draw, pull, weave, braid'; orig. 'move quickly'; but MLG. *breiden* 'knit'. Cp. *bridle*.

brain ME. *brain* OE. *bræȝen* = DU. *brein*, LG. *bregen* 'brain'. The TEUT. base *bragĕna-* 'brain', if from an ARYAN *mrogh-*, is compared with GR. βρεχμός 'forehead' (for *μρεχ-).

brake 'a thicket' ME. *bráke*; perh. cogn. w. LG. *brâke* 'tree-trunk'?

bramble ME. *brembel* OE. *brémel* earlier *brǽmil*; cogn. w. G. *brombeere* 'brambleberry' OHG. *brâma*, DU. *braam*, perh. ident. w. OE. *brǿm* under *broom*.

bran ME. *bran*: adapt. from IR. W. *bran*. ME. *bren* adapt. from OFR. *bren* points to the same source.

branch 'a bough of a tree' ME. *braunche*: borrowed from FR. *branche* (= SPAN. IT. *branca* LAT. type *bi-ramica*? deriv. of LAT. *ramus* 'branch'?).

brand ME. OE. *brand brond* = ODU. MLG. *brand*, OHG. MHG. *brant* 'a burning, a brand', DU. G. *brand* 'a burning, fuel', ON. *brandr* 'a firebrand', SW. DAN. *brand* 'a firebrand, fire'. From TEUT. *brinnan* = *burn*. — **brandish** vb. ME. *braundisshe braundisse*: loanword from FR. *brandiss-* in *brandir* (= IT. *brandire*) 'brandish'. Source a TEUT. *brand* 'sword' = E. *brand* 'sword' OE. *brond*, ON. *brandr*, MHG. *brant* 'blade of a sword'. — **brandy** short for *brandywine* = DU. *brandewijn*, G. *brantewein* 'brandy', lit. 'burnt wine'.

brass ME. *bras* OE. *bræs*. LAT. *ferrum*, if for *ferso-* ARYAN *bherso-*, is considered akin to the TEUT. base *brasa-* in OE. *bræs*.

brat 'a child' perh. ident. with ME. OE. *bratt* 'a coarse cloak': orig. a Celt. word, cp. GAEL. IR. *brat* 'a cloak, mantle' — W. *brat* 'a rag, a pinafore'.

brave borrowed from FR. *brave*, whence also DU. *braaf*, G. *brav*.

brawn ME. *braun brawn* 'muscle, boar's flesh'; orig. **braoun brahún*: borrowed from OFR. *braon* 'a piece of flesh, muscle'. Source a TEUT. *brâdo* acc. *brâdun* = OHG. *brâto* MHG. *brâte* 'a slice of bread' and also like G. *braten* 'roast meat', OE. *brædan* 'roast meat', G. *braten*, DU. *braden* 'roast'; in LG. dial. an OSAX. *brâdo* 'muscle' is preserved (e. g. WESTPHAL. *wadbrâe*); cp. MLG. *brâde*.

braze[1] vb. 'adorn with brass' ME. *brâse* OE. *brasian* 'cover with brass': deriv. of OE. *bræs*; cp. *b r a s s*.

braze[2] vb. 'harden': loanword from ON. *brasa* 'harden by fire'.

breach ME. *brêche*: adapt. of FR. *brèche*. Source the TEUT. vb. *brêkan* = *b r e a k*.

bread ME. *brêd* late OE. *brêad* = OHG. *brôt* G. *brôd*, OSAX. *brôd*, DU. *brood*, late ON. *braud*. The Teut. base *brau-da-* is deriv. fr. the √ *brû* in E. *broth* and *brew*. The orig. TEUT. word for *bread* was *loaf* (= TEUT. *hlaiba-*). In OE. we find *brêad* 'piece of bread' and *bêobrêad* 'honey-comb'.

breadth formed after *length* *strength* with secondary *th* from ME. *brêde* OE. *brâdo* 'breadth': abstract noun formed from *b r o a d* with umlaut (GOTH. *braidei*, OHG. *breitî*). Cp. WESTPHAL. *bredde*, OSAX. **brêdtha* from *brêd* 'broad'.

▪ **break** vb. ME. *brêke* OE. *brêcan* str. vb. = DU. *breken*, OSAX. *brêkan*, OHG. *brêhhan* G. *brechen*, GOTH. *brikan*. With the TEUT.

√ *brĕk* 'break' (ARYAN *bhrĕg*) cp. LAT. *frango* (pret. *frêgi*) 'break'.

breakfast ME. *brêkefaste*: prop. 'breaking one's fast, the first meal of the day by which the fast is broken'.

bream ME. *brêm*: loanword from FR. *brême*; source a TEUT. *braxma* in OHG. *brahsima* MHG. *braesem* G. *brassen* = OSAX. *bressemo*, DU. *brasem*, OSW. *braxn*, DAN. *brasen*.

breast ME. *brest* short for ME. *brêst* OE. *brêost* = OSAX. *briost*, OFRIS. *briast*, ON. *brjóst*; akin to GOTH. *brusts* plur., DU. *borst*, OFRIS. *burst* (and *briast*), G. *brust*: TEUT. bases *breust-*: *brust-*.

breath ME. *brêth* OE. *brâd* 'breath, odor'; akin to OHG. *brâdam* MHG. *brâdem* G. *brodem* *broden* 'steam, vapor, exhalation'.

breech 'buttocks' ME. *brêch* OE. *brêc*. Orig. ident. with **breeches** (»a pair of breeches«) ME. *brêch brêche*; the corresp. OE. *brêc* plur. points to a sing. **brôc* = DU. *broek*, OFRIS. *brôk* (plur. *brêk*), ON. *brók* (plur. *brákr*), OHG. MHG. **bruoch.** The TEUT. base *brôk-* plur. *brôkiz*) is seemingly connected with GALL.-LAT. *brâca* 'clothing for the legs'.

breed vb. ME. *brêde* OE. *brêdan* = DU. *broeden*, OHG. *bruoten* MHG. *brüeten* G. *brüten* 'brood, hatch', GOTH. **brôdjan*: deriv. of TEUT. *brôda-* see *b r o o d*.

breeze[1] 'a strong wind' = synon. G. *brise*, DAN. *bris*: source

FR. *brise* 'the north wind' = SPAN. *brisa*.

breeze² 'gadfly' ME. *brẹ̄se* OE. *brẹ̄osa*. Connection with G. *bremse* and *breme* (OHG. *brimisa brēma*) is doubtful.

brew vb. ME. *brẹ̄we* OE. *brẹ̄owan* str. vb. = DU. *brouwen*, OHG. *briuwan* G. *brauen*. With the TEUT. √ *brū* (Aryan *bhrū bhrĕu*) 'brew' are related PHRYG.-THRAC. βρῦτον 'beer, cider', which prob. stands for GR. *φρῦτον, also LAT. *defrūtum* 'must boiled down', OIR. *bruthe* 'broth' — *bruth* 'live coals, heat' — *bruith* 'cooking'. Cp. *bread*.

- bridal, see *bride*.

bride ME. *brīde* OE. *brȳd* (from *brȳdi *brūdi) = OSAX. ODU. LG. *brūd*, DU. *bruid*, OHG. MHG. *brūt* G. *braut*, ON. *brūdr*; GOTH. *brūþs* means 'daughter-in-law' (but *brūþ-faþs* 'bridegroom'); OSAX. *brūd* is 'the newly married wife' as E. *bride*. — bridal ME. *brīd-āle* OE. *brȳd-ealo*: lit. 'bride-ale' (ME. *bride* OE. *brȳd* and ME. *āle* OE. *ealo*). In GERM. dialects, we find *kindelbier* 'baptism'. — bridegroom ME. *brīdegome* OE. *brȳdguma* = synon. OSAX. *brūdigumo*, DU. *bruidegomo*, OHG. *brūtigomo* MHG. *briutegome* G. *bräutigam*, ON. *brūdgume* (GOTH. *brūþ-faþs*). The second element of these compounds (OE. GOTH. *guma*, OHG. *gomo* 'man' is related to LAT. *homo* from INDO-TEUT. *ghomon*). The phonetical development of

ME. *brīdegome* into E. *bridegroom* is due to the influence of *groom*.

bridge ME. *brigge* OE. *brycg* = OFRIS. *brigge*, DU. *brug*, OHG. *brucka* G. *brücke* (GOTH. *brugja *brugjō). The corresp. ON. *bryggja* (also LG. *brügge*, NORTHFRIS. *bragh*) and GERM. (dial.) *brücke* signify 'pavement, floor'; and OE. *brycgian* ME. *brigge* and NFRIS. *braghin*, MLG. *brüggen* signify 'to pave'.

bridle ME. OE. *brīdel* older OE. *briȝdel *briȝdil* = OHG. *brittil* for *brictil*: deriv. from the TEUT. vb. *brēgdan* 'pull' under *braid*. Akin to OSLOV. *brŭzda* 'bridle' (Aryan √ *bhreghdh* also in LAT. *frēnum* 'bridle'?).

brief adj. 'short' ME. *brẹ̄f*: borrowed from FR. *bref* (SPAN. IT. *breve* = LAT. *brevis* 'short').

brief sb. 'a commission, document' ME. *brẹ̄f*; cp. DU. G. *brief* OHG. *briaf* and the corresponding OFR. *bref* 'an official document'. Orig. ident. with *brief* adj.

brier 'a prickly shrub' ME. *brẹ̄re* OE. *brǣr brẹ̄r* 'a bramble'.

bright ME. *bright* OE. *beorht* 'bright, white, clear' = OSAX. *bĕrht*, OHG. *bĕraht*, GOTH. *baírhts* 'bright'. Akin to MLG. *brĕhen* 'shine, glisten'; cp. SKR. *bhargas* 'brightness'.

brim ME. *brim*; perh. ident. with OE. *brim* 'ocean, surf' = ON. *brim* 'surf'; cp. the name of the city of *Bremen*.

brimstone ME. *brimstón* earlier *brenstón* = ON. *brennisteinn* 'brimstone': deriv. of ME. *brenne* = *burn*.

brine ME. *brine* 'salt liquor' = DU. *brijn* MDU. *brîne*.

bring vb. ME. *bringe* OE. *bringan* = OHG. OSAX. *bringan* G. *bringen*, GOTH. *briggan*; cp. DU. *brengen*, OSAX. *brengian*, OE. *brengan* 'bring': TEUT. √ *breng brang*.

brink ME. *brink* 'edge'; cp. ON. *brekka* from **brinkô*, LG. *brink*.

brisk a CELT. loanword; cp. W. *brysg*, GAEL. *bri(o)sg* 'quick, lively'.

bristle ME. *bristle* older *birstle* OE. **byrstel*: dimin. of OE. *byrst* = OHG. *burst* G. *borste*, DU. *borste* 'bristle'; akin to OHG. *bursta* G. *bürste* 'brush'. The TEUT. √ *bors burs* (whence *bur* in *burdock*) is an Aryan √ *bhrs* in SKR. *bhṛṣṭi* 'point, prong'. Cp. *brush*.

brittle ME. *britel* OE. **brytel*: formed with suffix *-il* (OE. *el* cp. *nimble*) from OE. *brēotan* 'break' = ON. *brjóta* 'break'.

broach vb. ME. *brŏche* 'bore, spur, spit, tap' (*setten on broche* 'set a-broach, tap' = FR. *mettre en broche* 'tap a barrel'); FR. *brocher* 'broach, pierce' and *broche* 'a broach, spit'.

broad ME. *brŏd* OE. *brád* = OSAX. MLG. *brêd*, DU. *breed*, G. *breit*, ON. *breidr*, SW. DAN. *bred*, GOTH. *braids* 'broad': prob. from a PRE-TEUT. *mraitó-*, akin to an Aryan √ *mrit* in SKR. *mrit* 'fall to pieces' (therefore *broad* prop. 'extended'?).

brock 'a badger' ME. *brok* OE. *brocc* (= DAN. *brok*); a CELT. loanword; cp. W. CORN. BRET. *broch*, GAEL. IR. MANX *broc* 'a badger' (CELT. base *brakko-*, perh. ident. w. LAT. *broccus* adj. 'having prominent teeth' and OFR. *broc* 'spit, point').

broil vb. ME. *broile*; adapt. of OFR. *bruiller* 'broil, roast'. OFR. *bruir* 'roast' seems to be ident. with G. *brühen* MHG. *brüejen*, DU. *broeijen* 'foment'; cp. *brood*.

broker ME. *brŏcour* 'pedlar, pawnbroker'; loanword from OFR. *brocour brokeor* 'tapster who retails wine from the tap'; cp. FR. *broche* under *broach*.

brooch 'broach' ME. *brŏche* 'a pin, peg, brooch': borrowed from FR. *broche* 'a spit, point'.

brood ME. OE. *brŏd* = DU. *broed*, OHG. MHG. *bruot* G. *brut*: appar. formed with dental suffix from the TEUT. √ *brô* in G. *brühen*, DU. *broeien*. Cp. *breed*.

brook ME. *brŏk* OE. *brŏc* = DU. *broek*, MLG. *brôk* LG. *brook* 'marsh, pool', OHG. *bruoh(h)* MHG. *bruoch* G. *bruch* 'marsh, bog'; possibly connected with the TEUT. √ *brĕk* 'break' in *break*.

brook vb. 'put up with' ME. *bro(o)ke brouke* OE. *brúcan* 'use, enjoy' = OSAX. *brûkan*, DU. *gebruiken*, OHG. *brûhhan* MHG. *brûchen* G. *brauchen* 'use, need', GOTH. *brûkjan* 'use'. The PRE-TEUT. form of the √ *bhrŭg* accords with LAT. *fruor* from *fruvor* for *frugvor* and cp. LAT. *fruges.*

broom ME. OE. *bróm* 'the plant of the broom' = ODU. *broem* 'broom'; perh. cogn. w. *bramble.*

broth ME. *broth* OE. *brod* = ON. *brod*, OHG. *brod*: deriv. from the √*brú* under *brew.*

brother ME. *bróther* OE. *bróđor* = DU. *broeder*, OSAX. *bróthar*, OHG. MHG. *bruoder* G. *bruder*, ON. *bróđir*, GOTH. *bróþar* 'brother'. The TEUT. base *bróþer-* (Aryan *bhráter-*) corresponds to LAT. *fráter*, SKR. *bhrátar-*, OSLOV. *bratrŭ*; cp. GR. φρατρία.

brow ME. *browe brúwe* OE. *brú*; cp. ON. *brún* 'eyebrow' and SKR. *bhrú*, GR. ὀφρύς, OSLOV. *brŭvĭ* 'brow'.

brown ME. *broun* OE. *brún* = MLG. OHG. MHG. OFRIS. *brún*, DU. *bruin*, ON. *brúnn*. The TEUT. name of the color passed into ROM. (FR. *brun* = SPAN. IT. *bruno* 'brown') and LITH. (*brunas* 'brown'). The proper stem of Aryan *bhr-úno-* appears in LITH. *beras* 'brown' (see *bear* sb.) and reduplicated in SKR. *babhru-s* 'reddish- brown' (see *beaver*).

bruise vb. ME. *brúse*: loanword from OFR. *bruser* (FR. *briser*) 'break', whence OE. *brýsan* 'break'.

bruit 'a rumor' ME. *brúit:* borrowed from FR. *bruit* 'noise'.

brush sb. ME. *brusshe* 'a brush', orig. 'brush-wood': borrowed from OFR. *broce* FR. *brosse* 'brush-wood, brush'.

brute borrowed from FR. *brut* adj. (fem. *brute*); source LAT. *brutus.*

buck vb. 'wash linen, steep clothes in lye' ME. *bouke* (OE. *búcian*) = DAN. *byge*, SW. *byka*, NORW. *boukja*, ICEL. *bauka*, MHG. *búchen* G. *bauchen*. The TEUT. vb. *búkôn* (*búkjan*) is based on OE. *búc* (cp. *bucket*). The ROM. FR. *buer*, IT. *bucare* 'wash' are borrowed from Teut.

buck sb. ME. *bukke* OE. *bucca*; cp. the synon. OSAX. *buck*, FRIS. DU. *bok*, OHG. MHG. *boc(ck)* G. *bock*, ON. *bukkr bokkr*, SW. *bock*, DAN. *buk* 'a he-goat, ram, buck(deer)', GOTH. **bukks *bukka*: ident. w. GAEL. *boc*, OIR. *bocc*, CYMR. *boch* 'buck' from a CELT. base *bukko-* (whence FR. *bouc* OFR. *boc*) and W. ARMEN. *buc* 'lamb', AVEST. *búza* 'buck' (ARYAN *bhŭg*?). The INDO-TEUT. base *bhûgo-* is perh. connected with the root of *fugio*, GR. φεύγω 'flee'; hence *buck* may have signified orig. 'fugitive'.

bucket 'a kind of pail' ME. *boket*: deriv. from OE. *búc* 'a pitcher' with the dimin. suffix *-et.*

buckle ME. *bokel*: adapt. of FR. *boucle*, whence also G. *buckel*. Source MED.-LAT. *buc(c)ula* 'a beaver, shield'.

buckler ME. *bokelér*: adapt. of OFR. *bocler bucler* = FR. *bouclier* (whence also DU. *beukelaar*, MHG. *buckeler*, ON. *buklari*). Cp. *buckle.*

buckram ME. *bokeram bukeram* = OFR. *bouqueran boucaran* (FR.

bougran, MHG. *buckeram*). Source and history unknown.

buckwheat = DU. *boekweit*, MLG. *bôkwête*, G. *buchweizen*, DAN. *bóghvede*: lit. 'beech-wheat' from the resemblance of its seeds to the mast of the beech-tree. The E. word is of continental origin. Cp. *beech*.

bud ME. *budde*; perh. akin to FR. *bouton*, DU. *bot* 'bud'. History and source uncertain.

bugle 'a buffalo, a horn' ME. *bügle*: borrowed from OFR. *bugle* 'a wild ox' (LAT. *buculus*, dimin. of *bos* 'an ox'). The meaning 'horn' is short for 'bugle-horn'.

build vb. short for ME. *bílde* (pret. *bilde*) OE. **býldan* (pret. *bylde*); deriv. with vowel mutation from OE. *bóld* 'house' which goes back, as shown by the older OE. *botl bodl*, by metathesis to a TEUT. *bo-pla-* (= ON. *ból*, DU. *boedel*, OSAX. *bodlos* plur., OFRIS. *bodel bold*. OE. *byldan* (*bytlan*) is a TEUT. *bupljan*. TEUT. *bopla-* = ARYAN *bhū-tlo-* belongs to the INDO-TEUT. √ *bhû* 'dwell, reside' (cp. *be*, *bower* and *booth*). For the ARYAN *tl-* suffix cp. *needle*.

bull ME. *bule*; OE. only in dimin. *bulluc* = ME. E. *bullock*; cp. the synon. DU. *bul*, LG. *bulle*, ON. *boli*, DAN. *boll* 'a castrated bull'; LITH. *bullus* is primit. related. Whether the E. *bull* is orig. a SCAND. loanword, is uncertain.

burden[1] 'a load' ME. *birthen* OE. *byrden* = OSAX. *burthinnia* 'burden'; cp. the equival. OHG. *burdî* G. *bürde*, ON. *byrdr*, GOTH. *baurþei*: all deriv. of the TEUT. √ *bĕr* in *bear*; cp. SKR. *bhŗti* = OIR. *brith* 'the carrying' and see *birth*.

burden[2] 'the refrain of a song' ME. *burdoun*: loanword from FR. *bourdon*, orig. 'a drone-bee' (= SPAN. *bordon*, IT. *bordone* 'a drone' from LAT. *burdo* 'a drone'); cp. MLG. *bardûn* 'tenor; a musical instrument'.

burgess ME. *burgeis*: loanword from OFR. *burgeis* FR. *bourgeois* (LAT. type *burgensis* from *burgus* 'town'). — **burgher** borrowed from DU. *burger* = MLG. *borgere*, OHG. *burgâri* MHG. *burgære burger* G. *bürger*: deriv. of TEUT. *burg-* cp. *borough*.

burial ME. *buriel biriel* prop. *buriels biriels* OE. *byrʒels* 'tomb' (= OSAX. *burgisli* 'tomb'): deriv. from the OE. vb. *byrʒan* (OSAX. **burgian*); cp. *bury*.

burin 'an engraver's tool': borrowed from FR. *burin*; perh. of Teut. origin; cp. OHG. *bora* 'a borer' (see under *bore*).

burly ME. *burlī borli* OE. **burlice*. Akin to OHG. *buro-* 'very' in *burolang boralang* 'very long' and perh. to SKR. *bhûri* 'much'?

burn vb. ME. *berne* OE. *bærnan bernan* tr. (*byrnan* intr.). Cp. synon. MHG. *brinnen* intr. and its causative *brennen*; G. *brennen* intr. and tr., GOTH. *brinnan* intr. and *brannjan* tr. Only one *n* belongs to the TEUT. √ *brĕn*, as shown by *bryne* 'conflagration'.

burnish vb. ME. *burnisshe bur-nisse*: loanword from OFR. *bur-niss-*, the stem of certain parts of *burnir brunir* = FR. *brunir*.

burr ME. *burre* 'a bur'; cp. SW. *kardborre* 'a burdock', DAN. *borre*, N.FRIS. *bor*, HELGOL. *borren* 'bur-dock'. OE. **burre*, if for TEUT. *burzon-*, may be deriv. from the TEUT. √*bors* in G. *borste*; cp. *bristle*.

burst vb. ME. *berste* OE. *berstan*; cp. synon. OSAX. *brĕstan*, LG. DU. *bersten*, OHG. *brĕstan* MHG. *brĕsten* G. *bersten*, ON. *bresta*. Cp. an Aryan √*bhrest* in OIR. *brissim* 'break' (*ss* for *st*).

bury vb. ME. *burie birie* OE. *byriȝan byrȝan* wk. vb.; akin to OE. *byrȝen* 'tomb' — *byrȝels* under *burial*. TEUT. *burgjan* belongs perh. with OE. *beorg* 'mound, place of burial' to the TEUT.√*bĕrg* in GOTH. *bairgan*, DU. G. *bergen*, OE. *beorgan* 'protect, shelter, secure'.

bury in place-names see *bo-rough*.

bush ME. *bush* older *busk*; ident. with OHG. *busk* G. *busch*, DU. *bosch bos* and a ROM. *bosco* (= FR. *bois*, IT. *bosco*). Uncertain whether of Teut. or of Lat. origin.

bush 'a thicket' ME. *busch busk* = OHG. *busc* G. *busch*, DU. *bosch*; akin to FR. *bois*, IT. *bosco*. Orig. derived as LAT. **buxicum* from LAT. *buxus* = *box*?

busk vb. 'get one's self ready' ME. *buske* 'prepare one'self': of Scand. origin; cp. ON. *buask* 'prepare'. Cp. *bound* adj.

busk 'a support for a woman's stays' borrowed from FR. *busc busque* orig. 'the whole bodice', prob. a corruption of *bust*.

buss[1] 'a herring-boat' ME. *busse* OE. *bútse* (in *bútsecarlas*) = DU. *buis*, OHG. *búzo*, ON. *búza*. The Rom. shows similar words: MED.-LAT. *bussa buscia* 'a kind of boat', ÓFR. *busse buse buce*. Source unknown.

buss[2] 'kiss' = G. dial. *bussen* 'kiss'; cp. also SPAN. *buz* 'a kiss of reverence'; perh. orig. a chil-dish onomatopoeia.

bust from FR. *buste* (= IT. SPAN. *busto*), whence also G. *bûste*.

bustle vb. ME. *bustele* 'wander blindly or stupidly'; perh. akin to G. (dial.) *pusseln* 'bustle', ICEL. *bustla* 'bustle'?

busy ME. *bisy* OE. *bisiȝ* = DU. *bezig*, LG. *besig*: TEUT. base **bisiga-*.

but ME. *búte* shortened for *búten* OE. *bútan* conj. 'except' — prep. 'besides, without' = DU. *buiten* 'except'. Contr. from *be-útan*; cp. G. *ausser* and E. *out*.

butcher ME. *bócher* earlier *bou-chĕr*: borrowed from FR. *boucher* 'one who kills he-goats' (deriv. of FR. *bouc* = *buck*).

butler ME. *butelĕr bot(e)lĕr* fr. OFR. *bouteiller*: deriv. of *bottle*.

butt borrowed from OFR. *boute*, FR. *botte* (= SPAN. *bota*, IT. *botte*) 'a butt, cask'. Akin to OE. *bytt* 'hose, a leather bottle', OHG. *butin* G. *bütte*.

butter ME. *butere* OE. *butere butore* = G. *butter*, DU. *boter*,

LG. *botter*: source LAT. *bûtýrum* (cp. FR. *beurre*, IT. *burro*) = GR. βούτυρον.— **butterfly** ME. *butterflie* OE. *butor-fléoge* = DU. *botervlieg*; cp. G. dial. *buttervogel* 'a butterfly' and the G. dial. synonyms *milchdieb* and *molkenstehler*.

buttock ME. *buttok* with dimin. suffix (cp. *hillock*) fr. OFR. *bot* (FR. *bout*) 'an end'; cp. *butt-end*.

button ME. *bùtoun*: borrowed FR. *bouton* 'a bud, a button'.

buttress 'a support' (in architecture) ME. *buteras butres*: borrowed from OFR. *bouterets*, prop. plur. of *bouteret* 'a buttress'; cp. FR. *boter bouter* 'thrust, prop'.

buxom ME. *buxom* older *tbúh-sum* from OE. *bûgan* = **bow**; the old meaning was 'obedient, obliging'. Akin to DU. *buigzaam*, G. *biegsam* 'submissive'.

buy vb. ME. *ble* earlier *bigge* OE. *byčǧan* 'purchase' = OSAX. *buggian*, GOTH. *bugjan* 'buy'.

buzzard ME. *bùsarᵈ* short for *bûsard*: loanword from FR. *busard* by-form of FR. *buse* 'buzzard' (= LAT. *bûteo* 'buzzard'), whence also DU. *buizerd*, G. *bushart*.

by ME. OE. *bi* (but *be-* as prefix) = OSAX. OHG. MHG. *bî* G. *bei*, DU. *bij*; GOTH. *bi* means 'round, round about' and thus connection with GR. ἀμφί, LAT. *ambi-* becomes possible.

C

cabbage earlier *cabbache* from FR. dial. *caboche* = FR. *cabus* (DU. *kabuis*), IT. *capuccio*, G. *kappes* OHG. *kabuʒ*: orig. deriv. of LAT. *caput* 'head'.

cabin ME. *caban*: borrowed from FR. *cabane* = IT. MED.-LAT. *capanna* 'a cabin'. Source and history unknown.

cable ME. *câble* (= G. DU. SW. DAN. *kabei*) : adapt. of FR. *câble*. Source LAT. *capulum* 'a rope' (LAT. *capere* 'take, hold').

caboose ident. with DU. *kabuis*, G. *kabüse*, DAN. *kabys*. Earlier E. form *comboose* ident. with DU. *kombuis*, FR. *cambuse*. Prob. akin to E. *cabin*.

cackle vb. ME. *kakle* = DU. LG. *kakelen*, G. *kakeln*, SW. *kackla*, DAN. *kagle* 'cackle'. Onomatopoetic formations.

cage ME. *câǧe*: adapt. of FR. *cage* = IT. *gabbia gaggia* dial. *cabbia*; source LAT. *câvea*, whence also OHG. *chęvia* G. *käfig* 'cage'.

cairn borrowed from GAEL. IR. W. *carn* 'a pile, rock'?

caitiff ME. *caitif* 'a captive': loanword from ONFR. *caitif* 'a wretch' (whence also DU. *katijvig* ODU. *catijf caitijf*) = FR. *chétif* 'mean, vile' (IT. *cattivo* = LAT. *captīvus* 'captive').

cajole vb. = FR. *cajoler* 'coax' (OFR. *cageoler* 'chatter like a bird in a cage, prate', deriv. of FR. *cage* = E. *cage*).

cake ME. *câke* OE. *caca* (inferred from the dimin. formation OE. *čečil čičel*, TEUT. base *kakila-*) = ON. SW. *kaka*, DAN. *kage* 'cake'. Akin to OSAX. *kôko*, DU. *koek*, SC. *cooky* (also OE. *cæcil* ME. *kĕchel* from the dimin. GOTH. *kôkila-*), OHG. *kuocho* G. *kuchen*. The base *kakan- kôkan-* is genuine TEUT.

ca(u)ldron ME. *caudroun*: borrowed from AFR. *caudroun* = FR. *chaudron* (= IT. *calderone* 'a large kettle'). Source LAT. *caldaria* 'a kettle for hot water' (*caldus calidus* 'hot'). The *l* of modern spelling is inserted in imitation of LAT. (Scotch still *caudron*).

calf[1] ME. *calf* OE. *cealf* = OSAX. DU. LG. SW. *calf*, ON. *kálfr*, OHG. G. *kalb*; GOTH. has only a fem. *kalbô* 'heifer' (OHG. *chalba* G. *kalbe* f. 'a calf'). Outside of TEUT., there is a series of words with the base *glbh-* in SKR. *garbha* 'the womb, an embryo', GR. δελφύς 'womb' and its deriv. ἀδελφός 'brother' — δέλφαξ 'a young pig'.

calf[2] ME. *calf*; perh. adopt. of ON. *kálfi* = NORW. *kalve*, SW. *kalf* (*ben-kalf*) 'calf of the leg'.

ca(u)lk vb. ME. *cauke* 'tread as a cock': borrowed from OFR.

cauquer 'tread' (source LAT. *calcare* 'tread down').

call vb. ME. *calle* OE. (c. 950) *callian* (once misspelled *ceallian*): a SCAND. loanword cp. ON. *kalla* 'say, call, name' (SW. *kalla*, DAN. *kalde* 'call'): ident. with DU. *kallen*, OHG. *kallôn*; cp. SKR. √*gir* 'call, praise'.

callous from LAT. *callosus* 'hardskinned' (LAT. *callus* 'hard skin').

callow adj. ME. *calowe calu* OE. *calu* (*calw-*) = DU. *kaal*, OHG. *kalo* (infl. *kalawêr*) G. *kahl*: an early LAT. loanword = LAT. *calvus* (whence FR. *chauve*, IT. SPAN. *calvo*), which is of Aryan origin (cp. SKR. *kulva*, AVEST. *kaourva* 'callow').

calm ME. *calme* (= DU. *kalm*) from FR. *calme* (= SPAN. IT. *calma* 'calmness, still weather'). Source MED.-LAT. *cauma* 'the heat of the sun' = GR. καῦμα 'great heat', *l* being due to association w. LAT. *calor*.

cambric borrowed from FR. *cambray*, so called from *Cambrai* (FLEM. DU. *Kamerijk*), a town of northern France where it was first made (hence G. *kammertuch*). See *arras* and *lawn*[2].

camp borrowed from FR. *camp* 'field, army' = LAT. *campus* 'field'. — **campaign** from FR. *campa(i)gne* 'an open field, a military campaign'.

camphor borrowed from FR. *camphre* = IT. *canfora*, G. *kampfer*, DU. *kamfer*.

can vb. ME. OE. *can* = GOTH. *kann*, OSAX. OHG. *kan* G. *kann*. The TEUT. vb. *kunnan* is akin to *keen*: the ARYAN √ *gen* see under *know*.

can sb. ME. OE. *canne* = DU. *kan* 'a pot, mug', OHG. *kanna* G. *kanne*, ON. *kanna*, GOTH. **kannô*. The TEUT. word passed into FR. (OFR. *canne* FR. dimin. *canette* 'a jug').

canary = SPAN. *canario* 'bird' = FR. *canari*; cp. G. *kanarienvogel* 'canary-bird', DAN. *canariefugl*, SW. *canariefogel*, DU. *kanarievogel* 'canary-bird'; so named after the *Canary islands*.

candle ME. *candle candel* OE. *candel*: early loanword fr. LAT. *candela*, whence also IT. *candela*. Cp. *chandelier*.

cane ME. *cane*: borrowed from FR. *canne* = IT. *canna* 'a reed, a cane', LAT. *canna*.

canker ME. *cancre* late OE. *cancer* fr. ONFR. *cancre* (FR. *chancre*): source LAT. *cancer*, whence also G. DU. *kanker* OHG. *kankur*.

canon ME. *canoun*: adapt. of FR. *canon*. Source LAT. *canon* (GR. *κανών*) 'a rule, standard of right'.

canvas ME. *can(e)vas* (= DU. *kanefas*, G. *cannevas kanevas*, SW. *kanfass*, DAN. *kannevas*): borrowed from ONFR. *canevas* (LAT. type *canabacius*, deriv. of *cannabis* 'hemp').

cap ME. *cappe* OE. *cæppe* 'cloak' (= OHG. *kappa* 'cloak' G. *kappe*, DU. *kap* 'cap'). Source LAT. *capp..*; ident. with *cape*[1] and *cope*.

cape[1] ME. *cápe*: borrowed from ONFR. *cape* (= IT. LAT. *cappa* 'a cloak, cape'): ident. with *cap*.

cape[2] 'a headland' borrowed from FR. *cap* 'cape, headland, head' = G. *kap*, IT. *capo*. Source LAT. *caput* 'head'.

caper from FR. *câpre* (= IT. *cappero*, DU. *kapper*, G. *kaper*): source LAT. *capparis*.

capon ME. *cápoun* late OE. (c. 1000) *capún* fr. ONFR. *capon* (FR. *chapon*): source LAT. *cappo(nem)*, whence also G. *kapaun* and OHG. *kappo*.

captain ME. *capitain* from FR. *capitaine* (LAT. type *capitaneus capitanus*, deriv. of LAT. *caput* 'head'). Ident. w. *chieftain*.

car ME. *carre* (by-form *charre*): borrowed from ONFR. *carre* (FR. *char*). Source LAT.-GALL. *carrus* (BRET. IR. W. *carr*) 'chariot', whence also IT. *carro*, DU. *kar*, OHG. *charra charro* 'cart' G. *karre karren*.

caraway borrowed from FR. *carvi* = IT. *carvi*, LAT. *careum* 'caraway'; cp. DU. *karwij*, G. *karbe*.

carbuncle ME. *carbucle*: borrowed from ONFR. *carbuncle carboucle* (FR. *escarboucle*; ident. with IT. *carbonchio*, DU. *karbonkel*, G. *karbunkel*): LAT. *carbunculus* 'a glowing coal, gem, boil', dimin. of *carbo*.

card[1] ME. *card*: borrowed from FR. *carte* 'a card, ticket, bill,

3*

map, chart'; ident. with DU. *kaart*, G. *karte*, IT. *carta*. Source LAT. *c(h)arta* 'a card, paper'.

card² ME. *carde*: adapt. from FR. *carde*; ident. with the synon. DU. *kaarde*, OHG. *charta* G. *karte*, SPAN. *carda*, IT. *cardo* 'a card'. Source LAT. *carduus* 'a thistle'.

care ME. *câre* OE. *caru* (*cearu*) 'sorrow, suffering, grief' = OSAX. OHG. *kara* 'lament' (G. *kar-* in *karfreitag* 'Good Friday'; MHG. G. *karwoche* 'Passion week') = GOTH. *kara* 'sorrow'. A cognate vb. (meaning 'sigh') is preserved in OHG. *quëran* (GOTH. **qairan*). Cp. *chary*.

carol ME. *carole* 'dance, song' from OFR. *carole* 'a kind of dance, also a carol or Christmas song'. Of CELT. origin (BRET. *koroll* 'a dance', MANX *carval* 'a carol', W. *carol* 'a song', GAEL. *carull* 'melody, harmony').

carp ME. *carpe* = DU. *kırper*, OHG. *charpho karfo* G. *karpfen*, ON. *karfe*, SW. *karp*, DAN. *karpe*. Ident. with late LAT. *carpa* = FR. *carpe*, IT. SPAN. *carpa*.

carp vb. ME. *carpe* 'carp at, talk, say': adapt. of ON. *karpa* 'boast, brag'. The present meaning is prob. an outgrowth of the associated idea in LAT. *carpere* 'pluck'.

carpenter ME. *carpentér*: borrowed from ONFR. *carpentier* (FR. *charpentier*). Source LAT. *carpentum* 'carriage'.

carriage ME. *cariáǧe* 'l urden, baggage': borrowed from ONFR.

cariage (FR. *charriage*), deriv. of *carier* = E. *carry*.

carrion ME. *carion caroine* = DU. *karonje*; cp. also ME. *crône*, ODU. *kronie*: adapt. of ONFR. *caroigne* (OFR. *charoigne* = FR. *charogne*); LAT. type *caronia* 'a carcass' fr. *caro* 'flesh'.

carry vb. ME. *carie*: adapt. from ONFR. *carier* (FR. *charrier*); LAT. type *carricare* 'carry' (LAT. *carrus* 'a cart, car'; cp. *car*).

cart ME. *cart* fr. ON. *kartr*; ident. w. OE. *cræt* plur. *cratu* 'chariot' = DU. *krat* 'hindpart of a cart': of Celt. origin; cp. OIR. *cret* 'a wain-body'.

cartridge with intensive *r* for *cartidge*, a corruption of *cartouche* = FR. *cartouche* (IT. *cartoccio* 'cartridge', deriv. of LAT. *charta* 'paper').

carve vb. ME. *kerve* OE. *ĉeorfan* = DU. *kerven*, G. *kerben* 'notch, indent' (GOTH. **kaírfan*, OHG. **kërban* not found). The √ *kerf* appears in GR. *γράφω* 'scratch, write'.

case¹ ME. *câs câse*: borrowed from FR. *cas* (SPAN. IT. *caso* 'circumstance, chance'). Source LAT *casus*.

case² ME. *câce câsse*: adapt. from OFR. *casse* FR. *caisse*; source LAT. *capsa* 'box, cover'.

cash from FR. *casse*. Hence *cashier* sb.

cashier vb. 'dismiss from service' (= G. *kassiren*): from FR. *casser* 'discharge'.

cask borrowed from FR. *casque* 'a cask, helmet' (= IT. *casco* 'a helmet').

casket corrupted from FR. *cassette* 'a small casket', dimin. of FR. *casse* 'a chest, box'.

cassock: adapt. from FR. *casaque* (IT. *casacca* 'an outer coat', SPAN. *casaca* 'a great-coat, surtout').

cast vb. ME. *caste*: a Scand. loanword; cp. ON. SW. *kasta*, DAN. *kaste* 'throw'.

caste 'a breed, race' = G. *kaste*, FR. *caste*: borrowed from SPAN. *casta* 'breed, race, caste'.

castle ME. late OE. *castel* (also ME. *castel* = ODU. DU. *kasteel*) 'a castle, village': borrowed (c. 1000) fr. ONFR. *castel* (OFR. *chastel* = FR. *château*). Source LAT. *castellum*.

cat ME. OE. *cat (tt)*: borrowed from OIR. CORN. *cat* or from ONFR. *cat* (FR. *chat*) and ident. with G. *katze*, ON. *kottr*, NORW. SW. *katta*. The word (base *cattu-s*) is in use in the Teut. Rom. Celt. languages; cp. late LAT. *catta cattus* 'cat'.

catch vb. ME. *cacche* (with the earlier by-form *cecchen*): borrowed from ONFR. *cacher* (= FR. *chasser*, SPAN. *cazar*, IT. *cacciare*), whence also ODU. *caetsen* 'to chase' DU. *kaatsen* 'play ball' and MLG. *katzen* 'play ball'. Source a LAT. type *captiare* = *captare* 'catch'. — Hence catchpoll ME. *cacchepol* late OE. *cætepol* prop. 'catcher of poultry' (cp. FR. *poule* under *poult*) = ONFR. *cachepol* (OFR. *chacepol*); cp. G. *hünervogt* title of a tax-gatherer.

cater sb. ME. *catour acatour achatour* 'a buyer of provisions, a caterer': source ONFR. *acat* = FR. *achat* 'a buying, purchase', whence FR. *acheter*. Orig. LAT. type *accaptare*.

caterpillar earlier form late ME. *caterpel* corrupted from OFR. *chatepeleuse* 'a weevil' lit. 'a hairy she-cat': OFR. *chate* 'a she-cat' + *peleuse* (LAT. *pilosus*) 'hairy'. —

caterwaul ME. *caterwawe* shows the E. word *cat* in an extended form like *caterpillar*; ME. *wawe* 'make a noise' is imitative.

catkin dimin. of *cat*; cp. G. *kätzchen* 'catkin'.

cattle ME. *catel (chatel*, whence E. *chattel*): borrowed from ONFR. *catel* (OFR. *chatel*); source MED.-LAT. *capitale* 'capital, property'.

caudle ME. *caudel*: borrowed from ONFR. *caudel (chaudel* = FR. *chaudeau*) 'a warm drink'; deriv. of FR. *chaud* 'hot' (LAT. *caldus calidus* 'warm').

cause ME. *cause*: adapt. from FR. *cause* (by-form *chose*) 'a cause, thing' = IT. LAT. *causa*.

causeway causey corruption of *causey* (due to confusion with *way*) ME. *cause* from ONFR. *cauce* (whence also ODU. *casseie*) = FR. *chaussée*: LAT. type (*via*) *calciata* 'a paved (way)' fr. *calciare* 'pave'.

caution ME. *caucioun*: borrowed from FR. *caution* (IT. *cauzione*) = LAT. *cautio* 'caution'.

cave ME. *cáve*: adapt. from FR. *cave* 'a cave' (= IT. *cava*); source LAT. *cavus* 'hollow'.

cease ME. *cęsse cęse*: adapt. of FR. *cesser* = IT. LAT. *cessare*.

ceil ciel ME. *cęle sęle* vb. lit. 'emboss' from an earlier *syle cyll* 'a canopy': source FR. *ciel* 'a canopy' (FR. *ciel*, SPAN. IT. *cielo* 'heaven, canopy, roof' = LAT. *cœlum* 'heaven').

cerge ME. *cerge*; adapt. from FR. *cierge* (IT. *cero*); source LAT. *cereus* 'a wax taper'.

certain ME. *certein certain*: borrowed from FR. *certain* (= IT. *certano*) from LAT. *certanus*, deriv. of *certus*.

chafe ME. *chaufe* 'warm': adapt. of FR. *chauffer*; source a LAT. type *caleficare* (= LAT. *calefacere*) 'make warm'.

chafer ME. **cháfer* OE. *ceafor*: TEUT. base *kafru-*; cp. the synon. DU. *kever*, OHG. *chëvaro* G. *käfer* (GOTH. **kifra *kafrus*). Perh. *chaff* is cognate.

chaff ME. *chaf* OE. *ceaf* (= DU. LG. *kaf*); akin to OHG. *chëva* 'pod, husk' and perh. to *chafer*.

chaffer ME. *chaffere chaffare* earlier *chap-fare* = OE. *ceap* 'a bargain' + *faru* 'a journey' also 'business'; cp. ON. *kaupfor* 'a journey'.

chaffinch prop. 'the chaff-finch'.

chain sb. ME. *chaine*: borrowed from FR. *chaîne* OFR. *chaîne* (= IT. LAT. *catena*); ident. with DU. *keten*, OHG. *chętinna* G. *kette*.

chair ME. *chaire*: adapt. from FR. *chaire* (OFR. *cha-erė*); source LAT. *cathedra* (GR. καθέδρα) 'a chair, seat'.

chalice ME. *c(h)alice*: borrowed from OFR. *chalice* (*calice* = FR. *calice*, IT. *calice*): source LAT. *cälic-*, stem of *calix* 'a cup'. From the same source also OE. *cälic*, OSAX. *kęlik*, DU. *kelk*, OHG. *kęlih* G. *kelch*.

chalk ME. *chalk* OE. *cealc* 'chalk, lime' = DU. G. *kalk*, ON. SW. DAN. *kalk*: early loanword from LAT. *calc-* stem of *calx* 'limestone, chalk' (whence also FR. *chaux*, IT. *calce*, IR. GAEL. *cailc*, W. *calch* lime').

challenge sb. ME. *chalenge* 'claim': adapt. from OFR. *chalengier*; cp. IT. *calogna* 'accusation' = LAT. *calumnia* 'a slander, false accusation'.

chamber ME. *chaumbre*: borrowed from FR. *chambre*; cp. IT. *camera* = LAT. *camera camara* 'a vault, a (vaulted) room'; ident. w. DU. *kamer*, OHG. *chamara* G. *kammer* 'chamber, office'. —

chamberlain ME. *chaumberlein*: borrowed from OFR. *chambrelein chambrelenc* (SPAN. *camarlengo*, IT. *camarlingo camerlengo*); ident. w. MED.-LAT. *camar- camerlingus*, OHG. *cham.irlinc* G. *kämmerling*, formed with suffix *line* and LAT. *camera*.

champion ME. *chaumpioun*: borrowed fr. FR. *champion* (cp. DU. *kampioen*). LAT. type *campio*, IT. *campione* 'a combatant' (*campus* 'a battle, duel'). From the same source OE. *cempa*, OHG. *chemph(i)o* MHG. *kempfe*, OLG. *kempio*, ON. *kappi* 'warrior, hero'.

chance ME. *chaunce*: adapt. of FR. *chance* (whence also MHG. G. *schanze*; but DU. *kans* fr. ONFR. *cance*); OFR. *che-ance*, IT. *cadenza* point to a LAT. type *cadentia* 'a falling, chance' (esp. in dice-playing).

chancel ME. *chauncel*: borrowed from OFR. *chancel*; MED.-LAT. *cancelli* plur. 'a grating, lattice-work', whence OHG. *cancella chanzella* G. *kanzel* 'pulpit', DU. *kansel*. — chancellor ME. *chauncelér chaunselér*: borrowed from FR. *chancelier* (LAT. type *cancellarius* 'a chancellor', orig. 'an officer near the screen before the judge's bench', deriv. of LAT. *cancellus* 'grating'). Ident. w. OHG. *chancilâri* MHG. *kanzelære* G. *kanzler*, DU. *kanselier*, DAN. SW. *kansler*, ICEL. *kanzellari*. — chancery ME. *chauncerie* earlier *chauncellerie*: adapt. of FR. *chancellerie* (ident. w. IT. *cancelleria*, DU. *kanselarij*, G. *kanzlei*, DAN. SW. *cancelli*, SW. *kansli*).

chandelier from FR. *chandelier* = SPAN. *candelero*, IT. *candelliere*; LAT. type *candelarius* also in DU. *kandelaar*; cp. *candle*. — chandler ME. *chaundelér*; loan-word fr. FR. *chandelier* 'a candle-maker, candle-stick' = IT. *candelajo*: LAT. type *candelarius*.

change vb. ME. *chaunge*: adapt. from FR. *changer* (= SPAN. *cambiar*, IT. *cambiare cangiare*); source LAT. *cambiare* 'change, exchange'.

channel ME. *chanelle*: adapt. from OFR. *chanel*; ident. w. E. *canal* (= FR. SPAN. *canal*, IT. *canale*, DU. *kanaal*, G. SW. *kanal*).

chant vb. ME. *chaunte*: adapt. from FR. *chanter* (= SPAN. *cantar*, IT. LAT. *cantare* 'sing').

chap vb. ME. *chappe* 'cut, chop' = MDU. DU. *kappen*, DAN. *kappe*, SW. *kappa*.

chapel ME. *chapele*: borrowed from FR. *chapelle* (= IT. LAT. *capella*, OHG. *kapélla* G. *kapelle*, DU. DAN. *kapel*, SW. *kapell*). LAT. *capella* (dimin. of *capa*) signified 'a cape'; the chapel itself where the cloak of St. Martin and other relics were preserved first obtained the name *capella*; then from the 7th cent. the use of the word became general. Cp. *cape*.

chaplain ME. *chapelein*: borrowed from FR. *chapelain* (= SPAN. *capellan*, IT. *capellano*, MED.-LAT. *capellanus*, orig. 'the priest guarding the cloak of St. Martin'). Cp. MHG. *kapellân* G. *kaplan*, DU. *kapelaan*, DAN. SW. *kapellan*.

chapman ME. *chapman* 'a merchant' shortened for OE. *céapman* = DU. *koopman*, OHG. *choufman* G. *kaufmann*. For OE. *céap* 'bargain, trade' cp. *cheap*.

chapter ME. *chapitre*: adapt. of FR. *chapitre* = LAT. *capitulum* 'a chapter of a book', whence also G. *kapitel* 'chapter of a book'.

char vb. ME. *cherre* OE. *čyrran* wk. vb. 'turn': TEUT. base *karrjan* or *karzjan*? See *ajar*.

charge vb. ME. *charge*; adapt. of FR. *charger* (IT. *caricare*, MED.-LAT. *carricare* 'load a car'); deriv. of LAT. *carrus* = *car*. — **charge** sb. ME. *charge*: adapt. from FR. *charge* (IT. *carica*) 'a load'.

chariot ME. *chariot*: borrowed from FR. *chariot*, dimin. of *char* 'a car'.

charity ME. *charité (cherité)*: borrowed from FR. *charité* (IT. *carità* = LAT. *caritatem*).

charm ME. *charme*: borrowed from FR. *charme* 'an enchantment'; source LAT. *carmen* 'a song, enchantment'.

chart ident. w. G. *karte*, DU. *kaart*; borrowed from FR. *charte*; source LAT. *charta*. — **charter** ME. *chartre charter*: adapt. of FR. *chartre* 'a charter' (LAT. *chartula* 'a little paper').

chary ME. *chári* OE. *čeariʒ* 'full of care, sad' = OSAX. OHG. *karag* (Heliand *môdkarag* 'sad') 'full of care' G. *karg* 'slow to give'. Cp. *care*.

chase vb. ME. *cháce cháse*: borrowed from FR. *chasser* (Picard. *cachier* see under *catch*); LAT. type *captiare*. — **chase** ME. *cháce cháse*: adapt. from FR. *chasse* = IT. *caccia* 'chase'.

chaste ME. *cháste*: borrowed from FR. *chaste* (IT. *casto* = LAT. *castus* 'chaste'). — **chaste** vb. 'chastise' ME. *chastie* also *chasty*: adapt. of OFR. *chastier* = FR.

châtier (= SPAN. *castigar*, IT. LAT. *castigare*); ident. w. G. *kasteien*, ODU. *castîen*. — **chastise** vb. ME. *chastise* for the shorter *chastie* 'chasten'; see *chaste* vb.

chattel ME. *chatel chetel*, ident. w. *cattle*: source OFR. *chatel*.

chatter vb. ME. *chat(e)re (chitere)* 'chatter', an imitative word.

chaudron 'entrails': borrowed from OFR. *chaudun cauldun*; ident. w. G. *kaldaunen*. The synon. IT. *calaûme*, Sicilian *quadumi*, Cat. *escaldums* point to vulgar LAT. *caldûmen.

cheap ME. *chęp* 'trade, barter, price' OE. *čęap* 'price' = OSAX. *kôp*, DU. *koop*, OHG. *kouf* G. *kauf* 'trade, traffic'; source LAT. *caupo* 'huckster'.

cheat vb. ME. *chęte* short for *eschęte* 'escheat'. The meaning 'defraud' was ushered in in the 16th cent. on account of the unscrupulousness of the escheaters. Cp. *escheat*.

checker sb. ME. *cheker chekkér(e)* 'a chess-board' short for *escheker* 'the exchequer': loanword from OFR. *eschequier eschakier* 'a chess-board, exchequer' = FR. *échiquier* (= IT. *scacchiere*, MED.-LAT. *sca(c)carium*).

cheek ME. *chęke* OE. *čęoce*: TEUT. base *keukôn* also in OFRIS. *tziake* 'jaw-bone' (modern *sôke*); akin to GOTH. *kukjan* = EASTFRIS. *kükken* 'kiss'. But ME. *chęke chęke* OE. *čeáce* 'jaw-bone' may also point to DU. *kaak* ODU. *câke* 'cheek': TEUT. base *kâkôn- kêkôn-*; cp. MLG.

kâke (fr. **kâko*) and *kêke* (fr. **keoka*) 'gums, jaw-bone'.

cheer sb. ME. *chére*: adapt. of FR. *chère* (whence IT. *cera*).

cheese ME. *chése* OE. *čése (čýse)* = DU. *kaas*, OSAX. OHG. *kâsi* G. *käse*: early loanword from LAT. *câseus* (whence also IT. *cascio*, SPAN. *queso* and OIR. *caise*).

cherish vb. ME. *cherisshe*: adapt. of FR. *chériss-*, stem of some parts of *chérir* 'hold dear'; source FR. *cher* = LAT. *carus* 'dear'.

cherry ME. *chery* in comp. *chere- chiri-* (plur. *cherys cheries chiries*), a new sing. developed from the supposed plur. **cheris* **chiris* OE. *čiris čyrs* = OHG. *kirsa* G. *kirsche*. Source LAT. *cerasus*, whence the corresp. Rom. group IT. *ciriega*, FR. *cerise* from a vulgar LAT. type *ceręsia*.

chess ME. *ches(s)e*: borrowed from OFR. *eschecs* 'chess' prop. the plur. of *eschec* 'check' (IT. *scacco*, G. *schach*, DU. *schaak*). Source PERS. *shâh* 'king'.

chest ME. *cheste (chiste)* OE. *čest (čiste)* = DU. *kist*, OHG. *chista* G. *kiste*, ON. SW. *kista*, DAN. *kiste*. Source LAT. *cista* (GR. *κίστη*) 'a box'.

chestnut ME. *chestein chastein* 'chestnut': loanword from OFR. *chastaigne* = FR. *châtaigne* and ident. with OHG. *kęstinna* G. *kastanie*, DU. *kastanje*. Source LAT. *castanea*.

chew vb. ME. *chęwe* OE. *čęowan* = DU. *kauwen*, MLG. *keuwen*, OHG. *kiuwan* G. *kauen*. A pre-

TEUT. *gĭw* cp. in OSLOV. *živą živati* 'chew'.

chich 'a dwarf pea' ME. *chiche*: borrowed from FR. *chiche* 'chick-pea' (= IT. *cece*, SPAN. *chicharo*, OHG. *kichurra* G. *kicher*). Source LAT. *cicer*.

chicken short for ME. *chike* OE. *čýčen* plur. *čýcnu* = DU. *keuken kieken*, G. dial. *küchen küchlein*. TEUT. base *kiukina-* is perh. traceable to OE. *cocc* = *cock*.

chicory ident. w. DU. *chikorei*, G. *cichorie*, DAN. *cikorie*; adapt. of FR. *chicorée* = IT. *cicorea*, LAT. *cichorium*?

chide vb. ME. *chide* OE. *čĭdan* 'chide, brawl': TEUT. base *kîdjan*.

chief ME. *chéf*: borrowed from FR. *chef* = SPAN. *cabo*, IT. *capo*; source LAT. *caput* 'head'. — **chieftain** ME. *chévetain chévetein*: borrowed from OFR. *chevetaine* = MED.-LAT. *capitânus*; ident. w. *captain*.

child ME. *child* (plur. *childre*) OE. *čĭld* (plur. *čildru*): TEUT. base *kilþiz- kelþaz-*, not found elsewhere; but perh. akin to GOTH. *inkilþô* 'pregnant'.

chill ME. *chile* OE. *čyle čele* fr. a TEUT. base *kali-*; for the √ *kal* cp. *cool* and *cold*.

chime ME. *chĭmbe* orig. 'cymbal', short for orig. *čimble* OE. *čim-bal(a)*: from LAT. *cymbalum* 'a cymbal'.

chimney ME. *chimnée* earlier *che-mené*: loanword from FR. *cheminée* = IT. *camminata*, OHG. *chęminâta*;

akin to G. *kamin*. Source LAT. *caminus* 'hearth'.

chin ME. *chin* OE. *čin* = OSAX. OHG. *kinni* G. *kinn*, DU. *kin*. The older meaning 'cheek' cp. in GOTH. *kinnus* 'cheek'. For a pre-TEUT. base *genu-* cp. GR. γένυς 'chin, jaw, jaw-bone', γενειάς f. 'chin, beard'; LAT. *gena* 'cheek' (*dentes genuini* 'molar teeth'); IR. *gin* 'mouth'; SKR. *hanu-s* 'jaw', *hanavya* 'jaw-bone'.

chine ME. *chine*: adapted from OFR. *eschine* = FR. *échine*, which with IT. *schiena* 'the chine, back-bone' is traced to OHG. *skina* 'the shin-bone' G. *schiene* 'shin, shin-bone, splint'; cp. *shin*.

chip vb. ME. *chippe* 'cut into small pieces' = DU. G. *kippen* 'hatch out'.

chirp vb. ME. *chirpe* (*chirke*): an onomatopoetic word.

chisel sb. ME. *chisel*: borrowed from OFR. *cisel* = FR. *ciseau* (IT. *cesello* = MED.-LAT. *sciselum*) 'a chisel'; prob. ult. connected with *scindere*.

chivalry ME. *chivalrie*: loanword from FR. *chevalerie* (deriv. of *cheval* from LAT. *caballus* 'a horse').

choice ME. *chois(e)*: borrowed fr. OFR. *chois* FR. *choix* 'a choice'. The FR. vb. *choisir* 'choose' points to a TEUT. *kausjan*; cp. *choose*.

choir earlier *quire* ME. *quęr*: borrowed from FR. *choeur* 'the choir of a church, a troup of singers': source LAT. *chorus* 'a band of singers'.

choke ME. *chǫke*; older by-form ME. *a-chęke* OE. *a-čęocian*? Phonology and etymology doubtful.

choler ME. *cholęr*: borrowed from FR. *colère* (= IT. *collera*, LAT. *cholera* 'bile').

choose vb. older *chūse* with obscure phonology, but ME. *chęse* OE. *čęosan* 'choose' = OSAX. OHG. *kiosan* G. *kiesen*, DU. *kiezen*, ON. *kjósa*, GOTH. *kiusan*: TEUT. √ *kus* from pre-TEUT. √ *gus* in LAT. *gus-tus* — *gus-tare*, GR. γεύω for γεύσω; SKR. √ *jus* 'choose, like'. The TEUT. factitive *kausjan* (cp. *choice*) appears in Slav. *kusiti*.

chop vb. ME. *choppe* (*chappe*) 'cut up, strike off'; akin to DU. G. *kappen* 'cut, lop'.

chord *cord* fr. LAT. *chorda*.

Christmas shortened for ME. *Christesmasse* OE. *Cristesmæsse* prop. 'the mass of Christ'.

chronicle ME. *cronicle* with the by-form *cronike* (but late OE. *cranic*): from FR. *chronique*; ident. w. DU. *kronijk*, LAT. *chronica*.

church ME. *chirche* OE. *čyrče čirče* older *čiriče* = OSAX. *kirika*, DU. *kerk*, OHG. *kiricha* G. *kirche* 'church'. As shown by the E. palatalization and by the G. *ch* in *kiricha*, the word must have existed in the 5th cent.; but a GOTH. *kyreikô 'church' is unrecorded. Source GR. κυριακόν (not found in LAT. nor in the Rom. languages).

churl ME. *chęrl* OE. *čęorl* 'a churl' = DU. *kerel*, MLG. *kerle* LG. G. *kerl*: TEUT. base *kĕrla-*. With different vowel ON. *karl* 'old-man', OHG. *karal* MHG. *karl* 'man, husband, lover'; hence the G. proper name *Karl* (LAT. *Karolus*, FR. E. *Charles*).

churn sb. ME. *chirne* OE. *ćyrne*; the corresp. vb. *churn* is ME. *chirne* OE. *ćyrnan* from a TEUT. base *kirnjan* = ON. *kirna*, DU. LG. *kernen karnen* 'make butter' and the 'vessel for making butter', is ON. *kirna*, DU. *karn*, LG. *butterkerne*. Source a TEUT. base *kerna-* 'cream' in G. (prov.) *kern*, ICEL. *kjarna* 'cream'.

cider ME. *sider cider* : from FR. *cidre* (= IT. *cidro*, SPAN. *sidra*; source LAT. *sicera*).

cigar = FR. *cigare*, SPAN. IT. *cigarro*.

cinder sb. ME. *cinder sinder* OE. *sinder* 'dross of iron' = ON. *sindr* 'slag or dross from a forge', DU. *sintels* 'cinders, coke', OHG. *sintar* G. *sinter* 'dross of iron, scale'.

cipher sb. ME. *ciphre* (= DU. *cijfer*, G. *ziffer*) : loanword fr. OFR. *cifre* FR. *ciffre*, SPAN. *cifra*, IT. *cif(e)ra*.

cite borrowed from FR. *citer* = LAT. *citare* (deriv. of LAT. *citus* 'quick'?).

citizen ME. *citesein* formed after ME. *denizein* (cp. *denizen*); the earlier ME. *citeyén* is an adapt. of OFR. *citeien* (FR. *citoyen*). — **city** ME. *cité* : loanword from FR. *cité*. Source LAT. *civitatem*.

clack vb. ME. *clacke* = DU. *klakken* 'clack, crack'; akin to FR. *claquer* 'clap in applause'.

claim vb. ME. *claime cleime* : borrowed fr. OFR. *claimer cleimer* (source LAT. *clamare* = IT. *chiamare* 'call, name, send for').

clamp sb. after MDU. *klampe* DU. *klamp*, LG. *klampe*; akin to MHG. *klimpfen* 'draw, press'.

clan sb. borrowed from GAEL. *clann* = IR. *clann* OIR. *cland* 'children'.

clap vb. ME. *clappe* OE. *clæppian*? = DU. *klappen*, LG. *klappen* (whence G. *klappen*), OHG. *klaphôn* G. *klaffen*.

clasp ME. *claspe*, prob. akin to *clap* and OE. *clyppan* 'embrace'.

clatter vb. ME. *clatere* OE. **clatorian* (inferred from the verbal noun *clatrung* 'a clattering'); akin to DU. *klateren* 'rattle'.

claw sb. ME. *clawe* (by-form *clé*) OE. *clawu* (by-form *cléa cléo*) = OSAX. *klâwa*, DU. *klaauw*, OHG. *klâwa chlôa* MHG. *klâwe klâ*: a GOTH. **klêwa* f. is probable, though ON. *kló* seems to point to **klôwa*. Pre-TEUT. √ *glu*.

clay ME. *clai* OE. *cléʒ* = DU. LG. *klei*; akin to OE. *clám* 'clay' E. (dial.) *cloam* 'earthenware', OHG. *kleimen*, SCAND. *kleima klina* 'besmear'. Outside of TEUT., GR. γλοι : γλι in γλοιός 'sticky oil'.

clean ME. *cléne* (*clǽne*) OE. *clǽne* = OSAX. *klêni*, DU. *kleen klein*, OHG. *kleini* 'pretty' G. *klein* 'small' (GOTH. **klai-ni-* is wanting). The nasal belongs to the suffix. For the root syll. cp. GR. γλοιός 'fat oil'. — Hence **cleanse** for ME. *clense* OE. *clénsian* 'make clean': a causative vb. with formative -*s*.

clear ME. *clér*: borrowed from OFR. *cler* = FR. *clair* (SPAN. *claro*, IT. *chiaro* from LAT. *clarus*).

cleave[1] vb. 'adhere' ME. *cléve* OE. *cleofian* = OSAX. *klibôn*, DU. *kleven*, OHG. *klëbên* G. *kleben* 'adhere'; GOTH. **klibôn* not recorded. TEUT. √ *klib*.

cleave[2] vb. 'split' ME. *cléve* OE. *cléofan* = OSAX. *clioban *clûban*, DU. *kloven*, OHG. *klioban chliuban* G. *klieben*: TEUT. √ *klûb* : *kleub* cogn. w. GR. γλύφειν 'hollow out', perh. also w. LAT. *glûbere* 'peel'.

cleft ME. *clift* OE. **clyft* = OHG. G. *kluft*; from the TEUT. √ *klûb*; cp. *cleave*[2].

clergy ME. *clergie*: borrowed from OFR. *clergie* = FR. *clergé* (LAT. type *clericatus*). — **clerk** ME. *clerk* late OE. *clerc cleric* (= DU. *klerk*, FR. *clerc*); source LAT. *clericus*.

clever not yet found in Shakesp., a recent word, perh. developed from ME. *deliver* 'agile, nimble, lively' (from OFR. *delivre* 'prompt, alert'). Or cogn. w. LG. *kluftig* 'wise, clever', DU. *kluftig*?

clew sb. ME. *cléwe* OE. *cléowen cliwen* 'clew' = DU. *kluwen*: TEUT. base *kliujîna-*: dimin. of a shorter base *kliujô-* = OHG. *kliuwa* (G. *knäuel*) 'clew'.

cliff ME. *clif* (*cléve*) OE. *clif* (plur. *cleofu*) = ON. OSAX. DU. *klif* 'a cliff, rock'; cp. G. DAN.

klippe, perh. akin to ON. *klifa* = *climb*?

climb vb. ME. *climbe* OE. *climban* = DU. *klimmen*, OHG. *klimban* G. *klimmen*. The nasal was orig. a formative of the pres. tense as seen by ON. *klifa*, ME. *clive* 'climb'. The TEUT. √ *klib* (cp. *cliff*) may be found in *cleave*[1] and *cling*.

clinch vb. ME. *clenche* OE. **clencean* = OHG. MHG. *klenken* 'knot together'.

cling vb. ME. *clinge* OE. *clingan*; akin to SW. *klänga* 'climb', DAN. *klynge sig* 'adhere to, climb'. √ *kling* = √ *klimb*? Cp. *climb*.

clip[1] vb. 'embrace' (Shakesp.) ME. *clippe* OE. *clyppan*. Akin to OHG. *klâftra* G. *klafter* 'fathom'.

clip[2] vb. 'cut, shear' ME. *clippe*: borrowed from ON. SW. *klippa* 'clip, cut'.

cloak by-form *cloke* ME. *clóke*: borrowed from OFR. *cloke cloque* 'a cloak'.

clock ME. *clokke*: prob. borrowed from ONFR. *clocke* (FR. *cloche*); ident. w. OE. *clugge* (*clucce*?), DU. *klok*, OHG. *glocka* G. *glocke*, ON. *klukka*. The ROM.-TEUT. *clocca* is of CELT. origin; cp. CYMR. *cloch*, OIR. *cloc* (OCELT. *klukko*); OE. *clucge*.

clod ME. *clodde*; a var. of *clot*.

clog ME. *clogge* 'a lump, block'.

cloister ME. *cloistre*: borrowed from OFR. *cloistre* = FR. *cloître* (SPAN. *claustra*, IT. *chiostro*). Source MED.-LAT. *claustrum*, whence **also** OHG. *klôstar* G. *kloster.*

close ME. *clôse*: borrowed from the OFR. part. *clos* = LAT. *clausus* (OFR. *clore* = LAT. *claudere*). — **closet** ME. *closet* from FR. *closet* (dimin. of OFR. *clos* 'a close').

clot ME. *clotte* (also *clodde*, see *clod*) OE. **clott* = MHG. *klotz* (gen. *klotzes*) G. *klotz.*

clotbur, clote ME. *clôte* OE. *clâte*: TEUT. base *klaitôn-*, cogn. w. the equiv. OE. *clîde*, G. *klette.*

cloth shortened for ME. *clôth* OE. *clâþ* (OE. *cildclâþ* 'swaddling clothes') = DU. *kleed*, G. *kleid*: TEUT. base *klaiþa.* — **clothe** vb. ME. *clôthe* (*clêde*) OE. *clâdian* (*clêdan*).

cloud ME. *cloude*: scarcely ident. with OE. *clûd* = ME. *cloud* 'a mass of rock, a hill'; source and history quite unknown.

clout ME. **clout* OE. *clût* (whence ON. *klûtr*), ident. with W. *clwt*, IR. GAEL. *clud*, MANX *clooid*?

clove[1] ME. *clove clowe*: borrowed from OFR. *clo* FR. *clou* 'a nail'; cp. SPAN. *clavo* 'a nail' also 'a clove' fr. LAT. *clavus* 'a nail'.

clove[2] ME. *clove* OE. *clufe* 'clove' (esp. of garlic), in compounds *clufþung* 'crowfoot' — *clufwyrt* 'buttercup' (cp. OHG. *chloblouh klofolouh klovolouh* = G. *knoblauch*, DU. *knoflook* 'garlic' with *-n* by dissimilation). The orig. meaning appears in OHG. *klobo* G. *kloben* 'a split stick'.

clover ME. *clôver* (*clêver*) OE.

clâfre (*clâfre*) = DU. *klaver*; cp. LG. *klêver* (and *klâver*). A shorter and more primit. form is OHG. *klêo* (gen. *klêwes*) G. *klee*: base *klaiw-*. The formation of OSAX. **klêbara* = OE. *clâfre* looks like a compound, the second element of which is unknown.

clown borrowed from ICEL. *klunni* 'a clumsy, boorish fellow'; SW. dial. *klunn* 'a log' — *kluns* 'a clownish fellow', DAN. *klunt* 'a log'?

club ME. *clubbe*: borrowed from ON. *klubba*, by-form of ON. *klumba* 'a club'. — The meaning 'association of persons' is a mod. application of a clump of people.

cluck vb. ME. *clucke clokke* OE. *cloccian* (**cluccian*) = DU. *klokken*, MHG. *klucken* (*glucken*) G. *glucken*. The TEUT. group is onomatopoetic like LAT. *glôcîre*, GR. γλώζειν 'cluck as a hen'.

clumsy adj. earlier *clumse* ME. *clumsed* 'benumbed': orig. part. of ME. *clumse* 'benumb': of SCAND. origin; cp. SW. (dial.) *klummsen* 'benumbed', akin to DU. *kleumsch* 'numb with cold'.

cluster ME. *cluster* OE. *clûster* (*clýster*) = LG. *kluster*: akin to LG. (Hannover) *klunder* 'cluster of berries or fruit' and (Ditmarsch) *klus* 'cluster, grapes', DAN. *klynge* 'cluster'.

clutch ME. *clucche*; connected with *cloche* 'a claw'. The older ME. form is *clêchen*?

coach borrowed from FR. *coche*: a mod. common EUROP. word from HUNG. *koszi* 'wagon from the Hung. town *Koszi*'; cp. SPAN. *coche*, IT. *cocchio*, G. *kutsche.*

coal ME. *côle* and *col* OE. *col* = DU. *kool*, OHG. *kolo* m. — *kol* n. G. *kohle*, ON. *kol* n. plur.; orig. 'a burning coal'; cp. SKR. *ival* 'burn bright, flame'. — **coalmouse**, also **colemouse** ME. *col-môse* OE. *côlmâse* (= DU. *koolmees*, G. *kohlmeise*); prop. 'coaltit' on account of its black head; from *col* 'coal' + *mâse* ME. *môse* = G. *meise*, ON. *meisingr*, whence FR. *mésange* 'tit-lark'.

coast ME. *côst(e)*: borrowed from OFR. *coste* (whence also DU. *kuste* = G. *küste*) = FR. *côte* (IT. *costa*, MED.-LAT. *costa* 'coast').

coat ME. *côte*: borrowed from OFR. *cote* = FR. *cotte* (= SPAN. *cota*, IT. *cotta* 'a coat'). Source a TEUT. *kotta-* in OHG. *chozzo* MHG. *kotze* 'a coarse woolen mantle'. Cp. *cot* and *cote.*

cock ME. *cock* OE. *coc cocc* (perh. cogn. w. *chicken*) = ON. *kokkr*, DAN. *kok*; ident. w. FR. *coq*; perh. of imitative origin. History unknown (earliest reference LAT. *coccus* in Lex Salica).

cockle ME. *cokel cokkel* OE. *cocel coccel* 'tares' borrowed from IR. *cogal* 'corn-cockle' (= GAEL. *cogall* 'tares, cockle')?

cod 'husk, shell' ME. *cod codde* OE. *codd* 'bag' = ON. *kodde* 'pillow',

SW. *kudde* 'cushion', DU. *kodde* 'bag'. .

coffee = DU. *koffij*, G. *kaffee*: borrowed from TURK. *qahweh* = ARAB. *qahweh* 'coffee'.

coffer ME. *cofre*: borrowed from FR. *coffre* (whence DU. G. *koffer*). Source LAT. *cophinus*, GR. κόφινος 'a basket'. From the same source also **coffin** ME. *coffin*: borrowed from OFR. *cofin* (= SPAN. *cofin*, IT. *cofano*).

cog ME. *cogge* = SW. *cugge*; prob. of CELT. origin, cp. GAEL. IR. *cog*, W. *cocas* 'a cog'?

coif ME. *coif*: borrowed from FR. *coiffe* from MED.-LAT. *cofia cof(e)a*; akin to MHG. *kuffe* OHG. *chuppa* from OHG. *chuph* G. *kopf.* Cp. *cup.*

coil vb. borrowed from OFR. *coillir* = FR. *cueillir* 'collect' (LAT. *colligere* 'gather together').

coin ME. *coin*: borrowed from FR. *coin* 'wedge' (OFR. *coin* 'wedge, stamp upon a coin, a coin'). Source LAT. *cuneus* 'wedge'.

cold ME. *côld* OE. *câld* (*ceald*) = GOTH. *kalds*, ON. *kaldr*, OSAX. *kald*, OHG. G. *kalt*, DU. *koud*: an old partic. formation in LAT. *-tus*, SKR. *-ta-s* (GOTH. *d* from Aryan *t*, cp. *old*, *loud*, *dead* etc.). A TEUT. verbal √ *kal* cp. in OE. *calan*, ON. *kala* 'freeze'; a corresp. Aryan √ *gel* is seen in LAT. *gelu* 'the cold' and *gelidus* 'cold'. Cp. *chill* and *cool.*

cole 'cabbage' ME. *côl* fr. ONFR. *col* = FR. *chou*; the ME. by-form *caul* = OE. *cáwl* from LAT. *caulem* (*caulis*). Cp. OHG. *kôl* G. *kohl.*

collier ME. *coliér*: deriv. of *coal* with *-ier* as in *lawyer.*

collop ME. *colopes*: ident. with SWED. *kalops*, G. *klops*; source LG. *kloppen* (G. *klopfen*) 'beat'?

color ME. *colour* from OFR. *colour* = FR. *couleur* (LAT. *color-em*).

colt ME. OE. *colt* 'a young ass'; perh. akin to SKR. *gardabha* 'ass'?

comb sb. ME. *cómb* OE. *cámb* 'comb, crest' = G. *kamm*, DU. DAN. SW. *kam*: TEUT. base *kamba*- from an Aryan *gombho*- in GR. γόμφος 'peg' (γαμφή 'jaw'), SKR. *iambha* 'jaw, teeth'.

come vb. ME. *come* OE. *cuman* = DU. *komen*, OSAX. *kuman*, OHG. *koman* G. *kommen*, ON. *koma*; cp. GOTH. *qiman*: a common TEUT. str. vb. *kuman qëman* fr. an Aryan √*gem* in SKR. *gam*, GR. βαίνω, LAT. *venio* (for *gvemio*).

comely ME. *cumli comlý* OE. *cýmlíc* 'fine, handsome'; cogn. w. OHG. *kûmig* 'delicate, weak' and G. *kaum* 'hardly'.

cony sb. ME. *coni* earlier *coning* 'rabbit': adapt. from OFR. *connin*, whence also DU. *konijn*, G. *kaninchen*. Source LAT. *cuniculus* (OFR. *conil*) in a by-form *cunînus.*

cook sb. ME. *cók* OE. *cóc*: loanword fr. LAT. *coquus*, whence OHG. G. *koch* and IT. *cuoco*, OFR. *queux.* — The vb. **cook** ME. *cóke* is derived from the sb. by influence of LAT. *coquere* (= G. *kochen*, DU. *koken*), whence also FR. *cuire* 'cook'.

cool ME. OE. *cól* = LG. *kôl*, DU. *koel*, OHG. *kuoli* G. *kühl*: TEUT. base *kôlu*- from the TEUT. √*kal kôl* under *cold.* Deriv. *keel.*

coot 'a bird' ME. *cóte* OE. *cót(a)* = DU. *koet* 'coot'.

cope vb. 'vie with, match' orig. 'bargain or chaffer with': a loanword fr. DU. *koopen* 'buy', cogn. w. OE. *céapian* 'cheapen' from OE. *céap* 'bargain'. Cp. *cheap.*

copper ME. *coper* OE. *copor*: borrowed from vulgar LAT. *cuprum* 'copper' (orig. *cuprium aes* 'Cyprian brass'). From the same source OHG. *kupfar* G. *kupfer*, DU. *koper* and FR. *cuivre.* —

copperas ME. *coperose* from OFR. *coperose* = IT. *copparosa*, LAT. *cupri rosa* lit. 'copper-rose'.

copse earlier *coppice* contr. of OFR. *copeiz* derived from OFR. *coper* (FR. *couper*) 'cut'.

cork = G. DAN. SW. *kork*, DU. *kurk*: borrowed from SPAN. *corcho* 'cork' = LAT. *corticem* (*cortex*) 'bark'.

corn[1] 'grain' ME. OE. *córn* = DU. *koren*, G. ON. DAN. SW. *korn*, GOTH. *kaúrn*: TEUT. *korna-* = pre-TEUT. base *grno-* cogn. w. LAT. *grânum*, RUSS. *zerno.*

corn[2] 'a hard excrescence on toe or foot': borrowed from FR. *corne* (= LAT. *cornu* 'horn').

corner ME. *corner*: borrowed fr. MED.-LAT. *corneria* 'corner, angle' (LAT. *cornu* 'horn').

cornet ME. *cornet cornette* 'a horn': borrowed fr. FR. *cornet cornette*, dimin. of FR. *corne* 'a horn'.

cornice a loanword from OFR. *cornice* fr. IT. *cornice* 'a cornice, border, ledge' (LAT. type *cornix* 'a border' contr. of MED.-LAT. *coronix* 'a square frame').

corps ME. *čorps*: a loanword from FR. *corps cors* from LAT. *corpus*.

corpse ME. *corps*: borrowed from OFR. *corps cors* = LAT. *corpus*.

corset dimin. of ME. *cors* 'a body'; cp. *corpse*. — **corslet** *corselet*: a loanword fr. FR. *corselet*, dimin. of OFR. *cors* with suffix *-et*.

cost vb. ME. *coste*: borrowed fr. OFR. *coster* (= FR. *coûter*, LAT. *constare*), whence also DU. G. *kosten*.

costume ME. *custüme* (and *custome*): adapt. fr. OFR. *costume* FR. *coûtume* = IT. *costume* (MED.-LAT. *costuma* = LAT. *consuetudinem*). Cp. *custom*.

cot ME. OE. *cot* = LG. DU. ON. G. *kot* 'hut': TEUT. base *kuta-*.

cote (in comp. *dove-cote*, *sheep-cote*) ME. *côte* OE. *cot* = G. *kote*. The TEUT. word passed into SLAV. (OSLOV. *kotĭcĭ* 'cella'). Akin to *cot*.

cottage ME. *cotáğe* fr. OFR. *cotage*: deriv. of TEUT. *kota-* under *cot* and *cote*.

cotton ME. *cotoun*: a loanword fr. FR. *coton* = IT. *cotone*: source ARAB. *qoton* 'cotton'.

couch vb. ME. *couche*: adapt. fr. FR. *coucher* (earlier *colcher* = IT. *colcare*) fr. LAT. *collŏcare*.

couch-grass sb.; see *quitch-grass*.

cough ME. *coughe* (OE. *cohhettan*) = DU. *kugchen*, MHG. *kûchen*.

council adapt. fr. FR. *concile* 'a council, an assembly, session' from LAT. *concĭlium* 'an assembly called together'. — **counsel** ME. *conseil counseil*: loanword fr. FR. *conseil* (LAT. *consilium* 'deliberation').

count sb. (ME. **counte* is not recorded, but inferred fr. ME. *countesse* E. *countess*) loanword fr. FR. *comte* 'a count, an earl'. Source LAT. *comitem (comes)* 'a companion, a count'.

count vb. ME. *counte*: borrowed fr. FR. *conter* (source LAT. *computare* 'compute, reckon').

countenance ME. *countenaunce*: loanword fr. OFR. *contenance* 'behavior, carriage' (LAT. *continentia* 'abstinence').

counter 'contrary' fr. FR. *contre* = LAT. *contra* 'against'.

counterfeit ME. *counterfeit*: borrowed fr. OFR. *contrefait*, part. of *contrefaire* 'imitate'.

counterpane 'a coverlet for a bed' earlier *counterpoint*: loanword fr. OFR. *contrepoinct* 'the quilting stitch'; prop. connected with OFR. *contrepoincter* 'quilt'; *contrepoinct* is a corruption of *coutrepoinct coutepoint* 'a counterpane' (source LAT. *culcita puncta* 'a stitched quilt').

country ME. *cuntrẽ contrẽ*: loanword fr. FR. *contrẽe* (= IT. *contrada*). Source MED.-LAT.

contrata derived fr. LAT. *contra* (Cp. G. *gegend* from *gegen*).

county ME. *counté*: borrowed fr. OFR. *conté* 'county' (deriv. of FR. *comte* = *count* sb.).

couple ME. *couple*: adapt. fr. FR. *couple* (= LAT. *copula*) 'a bond, band'.

courage ME. *cordǧe*: adapt. fr. FR. *courage* (LAT. type *coraticum*).

court ME. *curt*: borrowed fr. OFR. *curt cort* (source LAT. *cortis* 'a court-yard, palace'). — Hence courteous transformed fr. ME. *curteis* = OFR. *corteis* FR. *courtois*.

cousin ME. *cosín cousin*: adapt. fr. FR. *cousin* (MED.-LAT. *cosinus* for LAT. *consobrinus* 'a cousin').

cove ME. *cǫve* OE. *cofa* 'a chamber, cave' = ON. *kofi* 'hut'. GOTH. **kuban-* is wanting.

covenant ME. *convenant covenant*: loanword fr. FR. *convenant covenant* pres. part. of *convenir* 'agree'.

cover vb. ME. *covere*: borrowed fr. OFR. *covrir cueuvrir* FR. *couvrir*. Source LAT. *cooperire* 'cover'.

covet vb. ME. *cuveite*: adapt. fr. OFR. *cuveiter covoiter* = FR. *convoiter* (Lat. type **cupiditare* 'desire').

covey borrowed fr. OFR. *covée* = FR. *couvée* 'a covey of partridges', prop. part. of FR. *couver* 'hatch' (source LAT. *cubare* 'lie down').

cow sb. ME. *cú* (plur. *kie kýe*) OE. *cú* (plur. *cý*) = ON. *kýr*, DU. *koe*, MLG. *kô*, OHG. MHG. *kuo* G. *kuh*: TEUT. base *kô-* 'cow'

from an Aryan stem *gǒw-* (*gô-*) in SKR. *gâus* (acc. *gâm*), GR. βοῦς (stem βοƒ), LAT. *bos*.

cow vb. (ME. **couwe* earlier **cûgen* are unrecorded): loanword fr. SCAND. *kúga* 'cow, tyrannize over' = DAN. *kue* 'cow', SW. *kufva* 'check, curb'.

coward ME. *couard coward*: borrowed fr. OFR. *couard coart coard* = IT. *codardo* (formed with suffix *-ard* and OFR. *coe* FR. *queue* = LAT. *cauda* 'tail').

cower vb. ME. *coure*: borrowed fr. ON. *kúra* (SW. *kura*, DAN. *kure*) 'lie quiet, rest'.

cowl1 'a monk's hood, a cap, hood' ME. *couel* earlier *cûwel* OE. *cugle* 'a cowl' (= MHG. *kugel*). loanword fr. LAT. *cucullus* 'hood'.

cowl2 'a vessel carried on a pole': borrowed fr. OFR. *cuvel* = FR. *cuveau*, prop. 'a little tub' (source LAT. *cupa* 'a vat, butt').

cowslip OE. *cúslyppe cúsloppe*.

coxcomb corrupted fr. *cock's comb* 'cock's crest'. Cp. *cock* and *comb*.

coxswain, *cockswain* 'steersman of a boat', from *cock* 'a boat' and *swain* 'the person in command of the boat'.

coy: adapted fr. OFR. *coi* (*coit*). Source LAT. *quietus* 'quiet, still'.

cozen vb. 'flatter, beguile': adapt. fr. FR. *cousiner* 'call cousin, sponge' fr. FR. *cousin*. Cp. *cousin*.

crab 1 ME. *crabbe* OE. *crabba* = ON. *krabbi*, SW. *krabba*, DAN.

krabbe, DU. *krab*, MLG. *krabbe* (whence G. *krabbe*): akin to OHG. *krëbaʒ* = G. *krebs* FR. *crabe* fr. TEUT. — Ident. w. **crab**[2] 'a kind of apple' ME. *crabbe*; a Scand. loanword; cp. SW. *krabb-äple*. — **crabbed** 'peevish, cramped'; perh. fr. *crab*[1].

crack vb. ME. *crake krake* OE. *cracian* = DU. *kraken*, OHG. *krachôn chrahhôn* G. *krachen*: TEUT. √*krak* fr. pre-TEUT. *grg*; cp. SKR. *grg* 'rustle, crackle'.

cracknel formerly *crakenel* corrupted fr. FR. *craquelin* 'a cracknel'.

cradle ME. *crádel* OE. *cradol*: a Celt. loanword, cp. IR. *craidhal*, GAEL. *creathall* 'a cradle, a grate'; cp. *crate*.

craft ME. *craft* OE. *cræft* = OSAX. *craft*, DU. *kracht*, G. *kraft*, ON. *kraptr*. — **crafty** ME. *crafti* OE. *cræftiʒ* = OHG. *chrëftig* G. *kräftig*.

crag ME. *crag*: borrowed fr. W. *craig*, GAEL. *creag*.

crake 'a bird' so named fr. its cry; cp. ME. *crake* 'cry out' under *crack*.

cram vb. ME. *cramme* OE. *crammian* = ON. *kremja*, SW. *krama*, DU. *kramme* 'squeeze'.

cramp ME. *crampe* OE. **cromp* (inferred fr. *crompeht* 'full of wrinkles') = DU. LG. *kramp*, G. *krampf*: a common WEST-TEUT. term for 'spasm, cramp'.

crane ME. *cráne* OE. *cran* = OLG. *krano*, DU. *kraan*, MHG. *krane*; with formative guttural OE.

cornuc, OHG. *chranuh chranih(h)* G. *kranich*; cp. the cogn. GR. γέρανος, CYMR. *garan*; OSLOV. *žeravĭ*, LITH. *gerwé*. LAT. **grus** (gen. *gru-is*) agrees with OHG. *chreia* 'crane'.

crank sb. ME. *cranke*. TEUT. base *krank* 'twist' allied to *cramp*.

cranny ME. *crany*; formed by adding E. -*y* to FR. *cran* 'a notch'.

crape borrowed fr. FR. *crêpe* (OFR. *crespe* = LAT. *crispus*).

crash vb. a var. of *craze* and *crack*: a Scand. loanword; cp. SW. *krasa*, DAN. *krase* 'crackle'. Cp. *crack*.

cratch ME. *cracche crecche*: borrowed fr. OFR. *creche* (FR. *crèche*) which is of Teut. origin; cp. OSAX. *kribbia* 'crib' under *crib*.

crate borrowed fr. LAT. *crates* 'a hurdle'.

cravat (= G. *kravatte*) borrowed fr. FR. *cravate* (from *Cravates* 'a Croation').

crave vb. ME. *cráve* OE. *crafian* = ON. *krefja* 'crave, demand', SW. *kräfva* 'demand', DAN. *krave* 'crave, exact'. Perh. the E. word is borrowed from Scand.

craven ME. *cravant* 'beaten, overcome' shortened fr. OFR. *cravanté* 'oppressed', partic. of *cravanter* (source a LAT. type **crepantare* 'crack, break').

craw (by-form *crag* 'neck, crop') ME. *crawe* OE. **craga*; GOTH. **kraga* is wanting.

cream ME. *crẹme* from FR. *crème* (OFR. *cresme*, LAT. *cremor*).

creed sb. ME. *créde* OE. *créda*: loanword fr. LAT. *crêdo* 'I believe' (»credo in deum patrem« etc.); cp. the origin of *dirge.*

creek ME. *créke crike* (OE. **creoca *crica*); perh. a Scand. loanword from ON. *krike* 'crack, nook'.

creep vb. ME. *crépe* OE. *créopan* str. vb.; cp. DU. *kruipen*, LG. *krúpen*, ON. *krjúpa*. Akin to G. *kriechen* OHG. *kriohhan*: TEUT. √ *krŭp krŭq*. Cp. *cripple.*

cress ME. *cresse* earlier *kerse* OE. *cerse cœrse*; ident. with G. *kresse* OHG. *kressa*, DU. *kers* and FR. *cresson*, IT. *crescione*. Phonology, history and origin quite obscure; common base a LAT. type **crexo(nem)*?

crest ME. *creste* from OFR. *creste* FR. *crête* (LAT. *crista*).

crib ME. *cribbe* OE. *cribb crybb* = OSAX. *kribbia*, DU. *krib*, G. *krippe* OHG *krippa*: TEUT. base *kribjô* (*krubjô*) akin to OHG. *krëba.* Cp. *cratch.*

crimson ME. *crimosin* from OFR. *cramoisin* = FR. *cramoisi.*

cringe vb. ME. *crénǧe* OE. *crenǧan*: TEUT. base *krangjan*, deriv. from OE. *cringan* 'sink, fall in battle', cogn. w. G. *krank* 'sick'.

cripple ME. *cripel* OE. *crypel* = DU. *kreupel* 'cripple'; prop. 'a man who creeps'; TEUT. base *krupila-*, deriv. fr. √ *krŭp* in *creep.*

crisp ME. OE. *crisp* = OHG. *krisp*: an early loanword fr. LAT. *crispus* 'curled'.

croak vb. ME. *cróke* OE. **crácian* (inferred from OE. *crácetung*

'croaking'): TEUT. base *krêkôn krâkôn*; akin to *crack?*

crock ME. *crocke* OE. *crocca*; borrowed fr. OIR. *croccan*; perh. cogn. with G. *krug* OHG. *kruog*, LG. *krûke*, OE. *cróh cróg.*

croft ME. OE. *croft* 'small field' = ODU. *krochte* 'high and dry land' DU. *kroft* 'hillock'.

crook sb. ME. *crók* OE. **cróc* = ON. *krókr krákr* 'hook', ODU. *croec*, DAN. *krog* 'hook'. Akin to OHG. *krâko* 'hook' (as E. *hook* is to G. *haken*).

crop ME. *cropp* OE. *cropp.*

crosier ME. *crosér croisér.*

cross ME. *cross* (whence SCAND. *kross*, SW.-DAN. *kors*): borrowed from OIR. *cross* (CYMR. *croes*). Source LAT. *crŭx* whence also FR. *croix* (ME. *crois* from OFR. *crois*); OIR. *croch* and OHG. OSAX. *krûzi* G. *kreuz* point to the infl. LAT. *crûcem.*

crow vb. ME. *crówe* OE. *cráwan* = DU. *kraaien*, G. *krähen* OHG. *krâen*: TEUT. base a str. vb. *krêjan*, but orig. not restricted to the cock's crowing as shown by the sb. crow ME. *crówe* OE. *cráwe* = G. *krähe* OHG. *krâia.*

crowd vb. ME. *croude* OE. *crúdan* str. vb. 'crowd, press' = ODU. *crúden* 'push, thrust' (DU. *kruien*), MLG. *krûden kroden* vb. 'molest': TEUT. √ *krûd.*

crown ME. *crúne* (whence ON. *krúna*, cp. ODU. *crûne* DU. *kruin*) earlier by-form *coroune corúne*: borrowed during the reign of

4'

William the Conqueror fr. OFR. *corone* = FR. *couronne* 'crown'. Source LAT. *corôna* 'crown', whence also OE. *corenbéag* 'crown' and OHG. *korôna* G. *krone*.

cruel ME. *crüél* (*créwél*) fr. FR. *cruel* = LAT. *crûdêlis* 'severe' in a vulgar form *crûdâlis*.

crumb = ME. *crombe* short for *croume* OE. *crúma* (cp. *thumb* OE. *púma*) = DU. *kruim* ODU. *crûme*, LG. G. *krume* (OSAX. **krûma*). The *m* is derivative; cp. the TEUT. √ *krû* in G. *krauen* OHG. *krouwôn* vb. 'scratch'.

cruse ME. *crouse* OE. *crûse* (cp. E. *room* OE. *rúm*) = ODU. *kruis*, MHG. *krûse* G. *krause*; akin to ODU. DU. *kroes*, ME. *crós*.

crust ME. *cruste* fr. OFR. *cruste* FR. *croûte* = LAT. *crusta* 'crust of bread'.

crutch ME. *crucche* OE. *crycé* = DU. *kruk*, OHG. *cruccha* G. *krücke* 'crutch': TEUT. base *krukjô-*; ident. w. IT. *croccia* 'crutch', FR. *crosse*, which rest on a LAT. *crûcea*, deriv. of *crux crucis* 'cross'. Therefore *crutch krukja crucea* meant originally 'stick having a cross'.

cry vb. ME. *crie*: adapted fr. FR. *crier* 'cry'.

cuckold ME. *cukewold*: transformation of FR. *coucou* 'cuckoo', whence also E. **cuckoo** ME. *cuckou*.

cudgel OE. *cyégel*: dimin. of a lost primitive OE. **cyég*: base *kugja-?*

cuff sb. ME. *cuffe coffe* 'sleeve'; perh. ident. w. late OE. *cuffie* 'coif' under *coif*.

cull vb. ME. *culle* (*cole coille*) vb. 'gather, select' fr. OFR. *coillir* = FR. *cueillir* 'collect' (source LAT. *colligere*).

culver ME. *culver* (*colver*) OE. *culfre culufre* 'dove'; not found in the other TEUT. languages, prob. of LAT. origin: LAT. *columba* 'dove' in a vulgar form **colubra*?

cumber vb. ME. *cumbre* vb. 'annoy' fr. OFR. *combrer*, whence also G. *kummer* MHG. *kumber*; the base MED.-LAT. *combrus* 'rubbish, bank of earth, ruins' rests on a GALL.-LAT. *combero-* 'that which is carried together'.

cummin ME. *comin* late OE. *cumin* (= DU. *komijn*) fr. OFR. *comin* = FR. *cumin*. Source LAT. *cumînum*, whence also a TEUT. *kumîn* in OE. *cymen*, OHG. *kumîn kumil* G. *kümmel*.

cunning ME. *cunninge*: deriv. of OE. *cunnan* = *know*.

cup ME. OE. *cuppe* 'cup' = MHG. *kopf*, ODU. *kop* 'beaker, cup': loanword fr. LAT. *cuppa* (*cûpa*), whence also OE. ME. *cop* (*copp*) 'summit, head', G. *kopf* 'head'.

cur ME. *curre corre* = ODU. *korre* 'watch-dog', SWED. (dial.) *kurra* 'a dog'; cp. LG. G. (dial.) *kurren* vb. 'growl'. Therefore *cur* prop. 'a growler'?

curate see *cure*.

curb vb. ME. *curbe* 'to bend' fr. FR. *courber* 'bend'.

curd vb. w. metathesis fr. ME. *crudde* vb.: a CELT. loanword, deriv. fr. IR. *gruth* 'curds'? or cogn. with *crowd*? cp. LAT. *coagulum* fr. *cogere*?

cure ME. *cūre* fr. FR. *cure* = LAT. *cura*. — curate ME. *cūrāt* = MED.-LAT. *curātus* (in FR. pronunciation; cp. *curious* ME. *cūrious* fr. LAT. *cūriôsus*?).

curfew ME. *curfeu* (*curfēw*) fr. OFR. *covrefeu* (cp. *poor* fr. OFR. *povre*): prop. the sign for putting out fires.

curious see *cure*.

curl vb. deriv. fr. ME. *crul* (*ll*) adj. 'curly' = DU. *krul*; WEST-TEUT. *krull-* for *kruzl- krusl-* is cogn. with ODU. *kruis*, G. *kraus* MHG. *krûs* 'curly' (aso ME. *crous* 'curly').

curlew ME. *curlēw* (*corlēw*) fr. OFR. *corlieu* = FR. *courlieu* 'a bird's name' ('scolopax arquata'), composed of OFR. *corre* 'to leap' and *lieu* 'lightly'.

curry vb. ME. *currēe curraie* vb. fr. OFR. *conreier*; LAT. type *con-rêdâre*?

curse vb. ME. *curse* OE. *cūrsian* 'to curse'; cogn. with OIR. *cūrsachaim* 'I curse'. Source and history unknown.

curtain sb. ME. *curtin cortin* fr. OFR. *cortine* = LAT. (also IT. SPAN.) *cortina* 'curtain'.

curve adj. fr. LAT. *curvus* 'crooked'.

cushion ME. *cusshin* (*cusshen — cusshon*) *cussin quissin* (*quisshen*) fr. OFR. *coissin* = FR. *coussin* 'cushion'; cp. SPAN. *coxin*, IT. *cuscino* and ident. w. DU. *kussen* ODU. *cussin*, G. *küssen kissen* OHG. *kussin* 'cushion'. Source a MED.-LAT. *coxînum* prop. deriv. of LAT. *coxa* 'hip, haunch' = FR. *cuisse* 'thigh', whence E. (Shakesp.) *cuisse* 'piece of armor for the thighs'.

custom ME. *custome* earlier form (c. 1100) *custüme* fr. OFR. *custume* (FR. *coutume*) = IT. PROV. *costuma*: source a LAT. type *consuetûmen* instead of LAT. *consuetûdo*.

cut vb. ME. *cutte* (by-form with umlaut *kitte*): a ME. vb. of CELT. origin; cp. CYMR. *cwtan* vb. 'shorten' — *cwta* adj. 'short'.

cutlas fr. FR. *coutelas* = IT. *coltellaccio* prop. 'a large knife': ROM. deriv. of LAT. *culter* 'knife'. Cp. FR. *couteau* = OFR. *coutel* 'knife' fr. LAT. *cultellus*. Hence FR. *coutelier* = ME. *cutelēr* E. *cutler* 'maker of knives'.

D

dace from ME. *darce darse*: from OFR. *dars*, nom. also spelled *dart* 'a dart', also 'a fish' (so called from its swiftness). See *dart*.

dagger ME. *dagger* = ON. *dag-*

gardr, DU. *daggert*: of Celt. origin, borrowed from W. *dagr* = IR. *daigear*; BRET. *dag* = GAEL. *daga*: all synon.

dainty ME. *deinté*: borrowed from OFR. *deinte* 'dignity, importance, value' (the ME. byform *daintéth* is an ANGLO-NORMAN *deintẹd* 'pleasure'). Source LAT. *dignitatem* (*dainty* and *dignity* are doublets).

dairy ME. *deierte* 'room for a milk-woman'; ME.*deie* 'milk-woman' (hence day-woman 'dairy-woman' Shakesp.) is borrowed from ON. *deigja* 'milk-woman' (SW. *deja*), which is supposed to be a deriv. of TEUT. *daiga-* (under *dough*) and to mean prop. 'the breadmaker, kneader of dough'. Cp. *dough* and *lady*.

dais ME. *deis*: borrowed from OFR. *deis* later *dais* 'a high table in a hall' = FR. *dais* 'a canopy' (base MED.-LAT. *discus* 'a table' = LAT. *discus* 'plate, platter' see under *dish*).

daisy ME. *daies-ie daies-eie* OE. *dæges-ẹage*: prop. 'the eye of the day'; cp. *day* and *eye*.

dale ME. *dále* OE. *dæl* plur. *dalu* (ME. E. *e* in *dale* is derived from the OE. plur. *dalu* or from the sing. infl. *dæles, dæle*). The TEUT. base *dala-* cp. also in the synon. GOTH. *dals*, ON. *dalr*, OSAX. *dal*, OHG. MHG. *tal* (mod. *thal*).

dally vb. ME. *dalye* points to GOTH. **dalôn* OE. **dalian* (= G. *dahlen*). The ending *y* is a

southern continuation of the OE. infinit. in *-ian* (= OHG. **talôn?*).

dam ME. *dam(me)* OE. **dam(mm)* = G. *damm*, DU. *dam*, ON. *dammr* (GOTH. *faúrdammjan* = OE. *fordemman* 'dam up').

damage ME. *damáǧe*: borrowed from OFR. *damage domage* FR. *dommage* 'harm' (IT. *dannajo*), LAT. type *damnaticum* 'harm' (LAT. *damnum* 'loss, injury' under *damn*).

dame ME. *dáme*: borrowed from FR. *dame*, whence also G. DU. *dame*. Source LAT. *domina* 'lady' (= IT. *donna*); cp. *damsel*.

damn vb. ME. *dam(p)ne*: borrowed from OFR. *damner dampner* FR. *damner* (= SPAN. *dañar*, IT. *dannare*) = LAT. *damnare* 'condemn, fine' (LAT. *damnum* 'injury, loss').

damp ME. **damp* = DU. LG. *damp* 'vapor', G. *dampf* 'vapor, steam'.

damsel ME. *damesele damisele*: borrowed from OFR. *damisele dameisele* = FR. *demoiselle*. The source is MED.-LAT. *domicella* 'a young lady', LAT. type *dom(i)nicella*, dimin. of *domina* 'a lady'.

dance vb. ME. *daunce daunse*: borrowed from FR. *danse*, whence also DU. *dansen*, G. *tanzen*, DAN. *dandse*, SW. *dansa*. The OFR. *danser* is traced to an OHG. *dansôn* 'draw, trail'.

dandelion: borrowed from FR. *dent de lion* (= SPAN. *diente de leon*, IT. *dente di leone*): prop. 'lion's tooth', so called from the jagged leaves of the plant (G. *löwen-zahn*).

danger ME. *daunger*: borrowed from FR. *danger* 'danger'. Source a LAT. type **dominiarium* 'power' from LAT. *dominium* 'sovereignty'.

dank 'damp' ME. *dank*: borrowed, from the Scand.? cp. SW. dial. *dank* 'a marshy piece of ground' = ICEL. *dǫkk* for **danku* 'pit, pool'.

dapper ME. *daper* 'pretty, neat'; cp. ON. *dapr* 'sad, dreary', DU. *dapper* 'brave', OHG. *tapfar* G. *tapfer* 'valiant, brave'.

dapple 'a spot, dot' 'a dappled horse' ME. in *dappel-gray*: perh. Scand. loanword from ON. *depill* 'a spot, dot' (*dapi* 'a pool').

dare ME. *dar* OE. *dear* 'I dare' = GOTH. *dars*, OHG. *tar*. The TEUT. √ *dars darz* is akin to GR. *Θρασεῖν* 'be bold' — *Θρασύς* 'bold' and SKR. *dhṛṣ* 'dare': Aryan √ *dhers*.

dark ME. *derk* OE. *deorc*; perh. akin to OIR. *derg* 'red': common base *dhergo-* (cp. also OIR. *dorche* 'dark'?).

darling ME. *dērling* shortened from OE. *dēorling* 'a favorite': deriv. of *dear* = OE. *dēore*.

dart ME. *dart* from OFR. *dart* FR. *dard* (= SPAN. IT. *dardo*); of TEUT. origin: OE. *darod*, ON. *darradr* also shorter *darr*.

dash vb. ME. *dasshe*; corresponding to DAN. *daske* (= SW. *daska*) 'slap, strike'. Scand. origin of the E. word (OE. **das-*

cian *daxian) is improbable, E. *sh* pointing to a hereditary word.

date[1] 'an epoch, given point of time' ME. *dáte* from the synon. FR. *date* (MED.-LAT. *datum*, whence G. *datum*).

date[2] 'fruit of the palm' ME. *dáte*: borrowed from OFR. *date* = FR. *datte*: source LAT.-GR. *dactylus*, whence also G. *dattel*, DU. *dadel*.

daub vb. ME. *daube*: borrowed from OFR. *dauber* 'whiten' from **dalber* = LAT. *dealbare* 'whiten, plaster' (LAT. *albus* 'white').

daughter ME. *doughter* OE. *dohtor* = DU. *dochter*, OSAX. *dohtar*, OHG. MHG. *tohter* G. *tochter*, ON. *dóttir*, GOTH. *daúhtar*: ident. with the synon. LITH. *dukti*, OSLOV. *dúšti*: Aryan base *dhuktēr*; an Aryan base *dhugatēr* appears in GR. *Θυγά-τηρ*, SKR. *duhitár*, AVEST. *duγdar* 'daughter'. SKR. *duhitar* 'daughter' is traced to the SKR. √ *duh* 'milk' and is interpreted as 'the milk maid'.

daunt vb. ME. *daunte*: borrowed from OFR. *donter* FR. *dompter* = IT. *domitare* 'subdue, tame': the source is LAT. *domitare* (frequent. of *domare*).

day ME. *day dai* OE. *dœʒ* = GOTH. *dags*, OHG. MHG. *tac(g)* G. *tag*, DU. OSAX. *dag*, ON. *dagr*; by-forms OE. *dōgor*, ON. *dœgr* (fr. *dōgaz dōgiz*): all connected with the SKR. √ *dah* (for Aryan *dhĕgh*: *dhōgh*) 'burn'. This root appears also in LITH. *dēgti* 'burn' —

dagas daga 'harvest', PRUSS. *dagas* 'summer', SKR. *nidâgha-* 'heat, summer' (also SKR. *âhar* 'day'?). The base *dhógho-s* common to our *day* and to LITH. *dágas* signified 'the time of the burning of the sun, the hot part of the day or year'.

dawn vb. late ME. *daune* earlier *dawe* OE. *dagian* = ON. *daga*, OHG. *tagên* G. *tagen* 'become day'; cp. E. **dawning** ME. *dawinge*: deriv. of TEUT. *daga-* under *day*.

daze vb. ME. *dase* 'stupefy' from ON. *dasa*, refl. *dasask* (*sk* represents the refl. 'oneself') 'daze oneself' = DAN. *dase*, SW. *dasa* 'lie idle'. From *daze* is deriv. the dimin. *dazzle* vb. 'overpower with light'.

deacon ME. *dẹken* from OE. *dẹacon* for *diacon* (= DU. *deken*, G. *diakon*, ON. *djákn*, OFR. *diacne* FR. *diacre*, SPAN. IT. *diacono*): source LAT. *diaconus* (GR. διάχο-ϱος) 'a servant, a deacon'.

dead adj. ME. *dẹd* OE. *dẹad* = GOTH. *dauþs*, OHG. MHG. *tôt* G. *to(d)t*, ON. *daudr*, OSAX. *dôd*, DU. *dood*. The common base *dau-da* is prop. partic. (*dhau-tó-*) belonging to the TEUT. verbal √*dau* discussed under *die*. Cp. *death*.

deaf ME. *dẹf* OE. *dẹaf* = OSAX. *dôf*, DU. *doof*, OHG. MHG. *toup(b)* 'hearing or feeling nothing, dull, foolish' G. *taub*, GOTH. *daufs(b)* 'deaf', ON. *daufr*. The meanings of OHG. MHG. *toup(b)* bordering on those of OHG. MHG. *tump* G. *dumm*, connection of both groups is sure; prob. akin to GR. τυφλός 'blind'. Cp. *dumb*.

deal vb. 'divide, distribute, negotiate in' ME. *dẹle* OE. *dẽlan* = OSAX. *dẽlian*, DU. *deelen*, LG. *dẽlen*, G. *teilen*, GOTH. *dailjan*: denominatives of *daili-* (cp. *deal*) like OSLOV. *dẽliti* 'divide'.

deal¹ sb. 'part, portion, indefinite quantity, degree or extent, bargain etc.' ME. *dẹl* OE. *dẽl* (*dál*) = OSAX. *dẽl*, DU. *deel*, LG. *deel*, OHG. MHG. G. *teil*, GOTH. *dails* m. *daila* f. TEUT. *dai-li(la-)* seems to point to an ARYAN √*dhai*, proved by OSLOV. *dẽlŭ* part'.

deal² sb. 'a board, plank' borrowed from DU. *deel* 'a board, threshing floor' = MLG. *dẽle* 'board' LG. *dele* 'a board, floor, a room'. The corresponding OHG. *dili* G. *diele* 'boarded floor' corresponds to ON. *þilja*; OE. *þel* 'board'. LITH. *tíli* 'plank in the boat', OSLOV. *tilo* 'bottom', SKR. *tala-m* 'surface' are cognate.

dean ME. *dẹn* (contr. of *deiẹn*) borrowed from OFR. *deien* = FR. *doyen*: source LAT. *dẽcânus* 'the chief of ten soldiers or monks' (= IT. *decano*, OHG. *téchân* G. *dechant*).

dear¹ ME. *dére* OE. *dẹore* 'beloved, precious, of great value' = OSAX. *diuri*, DU. *dier*, OHG. *tiuri* 'dear, beloved, esteemed, costly' G. *teuer*.

dear² (in Shakesp.) 'fierce, ferocious' ME. *dẹr* OE. *dẹor* 'wild':

different from *dear*[1]. Ident. with
E. *deer*, G. *tier*; cp. *deer*.

dearth ME. *dĕrthe* 'scarcity,
dearness' (= OSAX. *diurida*, OHG.
tiurida, ON. *dýrd*, OLG. *durtha*):
deriv. of *dear*[1] + *-th* formative
of abstract nouns.

death ME. *dĕth* OE. *dĕaþ* =
GOTH. *dauþus*, OSAX. *dôth*, OHG.
tôd MHG. *tôt(d)* G. *tod*, DU. *dood*,
ON. *daudr*: a verbal abstr. noun
of a √ *dau* (cp. *die*) with the
abstract suffix TEUT. *þu* = LAT.
SKR. *tu-* (Aryan base *dhau-tu-s*).

debate vb ME. *debáte*: borrow-
ed from OFR. *debatre* 'fight,
contend, debate' FR. *débattre*
'contend, debate' (= SPAN.
debatir, IT. *dibattere*).

debt sb. earlier *det* ME. *dette*:
from OFR. *debte dette* FR. *dette*
(IT. *detta*) = LAT. *debita* f. sing.,
orig. neut. plur. of LAT. *debitum*.

debtor ME. *dettur* from OFR.
detor **deteur** FR. *detteur* (IT.
debitore) = LAT. *debitorem* acc.
of *debitor* 'debtor'

decay vb. from OFR. *decaer*
(SPAN. *decaer*, IT. *decadere*) =
LAT. type *decadere* (instead of
decidere) 'fall away, perish'

decease sb. ME. *decĕs* borrowed
from OFR. *deces* FR. *décès* = LAT.
decessus prop. 'departure'.

deceit ME. *deceit*: borrowed
from OFR. *deceit* = LAT. *deceptus*
'deceit' (*decipere* 'deceive' under
deceive).

deceive vb. earlier *deceave* ME.
deceive: borrowed from OFR. *de-*

cever deceveir FR. *décevoir* = LAT.
decipere 'entrap'. Cp. *deceit*.

deck vb. borrowed fr. DU. *dekken*
'cover'; cp. OE. *þeĉĉean* under
thatch

declension from OFR. *decli-
naison* (FR. *déclinaison*) beside
FR. *déclination*, E. *declination* from
LAT. *declinationem*.

decrease ◌vb ME. *decrĕse* bor-
rowed from OFR. *decresser decrestre
decreistre decroistre* FR. *décroître*
(LAT. *discrescere*) = LAT. *decres-
cere* 'decrease'

decree sb. ME. *decrĕ* borrowed
from OFR. *decre decret* FR. *décret*
(SPAN. IT. *decreto*) = LAT. *decre-
tum* 'a decree'.

deed ME *dĕd dĕde* OE. *dĕd dâd* =
OSAX. *dâd*, DU. *daad*, OHG. MHG.
tât G. *t(h)at*, ON. *dâd*, GOTH. in
ga-dĕds 'deed'. TEUT. base *dĕ-di-*
from *dhê-tí-* from the TEUT. √ *dĕ* :
dô from ARYAN *dhê* : *dhô*; cp. *do*.

deem vb. ME. *dĕme* OE *dĕman*
(= OSAX. *dômian* in *â-*, DU.
doemen, MLG. *dômen*, OHG. *tuomen*
MHG. *tüemen*, ON. *dĕma*, GOTH.
ga-dômjan 'judge, deem'): deriv.
of TEUT. *dôma-* see *doom*.

deep adj. ME. *dĕp* OE. *dĕop* =
OSAX. *diop*, DU. *diep*, OHG. *tiof*
tiuf MHG. G. *tief*, ON. *djúpr*,
GOTH. *diups*. The common TEUT.
adj. *deupa-* belongs to a TEUT.
√ *dúp* whose by-form *dŭb*
appears in OE. *dýfan* E. *dive*
and in E. *dub*. Cp. cymr. *dwfn*,
OIR. *domun fu-domain*, LITH. *dubùs*
'deep, hollow', OSLOV. *dŭplĭ* 'hol-
low' from an ARYAN √ *dŭbh* : *dhŭp*.

deer ME. *dér* OE. *déor* 'wild animal' = ON. *dýr* 'wild animal', OSAX. *dior*, OHG. *tior* MHG. G. *tier* 'animal' ('stag, roe' in the language of hunters). TEUT. *deuza-* is prob. an adj. used as sb. signifying 'wild animal'; cp. OE. *déor* 'bold, wild' (cp. *dear*).

defeat vb. ME. *deféte* from OFR. *defeter* 'annul' *(OFR. *defait* *desfeit* part. of *defaire* FR. *défaire*; MED-LAT. *defacere* 'annul, undo'). See *feat*.

defile vb. 'make unclean, sully' a fusion of ME. *file* OE. *áfýlan* 'defile' and ME. *defoule* 'defile': ME. *foule* (OE *fúlian*) wk. vb 'make foul' with parallel form *file* (OE. *fýlan*) has taken the LAT.-FR. prefix *de-*.

defy vb. ME. *aefie* from FR. *défier* (= MED-LAT. IT. *disfidare* *diffidare* 'renounce faith, repudiate'). Cp. *faith*.

delay vb. ME. *delaie delaye*: from FR. *délayer* (= MED.-LAT IT. *dilatare*).

delight sb. (orig. *delite*) ME. *delíte delít* from OFR. *delit*. With the vb *delight* ME. *delíte* from OFR. *deliter* (IT. *delettare dilettare*) = LAT. *delectare* please.

dell ME. *delle* OE. *dell* a dimin. derivative of TEUT *dala-* (under *dale*), pointing to a GOTH. *"dalja* f. and corresponding to OHG. *tellia* MHG. *telle* 'ravine' G. (dial.) *delle*.

deluge sb. ME. *delúge*: from FR. *déluge* (= SPAN. IT. *diluvio*, LAT. *diluvium* 'a flood').

delve vb. ME. *delve* OE. *delfan* str. vb. = DU. *delven*, OSAX. *bi-delban*, OHG. *bi-telban* 'bury'. The TEUT. √*delb* (Aryan *dhelbh dhelp*?) is unknown elsewhere.

demijohn from the synon. FR. *dame-jeanne* = Arab. *damagan* (orig. the town *Damghan* in northern Persia, once famous for its glass-works).

den short for ME. *déne* OE. *denu dene* 'valley'; akin to MDU. *dan* 'woods, wilderness' and G. *tann* 'woods'?

denizen ME. *deneseyn denesein*: source ANGLO-FR. OFR. *densein deinsein*: deriv. of OFR. *deinz* (= FR. *dans*) 'within' and suffix *-ein* (= LAT. *-anus*), cp. *citizen*. The FR. word means 'a trader within the privilege of the city-franchise as opposed to *foreign*'.

deny vb. ME. *dení* from FR. *dénier* (SPAN. *denegar*, IT. *denegare* = LAT. *denegare* 'deny').

depaint vb. ME *depeinte*: from FR. *dépeindre*. Cp. *paint*.

depict vb. ME. only in part. *depict* = LAT. *depictus*, whence also OFR *depicter* 'depict'

· **deploy** vb from FR *déployer* (OFR. *despleyer despleier*, whence E. *display*). Source LAT *displicare*.

depth ME. *dépthe*: an abstract sb. from the ME. adj. *dép*; DU. *diepte*, ON. *dýpt*, GOTH. *diupiþa* point to an OE. **dýpþ*; cp. *deep*.

derrick 'a kind of crane' from DU. *Dierryk*, short *Dirk*, also

Diederik corresp. to G. *Dietrich*, OE. *þéodríc* 'chief of the people'. Orig. *derrick* signified 'gallows' named from a Dutch hangman.

descry vb. ME. *descríe díscrýe* 'discern' from OFR. *descrier (descrive descrivre* FR. *décrire)* 'describe'.

desire vb. ME. *desíre* from FR. *désirer* (IT. *desirare* = LAT. *desiderare* 'long for').

desk from FR. *disque* (IT. *desco* 'a table' = MED.-LAT. *discus* 'a table' see under *dish*).

despair vb. ME. *despeire* from OFR. *desperer* FR. *désespérer* (= LAT. IT. *desperare)* 'lose hope'.

despatch, dispatch vb. from OFR. *despecher* (FR. *dépêcher)* 'discharge, expedite'.

despise vb. ME. *despíse* from OFR. *despiser despicer* 'despise' (LAT. *despicere* 'look down upon, despise').

despite sb. by apheresis *spite* ME. *despit* from OFR. *despit despeit* FR. *dépit* (IT. *dispetto* = LAT. *despectus* 'contempt' see *despise*). *Despite* prep. abbrev. for *in despite of*.

despoil vb. ME. *despoíle* from OFR. *despoiller* (FR. *dépouiller*, IT. *despogliare*, SPAN. *despojar* 'despoil'): source LAT. *despoliare* 'plunder, rob. See *spoil*

destiny *destenýe destínée*: borrowed from FR. *destínée* (IT. LAT. *destinata).*

deuce 'a two at cards or dice early mod. also *déwce déus* = FR. *deux.*

devil ME. *dével* OE. *déofol* = OSAX. *diubal,* DU. *duivel,* OHG. *tiuval tioval* MHG. *tiuvel (tievel)* G. *teufel;* GOTH. *diabaúlus* points to LAT. (GR.) *diabolus.*

dew ME. *déw* OE. *déaw* = OSAX. *dau,* OHG. MHG. *tou* (gen. *touwes*) G. *tau,* DU. *dauw,* ON. *dogg* (GOTH. **daggwa-* is wanting). Perh. cogn. with the SKR. √ *dhav* 'to flow'.

die sb. (plur. *dice);* the sing. is developed from the plur. *dice.* ME. *dís* usually *dés* 'dice' which is borrowed from OFR. *dez* plur. of *det* 'die' FR. *dé* (= SPAN. IT. *dado* 'a die') from LAT. *datum* 'that which is given and 'that which is cast See *date.*

die vb. ME. *déze díe dýe* generally considered as a SCAND. loanword from ON *deyja* (= OSAX. *dôian,* OHG. MHG. *touwen* 'die'). An OE *dýʒan déʒan* (from *daujan)* is not recorded before 1000 after Chr., hence SCAND. origin is prob. For the TEUT. √ *dau* cp. *dead, death.* In other Aryan languages, OSLOV. *daviti* 'strangle' and LITH. *dovyti* 'torment' are compared as related (INDO-EUR. √ *dhéw dhôw).*

diet ME. *díete díéte*: from FR. *diète* (SPAN. IT *dieta* = LAT. *diæta).*

dig vb. ME. *digge* earlier *dikie* OE. *díʒian* 'dig': derivative of OE. *díć* 'a ditch'. See *dike* and *ditch.*

dike ME. *dík(e)* OE. *díc* 'a ditch, channel, dike, wall' = MHG. *tîch* G. *teich* 'fishpond, pond'.

E. *dike* and *ditch* are doublets.

dill 'the two-seeded **tare**' ME. *dille* OE. *dile* = DU. *dille*, OHG. *tilli* MHG. *tille* G. *dill*. Of obscure origin.

dim ME. OE. *dim (mm)* = OFRIS. *dim*, ON. *dimmr*: perh. by-form of the synon. OSAX. *thim (mm)*. A TEUT. √ *þem* (whence G. *dämmern*) corresponds to SKR. *tamas* 'gloom', LAT. *tenebrae* (for *temesra*) 'darkness'. For the initial gram. change from *th — d* see *doughty*. A PRE-TEUT. √ *dhem* may be found in OIR. *deme* 'darkness'.

dime ME. *dīme* 'tithe' from FR. *dîme* (= LAT. *decima* 'tenth').

dimple ME. *dimpel* = G. *tümpel* OHG. *tumfilo* m. 'whirlpool': deriv. with nasalization from the TEUT. √ *dup* 'be depressed' in *deep* and *dip*; cp. LITH. *dumbu* 'become hollow'.

din sb. ME. *dine* OE. *dyne* (= ON. *dynr*) 'a din'. Cp. OE. *dynnan* = DU. *deunen*, OSAX. *dunnian*, ON. *dynja* and the SKR. √ *dhvan dhun* 'rush'.

dine vb. ME. *dine*: from FR. *dîner* (= IT. *disinare*) 'dine'. See *dinner*.

dinner ME. *dîner*: from FR. *dîner*; ident. with *dine*: the infinitive is used as sb. See *dine*.

dint ME. *dint* OE. *dynt* 'a blow' = ON. *dyntr dyttr* 'a dint, stroke'.

dip vb. ME. *dippe* OE. *dyppan*; cp. G. *taufen* OHG. *touffan* (from *toufjan*) 'baptize' and *deep*.

dirge ME. *dirĭge* OE. (11th cent.) *dirĭge* 'watches' (cp. »dirige for ford-farenum« = vigilia pro defunctis). »dirige, Dominus meus, in conspectu tuo vitam meam« Psalm 5⁸ was used in the office for the dead in medieval service.

dirt ME. *drit* 'excrement' fr. OE. *ȝedrïtan* str. vb. = ON. *drïta*, DU. *drijten* 'to void excrement': TEUT. √ *drit*.

dish ME. *dish disch* OE. *disċ* 'a dish, plate' = OSAX. *disk* 'table', DU. *disch*, OHG. *tisc* G. *tisch* 'table'. LAT. *discus*, the source of TEUT. *dïskuz*, has the meaning 'dish' only post-class. (prop. 'disk'); cp. also IT. *desco*, OFR. *dois* 'table' (FR. *dais* 'a canopy, **dais**' see under *dais* and *desk*).

dismay vb. ME. *dismaie desmaie* (*demaie esmaie* dishearten, lose courage'): from OFR. *desmayer esmayer* (IT. *smagare* from *dismagare* points to GOTH. *magan*; see *may*).

dispense vb. ME. *dispense*: from OFR. *despenser* FR. *dispenser* (= IT. *spensare* = LAT. *dispensare* 'weigh out, distribute').

display vb. ME. *displeie*: from AFR. *despleier* = FR. *déployer* 'deploy' (= IT. *spiegare*, MED.-LAT. *displicare* 'unfold', whence also FR. *déployer* = E. *deploy*).

dispute vb. ME. *dispüte*: from FR. *disputer* (= LAT. IT. *disputare*).

dissever vb. ME. *dissevere desevere*: from OFR. *dessevrer* (IT. *dísceverare* fr. a LAT. type *disseparare* 'sever').

distaff ME. *distaf* orig. *dis-staf*; OE. *dis-stæf 'staff bedizened with flax' points to a TEUT. *dìsô-* in MLG. *dîse* f. 'distaff, the bunch of flax on the distaff'. Cp. LAT. *fûsus* 'spindle' for an Aryan √*dhís dhois* pointing to a PRE-LAT. *dhoiso-*.

distinguish vb. ME. *distingwe distinge*: borrowed from FR. *distinguer* (LAT. *distinguere*).

distrain vb. ME. *distreine* 'compel, constrain': borrowed from OFR. *destraindre* (LAT. *distringere* 'pull asunder').

distress ME. *distresse destresse*: from OFR. *destrece* 'distress' = FR. *détresse*.

disturb vb. ME. *disturbe desturbe*: from OFR. *destourber* (SPAN. *disturbar*, IT. *disturbare* = LAT. *disturbare* 'disturb').

ditch 'a dike' ME. *diche* OE. *dìc*: equiv. to OSAX. *dìk* 'dam', whence G. *deich*: related to GR. τεῖχος 'wall'?

ditty ME. *dité*; borrowed from OFR. *dité* 'a story, poem' (LAT. *dictatum*).

dive vb. ME. *dìve* OE. *dýfan* = ON. *dýfa*, DU. *bedûiven*, LG. *bedûiven*: TEUT. √*dûb* (a by-form of the TEUT. √*dûp*) under *deep*.

dizzy adj. ME. *disy* OE. *dysiʒ* 'foolish, stupid' = OHG. *tusîg*, MDU. *duysigh*: √ *dûs* (*dhûs*). Another form of the √ *dus* appears in OE. *dwǽs* (= MDU. *dwaes* DU. *dwaas*) 'foolish' and in G. *tor* OHG. *tôro* (TEUT. base *dauza-*).

do vb. ME. OE. *dôn* = DU. *doen*, OSAX. *dûan*, OHG. MHG. *tuon* G. *thun*. For the TEUT. √*dô*: *dê* cp. also *deed* and the suffix *-dom*. The PRE-TEUT. √*dhô*: *dhê* has a wide ramification within the other Aryan languages; cp. the GR. √ϑη: ϑε in τίϑημι 'place, put', SKR. √*dhâ* (*dadhâmi* and *dhâmi*) 'place, put, do' (*dhâtṛ* 'creator'), OSLOV. *dêją* (and *deždą*) 'do, make', LAT. *facio*. The meaning 'place, put' seems to be the original one and the TEUT. meaning secondary.

dock sb. origin uncertain; from the E. word are borrowed G. *dock*, DU. *dok*, SW. *docka*, DAN. *dok(ke)*, FR. *dock*.

doe ME. *dô* OE. *dá*; cp. DAN. *daa*. The OE. word — generally considered a loanword from LAT. *dâma* — points to a weak stem *dán* nom. sing. *dá* from a TEUT. base *dain*, which is evidently connected with OFR. *dain* m. FR. *daine* f. Perh. a LAT. base *dânus (assimilated for *dâmus) may be assumed. The phonology of the Engl. word may have been affected by *roe* OE. *rá*.

doff vb. ME. *doffe*, orig. imper. *dof* contr. of *do of* 'put off'; cp. *don* contr. of *do on* 'put on'.

dog ME. *dogge* OE. *dogga*, whence DU. *dog*, SW. *dogg*, G. *dogge*, FR. *dogue*. OE. *dogga* (recorded about 1050) is a WEST-TEUT. *duggan-*.

dole portion, share, lot, fortune' ME. *dôl(e)* OE. *dál*: equiv. W. *dea* (OE. *dǽl*).

dollar sb. a modern loanword from the continent: DU. *daalder*; the source is G. *thaler* which is short for *Joachimsthaler* 'gulden from *Joachimsthal*' (Bohemia) where the coin was first struck in 1519.

-dom ME. *-dom* OE. *-dóm* = OSAX. *-dôm*, DU. *-dom*, OHG. MHG. *-tuom* G. *-tum*: an abstract noun suffix, orig. a sb. meaning 'jurisdiction' preserved in *doom* (and its deriv. *deem*).

domain (poet. by-form *demain*) from FR. *domaine* (LAT. *dominium*), whence also DU. *domein*.

don see *doff*.

donkey not found in ME. OE., appar. a deriv. of *dun*. Suffix *key* of *donkey* is dimin. as in *monkey*. The orig. meaning of *donkey* is 'the little gray one' (Shakesp. uses *dun* 'a gray horse').

doom sb. 'judgment, sentence, decree, law' ME. OE. *dóm* = OSAX. *dôm*, OHG. *tuom*, ON. *dómr*, GOTH. *dôms* 'judgment'; derived from the TEUT. √ *dô* in *do*; for the *m*-suffix cp. SKR. *dhâman* 'sacred custom' and GR. ϑέμις.

door ME. *dóre* OE. *dor* = OSAX. *dor*, G. *tor*, GOTH. *daúr* 'gate'; ident. with OE. *duru* = OSAX. *dura*; ON. *dyrr* plur. corresponds to OSAX. *duri* plur., OHG. *turi* plur. 'door' G. *tür*. The TEUT. bases *dora-* and *dur-* (cons. stem) cp. also in GOTH. *daúrôns* 'door'. To the Aryan base *dhur* belong also LAT. *fores*, GR. ϑύρα, LITH. *dùrys* and SKR. *dur* (for *dhur*) 'door, gate'.

dot OE. *dott* 'speck' = DU. FRIS. *dot*; cp. LG. *dott dötte* 'the yellow of the egg' and OSAX. *dódro*, DU. *dooier*, OE. *dydring*, OHG. *totoro tutar-ei* G. *dotter*: prim. term for 'the yellow of the egg'; the orig. meaning of *dydring* is prob. 'spot, point in the egg'.

dote vb. ME. *dóte dótie* = ODU. *doten* 'mope'; perh. akin to MHG. *tûz(e)* 'quiet' — *tûzen* 'be quiet' from a TEUT. √ *dût*.

double adj. ME. *duble*: borrowed from FR. *double* (IT. *doppio* = LAT. *duplus*); from the FR. source also G. *doppelt*, DU. *dubbel*.

doubt ME. *doute*: borrowed from FR. *doute* (IT. *dotta* ≐ LAT. *dubitum*).

dough sb. ME. *dóugh* OE. *dáh(g)* = DU. LG. *deeg*, OHG. MHG. *teic(g)* G. *teig*, ON. *deig*, GOTH. *daigs* 'dough': deriv. from a TEUT. *díg* 'knead' in GOTH. *deigan* 'mould, form'; an Aryan √ *dhigh* cp. in SKR. *dih* 'stroke, smear', LAT. *fingere* 'shape, form' (*figura* 'form') and GR. τεῖχος τοῖχος 'wall'. Cp. *lady*.

doughty adj. ME. *dou(g)hty dohti* OE. *dohtiȝ*; the by-form OE. *dyhtiȝ* corresponds to MHG. G. *tüchtig* deriv. from OHG. MHG. *tuht* an abstract noun of the verb represented by OHG. *tugan* = OE. *dugan*. The OE. by-form *pyhtiȝ* (cp. *dim* = OSAX. *thimm*) points to a primitive TEUT. √ *pug*.

dove short for ME. *douve* OE. *dúfe*; corresponding to GOTH. *dûbô*, OSAX. *dûba*, OHG. *tûba* G. *taube*

The TEUT. *dûbôn-* 'dove' is based on a pre-TEUT. adj. *dhûbho-* 'black' in OIR. *dub* 'black'.

down sb. 'soft **plumage**': a Scand. loanword of the ME. period (ME. *doun*), borrowed from ON. *dúnn* = SW. *dun*, DAN. *dunn*, whence also G. *daune*, DU. *dons*.

down prep. and adv., orig. *adown* (cp. *back* for *aback*): shortened for ME. *adoune adoun* OE. *ofdúne*: OE. *dún* is 'hill' and *ofdúne* 'off the hill, downwards'. A TEUT. *dûna-* 'hill' (in mod. LG. *dâl* is 'dale' and 'down'), OE. *dún* survives in the Kentish *downs*; cp. DU. *duin*. Perh. the word is a Celt. loanword, cp. IR. *dún* 'a fortified hill', GAEL. *dun*, W. *din* and the Celt. place-names such as *Tarodunum*, for which cp. also *town*.

doze vb. prob. borrowed from ON. *dúsa* 'doze'.

dozen ME. *dozeine dusain* = FR. *douzaine* (OFR. *dosaine*), whence also G. *dutzend*, DU. *dozijn*. The Fr. word is deriv. from *douze* (OFR. *doze* = LAT. *duodecim*).

draff ME. *draf* OE. *dræf*; cp. OHG. **trab* in the plur. *trebir* G. *träber* 'grains, husks' and DU. ON. SW. *draf*. Cogn. w. LAT. *fraces*: ARYAN √ *dhrak*; cp. also *dregs*.

dragon ME. *dragon drago(u)n*: from FR. *dragon* 'dragon, standard' = IT. *dragone*, LAT. *draco(n-)* 'dragon'. See *drake*.

drain vb. ME. *dreine* OE. *dréagnian*; a TEUT. √ *draug* appears in NORTH-FRIS. *druughe* 'sieve, strainer' and *druugin* vb. 'strain, sieve' (NFRIS. *û* from TEUT. *au*) and in DITMARSH *dorchdroven* 'drain', HESS. *drauen* **'drain'**.

drake[1] in *drakefly* OE. *draca* 'dragon'; cp. synon. OHG. *trahho* G. *drache* = OE. *draca* borrowed fr. LAT. *draco*. Cp. *dragon*.

drake[2] 'male of the duck' ME. *dráke* OE. **draca* = LG. (dial.) *drâke* MLG. *ant-drâke*, which points to identity with ICEL. *andriki*, GERM. **enterich** OHG. *antrëhho* **antrahho** (orig. **anut + trahho*). The TEUT. *drakon-* occurs only in this compound and in the substituted simple form (the Teut. **word** for 'duck' **was** OE. *æned*, OHG. *anut* G. *ente*).

draw vb. ME. *drawe* OE. *dragan* = ON. *draga*; perh. ident. with GOTH. *dragan* 'bear, carry', OSAX. *dragan*, DU. *dragen*, OHG. *tragan* G. *tragen* 'carry, bear'. The TEUT. √ *drag* 'bear' (ARYAN *dhragh*) has been compared with OSLOV. *drŭžati* 'hold'.

dream 'vision' ME. *drēm*; an equiv. OE. *drēam* is not recorded (the synonym is *swefn*), but is to be inferred from OSAX. *drôm*, DU. **droom**, ON. *draumr*, OHG. MHG. *troum* G. *traum* 'dream'. The meaning 'dream, vision' attaching to these forms may be deduced from 'deception, vision' so that TEUT. *drauma-* (for **draugma-* or **dhroughwmó-?*) would belong to the TEUT. √ *drug*, seen in OSAX. *bidriogan* = OHG. *triogan* G. *trügen* 'deceive'.

dreary adj. ME. *drėrĭ* OE. *drėorĭʒ* 'sad': corresponding to MHG. *trûrec* G. *traurig*; OHG. *trûrên* G. *trauern* 'mourn' belongs perh. to OE. *drúsian* E. *drowse drowze* 'be sluggish'.

dregs 'lees' a Scand. loanword of the ME. period (ME. *dregges*) borrowed with the plur. form fr. the equiv. ON. *dregg*. The TEUT. base *dragjô-* may be a pre-TEUT. *dhrakt-* which is also possible of LAT. *fraces* 'dregs' (LAT. *f* = ARYAN *dh* as under *distaff*); cp. also PRUSS. *dragios* 'dregs' (perh. Teut. loanword?).

dress vb. ME. *dresse* borrowed from FR. *dresser* (OFR. *drescer drecier*; LAT. type *directiare*).

drift sb. 'driving, impulse' ME. *drift* 'act of driving, drove, impulse': deriv. from *drive* with *t*-suffix; cp. DU. *drift* 'drove, flock, course, current, ardor', G. *trift* 'pasture', ON. *drift drĭpt* 'snowdrift'. See *drive, drove*.

drink vb. ME. *drinke* OE. *drincan* = OSAX. *drinkan*, DU. LG. *drinken*, OHG. *trinchan* MHG. G. *trinken*, ON. *drekka*, GOTH. *drigkan*: a common TEUT. str. vb. From TEUT. comes the Roman group IT. *trincare*, FR. *trinquer* 'hobnob'. The TEUT. √ *drĕnk* (Aryan *dhreng*) does not appear outside of Teut.

drip vb. ME. *drippe* OE. *dryppan*: associated with OE. **drėopan* ME. *drėpe* 'drop, fall' = OSAX. *driopan*, DU. *druipen*, OHG. *triufan* MHG. G. *triefen*, ON. *drjúpa* 'drop, drip'.

drive ME. *drive* OE. *drîfan* str. vb. = OSAX. *drîban* 'drive, banish, perform', DU. *drijven* 'drive, do, fly, swim', ON. *drífa* 'hasten', GOTH. *dreiban* 'drive', OHG. *trîban* MHG. *trîben* G. *treiben*. For the TEUT. √ *drîb* (ARYAN *dhrîbh? dhrip?*) cp. also *drĭft*.

droll adj. perh. borrowed fr. FR. *drôle* 'odd, queer, funny'. Cp. G. *drollig* from LG. *drullig*, DU. *drollig*; not found in the older languages.

drone sb. ME. *drǫn* OE. *drán* (plur. *drán*). The synon. OHG. *trëno* MHG. *trëne* G. *drohne*, OSAX. *drân* plur. *drâni* (DAN. *drone* is a continental loanword) are evidently related, but not phonetically identical; OE. *drán* points to GOTH. **drainus*, while OHG. *trëno* points to GOTH. **drina*. An Aryan √ *dhrën* cp. in GR. τεν-θρήνη 'a species of wasp' — also ἀνθρήνη 'woodbee' — Laconian θρῶναξ 'drone'.

drop vb. ME. *droppe* OE. *droppian* also *dropian* and *droppetian* (= DU. *droppen*, G. *tropfen*): a frequent. deriv. of the orig. str. vb. OE. *drėopan* ME. *drėpe* = OSAX. *driopan*, DU. *druipen*, OHG. *triufan* MHG. G. *triefen*, ON. *drjúpa* 'drop'. See *drĭp* and *drop*.

drop sb. 'a globule' ME. *drǫpe* OE. *dropa* = OSAX. *dropo*, DU. *drop*, ON. *drope*, OHG. *troffo*; the OHG. by-form *tropfo* (G. *tropfen*) points to a TEUT. base *druppon-*.

All derivatives of the TEUT. √*drup.* See *drop*[1].

dropsy ME. *dropsy dropesie* short for *idropste hydropsie*: borrowed from FR. *hydropisie* (LAT. *hydropisis*).

drought ME. *drought* older *drougth drught* OE. *drúgod* 'dryness': deriv. from OE. *drúgian* 'become dry' and TEUT. adj. *drúgi* in *dry*.

drouse (*drowze*) vb. ME. *drouse* OE. *drús(i)an* 'become slow or sluggish' = MDU. *droosen* 'doze'; cp. LG. *drünse(l)n* 'slumber' *drunsen* 'low' (of cattle); akin to OE. *dréosan* = GOTH. *driusan* 'fall'. See *dreary*.

drove sb. 'herd, road for sheep or cattle in droves' ME. *dróve* earlier *dróf* OE. *dráf* 'drove': deriv. from the √*dríb* in *drive*.

drown vb. ME. *droune*; short for ME. *druncne* (also dissimil. *drunkle*) OE. *druncnian* 'sink': a passive formation of the TEUT. verb *drink*.

dry ME. *drie drýe* OE. *drýʒe* from TEUT. *drúgi-*, as shown by OE. *drúgod* = mod. E. *drought*. A TEUT. by-form *draugi-* (or *draugu-*) is seen in OE. *dréʒe* ME. *dreie* and in DU. *droog*, LG. *dröge* (by the side of LG. *drýge*, NORTH-FRIS. *drüügh*). All with the same meaning, which appears also in the related G. *trocken* (OHG. *truckan*). Cp. ON. *draugr* 'a dry log'; OHG. proper nouns e. g. *Drúhi-klinga* prove a TEUT. *drúhi* 'dry'. An Aryan

√*dhrūk* is probable and OHG. *truckan* would point to a by-form Aryan *dhrūg.*

duck sb. ME. *douke* OE. *dúce*: akin to OE. **dúcan* under *duck* vb.; hence *duck* prop. 'the diving one, diver'; cp. DAN. *dukand* 'seaduck', G. *tauchente*.

duck vb. ME. *douke*; an OE. **dúcan* may be inferred fr. DU. *duiken*, OHG. *túhhan* MHG. *túchen* G. *tauchen*.

due adj. ME. *dúe* from FR. *dú* m. *due* f. OFR. *deu* m. *deue* f. (= IT. *debuto*); cp. MED.-LAT. **debutum debuta* for *debitum.*

duke ME. *dúke* from FR. *duc*; with the deriv. duchess ME. *dúchesse* short for *dúchesse* = FR. *duchesse*. — duchy (cp. ME. *ducherie* instead of **duchie*) from FR. *duché.*

dumb adj. ME. *domb dumb* OE. *dumb*; GOTH. *dumbs*, ON. *dumbr* have essentially the same meaning while the corresponding G. *dumm* (OHG. MHG. *tump*) signifies 'stupid, foolish'. Perh. *deaf* without nasal (= OE. *déaf*, GOTH. *daufs*) belongs to the same Aryan √*dhúbh*, which may be found also in GR. τυφλός 'blind'.

dun adj. 'dark, swarthy' ME. *don donne* OE. *dun (nn)*: an early Celtic loanword (OIR. GAEL. *donn*, GALL. *donnos*); therefore not found in other TEUT. languages.

dung ME. *dung dong*; cp. OHG. *tunga* 'dung' G. *dung.* OHG. MHG. *tunc* 'subterranean weaving room'. If 'cave, underground room' is the orig. meaning, GR. τάφος from an Aryan *dhnghwos* may be allied.

dungeon sb. ME. *donǧeon donjoun*; loanword from OFR. *dongeon dvngon donjon* FR. *donjon* (MED.-LAT. *domnionem* 'a commanding tower' fr. a LAT. type *dominionem*; cp. LAT. *dominium* under *domain*).

dusk ME. *dosk* OE. *dosc* (of rare occurrence, but also seen in the deriv. vb. *duscian*). Akin to the SW. dial. *duskug* 'misty'. A TEUT. base *dŭska-* admits of relation to LAT. *fuscus* 'blackish, dark' (base *dhusko-?*).

Dutch orig. meant German including *Dutch*; for **down** to 1600, *Dutch* was **considered** a dialect of Germany. *Dutch* corresponds to G. *deutsch* = MLG. *düdesch*, MHG. *diutsch tiutsch tiusch* OHG. *ďiutisk* (OSAX. *thiudisce liudi* 'Germania').

dwarf ME. *dwergh dwerugh* OE. *dweorh(g)* = DU. *dwerg*, OHG. MHG. *twěrc(g) getwěrc* G. *zwerg*, ON. *dwergr* m., SW. DAN. *dverg*. TEUT. base *dwěrga-* belongs prob. to the TEUT. √ *drug* 'deceive', hence *dwarf* prop. 'deception, vision'.

dwell vb. ME. *dwelle* late OE. *dwelian*: SCAND. loanword from ON. *dvelja* 'delay, stay' = OHG. *twellan* (and *twâlěn*) 'linger'.

dye vb. ME. *die deie děʒe* OE. *děagian*: derived from OE. *děah(g)*; a TEUT. *dauga* is not found elsewhere.

E

each ME. *ěch* earlier *ělch* OE. *ǽlc* orig. *á-gilǐc* = OHG. *iogilǐh* MHG. *iegelǐch* G. *jeglich*; cp. OHG. *manno-gilǐh* 'every man' — *wibogilǐh* 'every woman' etc.

eager ME. *ěgre*: adapted from OFR. *eigre* 'keen, sharp'. Source LAT. *acre* (*acer*).

eagle ME. *ěgle*; loanword from FR. *aigle*; source LAT. *aquila*.

eanling 'lamb' (Shakesp.) points to an OE. *ěan* 'lamb'; cp. *yean*.

ear[1] sb. ME. *ěre* OE. *ěare* = TEUT. base *auzôn-* in GOTH. *ausô*, OSAX. OHG. *ôra* G. *ohr*, DU. *oor*. An Aryan base *aus-* cp. in LAT. *auris*, GR. *οὖς*, RUSS. SLOV. *ucho* 'ear'; perh. cogn. with *hear*. — Hence **earwig** ME. *ěr-wigge* OE. *ěar-wigga*.

ear[2] sb. (of corn) ME. *ěr* OE. *ěar* contr. from **eahor* (Northumbr. *ehher*) = TEUT. base *ahaz-*; ident. w. OHG. *ahir* G. *ähre*, GOTH. *ahs*, ON. *ax*. Perh. akin to *awns*.

ear vb. ME. *ěre* OE. *crian* =

GOTH. *arjan*, OHG. *erian* 'plough'; cogn. with LAT. *arare*, GR. ἀροειν, OIR. *araim* 'I plough': **Aryan** √ *ar* in LAT. *arvum* 'field' and in *earth*.

earl ME. *erl* OE. *eorl* === ON. *jarl*, OSAX. *erl*. **Perh.** ident. with the TEUT. tribe-name *Heruli*.

early ME. *erli* OE. *ærlice*; cp. *ere*.

earn vb. ME. *erne* OE. *earnian* === OHG. *arnôn*. Perh. traceable to the Aryan √ *ar* in GR. ἄρνυμαι.

earnest ME. *ernest* OE. *eornust* === OHG. *ernust* G. DU. *ernst* 'seriousness'; perh. akin **to** GOTH. *arniba* adv. 'surely'?

earth ME. *erthe* OE. *eorðe* === OSAX. *ertha*, OHG. *erda* G. *erde*, GOTH. *airþa*, 'ON. *jorð*; cognate with OHG. *ero* 'earth' === ON. *jorvi* 'ground', LAT. *arvum* 'field', GR. ἔραζε 'to the ground'.

earwig cp. *ear*[1].

ease ME. *ese* **earlier** *eise* from FR. *aise* 'ease'.

east ME. *est* OE. *east*; ident. with DU. *oost*, G. *osten*; the TEUT. base *aust-* is traced to the Aryan name of the aurora LAT. *aurora*, GR. ἠώς, SKR. *ušas*: Aryan base *ausôs*. Cp. *Easter*.

Easter ME. *ester* OE. *eastro* === OHG. *ôstarûn* G. *Ostern*. According-ing **to** Beda Venerabilis, in heathen times the Anglo-Saxons called the feast in April after their **goddess** *Eostre*, **which** is elsewhere quite unrecorded. The WEST-TEUT. word (base *austrôn-*) is prob. of the same origin as *east*; cp. LITH. *auszra* 'aurora'.

eat vb. ME. *ete* OE. *etan* === DU. *eten*, OSAX. *etan*, ON. *eta*, GOTH. *itan*, OHG. *ezzan* G. *essen*. Cp. the Aryan √ *ĕd* in LAT. *edo*, GR. ἔδομαι, SKR. *ad*, LITH. *edmi* 'eat' (see also *tooth*).

eaves ME. *eves* OE. *efes* 'eaves'; the E. dial. form *oaves* (Essex) points to an OE. **ofes* === OHG. *obasa* 'porch, hall', GOTH. *ubizwa* 'porch', ON. *ups* 'eaves'.

ebb sb. ME. *ebbe* OE. *ebba* === OFRIS. *ebba*, DU. *eb ebbe*, G. DAN. *ebbe*, SWED. *ebb*. **Source and** history unknown.

edge ME. *egge* OE. *ecg* (infl. *ecge*) === DU. *egge*, OSAX. *eggia*, ON. *egg*, OHG. *ecka* G. *ecke*. Cogn. with LAT. *acies* 'point', GR. ἀκίς; cp. SKR. *açri* 'corner', GR. ἄκρος 'pointed', LITH. *aszru-s* 'sharp': Aryan √ *ak*.

eel ME. OE. *el* OE. *ǽl* === OHG. *âl*, G. DU. DAN. *aal*, ON. *áll*: TEUT. base *ēla- ēlu-?*

egg sb. ME. *egg* from ON. *egg*. OE. *ǽʒ* (plur. *ǽʒru*) — ME. *ei* (plur. *eire*) 'egg' were supplanted by the SCAND. loanword *egg*. OE. *ǽʒ* and ON. *egg* correspond to OSAX. OHG. *ei*, DU. G. *ei*: TEUT. base *aia-* (*ajjiz- ajjaz*) perh. related to LAT. *ovum*, GR. ᾠόν 'egg'.

egg vb. 'instigate' ME. *egge* from ON. *eggja* 'egg on'; akin to *edge*.

eight ME. *eighte* OE. **ehte* mostly *eahta* === GOTH. *ahtau*, OSAX. OHG. *ahto* G. DU. *acht*: Aryan base *oktôu oktô* in GR. ὀκτώ, LAT. *octo*, SKR. *aṣṭâu*, OIR. *ocht*.

5 *

eisel ME. *aisil* late OE. *aisil* (= ODU. *aisijl*) fr. OFR. *aisil*. Source a LAT. type *acetulum*; cp. OE. *eced* 'vinegar' fr. LAT. *acidum* 'sharp.'

either ME. *either* OE. *ǽʒder* shortened for *ǽʒhwæder* orig. *á* + *ʒihwæder*; cp. OHG. *io-giwě-dar* 'each of two' and *whether*.

eke ME. *ḗk* OE. *ḗc* earlier *ḗac* fr. a TEUT. *auk* = GOTH. *auk*, OHG. *ouh* G. *auch*. Prop. imperative of the str. vb. GOTH. *aukan* 'add' (= LAT. *augêre*).

elbow ME. *elbǫwe* OE. *elboga* earlier *eln-boga* = OHG. *ęlinbogo* G. *elbogen*, DU. *elleboog*, ON. *ǫln-bogi*: a GOTH. compound *aleina-buga* 'the bow of the cubit' is wanting. Cp. *ell* and *bow*.

eld 'old age, antiquity' (Shakesp.) ME. *ęlde* OE. *eldo yldo* 'antiquity': abstract of *old* = OE. *áld*. —

elder adj. ME. *elder* OE. *eldra*: compar. of *old*.

elder sb. (a tree) ME. *eldre eller* OE. *ellarn*.

eleven ME. *enlevene* OE. infl. *endleofane ǽnlifane*; OE. *endlufon* corresponds to ON. *ellifu*, OSAX. *ēllaban*; cp. GOTH. *ainlif*, OHG. *einlif* G. DU. *elf* 'eleven'. The TEUT. numeral *ain-lif-* is a compound of *ain* = *one* and *lif* = pre-TEUT. *-lika* in LITH. *věno-lika* 'eleven' (cp. *twelve*). The orig. meaning of the numeral was perh. 'ten + one'.

elf (with the older by-form *ouphe* Shakesp.) ME. *elf* OE. *ælf*: TEUT. base *alba-* also in ON. *álfr*; the word occurs in proper names as OE. *Ælf-réd* = OHG. *Alp-rât*. An Aryan *albhu-* is found in SKR. *ŗbhu* 'the name of a certain kind of deity'.

ell ME. *elle* earlier *elne* OE. *eln* = OHG. *ęlina* G. DU. *elle*, ON. *alin*, GOTH. *aleina* 'ell, cubit'. A pre-TEUT. *ǫlenâ-* is found in LAT. *ulna*, GR. ὠλένη, OIR. *uile* 'cubit'. Cp. *elbow*.

elm ME. OE. *elm*; akin to ON. *álmr* and LAT. *ulmus* (G. *ulme* is a LAT. loanword, DU. *olm* is OFR. *olme*).

else ME. OE. *elles* adv. 'otherwise': genet. of the pron. GOTH. *aljis* 'an other' (= LAT. *alius*, GR. ἄλλος, OIR. *aile*, ARMEN. *ail*); cp. OE. *ele-lende* 'a foreign land', OHG. *ęli-lęnti* 'being abroad' and OHG. *ęlles* 'elsewhere', LAT. *alias* 'otherwise'.

ember-days ME. *imbri-dawes* OE. *ymbren-dagas* prop. 'days of procession'?

embers 'ashes' ME. *emmeres emeres* plur. OE. *ǽmyrian* plur. = OHG. *eimuria*, ON. *eimyrja* 'embers'. Prob. a compound of a TEUT. type *aim-uzjôn*; cp. ON. *eimr* 'steam, vapor' and *usli* 'a conflagration', MHG. *usel ûsel* 'ashes, embers' fr. an Aryan √ *us* in LAT. *urere* vb. 'burn' (cp. ON. *ysja* 'fire').

emmet 'ant' ME. *emet* OE. *ǽmete*: TEUT. base *amaitjôn-* = OHG. *ameiʒa* G. *ameise*: prob. cogn. with OHG. *ęmiʒʒi* G. *emsig* 'industrious'.

emperor ME. *emperour* fr. AFR. *emperur* = LAT. *imperator-em* (but OE. *Câsére* 'emperor' = G. *kaiser* fr. LAT. *Caesar*); cp. empire ME. *empire* fr. FR. *empire* = LAT. *imperium* and empress ME. *emperesse* earlier form *emperice* fr. OFR. *emperice* = LAT. *imperatrîcem*.

empty ME. *empti emti* short for OE. *âmtiʒ* 'empty'.

enchant vb. ME. *enchaunte* fr. FR. *enchanter* = LAT. *incantare*.

end ME. OE. *ęnde* = GOTH. *andeis*, OHG. *ęnti* G. *ende*, DU. *einde*, ON. *endi*: TEUT. base *andja-*, pre-TEUT. *antyó-*; cp. SKR. *ánta* 'end, limit' and OIR. *ét*.

engage cogn. w. *gage*.

enough ME. *inough* (*inǫwe*) OE. *ʒenôh* (*ʒenǫg* earlier *ʒinôg*) · TEUT. base *ga-nôga-* in DU. *genoeg*, OSAX. *ginôg*, OHG. *ginuog* G. *genug* 'enough'; cp. GOTH. *ganôhs* and the GOTH. vb. *ganaúhan* 'to suffice' — *ganaúha* 'sufficiency': ARYAN √ *nŏk* (*nɔk*).

enter vb. ME. *entre* vb. fr. FR. *entrer* = LAT. *intrare* vb. 'enter'.

entire adj. ME. *entire* fr. FR. *entier* = LAT. *integrum* (*integer*).

envy sb. ME. *envie* fr. FR. *envie* = LAT. *invidia*.

ere 'before' ME. *ér(e)* OE. *ǽr* (fr. *ǽri ári* TEUT. *airi*) 'before'; ident. w. GOTH. *air*, OHG. OSAX. *ér* G. *ehr*.

ermine sb. ME. *ęrmîne* fr. OFR. *ermine* FR. *hermine*, which is of Teut. origin; cp. OHG. *harmîn* MHG. *hęrmîn* 'fur'. The primitive OHG. *harmo* (corresp. to LITH. *czarmŭ*) means 'weasel'.

err vb. ME. *ęrre* vb. fr. FR. *errer* = LAT. *errare*; hence errant FR. *errant*.

errand ME. *ęrnde erende* short for OE. *ǽrende* = OSAX. *ârundi*, OHG. *ârunti* 'message'; uncertain whether cogn. w. GOTH. *airus*, ON. *árr*, OE. *ár*, OSAX. *ér* 'messenger'.

escape vb. ME. *escápe* vb. fr. ONFR. *escaper* = FR. *échapper*. LAT. type *ex-cappare* deriv. from *cappa* 'cloak'.

evening ME. *éveninge* OE. *áfnung*: deriv. of eve ME. *éve(n)* OE. *ǽfen éfen*; cp. OHG. *âbund* G. *abend*, OSAX. *âband*, DU. *avond*; ON. *aptann* (SWED. *afton*, DAN. *aften*) and OE. *ǽften* 'evening' belong to the same group: TEUT. base *ébnd-? éftn-?*

ever ME. *ever* earlier *ǽvre* OE. *ǽfre* (earlier *ǽbre*); the word is orig. compounded, but only the 1st element is evident; cp. OE. *á* 'ever' = GOTH. *aiw* under *aye²*. — every ME. *ęverî* earlier form *everich* late OE. *ǽfrélc*.

everywhere ME. *ever twhére* OE. *ǽfre-ʒehwǽr*.

evil adj. ME. *evel* prop. *ivel* OE. *yfel*: TEUT. base *ubila-* in GOTH. *ubils*, OSAX. *ubil*, OHG. *ubil* G. *übel*, DU. *euvel*; cogn. w. OHG. *uppi* G. *üppig* and perhaps w. TEUT. *uber* = *over*.

ewe ME. *ęwe* OE. *eowu* (not *éowu*, which would be ME. **ęwe*): TEUT. base *awi-* 'sheep' in DU. *ęoi*, ON. *ǽr* 'sheep' and cp. GOTH.

awêpi 'flock of sheep' and *awistr* 'a sheepfold'; cp. OHG. *ou* (plur. *ouwi*) fr. a TEUT. base *awwi-*. A base *owi-* occurs in other Aryan languages: SKR. *ávi*, LAT. *ovis*, GR. οἴς (*ὄϝις), LITH. *avis* 'sheep', OSLOV. *ovïca*, OIR. *ói* 'sheep'.

ewer ME. *ewér* fr. AFR. *ewiere* FR. *aiguière*: source LAT. *aquârium* 'vessel for water', whence also OHG. *ahhâri*, DU. LG. *aker* 'pitcher, bucket'.

expound ME. *expoune* vb. fr. OFR. *espondre*: source LAT. *expônere*, whence also OHG. *spûnôn* 'interpret, expound'.

eye ME. *eie* earlier *éʒe* OE. *éage*: TEUT. base *augôn-* in GOTH. *augô*,

OHG. *ouga* G. *auge*, OSAX. *ôga*, DU. *oog*, ON. *auga* (under *window*). As shown by the TEUT. vb. **awujan* pret. **awida* (= OE. *ýwan eowde*) for **agwjan* **ágwida* 'to show', TEUT. *augôn-* is transformed (by the influence of TEUT. *auzôn-* = *ear*) from an earlier *agwôn-*: ARVAN base *okon-* fr. a primitive stem *ok* 'eye'; cp. LAT. *oc-ulus*, OSLOV. *oko*, LITH. *akis*, GR. ὄσσε 'the eyes' (for **okje*); SKR. *akśi*.

eyot sb. ME. *eiet* OE. *íʒot* commonly *íʒod*: deriv. of OE. *iʒ éʒ* 'island', which answers to ON. *ey*, OHG. *ouwa* 'island' (TEUT. *aujô-* fr. *agwjô-* deriv. of GOTH. *ahwa* = LAT. *aqua* 'water').

F

fable ME. *fáble* fr. FR. *fable* = LAT. *fabula*.

face ME. *fáçe fás* fr. FR. *face* = LAT. *facies*.

fade (Shakesp. *vade*) vb. ME. *fáde* vb. fr. the FR. adj. *fade* (whence also G. *fade*, ODU. *vadde*). Source a LAT. type **fatidus* instead of *fatuus* 'foolish'.

fail vb. ME. *faile* vb. fr. FR. *faillir* (source LAT. *fallere*), whence also DU. *veilen*, MHG. *vêlen* G. *fehlen*.

fain adj. ME. *fain* OE. *fæʒen* 'glad' = OSAX. *fagan*, ON. *feginn* adj. 'glad'; cp GOTH. *faginôn* 'to enjoy' and *fahêps* 'joy', which is

ident. w. OHG. *gifëho* 'joy' or more accurately w. OE. *ʒefʒa* (contracted fr. **gifeaha* = **gifaho*): TEUT. √ *feh* (Aryan *pek*) in OE. *ʒefʒon* (pret. *ʒefeah*) = OHG. *gifëhan* 'to enjoy'.

faint adj. ME. *feint* fr. OFR. *feint* partic. of *feindre*; cp. *feign*.

fair adj. ME. *fair* OE. *fæʒer* = = GOTH. *fagrs* 'fit', OHG. OSAX. *fagar*, ON. *fagr* According to GOTH. *gafahrjan* 'to prepare', there exists a TEUT. √ *feh* also in G. *fegen* OHG. *vëgen* vb. 'cleanse'; cp. ON. *fága* and OHG. *fuogan* G. *fügen*, OE. *ʒeféʒan*.

fair sb. 'market, festival' ME.

feire fr. AFR. *feire* = FR. *foire*; source LAT. *fĕria* 'a holiday', whence also OHG. *fira* G. *feier* 'ceremony' (*feiertag* 'holiday').

fairy ME. *fairie* fr. OFR. *faerie* 'enchantment'; cp. *fay.*

faith sb. ME. *faith feith* (with the by-form *fai fei*) fr. AFR. *feid feid* (with the by-form *fei* = FR. *foi*). Source LAT. *fides — fidem.*

falcon sb. ME. *faukoun* fr. FR. *faucon.* Source late LAT. *falconem,* whence also OHG. *falko* G. *falke,* ON. *falke,* DU. *valk* 'falcon'.

fall vb. ME. *falle* OE. *fallan* (*feallan*) = OHG. OSAX. *fallan,* ON. *falla* str. vb. 'fall': TEUT. √ *fall* = Aryan √ *pal* in LITH. *pùlti* (pres. *púlu*) 'to fall'; cp. also G. σφάλλομαι 'to fall'? **fallow** adj. ME. *falwe* OE. *fealo* gen. *fealwes* = TEUT. base *falwa-* in ON. *fǫlr,* DU. *vaal,* OHG. *falo* G. *fahl* 'pale, fallow'. Cogn. w. LAT. *pallidus* 'pale' — *pullus* 'dark', GR. πολιός 'gray', SKR. *palita* 'gray'; the TEUT. adj. has the same suffix as OSLOV. *plavŭ,* LITH. *palvas* 'fallow'.

false adj. ME. late OE. *fals* fr. OFR. *fals* = FR. *faux*; source LAT. *falsus* 'false'.

fame ME. *fáme* fr. FR. *fâme* = LAT. *fama* 'report'.

famine ME. *famin(e)* fr. FR. *famine:* deriv. fr. LAT. *fames* 'hunger'.

fan ME. OE. *fan (nn):* borrowed during ANGLO-SAX. times fr. LAT. *vannus* (in the vulgar pronunciation *fannus*; cp. G. *vers* =

LAT. *versus*); G. *wanne* is an earlier loanword fr. LAT. *vannus.*

fancy short for ME. *fantasie* = OFR. *fantasie* (LAT. *phantasia*).

far adv. ME. *fer ferre* OE. *feor feorran*; cp. GOTH. *fairra* adv., OHG. *ferro* G. *fern,* DU. *ver,* ON. *fjarri* 'far': cogn. w. GR. πέρᾱν 'beyond', SKR. *pára* 'distant', ARMEN. *heri* 'far'.

fardel ME. *fardel* fr. OFR. *fardél* = FR. *fardeau* 'burden, load'.

fare vb. ME. *fáre* OE. *faran* str. vb. = GOTH. *faran,* ON. *fara,* OHG. OSAX. *faran* MHG. *varn* G. *fahren,* DU. *varen:* TEUT. √ *far* = ARYAN √ *por* in GR. πορεύομαι 'I travel, I go'.

farm ME. *ferme* 'repast, banquet, rent, farm' OE. *feorm* 'banquet, food, subsistence'; cp. OE. *feormian* vb. 'sustain, feed, support' borrowed fr. LAT. *firmare* 'to make strong' (firmare alqm. cibo atque potione).

farrow ME. *farh* 'young pig' OE. *fearh* 'pig' = OHG. *farah* (G. *ferkel,* DU. *varken*): TEUT. base *farha-* = PRE-TEUT. *porko-* in GR. πόρκος, LAT. *porcus,* LITH. *pārszas,* OSLOV. *prasę,* OIR. *orc* 'pig'.

farthing ME. *ferthing* short for *fĕrthing* OE. *fĕordung* (*fĕording fĕordling*) 'the fourth part, farthing': deriv. of OE. *fĕorda* 'fourth', cp. *four* and OHG. *fiordung.*

fashion ME. *façioun* (*fassoun*) fr. FR. *façon* = LAT. *factio(nem).*

fast adj. ME. *fast* OE. *fæst* = ON. *fastr,* DU. *vast,* OHG. *festi* adj. (*fasto* adv.) G. *fest* 'fast': TEUT.

fastu-, Aryan *postu* in ARMEN. *hast* 'fast'.— **fast** vb. ME. *faste* OE. *fæstan* = GOTH. *fastan*, G. *fasten*, DU. *vasten*, ON. *fasta*: prop. derived from the adj. with the orig. meaning 'make firm, observe'.

fat adj. ME. *fat (tt)* short for OE. *fǽtt* prop. *fǽted* = TEUT. base *faitida-* in OHG. *feizit* G. *feist*, OSAX. *fētid* LG. G. *fett* 'fat', DU. *vet*: prop. partic. of a TEUT. vb *faitjan*. The base is a TEUT. adj. *faita-* 'fat' in MHG. *veiẑ*, ON. *feitr*: Aryan √*pid* cogn. w. √*pī* in GR. *πίων πιαρός* 'fat' = SKR. *pivan* — *pivara* 'fat' (SKR. √ *pyâ*).

fatal ME. *fátal* fr. FR. *fatal*; cp. **fate** ME. *fáte* = OFR. *fate*. Source LAT. *fatum* — *fatalis*.

father ME. *fáder* OE. *fæder* = GOTH. *fadar* (commonly *atta*), OHG. *fater* G. *vater*, OSAX. *fadar*, DU. *vader*, ON. *fadir*: TEUT. base *fader-* = Aryan base *pater-* in LAT. *pater*, GR. *πατήρ*, SKR. *pitár* and OIR. *athir*, ARMEN. *hair*: all equivalent.

fathom ME. *fáthem* OE. *fædm* 'embrace, extended arms, fathom, cubit': ident. w. ON. *fadmr*, DU. *vadem* 'a fathom' = OHG. *fadum* G. *faden* 'a fathom, a thread': TEUT. base *fapma-* fr. an Aryan √*pet* in GOTH. *fapa* 'hedge' = MHG. *vade* 'fence' and in GR. *πετάννυμι* 'I extend'.

fault ME. *faute* fr. FR. *faute*. **favor** ME. *fávour* = FR. *faveur*. **fawn** sb. ME. *faun* prop. *fa-oun* fr. FR. *faon* 'a fawn': source a LAT. type *fætônus*, deriv. of *fœtus*.

fay fr. FR. *fée*; cp. MHG. *feie* fr. OFR. *feie*: source a LAT. *fata* = *fatum*.

fear ME. *fére* OE. *fǽr* 'a sudden peril, fear' = OSAX. *fâr*, OHG. *fâra* 'treason, danger' G. *gefahr* 'danger'; GOTH. *fêra* is the source of *fêrja* 'a spy': Aryan √*pěr* also in LAT. *periculum* 'danger', GR. *πεῖρα* 'trial'.

feast ME. *féste* fr. OFR. *feste* = FR. *fête*: source LAT. *festa*.

feat ME. *fęt* by-form *feit* **fait** fr. FR. *fait* = LAT. *factum*.

feather short for ME. *fęther* OE. *feder* = DU. *veder*, OSAX. *fethara*, OHG. *fedara* G. *feder*, ON. *fjǫdr* 'feather': TEUT. base *feprô-*, Aryan *petrâ-*; cogn. w. GR. *πτερόν* 'feather, wing', SKR. *pátatram* 'wing' — *patra* 'feather': Aryan √*pet* in SKR. √*pat* 'to fly', also in LAT. *penna* (prop. *petsnâ*) 'feather'.

feature ME. *fętüre* fr. OFR. *faiture* = LAT. *factura*.

fee sb. ME. *fę* OE. *feoh* (gen. *féos* dat. *féo*) prop. 'cattle, property in cattle'; ident. w. GOTH. *faíhu*, ON. *fê* 'cattle, property', OHG. *fihu* G. *vieh* 'cattle': TEUT. base *fëhu* Aryan *pěku* neut. in SKR. *páçu* neut. 'cattle'; cp. SKR. *paçú* masc., LAT. *pecus* 'cattle' (hence *pecúnia* 'money').

feed vb. ME. *fęde* OE. *fédan* *fǽdan*: TEUT. base *fôdjan* under *food*.

feeble adj. ME. *fęble* fr. OFR. *feible foible* = FR. *faible*.

feel vb. ME. *fēle* OE. *fēlan fǣlan* wk. vb. fr. a TEUT. base *fōljan* in OSAX. *gifōljan*, DU. *voelen*, OFRIS. *fēla*, MHG. *vüelen* G *fühlen* vb. 'feel' Perh. cogn. W. LAT. *palma*, OSAX. OE. *folm* 'hand': √*pal*.

feign vb. ME. *feine* fr. FR. *feindre* 'to feign': source LAT. *fingere*.

fell sb. ME. OE. *fel(ll)*: TEUT. base *fĕlla-* in GOTH. *fill*, ON. *fell*, OHG. *fĕl(ll)* G. *fell*, DU. *vel*. Cogn. w. LAT. *pellis* 'skin': √*pel* also in *film*.

fellow sb. ME. *felawe* late OE. *fēolaga*: borrowed fr. ON. *fēlage*; cp. ON. *fĕ-lag* 'companionship, association', lit. 'a laying together of property' (ON. *fĕ* 'property' = E. *fee*).

felly (*felloe*) ME. *felie* (*felwe*) OE. *felȝe* (*felgan*) = OHG. *felga* G. *felge*, DU. *radvelge*. SKR. *parçu* 'rib' is compared.

felon ME. *feloun* borrowed fr. FR. *felon* 'a traitor' fr. MED.-LAT. *fello(nem)* *felo(nem)*.

felt ME. OE. *felt*; cp. the synon. OHG. G. *filz* MHG. *vilz*, DU. *vilt*, SW. DAN. *filt*: TEUT. *fĕltaz* *filtiz from a pre-TEUT. *peldos. *Felt* is prob. related to OSLOV. *plüstí* 'felt'. The synon. Rom. words IT. *feltro*, FR. *feutre* (MED.-LAT. *filtrum*) 'felt' are of TEUT. origin.

fen ME. OE. *fen(nn)*: TEUT. base *fanja-* 'morass' in the synon. GOTH. *fani*, DU. *veen*, ON. *fen*, OHG. *fenni*.

fence sb short for *defence*. —

fend vb. ME. *fende*; also abbreviation of *defend*.

fennel ME. *fenel* OE. *finul*: borrowed fr. LAT. *feniculum fenuculum* (whence also FR. *fenouil*, IT. *finocchio*); DU. *venkel*, OHG. *fenahhal fenihhal* G. *fenchel* are earlier loanwords.

fern shortened for ME. *fĕrn* OE. *fĕarn fēarn* = G. *farn*, DU. *varen*. The TEUT. base *farna-* 'fern' is ident. w. SKR. *parṇa* 'wing, feather, leaf'; cp. GR. πτερόν 'feather' — πτερίς 'fern'.

ferret borrowed fr. FR. *furet* (= IT. *furetto*), which is a derivative of LAT. *fur* 'thief'. FR. *furet* is also the source of DU. *fret*, G. *frett* usually *frettchen*.

ferry sb. ME. *ferie*: it is uncertain whether it is a genuine E. word (OE. *ferie) or a Scand. loanword (ON. *ferja*); cp. G. *fähre*, DU. *veer*. Source the verbal √*far* in *fare*.

ferry vb. ME. *ferie* OE. *ferian* 'carry' = ON. *ferja* 'carry', GOTH. *farjan* 'travel'; cp. *fare*.

fetch vb. ME. *fecche* with the byform *fĕte* (pret. *fette*) OE. *feccan fĕtjan* earlier *fĕtian* (pret. *fĕtode*); E. *-tch* ME. *cch* is developed fr. OE. *tj* (*fĕtjan* earlier *fĕtian*, WEST-TEUT. *fĕtôjan*). There exists a TEUT. √*fet* in OE. *sidfǣt* 'journey', ON. *fet* 'step, pace'; E. *foot* belongs to the same Aryan √*pĕd*.

fetlock orig. 'the tuft of hair behind a horse's pastern-joint'. ME. *fitlock fetlack*: a genuine E.

word ident. W. MHG. *fizlach fiz-loch*, deriv. of MHG. *fezzel* G. *fessel* 'pastern of a horse' which seems to be cogn. W. TEUT. *fôt* = E. *foot*; cp. LAT. *pes pedem* 'foot'.

fetter sb. ME. *feter* OE. *fetor* = OSAX. *fetur*, ON. *fjoturr*, DU. *veter*, OHG. *fezzura* MHG. *vezzer*; cogn. W. LAT. *pedica*, GR. πέδη 'a fetter' and perh. W. G. *fassen* 'catch': Aryan √ *ped pod.*

fever ME. *fever fefre* OE. *fefor* (= OHG. *fiebar* G. *fieber*) : borrowed fr. LAT. *febris febrem*, whence also FR. *fièvre* (= IT *febbre*)

few adj. ME. *fewe* OE. *feawe* plur. represents a TEUT. **fauwai* and is ident. with OHG. *fôhe* plur. of a TEUT. **fauh(w)a-*: Aryan adj. *pauqo-* in LAT. *paucus.* Cp. also GOTH. *fawai* plur. with ON. *fâ-r* (DAN. *faa* SW. *fâ*; ME. *fô* is Scand. loanword); OSAX. *fahe* 'few'. INDO-EUR. √ *pau* in GR. παύω 'cease'?

fey (SC.) 'doomed to die' ME. *feie* OE. *fǽze* = ON. *feigr*, OSAX. *fêgi* 'doomed to die'; DU. *veeg* 'about to die' (OHG. *feigi* 'daring, petulant' G. *feige* 'cowardly') : TEUT. base *faigi-*.

fickle ME. *fikel* OE. *ficol* from OE. *zefic* 'fraud'; cp. OE. *fácen* 'fraud, deception', OSAX. *fêkan* = OHG. *feihhan* 'deception': TEUT. √ *fik faik*, prop. *faih* in GOTH. *bifaihôn* vb. 'defraud' and *faih* sb. 'deception, fraud'. There

exists an Aryan √ *pik* in SKR. *piçuna* 'treacherous'.

fiddle ME. *fithel* OE. *fidele* = synon. OHG. *fidula* MHG. *videle* G. *fiedel*, ON. *fidla*, DU. *vedel*: the whole group is based on a WESTTEUT. *fipula* = FR. *viole*, IT. SPAN. *viola*. Source a vulgar LAT. *vitula* (in a late pronunciation *fidula*?).

field ME. OE. *féld*; *ę* stands for TEUT. *ę* before *ld*; cp. OHG. OSAX. *féld* G. *feld*, DU. *veld*. The TEUT. stem **felpu-* is related to OE. *fólde*, OSAX. *folda* 'earth'. A pre-TEUT. adj. *plthu-* is found in SKR. *prthu* 'broad' and *prthivi* 'earth'; cp. GR. πλατύς, OIR. *lethan* 'broad', LITH. *platus.* Perh. *flat* is cognate.

fiend ME. *fénd* OE. *féond* = GOTH. *fijands*, ON. *fjándi*, OSAX. *fiund*, OHG. MHG. *viant* G. *feind.* The sb. is prop. a pres. partic of the vb. GOTH. *fijan* (OE. *féozan*, OHG. *fiên* 'hate'). A corresponding verbal √ *piy* 'hate' occurs in SKR.; therefore *fiend* orig meant 'the hater'. Cp. *friend.*

fierce ME. *fêrs*: borrowed fr. OFR. *fers fiers*, regular forms *fer fier* = FR. *fier* (LAT. *ferus* 'wild').

fifth OE. *fifta* cp. *five.*

fig ME. *fig* borrowed fr. FR. *figue* = LAT. *ficus*, whence also OE. *fic-tréo* 'fig-tree'.

fight vb. ME. *fighte* OE. *feohtan* str. vb. = DU. *vechten*, OHG. *féhtan* G. *fechten*: TEUT. √ *feht?*

file¹ 'a string, list, order'; borrowed from FR. *file* 'a line, rank, row'; source LAT. *filum* 'a thread'.

file² 'a steel rasp' ME. *file* OE. *fil* usually *féol* (contracted from **fihil*); cp. OHG. *fihala* MHG. *vîle* G *feile*, DU. *vijl*. Connection with ON. *þél þēl* 'file' is uncertain.

fill vb. ME. *fille* OE. *fyllan* wk. vb. = OSAX. *fullian*, DU. *vullen*, OHG. *fullen* G. *füllen*, ON. *fylla*: GOTH. TEUT. *fulljan* 'fill' is deriv. fr. the TEUT. adj. *fulla-* = E. *full*.

filly loanword fr. ON. *fylja* 'a filly', which is a dimin. of ON. *foli* = E. *foal*.

film ME. *filme* OE. *filmen fylmen* = OFRIS. *filmen* from a TEUT. dimin. base *filmîna-* which points to a more primitive TEUT. *felma-*, cogn. w. E. *fell*.

filter vb. borrowed fr. FR. *filtrer* 'strain through a felt' fr. MED.-LAT. *filtrum feltrum* 'felt'; cp. *felt*.

filth ME. *filthe* short for OE. *fylð*: abstract formation of OE. *ful* = E. *foul*; cp. OHG. *fulida* = GOTH. **fuliþa*.

fin sb. ME. OE. *fin (nn)*; cp. DU. *vin*, SW. *fena* 'a fin'; cogn. w LAT. *penna pinna* 'feather'.

finch ME. *finch* OE. *finč* fr. a TEUT. base *finki-*; cp. DU. *vink*, OHG. *vinko* G. *fink*. Observe the similarity of sound of the Rom. words for 'finch': IT. *pincione*,

FR. *pinson* and E. dialect. *pink pinch*.

find ME. *finde* OE. *findan* str. vb. = synon. GOTH *finþan*, ON. *finna*, OSAX. *findan fîthan*, DU. *vinden*, OHG. *findan* G. *finden*: TEUT √*fenþ finþ* or by Verner's law *fend find* is pre-TEUT. *pent* in the synon. IR. vb *étaim* 'I find'.

fine adj. ME. *fine* borrowed fr. FR. *fin* (whence also MHG. *vîn* G. *fein*, DU. *fijn*). Source LAT. *finire* vb. 'complete'.

fine sb. ME. *fine* from LAT. *finis* 'a fine', lit. 'a final payment'.

finger ME. OE *finger* = GOTH. *figgrs*, ON. *fingr*, DU *vinger*, OHG. *fingar* G. *finger*: TEUT. base *fingra-*, perh. allied to *five* (Aryan *penqe*).

finish vb. ME. *finisshe* fr. OFR. *finiss-* base of some forms of FR. *finir* (LAT. *finire*) 'end, finish'.

fir ME. *firre*; perh. a Scand. loanword: ON. *fyra* rare by-form of *fura* 'fir'. There is a TEUT. name of the tree *furh-*: OE. *furh*, OHG. *forha* G. *föhre*; cp. pre-TEUT. *perk qerq* in LAT. *quercus* 'oak'.

fire ME. *fir* OE. *fýr*: contr. of WESTTEUT. *fûir* = OSAX. OHG. *fûir* commonly OSAX. OHG. *fûr* MHG. *viur* G. *feuer*, DU. *vuur*. The *ir* of OSAX. OHG. *fûir* (cp. ON. *fúrr fýrr*) is suffix; *fû* fr. pre-TEUT. *pû-* is the root; ON. *fúr-r*, GR. πῦ-ρ, Umbrian *pî-r*, ARMEN. *hu-r* point to a common base *pû-r*; SKR. $\sqrt{}$ *pu* 'flame', whence *pâvaká* 'fire'.

first ME. *first* OE. *fyrst* fr. *fyrest* = TEUT. *furista-* in OHG. *furist* (cp. G. *fürst*, DU. *vorst* 'prince'), ON. *fyrstr* 'first'; the original word for 'first' is OSAX. *formo* = OE. *forma* with *ma*-suffix (GOTH. *fru-ma*) from INDO-EUR. *pr̥*; cp. GR. πρόμος, SKR. *pûrva-s*, OSLOV. *prŭvŭ*, LITH. *pìrmas* 'first'. Cp. *former*.

fish ME. *fish* OE. *fisć* (and *fisć*) = GOTH. *fisks*, ON. *fiskr*, OHG. OSAX. *fisk* G. *fisch*. TEUT. *fiska-z* from pre-TEUT. *pisko-s* agrees with LAT. *piscis*; the corresponding OIR. *iasc* points to pre-historic **peiskos*.

fist ME. *fist* short for *fîst* OE. *fŷst* fr. TEUT. **fûsti(z)* = OHG. *fûst* G. *faust*, DU. *vuist* 'fist'. If connected with synon. LAT. *pugnus* and GR. πυγμή, WESTTEUT. *fûsti-* stands for *fûhsti-* = pre-TEUT. *pûk-sti pûg-sti-* ?

five ME. *fîve* OE. *fîfe*; without inflection OE. *fîf* from TEUT. *fimf* = GOTH. *fimf*, OSAX. *fîf*, DU. *vijf*, OHG. *finf* MHG. *vünf* G. *fünf*, ON. *fimm* (DAN. SW *fem*): pre-TEUT. *pémpe pénqe* (for the shifting of INDO-EUR -*q* to *f* see *fir*, *four*, *wolf*); cp. SKR. *pañca*, GR. πέντε (πέμπε πέμπτος), LAT. *quinque* (for **pinque*), LITH. *penki*, OIR. *cóic*, CYMR *pimp*

flag sb. 'an ensign' = G. *flagge*, DU. *vlag*, DAN *flag*, SW *flagg*: a modern word, not found in the OTEUT. periods.

flail ME. *flail* *fleil* OE. **flezel* (once recorded as *flizel*) = OHG. *flegil* G. *flegel*, DU. *vlegel*: a WESTTEUT. loanword from LAT. *flagellum* 'whip, flail', whence also FR. *fléau* (also OIR. *sraigell*).

flask OE. *flasce* = ON. *flaska*, DU. *flesch*, OHG. *flasca* G. *flasche*; corresponding to the synon. IT. *fiasco*, OFR. *flasche* FR. *flacon* (MED.-LAT. *flasco* fr. LAT. *vasculum?*).

flat ME. *flat*: borrowed fr. ON. *flatr* = SW. *flat*, DAN. *flad*; cp. OHG. *flaz* 'flat'; cp. OE. *flet*, OSAX. *fletti* 'floor' and OHG. *flazza* 'palm of the hand'.

flatter vb. ME. *flatere*: borrowed fr. OFR. *flater* = FR. *flatter*.

flax ME. *flax* OE. *fleax* = OHG. *flahs* G. *flachs*, DU. *vlas*; prob. cogn. w. the vb. OHG. *flehtan* G. *flechten* and GOTH. *flaihtan* 'braid'; the *s* in TEUT. **flahsa-* would be derivative; cp. the Aryan $\sqrt{}$ *plek* 'braid' in LAT. *plectere*, GR. πλέκω 'weave'.

flay vb. ME. *flę* OE. *flęan* contr. fr. a TEUT. str. vb. *flahan* = ON. *flá*.

flea ME. *flę* OE. *flęah* = OHG. *flôh* G. *floh*, DU. *vloo*, ON. *fló*: TEUT. base *flauh-* for *plauh-* meant orig. 'a fugitive', so that the root under *flee* = GOTH. *pliuhan* is the source of E. *flea*, G. *floh*.

fleam 'a kind of lancet' fr. FR. *flamme*. Source LAT. *flebotomum*, whence also OE. *flŷtme*, DU. *vlijm*,

OHG. *flietuma* MHG. *vliete(n)* G. *fliete.*

fleck a Scand. loanword: ON. *flekkr*, SW. *fläck* = DU. *vlek*, G. *fleck* 'spot'. Cp. ME. *flecked* 'spotted'.

fledged adj. ME. *flegge* OE. *flycge* = MDU. *vlugghe*, LG. *flügge*, G. *flügge* from a WEST-TEUT. base *fluggj-* (OHG. *flucchi* MHG. *vlücke* from WEST-TEUT. *flukkj-*). The source is the TEUT. √ *flug* in E. *fly.*

flee vb. ME. *flé* OE. *fléon* contr. of **fléohan* = OSAX. OHG. *fliohan* MHG. *vliehen* G. *fliehen*; GOTH. *þliuhan* str. vb. 'flee' points to an ARYAN √ *tluk-*; cp. *flea* and *flight.*

fleece (the ending *ce* for *s*) ME. *flés* OE. *fléos* (and with vowel-mutation *flýs*) from TEUT. *fleusaz* (*fliusis*); cp. DU. *vlies*, MHG *vlies* (*vlius*) G. *vliess.*

fleet[1] 'a number of ships' ME. *fléte* OE. *fléot* 'a ship'. — **fleet**[2] 'a creek, bay' ME. *flét* OE. *fléot* 'a bay of the sea'. Both belong to the vb. **fleet** ME. *fléte* 'float, swim' OE. *fléotan* 'float, swim' = ON. *fljóta*, OSAX. *fliotan*, DU. *vlieten*, OHG. *fliozzan* G. *fliessen*. TEUT. √ *fleut flut* fr. ARYAN *pleud-plud.* cp. *flit* and *float.*

flesh ME. *flesch* OE. *flǽsc* shows umlaut and palatalization of the base **flǎski(z)* **flaiski(z)* = OHG. *fleisk* G. *fleisch*, DU. *vleesch*; ON. *flesk* means only 'pork', more esp. 'ham and bacon'; perh. cogn. w. *flitch.*

flicker vb. ME. *flikere* OE. *flicorian* = DU. *flikkeren* 'sparkle, glitter'; a frequent. of a base *flik flak* in ME. *flakere*, G. *flackern*?

flight[1] 'the act of flying' ME. *flight* OE. *flyht* from OE. *fléogan* = E. *fly.*

flight[2] prop. 'the act of fleeing' ME. *flight* OE. *flyht* (= DU. *vlugt*, OHG. OSAX. *fluht*, G. *flucht*) from *fléon* 'flee'. E. *flight* OE. *flyht*, DU. *vlugt* have both meanings of *flight.* Cp. *flee.*

flint 'a hard stone' ME. OE. *flint* 'a rock'; cp. DAN. *flint*, G. *flinte* 'musket, flint-lock', SW. *flinta*, DAN. *flint* 'flint'; perh. related to GR. πλίνθος 'a brick'.

flit vb. ME. *flitte* OE. **flyttan* = ON. *flytja* (SW. *flytta*, DAN. *flytte*): cp. the root under *fleet* vb.

flitch ME. *flicche* OE. *flicce* = ON. *flikki*: TEUT. base *flikkja-*, perh. akin to *fleck?* or cogn. w. *flesh?*

float vb. ME. *flote* OE. *flotian*; cp. ME. *flóte* 'a boat, a fleet' OE. *flota* 'a boat, ship, a fleet': deriv. of the TEUT. √ *flut* under *fleet* vb.

flock[1] 'herd, flock' ME. *flok* OE. *flocc* = ON. *flokkr*, DAN. *flok*, SW. *flock.*

flock[2] 'a lock of wool' fr. OFR. *floc* = LAT. *floccus*, whence also OHG. *floccho* G. *flocke*, DU. *vlok.*

flood ME. OE. *flód* = OSAX. *flôd*, DU. *vloed*, OHG. *fluot* G. *flut*, ON. *flóð*, GOTH. *flôdus*: a common Teut. word. GOTH. *flôdus* from ARYAN *plôtu-s* is based on the

TEUT. √ *flô-* from pre-TEUT. *plô-* in *flow.*

floor ME. OE. *flór* = DU. *vloer,* MLG. *vlôr,* MHG. *vluor* (G. *flur*) 'field, surface, hall', ON. *flôr* 'the floor of a cow-house': TEUT. *flôru-s* from pre-TEUT. *plôrus plârus* closely related to OIR. *lár* for **plár* 'floor, paved floor'.

florin ME. *florín:* borrowed fr. FR. *florín* (IT. *fiorino* so named because it bore a lily, from IT. *fiore* 'a flower').

flounce changed fr. ME. *frounce* 'a plait': loanword fr. FR. *froncer* 'plait, wrinkle' (prob. from a LAT. type **frontiare* 'wrinkle the forehead').

flounder sb. borrowed fr. SCAND. SW. *flundra,* DAN. *flynder,* ON. *flydra.*

flour ident. w. *flower* from FR. *fleur* 'flower'.

flourish vb. ME. *flourisshe:* adapt. fr. OFR. *fleuriss-* stem of *fleurir* 'flourish' (LAT. *florescere* inceptive of *florêre* 'bloom').

flow vb. ME. *flówe* OE. *flówan* str. vb. = ON. *flóa,* DU. *vloeien:* TEUT. √ *flô-* in *flood* = pre-TEUT. *plô-* in GR. πλώ-ω 'I swim, sail', πλωτός 'swimming, sailing'.

flower ME. *flour:* borrowed fr. AFR. *flour flor* = FR. *fleur* (LAT. *flos*). Ident. w. *flour.*

fluke 'a flounder' ME. *flóke* OE. *flóc* = ON. *flóki;* cogn. w. OHG. *flah* G. *flach,* DU. *vlak* adj. 'plain'. Cp. the ARYAN √ *plak* in LAT. *placenta* 'cake' and *plânus* (for *placnus?*) 'plain'.

flute borrowed fr. FR. *flûte,* whence also DU. *fluit;* cp. MHG. *vloite* G. *flöte* 'flute' and OFR. *flaute,* IT. *flauto.* Chaucer uses the vb. *floute* 'play on the flute'.

flutter vb. ME. *flotere* OE. *flotorian* fr. √ *flut* under *float.* Cp. G. *flattern?*

fly vb. ME. *flie* earlier *fléʒen* OE. *fléogan* str. vb. = OHG. *fliogan* G. *fliegen,* DU. *vliegen,* ON. *fljúga.* GOTH. **fliugan* is inferred from the factitive *flaugjan* 'carry away in flight' and shows that the common Teut. vb. was *fleugan;* cp. LAT. *pluma* (for **plúhma?*) 'feather'. — **fly** sb. ME. *flie* earlier *fléʒe* OE. *fléoge* = OHG. *flioga* G. *fliege,* DU. *vlieg* (ON. with ablaut *fluga* 'fly'): evidently *fly* means 'the flyer' from *fly* vb.

foal ME. *fóle* OE. *fola* = synon. ON. *foli,* OHG. *folo* G. *fohlen,* GOTH. *fula:* a common Teut. term for 'the young of a horse or an ass' from pre-TEUT. *polón-;* allied to GR. πῶλος 'colt, young animal', LAT. *pullus* 'a young animal' esp. 'a chicken'.

foam sb. ME. *fóme* OE. *fám* = OHG. *feim:* base *faima-* for an earlier **faina-* = SKR. *phêna,* OSLOV. *pêna* 'foam'.

fodder ME. *fodder* OE. *fóddor* = DU. *voeder,* OHG. *fuotar* G. *futter,* ON. *fódr:* cp. OE. *fóda* under *food.*

foe ME. *fó* OE. *ʒefá* contr. fr. an earlier *gifáha* = WEST-TEUT. *gafaiho(n)-;* cp. the abstract OE. *fæhd* (OHG. *gifêhida* G. *fehde*):

OE. *ʒefá* sb. and *fáld* sb. are based on the adj. OE. *ʒefáh* = OHG. *gifëh*; OE. *fáh* = TEUT. *faiha-* from a pre-TEUT. *paiko-* adj.

fog: a Dan. loanword, DAN. *fog* in *sneefog* 'a snow-storm'; cp. ON. *fok* 'spray, snow-drift', *fjúk* 'snow-storm' from *fjúka* str. vb. 'drift'.

fold vb. ME. *fólde* OE. *fáldan* (*féaldan*) str. vb. = GOTH. *falþan*, ON. *falda*, OHG. *faltan* G. *falten*: TEUT. √ *falþ* = pre-TEUT. *pḷt* cp. in OSLOV. *pletą plesti* 'braid', GR. *διπλάσιος* for *διπλάτιος* 'two-fold', SKR. *puṭa* 'fold' (for *pulta*). — -**fold** ME. *-fọld* OE. *-fáld* (*-féald*) = OSAX. *-fald*, DU. *-voud*, G. *-falt*, ON. *-faldr*, GOTH. *-falþs*: a common Teut. suffix for the formation of multiplicatives corresponding to GR. *πλάσιος* in *διπλάσιος* (also *δίπαλτος* 'two-fold').

folk ME. *folk* OE. *folc* = OSAX. *folk*, DU. *volk*, OHG. *folc* G. *volk*, ON. *fólk*. The primit. meaning is perh. 'a crowd of people', whence LITH. *pulkas* 'a crowd', OSLOV. *plŭkŭ* 'an army'.

follow vb. ME. *folwe folowe* OE. *folgian* (by-form *fylʒan*) = ON. *fylgja*, DU. *volgen*, OHG. *folgên* G. *folgen*: the common WEST-TEUT. and Norse vb. for 'follow'; possibly a compound verbal stem, the first member of which is *full*; cp. OE. *full-ʒode* 'he followed', OE. OLG. *fulgangan*, OHG. *fola-gân* 'follow'. *Go* fr.

OE. *gân* would be the second member.

fond ME. *fond* prop. *fonn-ed* partic of *fonne* 'be foolish'; cp. ME. sb. *fon(nn)* 'a fool': borrowed fr. SW. *fâne* 'a fool'; ICEL. *fâni* 'a buoyant person'.

food ME. *fóde* OE. *fóda*: TEUT. √ *fôd fad* (cp. OHG. *fatunga* 'food') fr. ARYAN *pât* in *πατεῖσθαι* 'eat'. Cp. also **feed**, *fodder*, *foster*.

fool ME. *fôl*: adopt. fr. OFR. *fol* (= FR. *fou fol*) 'a fool'.

foot ME. OE. *fót* (plur. *fét*) = OSAX. *fôt*, DU. *voet*, OHG. *fuoʒ* G. *fuss*, ON. *fótr*, SW. *fot*, DAN. *fod*, GOTH. *fôtus*: TEUT. base *fôt-* from ARYAN *pôd-* changing with ARYAN *pód- pĕd-* in the declension; cp. GR. *ποδ-* in *πόδα*, nom. sing. *πούς* (AEOL. *πώς*); LAT. *pĕd-em* (nom. sing. *pes*); GR. *πέδιλον* 'sole' — *πεζός* (for *πεδjός*) 'pedestrian', SKR. *pad* 'foot' and *padā* 'step, print'.

fop vb. borrowed fr. DU. *foppen* 'prate, cheat' (*fopper* 'a wag', *fopperij* 'cheating'): orig. a word of G. slang.

for ME. OE. *for* prep. = GOTH. *faúra* 'before, for', OHG. *fora* G. *vor* 'before', DU. *voor*; cogn. w. LAT. *pro* 'before', GR. *πρό* 'before'.

forbear ME. *forbére* OE. *forbëran* str. vb.; cp. **bear** vb.

forbid ME. *forbéde* OE. *forbéodan* confounded with ME. *forbidde* OE. *forbiddan*; cp. *bid*.

force sb. ME. *force fors*: borrowed fr. FR. *force* (LAT. type *fortia* 'strength' derived fr. *fortis* 'strong').

ford ME. OE. *ford* (ME. also *forth*) = DU. *voert*, OSAX. **ford* in *Heriford* (prop. 'ford of an army'), OHG. *vurt* G. *furt* (*Frank-, Er-, Schwein-*); cp. OE. *Oxenaford* (lit. 'ford of the oxen') = *Oxford*. TEUT. **fordu- forþu-* from the TEUT. √ *far* in *fare*; hence *ford* prop. 'passable, practicable passage'; cp. AVEST. *peretu* 'bridge', LAT. *portus* 'haven', ON. *fjordr* 'bay'; also CELT.-LAT. *-ritum* (for **prtom*) in *Augustoritum*, CYMR. *rhyd* 'ford'.

foreign ME. *foreine*: adapted fr. OFR. *forain*: LAT. type *foraneus* derived fr. *foras* adv. 'out of door'.

forfeit sb. ME. *forfęte*: borrowed fr. OFR. *forfait* 'a fine' part. of *forfaire forsfaire* 'trespass' (MED.-LAT. *forisfactum* part. of *forisfacere* 'trespass', lit. 'do beyond').

forge ME. *forge* borrowed fr. FR. *forge* from LAT. *fabrica* 'a workshop'.

forget vb. ME. *forgete* OE. *forgitan* str. vb. = OSAX. *fargętan*, DU. *vergeten*, MLG. *vorgeten*, OHG. *firgęʒʒan* G. *vergessen*. The comp. vb. is the remnant of a str. verbal √ *gęt*, whence E. *get* 'obtain, reach'; cp. GOTH. *bigitan* 'find', ON. *geta* 'obtain'. Cp. *get* and the ARYAN √ *ghed : ghend* in LAT. *prae-hendere*, GR. χανδάνω 'seize'.

fork ME. *forke* OE. *forca* = DU. *vork*, OHG. *furcha furka* G. *furke*, ON. *forka*: borrowed fr. LAT. *furca* 'a fork', whence also FR. *fourche*, SPAN. *horca*, IT. *forca*.

forlorn 'quite lost' ME. *forlorn* OE. *forloren* part. of OE. *forlęosan* 'lose utterly'; cp. *lose* and G. DU. *verloren*, DAN. *forloren*.

former *formed* by adding the compar. suffix *-er* to ME. *forme* OE. *forma* = OSAX. *formo* 'first'; cp. *first*.

forsake vb. ME. *forsâke* OE. *forsacan* str. vb. 'oppose'; cp. *sake*.

forth ME. *forth* OE. *ford* = OSAX. *forth*, OHG. **ford* G. *fort*, GOTH. compar. *faurþis* adv. 'earlier'. OTEUT. *forþ* from older *frþo prto* is allied to *before* and *further*.

fortnight ME. *fourtenight fourtęnnight* from ME. *fourtęne* 'fourteen' and *night* (old plur.) 'nights'; cp. OE. *feowertŷne niht* and also E. *sennight* = *seven night*. It was usual to reckon by *nights* in pre-hist. periods. — **forty** ME. *fourty* OE. *feowertiʒ* = DU. *veertig*, G. *vierzig*, GOTH. *fidwôrtigjus*; cp. OE. *feower* = *four* and OE. *tiʒ* = *ten*.

foster vb. ME. *fostre* short for OE. *fóstrian* from *fóstor* 'nourishment'; akin to *food*: TEUT. √ *fôd*.

foul ME. *foul* OE. *fúl* = DU. *vuil*, OHG. *fúl* G. *faul*, ON. *fúll*, GOTH. *fúls*; *la-* is suffix, and the TEUT. √ *fú* is inferred fr. ON. *fúenn* 'rotten' and from the factitive vb. ON. *feyja* 'cause to

rot'. An Aryan verbal $\sqrt{}$ *pû*
appears in SKR. *pûy* 'rot, stink';
cp. LAT. *pûteo* 'stink' — *pûter* 'de-
cayed', GR. $\pi\iota'$-$\vartheta\omega$ 'cause to
rot', GR. $\pi\upsilon'o\nu$ — LAT. *pûs* 'puss'.

found¹ vb. 'lay the foundation
of' ME. *founde*: adapted fr. FR.
fonder from LAT. *fundare* 'found'.

found² vb. 'cast metals' bor-
rowed fr. FR. *fondre* from LAT.
fundere 'cast metals'.

fount ME. *fount* fr. OFR. *font* =
LAT. *font-em*.

four ME. *four fower* OE. *feower*
(*féower*?) = OSAX. *fiwar*, DU. G. *vier*
OHG. *fior*, ON. *fjórir*. The OE. by-
form *fyder-* (in comp. as *fyder-
féte* 'four-footed') and GOTH. *fid-
wôr* (*fidur-*) point to a pre-TEUT.
base *petwor petur* for *qetwor qetur*;
ident. w. SKR. *catur*, LAT. *quattuor*,
GR. $\tau\acute{\varepsilon}\sigma\sigma\alpha\varrho\varepsilon\varsigma$ ($\pi\acute{\iota}\sigma\upsilon\varrho\varepsilon\varsigma$), OSLOV.
cetyri 'four'.

fowl ME. *foul* earlier *fuwel* OE.
fugol = OSAX. *fugal*, DU. *vogel*,
OHG. *fogal* MHG. G. *vogel*, ON. *fugl*,
GOTH. *fugls*: TEUT. base *fugla-*.

fox ME. OE. *fox* = OHG. *fuhs*
G. *fuchs*, DU. *vos*, ON. *fox*; the
s of the TEUT. base *fuh-s-* is
suffix as is shown by GOTH. *faúhô*,
ON. *fóa* 'fox' = OHG. *foha* MHG.
vohe 'she-fox' (and OE. *focge* 'she-
fox'?). Cp. *vixen*.

frail (ME. *frêle*) borrowed fr.
OFR. *fraile* (FR. *frêle*) 'brittle' =
LAT. *fragilis*.

frame vb. ME. *freme* OE. *frem-
man* 'promote, do' (= ON. *fremja*,
OHG. *fremman*, OSAX. *fremmian*

'perform'): derived fr. OE. *fram*
'strong, good', ident. w. *from*.

franchise ME. *fraunchise*: bor-
rowed from FR. *franchise* 'privi-
leged liberty' from FR *franchiss-*,
stem of some forms of *franchir*
'free' from FR. *franc* 'free'.

fraught part. of ME. *fraughte*
vb.= DU. *bevrachten*, G. *befrachten*;
cp. G. *fracht* OHG. *frêht* 'earnings,
gain'. Properly a compound;
cp. OE. *êht*, OHG. *êht* 'property'
under *own*.

freak 'a whim, caprice' ME. *frek*
'quick, vigorous' OE. *frëc* 'bold,
rash' = ON. *frëkr*, OHG. *frëh*
'greedy' G. *frech* 'pert', GOTH.
faíhu-friks 'avaricious': TEUT.
base *frëka-*.

freckle from ON. *freknur* plur.
'freckles'; cp. SW. *fräkne* plur.
fräknar, FRIS. (Amrun) *friakan*
'freckles'. Perh. cogn. w. GR.
$\pi\varepsilon\varrho\varkappa\nu\acute{o}\varsigma$ 'spotted'.

free ME. *frê* OE. *frêo frî*: TEUT.
base *frija-* = GOTH. *freis*, OSAX.
OHG. *frî* G. *frei*. The PRE-TEUT.
priyó- is the base of CYMR. *rhydd*
'free' and of SKR. *priyá-s* 'dear,
beloved'; cp. the SKR. verbal
$\sqrt{}$ *prî* 'rejoice, render favorable'
with GOTH. *frijôn* 'love' under
friend and *Friday*.

freeze vb. ME. *frëse* OE. *frëosan*
str. vb.; cp. synon. ON. *frjósa*,
DU. *vriezen*, OHG. *friosan* G. *frieren*;
cp. GOTH. *frius* 'frost, cold': TEUT.
$\sqrt{}$ *freus fruz* from a PRE-TEUT.
preus prûs, which seems to exist in
LAT. *prûrio* for *prûsio* 'itch', if
'itch, frostburn' is the inter-

mediate meaning, and in SKR. √*pruś* 'spurt out'; *prusvâ* 'drop, frozen drop, frost'. Cp. *frost*.
freight ident. w. *fraught*.
fresh adj. ME. *fresh fresch* OE. *fërsć* = OHG. *frisc* G. *frisch*, DU. *versch* 'fresh'; cogn. w. OSLOV. *prěsinŭ* 'fresh' from Aryan *prais-kino-*; cp. LITH. *prěskas* 'sweet, unsoured' with FINN. *rieska* 'fresh, unsoured'. The Rom. family of IT. *fresco*, FR. *frais* comes from WEST-TEUT. *frëska-*.
fret[1] vb. 'eat up, devour' short for ME. *frěte* OE. *frětan* str. vb. = DU. LG. *vreten*, OHG. *frězzan* G. *fressen* 'eat up, consume'. The corresp. GOTH. *fraïtan* (pret. *frêt*) 'consume' shows that WEST-TEUT. *frětan* is a compound of *ëtan* = *eat*; *fra* is a common prefix in GOTH. (cp. *fraught* and *fret*).
fret[2] vb. 'ornament, variegate ME. *fretie* OE. *frætwan* 'adorn': from OE. *frætwe* plur. 'ornament'= OSAX. *frataha* 'ornament': source perh. a Teut. compound *fra* + GOTH. *tēwa* 'arrangement'.
friar ME. *frěre*: adapted fr. FR. *frère* 'a brother'.
Friday ME. *frǐday* OE. *frīʒedæʒ* = DU. *vrijdag*, OHG. *frîatag* MHG. *vrîtac* G. *freitag*, ON. *Frjádagr*: really 'day of the Teut. goddess *Frîja Frijjô* in imitation of LAT. *dies Veneris* (*Frîa* and *Venus* correspond). ON. *Frigg* like OHG. *Frîa* is prop. 'the goddess of love'; cp. SKR. *priyá* 'wife, loved one' (OSAX. *frî*, OE. *frĕo* 'wife'). Cp. *free*.

friend ME. *frěud* OE. *frěond* = OSAX. *friund* 'friend, relative', DU. *vriend*, OHG. *friunt* MHG. *vriunt (d)* G. *freund*, GOTH. *frijônds* 'friend': TEUT. *frijônd-* (formed like *fiend*) is pres. partic. of an old TEUT. vb. *frijôn* 'love' = GOTH. *frijôn*, OE. *frěoʒan* 'love'. Cp. *free*.
frieze (of a column) fr. FR. *frise* (= IT. *fregio* 'frieze'), whence also G. DU. *fries*.
fright ME. *fright* OE. *fyrhtu fyrhto*; cp. the synon. GOTH. *faúrhtei* 'fright' and OSAX. OHG. *for(a)hta* MHG. *vorht(e)* G. *furcht* 'fright'. — **frighten** vb. ME. *frighte* OE. *fyrhtan* = GOTH. *faúrhtjan*, OSAX. *forhtôn*, OHG. *furihten forahtan* G. *fürchten*.
fringe ME. *fringe*: loanword from OFR. **fringe* = FR. *frange* (source LAT. *fimbria* 'fringe'), whence G. *franse*, DU. *franje*.
frisk vb. formed from the adj. OFR. *frisque* = SCAND. *friskr* 'frisky, brisk'.
frith *firth* ME. *firth*: a Scand. loanword; cp. ON. *fjǫrdr* (plur. *firdir*) 'bay'; DAN. *fiord*, SW. *fjärd* 'a firth': TEUT. base *fërþu-*, ARYAN *pertu-* cp. LAT. *portus* 'haven'. For the Aryan √*per* cp. *ford*.
fritter late ME. *fritoure*: borrowed fr. FR. *friture* 'dish of fried fish', also 'a fragment' from OFR. *frit* 'fried' (source LAT. *frigere*); cp. *fry*.
fro ME. *frǫ* earlier *frá*: adapted fr. ON. *frá* 'from', ident. w. *from*.
frock ME. *frok*: borrowed fr. OFR. *froc* = MED.-LAT. *frocus* 'a

monk's frock'; source OSAX. *hroc* 'coat'.

frog ME. *frogge* OE. *frogga*; the OE. parallel form *frocca* (mod. dial. *frock*) points to the synon. ON. *fraukr*. Prob. OE. *forsc*, OHG. *frosk* G. *frosch*, ON. *froskr* show the same root, if derived fr. TEUT. **fruhsqa-*.

frolic borrowed fr. DU. *vrolijk* 'merry'; cp. MHG. *vrôloken* 'rejoice', prob. after MHG. *vrô-sanc* 'merry song' supplanting an older *frôleichen*.

from ME. OE. *from fram* = OSAX. OHG. *fram* MHG. *vram* prep. 'forth, from' — adv. 'forth', ON. *fram* adv. 'forward' — *frá* prep. 'from' — adv. 'fro', GOTH. *fram* prep. 'from' adv. 'further, forward'.

frost ME. *frost* OE. *forst* = ON. DAN. SW. G. *frost*, DU. *vorst*: derived fr. √ *frus* = *freeze*.

froth sb. ME. *fróthe* fr. ON. *froda*.

froward adj. ME. *fróward* earlier *fráward*: derived fr. *fro*.

frown vb. ME. *froune* shortened fr. FR. *refrogner*.

fruit ME. *frút* (*fruit*) fr. FR. *fruit* = LAT. *fructus*.

fry vb. ME. *frie* fr. OFR. *frire* = LAT. *frigere* 'roast'; cp. *fritter*.

fry sb. ME. *frí* fr. ON. *frjó* (*frǽ*) 'spawn, fry'; ident. w. GOTH. *fraiw* 'seed'; pre-TEUT. *pro-eiwo-*.

fuel sb. late ME. *fouaile* fr. OFR. **fouaille*; LAT. type *focalia* 'fuel'.

full ME. OE. *ful(ll)* = GOTH. *fulls*, ON. *fullr*, DU. *vol*, G. *voll* OHG. *fol(ll)*: TEUT. base *fulla-* fr. an ARYAN base *pэl-no* in SKR. *pûrṇa* 'full'; cp. LAT. *plēnus*, OIR. *lán* (orig. **plônos*) 'full'. Prop. partic. with suffix *-no-* fr. an ARYAN √ *plē plô* 'to fill' in SKR. √ *pur pṛ*, LAT. *implere*, GR. *πίμπλημι*.

fuller sb. ME. *fuller* OE. *fullére* 'a cloth-bleacher': adaption of LAT. *fullo* 'a fuller, bleacher'.

funnel late ME. *funel* fr. FR. *fondèfle*; source LAT. *infundibulum*.

fur ME. *furre forre* fr. OFR. *fuerre forre* 'a sheath, a case'; source TEUT.-GOTH. *fôdr* 'a sheath'; cp. G. *futter* ident. w. E. *fodder*.

furbish vb. ME. *furbisshe* fr. OFR. *fourbir* (*fourbiss-*) 'polish', which rests on OHG. *furb(j)an* MHG. *vürben* 'purify, clean' (TEUT. √ *furb* = ARYAN √ *pṛp* in GR. *πρέπω?*).

furlong see *furrow*.

furnace ME. *furneis forneis* fr. FR. *fournaise* = LAT. *fornax* (*fornacem*) 'an oven'.

furnish fr. FR. *fournir* (stem *fourniss-*). Source a TEUT. wk. vb. *frumjan* 'perform'; cp. *perform*.

furrow ME. *furwe forwe* OE. *furh*: TEUT. base *furh-* also in OHG. *furha* G. *furche* 'furrow', DU. *voor*, ON. *for* 'drain'. A pre-TEUT. *prk pork* is evident in LAT. *porca* 'a ridge between two furrows', CYMR. *rhych* 'furrow', ARMEN. *herk*. — furlong ME. OE. *furlong* lit. 'furrow-long'.

further ME. *further* OE. *furdor*; cogn. w. *for* and OHG. *furdir*.

furze ME. *firse* OE. *fyrs* earlier *fyres*: Teut. base *furisa-*?

6*

G

gab ME. *gabbe* 'talk idly, jest, lie': borrowed fr. ON. *gabba*, whence also FR. *gaber*, IT. *gabbare*. Cp. *gabble gibber*. — **gabber** 'gabble', var. of *gabble* both of which are frequent. verbs of *gab*. Cp. *jabber* and *gibber*. — **gabble** var. of *gabber*.

gabel 'a tax, impost, esp. the tax on salt' borrowed fr. FR. *gabelle* (= SPAN. *gabela*, IT. *gabella*, MED.-LAT. *gabella gab(u)-lum*). Source a TEUT. sb. *gabula-* in OE. *gafol* 'tribute'.

gable ME. *gáble*: borrowed fr. OFR. *gable* 'a gable'. which is of LAT. origin; cp. LAT. *gabalus*, whence ON. *gafl* 'a gable' (but GOTH. *gibla*, G. *giebel* 'a gable' akin to GR. κεφαλή 'head': Aryan base *ghebhalâ- ghebhlo-*).

gad ME. *gad*: borrowed fr. ON. *gaddr* 'a goad, pike'; TEUT. base *gazda-* ident. w. LAT. *hasta* from an Aryan base *ghazdha-*; but *gad* in *gadfly* stands for *goad*.

gag ME. *gagge* 'suffocate'; prob. imitation of the sound of choking.

gage[1] ME. *gáge*: borrowed fr. FR. *gage* = SPAN. *gage*, IT. *gaggio* (LAT. type *wadium*). Source a TEUT. sb. cp. GOTH. *wadi*; cp. *wed* and *wage*.

gage[2] also *gauge* ME. *gauge*: adopted from OFR. *gauger* later *jauger* 'measure the contents'. Source uncertain.

gain sb. ME. *gain*: borrowed fr. ON. SW. *gagn* = DAN. *gavn* 'gain'.

gain vb. late ME. *gaine*: borrowed fr. FR. *gagner* OFR. *gaagnier gaaigner* 'cultivate, gain'. source a TEUT. vb. (OHG. *weidanjan — weidenôn* 'pasture').

gain- pref. ME. *gein* OE. *geʒn gén geán* (= G. *gegen*, ON. *gagn-*). — **gainsay** ME. *geinseie* 'contradict'. Cp. *against* OE. *ongeanes*.

gait ident. w. *gate*[1].

gaiter borrowed fr. FR. *guêtre* (OFR. *guestre*, perh. loanword fr. MHG. *wester* 'a child's chrisom-cloth'; cp. GOTH. *wasti*, LAT. *vestis* 'clothing').

gale sb. a Scand. loanword; akin to DAN. *gal*, SW. *galen* 'furious, mad', NORW. *galen* 'furious, wild, mad' (of wind and storm).

gall[1] ME. *galle* OE. *gealla* = OSAX. OHG *galla* G. *galle*, DU. *gal*, ON. *gall*. GOTH. **gallin-* (hardly **galzin-*) from PRE-TEUT. *ghol-* is cogn. w. GR. χολή χόλος, LAT. *fel fellis* 'gall' (whence IT. *fiele*, SPAN. *hiel*, FR. *fiel*). Many think it allied with *yellow* so that *gall* was named from its yellowish color.

gall² 'a sore on the skin' ME. *galle* OE. *gealla* 'a gall' (on a horse) = DU. *gal* 'a windgall', MHG. G. *galle* 'a foot - disease in horses'; perh. borrowed fr. LAT-ROM. *galla* 'a gallnut, an oak-apple' = IT. *galla*, SPAN. *agalla* 'windgalls'. But a confusion of *galla* with a TEUT word of similar phonology is possible, since in SW. dialects too there exists a *grässgaller* 'a swelling on a horse's hoof'.

gall³ 'a gall-nut': borrowed fr. FR. *gale* from LAT. *galla* 'a gall-nut, an oak-apple'?

galley ME. *galeie*: adapted fr. FR. *galie galée* (IT. *galea* = MED.-LAT. *galea* 'a galley').

gallon ME. *galoun*: a FR. loan-word: FR. *gallon* = IT. *gallone*.

galloon borrowed fr. FR. *galon*.

gallop ME. *galope*: borrowed fr. FR. *galoper*; cp. also *wallop*.

gallows (the plur. used as sing.) ME. *galwes* plur. OE. *galga gealga* 'cross, gibbet' = OHG. OSAX. *galgo*, DU. *galg*, G. *galgen*, ON. *galgi*, GOTH. *galga*: a common TEUT. word, TEUT. *galgan-* from Aryan *ghalghan-*; cp. LITH. *zalga* 'pole'.

gamble appar. a frequent. of an unrecorded ME. **gam(e)le*, commonly ME. *gamene* OE. *gamenian* 'play at games'. Deriv. of *game*. For the change of *n* to *l* cp. MHG. *gamel gamen* 'pleasure'. — **game** 'amusement' ME. *gáme* OE. *gamen gomen* = ON. OHG. *gaman* (MHG. *gamen gamel*)

'play'; prob. ident. w. GOTH. *ga-man* 'communion of men'. The pref. *ga-* is used collectively; for *man* cp. *man*.

gander ME. *gander* OE. *gandra*; akin to OE. *gós* from a TEUT. base *gan-s* in *goose* and cp. *gannet*.

gang ME. *gang* 'a going, course, way, passage' OE. *gang* 'a going, way, privy' = OSAX. DU. G. *gang* 'a going, walk, way, passage', ON. *gangr* 'a going, a crew'.

gannet ME. **ganet* OE. *ganot* 'swan'; akin to DU. *gent* 'gander', OHG. *ganazzo* 'gander'; cp. a primit. TEUT. base *gan-* also in TEUT.-LAT. *ganta* 'goose'; see *gander* and *goose*.

gantlet prop. *gantlope* 'a military punishment' corrupted fr. SW. *gatlopp* 'running down a lane' (SW. *gata* 'a lane' and *lopp* 'a running' fr. *löpa* 'run' = E. *leap*).

gaol see *jail*.

gap ME. *gap*: borrowed fr. ON. *gap* 'opening, breach, chasm'. — **gape** vb. ME. *gape* adapted fr. SCAND. *gapa* 'yawn' = DU. *gapen*, G. *gaffen* 'gape, yawn'.

gar see *garlic* and *gore*.

garb borrowed fr. OFR. *garbe* 'good fashion' from OHG. *garawi* 'dress' = OE. *gearwe* 'preparation, dress'. Cp. *gear*.

garden ME. *gardin* fr. OFR. (Picard.) *gardin* = FR. *jardin*, which is of Teut. origin: OHG. *garto* (gen. and dat. *gartin*) G. *garten*,

OSAX. *gardo*, GOTH. *garda* m. 'a fold'; akin to *yard*.

gargle borrowed fr. OFR. *gargouiller* 'gargle' fr. *gargouille* 'windpipe'.

garland ME. *gerlaund*: borrowed fr. OFR. *garlande* FR. *guirlande*, whence DU. G. DAN. *guirlande*.

garlic ME. *garlęk garlick* OE. *gár-lęac*; for *lic* = OE. *lęac* cp. *leek*. The first element of the compound is OE. *gár* 'a spear' (cp. *gore*). Hence *garlic* prop. 'spear-leek'.

garment short for ME. *garnement*: borrowed fr. FR. *garnement*, deriv. of FR. *garnir* 'garnish'. Cp. *garnish*.

garner ME. *gernęr*: adapted fr. OFR. *gernier* FR. *grenier* (IT. *granaro* = LAT. type *gránárium*).

garnet ME. *gernęt*: borrowed fr. FR. *grenat* (= SPAN. *granate*, IT. *granato*): source LAT. *granatus* 'having many grains or seeds'.

garnish vb. ME. *garnisshe*: borrowed fr. FR. *garniss-*, the stem of certain forms of *garnir* (= IT. *guarnire*) 'avert, warn, garnish', which is of Teut. origin: TEUT. base *warnjan*. — **garrison** ME. *garnison*: borrowed fr. FR. *garnison*; deriv. of FR. *garnir* 'provide, fortify'. Cp. *garnish*.

garret ME. *garite*: borrowed fr. OFR. *garite* FR. *guérite* 'a watchtower': derived fr. OFR. *garir warir* 'save, keep' FR. *guérir* (= IT. *guarire*). Source a TEUT.

warjan = GOTH. *warjan* 'hold, defend'.

garrison see *garnish*.

garter ME. *gartęre*: borrowed fr. OFR. *gartier jartier* FR. *jarretière*: deriv. of FR. *jarret* 'the small of the leg behind the knee'.

gash ME. *garse garçe*: borrowed fr. OFR. *garser* 'scarify'.

gasp vb. ME. *gaspe* OE. **gáspian*: TEUT. base *gaispôn* = ON. *geispa* 'gasp'. The E. word is not borrowed fr. Scand.

gate[1] (cp. *gait*) 'a way, road' ME. *gáte*: borrowed fr. ON. *gata* (acc. *gǫtu*) 'way, path, road' = SW. *gata* 'a street, lane', DAN. *gade* 'a street'; ident. w. OHG. *gazza* G. *gasse* 'a street', GOTH. *gatwô* 'a street'.

gate[2] 'door, gate, opening' ME. *gáte yáte* OE. ȝeat (plur. *gatu* ȝeatu) = OSAX. DU. *gat* 'a hole, opening, gap', ON. *gat* 'an opening'.

gather ME. *gadere* OE. *gaderian* (= DU. *gaderen*, G. dial. *gattern*): deriv. of OE. *geador* (cp. *together*). Prob. akin to OE. *gædeling* 'cousin', G. *gatte* 'husband' from the same root as *good*.

gaud 'a show, ornament' ME. *gaude*: borrowed fr. LAT. *gaudium*. — **gaudy** 'merry, bright, showy' fr. *gaud* and the suffix *-y*.

gauge see under *gage*[2].

gaunt prob. from Scand.; cp. NORW. *gand* 'a thin pointed stick; a tall and thin man'.

gauntlet borrowed fr. OFR. *gantelet*, dimin. of *gant* = FR. *gant* (= IT. *guanto*) 'a glove'. Source a TEUT. (MED.-LAT.) *wantus* 'the long sleeve of a tunic, a glove'; cp. DU. *want*, DAN. *vante*, ON. *vǫttr* 'a mitten'.

gauze borrowed fr. FR. *gaze* 'cushion-canvas, tiffany' = SPAN. *gasa* 'gauze'.

gawk (cp. *gowk*) 'a cuckoo, fool' ME. *gouke*: loanword from ON. *gaukr* (whence SC. *gowk*) = OHG. *gouh(hh)* MHG. *gouch* G. *gauch*, OE. *ʒéac* 'cuckoo'.

gay ME. *gay*: borrowed fr. FR. *gai* (= IT. *gajo*) 'gay, merry'. Source OHG. *gâhi* 'quick, sudden' G. *gähe—jäh*.

gaze vb. ME. *gáse*, prob. of Scand. origin: SW. dial. *gasa* 'gaze, stare'.

gear ME. *gére* points to an OE. *gáre* or *gáro*, *á* being vowel mutation of *á* = TEUT. *ai*. Perh. akin to OE. *gár* 'spear' (cp. *garlic*, *gore*)?

gem ME. *ʒemme*: adapted fr. FR. *gemme* (= IT. *gemma*). Source LAT. *gemma* 'a swelling bud, a jewel, a gem', whence also OE. *ʒimm*, OHG. *gimma* 'gem'.

gender ME. *ʒender*: borrowed fr. OFR. *gendre* **genre** FR. *genre* 'kind, genus, style' (= SPAN. *género*, IT. **genere** 'kind'). Source LAT. *gener-* in *genus* 'race, stock'.

german germane adj. formerly *germain*: borrowed fr. FR. *germain* (source LAT. *germanus*).

gesture borrowed fr. MED.-LAT.

gestura 'a mode of action' from *gerere* 'carry, behave'.

get ME. *gete* borrowed fr. ON. *geta*; OE. *ʒitan* would be ME. *yite ite*; cp. GOTH. *gitan* from a TEUT. √ *gët*, pre-TEUT. *ghed ghend*; cogn. w. LAT. *praehendere*, GR. *χανδάνειν*. Cp. *forget*.

gewgaw corrupted fr. ME. *giuegoue* prop. *ʒoueʒoue* (pron. *ʒuʒû*?): adapted of FR. *joujou*.

ghastly ME. *gastly* OE. *gǽstlic* fr. OE. *gǽstan* 'frighten' and *lic* = E. *-ly*; cp. *aghast*.

gherkin = DU. *agurkje*, DAN. *agurke*, G. *gurke*: borrowed as orig. **agurike* fr. POL. *ogurék*, BOHEM. *okurka* fr. late GR. *άγγού-ριον* 'a cucumber, gherkin'.

ghost ME. *gǫst* OE. *gást (gǽst)* = synon. OHG. G. DAN. *geist*, OSAX. *gêst*: a common Teut. word with the same meaning for which *ahma* is used in Goth. The orig. meaning of the word ('excitement'?) is not established; yet ON. *geisa* 'rage' (of fire and passion) and GOTH. *usgaisjan* 'terrify' seem ·allied. For the dental formative of TEUT. *gaist* (pre-TEUT. *ghaisdos*) cp. the SKR. √ *hîd* (from **ghizd*) 'be angry', *hḗdas* 'anger' with which agrees E. *aghast* 'angry, excited'; cp. also *ghastly*.

giant ME. *ʒiaunt* prop. *ʒḗaunt* fr. FR. *géant* = LAT. *gîgant-em*, whence also OE. OHG. *gîgant* 'giant'.

gibber and with other var. *gabber* **gabble**, frequentatives of *gab* of which *jabber* and

jabble are the assibil. frequent-
atives.

giddy ME. *gidy* OE. *gydiȝ*:
orig. perh. 'having a demon,
possessed of a demon': deriv.
of *god*; cp. OE. *ylfiȝ* 'deranged,
crazy' prop. 'possessed of elves'.

gift ME. *gift yift* OE. *gift* plur.
gifta 'nuptials' = DU. OHG. *gift*
G. *gift* in *mitgift* 'a dowry'
and in OHG. G. DU. *gift* 'poison',
lit. 'that which is given', GOTH.
gifts in *fra-* 'promise' with the
abstract formative *-t* from *gifan*
= *give*. The initial *g* in E. ME.
gift points as in *give* to Scand.
influence

gig ME. *gigge* 'a whirling thing';
prob. Scand.: ON. *geiga* 'rove
at random'; cp. *jig*.

gild vb. short for ME. *gilde*
OE. *gýldan*: derived with vowel-
mutation (TEUT. *gulþjan*) fr. *gold*.

gill[1] ME. *gille*: borrowed fr.
DAN. *gjælle*, SW. *gäl*; ICEL. *gjǫlnar*
plur. 'gills'.

gill[2] 'one-fourth pint' ME. *gille*:
borrowed fr. OFR. *gelle* 'a sort
of wine-measure' (LAT. type *gella*
gillo 'a wine-vessel').

gillyflower corrupted fr. OFR.
giroflée fr. *clou de girofle*; LAT.
type *caryophyllum* 'a clove-tree'.

gimlet borrowed fr. OFR. *gim-
belet* FR. *gibelet*; of Teut. origin,
dimin. of the form represented
by E. *wimble* 'a gimlet' cp.
wimble.

gimp adapted fr. FR. *guimpe*
(OFR. *guimple* fr. OHG. *wimpal* 'a
light robe' = E. *wimple*).

gin[1] 'a trap, snare' ME. (c. 1200)
gin and *giun* shortened fr. ME.
engin = FR. *engin* 'a contrivance'.
Source LAT. *ingenium*.

gin[2] 'a kind of spirit' shortened
fr. earlier FR. *genèvre* (= FR.
genièvre) 'juniper' (LAT. *juniperus*
'an evergreen shrub')

ginger ME. *gingér*, earlier *gingi-
vere* from OFR. *gengibre* FR. *gin-
gembre* (IT. *zenzero*, MHG. *ginge-
bere* from the synon. late LAT.
gingiber = GR. ζιγγίβεϱις).

gingerly a Scand. loanword;
SW. dial. *gingla gängla* 'go
gently, totter': frequent. of ON.
ganga 'go'.

gird short for ME. *girde* OE.
gýrdan = OSAX. *gurdian*, DU.
gorden, OHG. *gurten gurtan* G.
gürten, ON. *gyrða*: all weak verbs
(TEUT. *gurdjan*), ident. w. the str.
vb. GOTH. *bi-gairdan* 'begird'.

girdle ME. *girdel* OE. *gyrdel*
= synon. OHG. *gurtil* G. *gürtel*,
DU. *gordel*, ON. *gyrdill*: deriv.
of *gird*. — **girth** ME. *gerth*:
adapted fr. ON. *gjord* 'a girdle'
(*gerd* 'girth round the waist',
GOTH. *gairda* 'girdle').

girl ME. *girl gerl*; akin to LG.
gâre 'boy, girl' which is of late
occurrence (first record 1652).
The *l* of the E. word (OE.
*gyrel, TEUT. base *gurila-*) is
dimin.

gist borrowed fr. OFR. *gist* =
FR. *gît* from OFR. *gesir* = FR.
gésir 'lie'. Source LAT. *jacére*
'lie'.

give ME. *give* fr. ON. *gefa*; ident. W. ME. *yeve* OE. 𝖟*ifan* 𝖟*ëfan* = OSAX. *gëban*, DU. *geven*, OHG. *gëban* G. *geben*, GOTH. *giban*: a common Teut. verb; cp. also OIR. *gabim* 'I take', LITH. *gabénti* 'bring, procure', *gobinti* 'fetch'? Cp. *gift*.

gizzard ME. *gisęr*: adapted fr. FR. *gésier*; source LAT. *gizeria* 'gizzard'.

glad ME. *glad* OE. *glæd* 'shining, bright, cheerful, glad'; ident. w. OHG. *glat* G. *glatt* 'smooth, shining', DU. *glad* 'smooth', ON. *gladr* 'glad, bright'. TEUT. **glada-* for ARYAN *ghladho-* agrees with OSLOV. *gladükü* 'smooth', LAT. *glaber* (for *ghladhro-*) 'smooth'. The meaning of the E. word is secondary when compared with the orig. meaning 'smooth'.

glair ME. *gleire*: adapted fr. OFR. *glaire* 'the white of an egg' = IT. *chiara d'un ovo*, whence also G. *eierklar* (MED.-LAT. *clara ovi*).

glance vb. a Scand. loanword; cp. SWED. *glans*, DAN. *glands* 'brightness, splendor'.

glare vb. ME. *gláre*; OE. *glárian is unauthorized.

glass ME. *glas* OE. *glæs*: a common Teut. word, (not verified in GOTH.) = DU. MHG. G. OSW. SW. DAN. *glas* (OHG. *glas* 'glass', also 'amber'); but ON. *gler* with change from *s* to *r*, thus proving the word to be primit. Teut. (**glaza-***glasa-*). Perh. the OTeut. name of the 'amber' (LAT. *glêsum*) is cognate.

gleam ME. *glę̄m* OE. *glǽm* 'splendor, brightness, gleam'; akin to OSAX. *glī-mo* 'splendor' and to G. *glimmer*; cp. OHG. *glîmo gleimo* 'glow-worm'. An ARYAN √*ghlī* cp. in IR. *glē* (fr. base *gleivo-*) 'shining, clear' under *glee*.

glean vb. ME. *glę̄ne* borrowed fr. OFR. *glener* (FR. *glaner*) 'glean'.

glede ME. *glide glede* OE. *glida* 'a kite' = ON. *glēdi*: deriv. of the TEUT. √*glīd* in *glide* (the name of the bird means prop. 'the glider').

glee 'mirth, joy' ME. *glę̄* OE. *glę̄o* with the by-form *glīw* = ON. *glý*: TEUT. base *glīwa-*, perh. akin to IR. *glē* (base *gleiwo-*) 'clear, shining'. Cp. *gleam*.

gleed (E. dial.) ME. *glę̄de* OE. *glę̄d* (*glǽd fr. *glôdi-*) = DU. *gloed*, OHG. *gluot* G. *glut*, ON. *glôd*, GOTH. **glô-di-*: TEUT. √*glô* under *glow*.

glen of Celt. origin; cp. GAEL. IR. *gleann* 'valley' (CYMR. Corn. *glyn*).

glide vb. ME. *glide* OE. *glīdan* = synon. OSAX. *glīdan*, DU. *glij(d)en*, OHG. *glītan* G. *gleiten*, SW. *glida*, DAN. *glide* 'glide, slide'. Cp. *glede*.

glimmer vb. ME. *glimere* = G. *glimmern*, DAN. *glimre*; akin to SW. *glimma* and OSAX. *glîmo* 'splendor' under *gleam*.

glimpse vb. ME. *glimse* vb.; akin to *glimmer*.

glisten vb. ME. *glistne* OE. *glīsnian* 'gleam'; akin to OE. *glisian* = OFRIS. *glisa* 'shine'; TEUT. √*glīt* in glitter ME. *glitere* (OE. **glitorian*) vb. 'shine' = ON. *glitra*, G. *glitzern*. A corresp. strong vb. is ON. *glíta*, OSAX. *glítan* = OHG. *glízzan* 'shine' (cp. G. *gleissen* and GOTH. *glitmunjan* 'shine').

gloat vb. akin to G. *glotzen*, ICEL. *glotta*; an OE. *glötian* is unrecorded; cogn. w. ME. *gloute* (OE. **glútian*) 'look sullen'.

gloom OE. *glóm* (*glómung*) 'gloom, twilight'; the *m* is formative (as in *bloom, doom*); for the TEUT. √ *glô* cp. *glow*.

glory ME. *glórie glórte* from OFR. *glorie* = LAT. *gloria*; cp. FR. *gloire*.

gloss vb. akin to MHG. *glosen* 'glow'.

glove ME. *glove* short for *glóve* OE. *glóf* = ON. *glófi* 'glove'.

glow vb. ME. *glówe* OE. *glówan* str. vb.; cp. DU. *gloeijen*, OHG. *gluoen*. G. *glühen*, ON. *glóa* 'glow, glitter, shine': TEUT. √ *glô glê* under *gloom* and E. dial. *gleed*.

glue ME. *glüe* borrowed fr. OFR. *glu* 'birdlime'; source LAT. *glus glutem*.

glum adj. from ME. *glomme glombe* vb. 'be gloomy'; as *gloomy* shows, connected with *gloom* and SW. *glåmig* 'languid of look'.

glut sb. ME. *glut* sb. borrowed fr. OFR. *glut glout* (IT. *ghiotto*) 'a glutton'. — glut vb. ME. *glote glüte* vb. borrowed fr. OFR. *glotir gloutir* (cp. FR. *engloutir* 'swallow up'); source LAT. *gluttire* 'swallow'. — glutton ME. *glutoun glotoun*: borrowed fr. FR. *glouton* OFR.

gluton; source LAT. *glutto-gluttonem* 'glutton'.

gnarl akin to OE. *gnyrran*.

gnash vb. ME. *gnaste* 'gnash the teeth'; OE. **gnástian* is akin to ON. *gnísta* 'gnash the teeth'.

gnat ME. *gnat(tt)* OE. *gnætt*: TEUT. base *gnatta-*.

gnaw vb. ME. *gnawe* OE. *gnagan* = OSAX. *gnagan*, OHG. (*g*)*nagan* G. *nagen*, ON. *gnaga*; cp. a byform with initial *k*: DU. *knagen*, OS. HG. *knagan* 'gnaw'; the G. form *nagen* arose from *gnagen*.

go ME. *gó* OE. *gán* = OSAX. *gân*, DU. *gaan*, OHG. *gân gên* G. *gehen*. The TEUT. √ *ghai-* (= OE. *gâ-*, OHG. *gê-*) supplanted the ARYAN √ *i* 'go' in LAT. *ire*, GR. *ἰέναι*, SKR. √ *i*. Since TEUT. *gai-* has no old primit. noun-derivatives in Teut. and takes the place of the ARYAN √ *i* (the aorist GOTH. *iddja* = OE. *éode* still remains) and as it is inflected after the *mi*-conjugation, the supposition arises that TEUT. **gaim *gais *gaiþ* are contracted fr. the verbal particle *ga* and the inherited *îm îz îþ* = SKR. *êmi êsi êti*; cp. GR. *εἶμι*.

goad ME. *gód* OE. *gád*; ident. with LANGOBARD. *gaida* 'spear': TEUT. base *gaidô-* = pre-TEUT. **ghai-tã*; akin to OE. *gár*, OHG. *gêr* 'spear' under *gore*. ARYAN √ *ghî ghai* in GR. *χαῖος* 'shepherd's rod'.

goal borrowed fr. FR. *gaule* OFR. *waule*. Source TEUT. *walu* = ON. *vǫlr*, GOTH. *walus* 'a staff'.

goat ME. *góte* OE. *gát* = DU. ON. *geit*, OHG. *geiʒ* G. *geiss*, SW. *get*, DAN. *ged*, GOTH. *gaits* 'a goat': cogn. w. LAT. *hædus* fr. ARYAN *ghaido-s*.

gobble a frequent. with suff. *-le* fr. FR. *gober* 'devour'.

god ME. OE. *god* = OSAX. DU. *god*, OHG. *got* G. *gott*, ON. *gud* *god*. GOTH. *guda- gupa-* 'god' is based on ARYAN *ghu-to-, -to-* being a part. formative as in *old, cold, loud*: INDO-TEUT. √ *ghu* = SKR. *hû* 'implore the gods' (SKR. *hûtá-* part.). Therefore *god* is 'the being implored'; in the VEDA *puruhûta* 'much implored' is an ordinary epithet of the god Indra. god in *godfather godson goddaughter* = ME. *god* + compound: used in reference to the spiritual relation between them; cp. *gossip*.

goggle-eyed ME. *gogel-eied*; the first element of the compound can scarcely be a native E. word and is traced to IR. GAEL. *gog-shuileach* 'goggle-eyed'.

gold ME. OE. *gøld* = OSAX. OHG. G. *gold*, DU. *goud*, ON. *goll gull* (for *golþa*), GOTH. *gulþ*: ARYAN *ghḷto-* = OSLOV. *zlato* = RUSS. *zoloto* from *zolto*. The orig. meaning of the √ *ghel*, from which *gold* is derived (cp. LITH. *gel-tas* 'yellow' and SKR. *hárita* and *hari* 'yellow'), is 'yellow'; cp. SKR. *hiranya* 'gold'. Cp. *yellow*.

good ME. OE. *gød* = GOTH. *gôds*, OSAX. *gôd*, DU. *goed*, OHG. *guot* G. *gut*, ON. *gôdr*. The orig.

meaning of the adj. was prob. 'fit, suitable' from a root meaning 'fit, suit' seen in *gather, together*. — goodbye short for orig. »God be by you« (Shakesp. »God buy you«).

goose ME. OE. *gós* (plur. *gés*): Teut. base *gans-* = DU. *gans*, OHG. G. *gans*, ON. *gás*; akin to *gander* and *gannet*. An ARYAN *ghan-s-* is represented also by SKR. *hansá-s* m. — *hansî* goose', N.PERS. *γâz*, LITH. *ząsìs*, OSLOV. *gąsǐ*, GR. *χήν*, LAT. *anser* (for *hanser*), OIR. *géis* 'swan' (fr. *ghansî*).

gore [1] ME. *góre* 'a gore of cloth, a garment' OE. *gára* 'a projecting point of land'; cp. DU. *geer* 'a gusset, gore', OHG. *gêro* G. *gehre* 'a wedge, gusset, gore', ON. *geiri*, NORW. *geire*, ODAN. *gere* 'a gore of cloth or land': deriv. of TEUT. *gaiza-* 'spear' = OE. *gár* 'a spear', OHG. *gêr* 'a spear'. Cp. *goad*.

gore [2] 'mud, blood' ME. *góre* OE. *gôr* 'mud' = OHG. ON. *gor* 'mud', SW. *gorr* 'mud'.

gorge ME. *gorge* borrowed fr. FR. *gorge* 'throat': source LAT. *gurges*.

gosling dimin. of *goose*.

gospel ME. *gospel* OE. *gôd-spḛll* 'the word of God', as shown by ON. *gud-spjall*, OHG. *got-spḛll(l)*. Cp. *spell*.

gossamer ME. *gossomer* representing an OE. type *gós-sumor* 'summer of the geese'; cp. the G. names *altweibersommer, mädchensommer*.

gossip ME. *gossip* earlier *gossib* OE. *god-sibb* prop. 'relationship in God'; see the end of the article on *god*. OE. *sibb* = OHG. *sippa*, GOTH. *sibja* means 'relationship'.

gouge from FR. *gouge*.

gourd ME. *gourde*: borrowed fr. FR. *gourde* (orig. OFR. *gouhourde cougourde*; source LAT. *cucurbita* 'a gourd'.

gout sb. ME. *goute* borrowed fr. FR. *goutte* 'dropsy': source LAT. *gutta*.

gowk ident. w. *gawk*.

gown ME. *goune goun* fr. OFR. *gone* 'a gown', which is of Celt. origin (GALL.-LAT. *gunna* 'furcoat').

grab vb. cp. SW. *grabba*, MLG. *grabben* 'grasp'. An ARYAN √*ghrbh* 'to grasp' is found in SKR. √*grbh* 'grasp, seize' — *grapsa* 'bunch, tuft' and OHG. *garba* G. *garbe* 'sheaf'.

grace ME. *gráçe* fr. FR. *grace* = LAT. *gratia* 'favor'.

grade borrowed fr. FR. *grade*: source LAT. *gradus* 'a step, station'.

graft (Shakesp. *graff*) vb. ME. *graffe* 'graft': deriv. of OFR. *graffe* 'a style for writing' (FR. *greffe* 'graft'?). Source LAT. *graphium* 'a style for writing'.

grail 'fine sand' fr. OFR. *graile* 'fine, small' = LAT. *gracilis*.

grain ME. *grain grein* from FR. *grain*: source LAT. *gránum* 'a grain, corn'.

grammar ME. *grammére grammaire* from FR. *grammaire*.

grange ME. *graunge*: adapt. of FR. *grange* (LAT. type *granea* granary' deriv of *gránum* 'corn').

grant ME. *graunte* vb. adapt. fr. OFR. *granter* 'caution, secure' (source a LAT. type *credentare* vb. — *credentia* sb.).

grape ME. *grápe*: loanword fr. OFR. *grape grappe* 'cluster of grapes'. The FR. word is considered to be of Teut. origin (TEUT. *krappa*?).

grasp ME. *grapse* perh. for *grapse* OE. *grápsian*: possibly an intensive deriv. of OE. *grápian* = *grope*.

grass ME. *gras* OE. *græs gærs* = GOTH. ON. OSAX. DU. OHG. G. *gras* 'herb, growth'. The final *s* is formative, the √ is *gra* meaning 'sprout, grow'; cp. *grow* and *green*.

grasshopper ME. *grashopper* orig. *grashoppe* OE. *gærs-hoppa* (= DU. *grashupper* LG. *grashüpper*): 'an insect which hops about in the grass'. Cp. *hop*.

grate sb. ME. *gráte*: source LAT. *crates* 'a hurdle'. — **grate** vb. ME. *gráte* vb. from OFR. *grater* 'scratch' (FR. *gratter*), which is prob. of Teut. origin (OHG. *krazzôn* G. *kratzen*).

grave vb. ME. *gráve* OE. *grafan* 'dig' = GOTH. OHG. *graban* G. *graben*, DU. *graven* 'dig', ON. *grafa*: TEUT. √*grab* = ARYAN *ghrabh*, orig. related to OSLOV. *grebą* 'dig' and *grobŭ* 'grave'.

grave adj. from FR. *grave* 'stately'.

gravel ME. *gravél* borrowed fr. OFR. *gravele,* dimin. of OFR. *grave* 'rough sand' FR. *grève* 'strand'.

gravy earlier orthography *greavy*, akin to *greaves*?

gray grey ME. *gray grey* OE. *gréʒ*; akin to DU. *grauw,* OHG. *grâo* (infl. *grâwêr*) G. *grau,* ON. *grár,* which represent a Teut. base *grâwa- grêwa-* (OE. *gréʒ* pointing to a base *grâga-grêga-*?).

graze vb. 'feed cattle' ME. *gráse* OE. *grasian* = G. *grasen*: deriv. of TEUT. *grasa-* = *grass.*

grease ME. *grése gréçe*: adapted from OFR. *gresse* (FR. *graisse*) 'fatness'. Source LAT. *crassus* 'fat'.

great ME. *grét* OE. *gréat*; cp. OSAX. *grôt,* DU. *groot,* OHG. *grôʒ* G. *gross* 'great': TEUT. *grauta-.*

greaves cogn. w. G. *griebe* OHG. *griubo* 'greaves'?

greedy ME. *grédy* OE. *grédiʒ grédiʒ* = OSAX. *grâdag,* OHG. *grâtag,* ON. *grádugr,* GOTH. *grêdags* 'hungry': derived from a TEUT. *grêdu-* 'hunger' = GOTH. *grêdus,* ON. *grádr* 'hunger'. Perh. akin to the SKR. √*grdh* 'to be greedy': ARYAN √ *ghrêdh ghr̥dh.*

green ME. OE. *gréne* : Teut. base *grôni-* = OSAX. *grôni,* OHG. *gruoni* G. *grün* 'green', ON. *gránn,* SW. DAN. *grön*: deriv. of the TEUT. √*grô* in *grow* and *grass.* The adj. orig. means 'growing'.

greet vb. ME. *gréte* OE. *grétan* = OSAX. *grôtian,* DU. *groeten,* ON. *gráta,* OHG. *gruozzan* G. *grüssen*: TEUT. type *grôtjan* 'greet'.

grey see *gray.* — **greyhound** ME. *greihound* formed after ON. *greyhundr* 'greyhound'; cp. ON. *grey* 'dog'?

griddle ME. *grédel* 'griddle': a CELT. loanword; cp. IR. *greideal* 'griddle' (fr. a LAT. *crâtella).

grief ME. *gréf* (= ODU. *grief*): adapted fr. OFR. *gref* 'heavy' — FR. *grief* 'injury' (source LAT. *grevis* for *gravis*). — **grieve** vb. ME. *gréve* vb. 'burden, injure' fr. OFR. *grever.*

grill vb. adapted fr. FR. *griller* 'broil on a gridiron'.

grim ME. OE. *grim (mm)*: TEUT. base *grimma-* = OSAX. OHG. *grim* G. *grimm,* ON. *grimmr*: cogn. w. OE. OHG. *gram* 'angry' G. *gram.*

grin vb. ME. *grinne grenne* OE. *grennian* 'show the teeth, snarl, grin'; cogn. w. *grind.*

grind vb. ME. *grinde* OE. *grindan* str. vb.: TEUT. √*grënd* = ARYAN *ghrendh* in LAT. *frendere* 'gnash'.

gripe ME. *gripe* OE. *gripan* str. vb. = OSAX. *grîpan,* DU. *grijpen,* OHG. *grîfan* G. *greifen,* GOTH. *greipan* 'gripe, seize'. Outside of Teut. cp. the related √*ghrîb* in LITH. *greibiu greibti* 'seize' and LETT. *griba* 'will' — *gribêt* 'to will'.

grisly ME. *grisly* short for OE. *grýslîc* (*angrýslîc*) 'terrible, horrible'.

grist ME. *grist* short for OE. *grist* lit. 'a grinding': deriv. of *grind.*

grit 'gravel' ME. *grét* OE. *gréot* = OHG. *grioʒ* G. *gries,* ON. *grjót.*

grizzly fr. ME. *grisel* 'a grayhaired man': deriv. fr. FR. *gris*

'gray'. Source a TEUT. *gris-* 'gray'
in G. *greis.*

groan vb. ME. *grǫne* OE. *gránian*
'moan': intensive deriv. of a
str. vb. **gri-nan* == OHG. *grînan*
G. *greinen* 'weep', DU. *grijnen.*

groat sb. ME. *grǫte*: a continental
TEUT. word: MLG. ODU. *grôte,* DU.
groot, G. *groschen.*

grocer borrowed fr. OFR. *grossier*
(LAT. type *grossarius* 'a wholesale
dealer', cp. FR. *engros* 'whole sale').

groin corrupted fr. OFR. *grine*
FR. *grain* 'the fork of a tree or
of a river, a groin'.

groom ME. *grǫm* 'boy': borrowed
fr. OFR. *gromme gourme,* whence
OFR. *gromet* 'servant'.

groove ME. *grǫve* 'a pit' == DU.
groeve groef OHG. *gruoba* G. *grube,*
ON. *gróf,* GOTH. *grôba;* from OE.
grafan == *grave.*

grope vb. ME. *grǫpe* OE. *grápian;*
intensive formation of *gripe* ==
OE. *grípan.*

ground ME. *ground* OE. *gründ*
orig. *gründ* == OSAX. G. *grund,*
DU. *grond,* OHG. *grunt,* ON. *grund*
'meadow' — *grunnr* (fr. **grunþus*)
'bottom of the sea', GOTH. *grundus*
in *grunduwaddjus* 'foundation', lit.
'a ground-wall'.

group borrowed fr. FR. *groupe*
(== IT. *groppo*).

grove ME. *grǫve* OE. *gráf* 'grove';
TEUT. base *graiba- graifa-.* The
ME. by-form *grẹve grẹve* 'grove,
wood' corresponds to OE. *grǽfe*
== TEUT. base *graibjôn-?*

grovel vb. with the adv. *groveling*
ME. *groveling(es) grufling(es);* akin

to ME. *agruf agrouve* 'groveling'
and ON. *á grúfu* 'groveling' —
grúfa vb. 'bow down'. The E. word
seems to be a Scand. loanword.

grow vb. ME. *grǫwe* OE. *grǫwan*
== DU. *groeijen,* OHG. *gruoan* MHG.
grüejen, ON. *gróa,* SW. DAN. *gro:*
TEUT. √ *grô,* whence *green* and
perh. also *grass.*

growl ME. *growle* from DU *grollen*
== G. *grollen.*

grub vb. ME. *grubbe* 'dig': TEUT.
√ *grab* under *grave;* cp. OHG.
grubilôn (G. *grübeln* 'brood, pour
over').

grudge vb. ME. *grugge* earlier
grucche (short for **grouchen?*):
borrowed fr. OFR. *groucher groucer*
'murmur'.

gruel ME. *grüel:* borrowed fr.
OFR. *gruel* == FR. *gruau* (LAT.
type *grutellum,* dimin. of MED.-
LAT. *grutum* 'meal').

gruff borrowed fr. DU. *grof*
== SW. *grof,* DAN. *grov* G. *grob.*

grumble loanword fr. FR. *grom-
meler;* akin to MDU. *grommelen,*
frequent. of MDU. *grummen
grommen* 'murmur'.

grunt vb. ME. *grünte gronte*
OE. *grunnettan;* ident. w. G.
grunzen, DAN. *grynte,* SW. *grynta.*
A more primit. stem appears in
OE. *grunian* 'grunt'. The √ *grun*
is imitation of sound; cp. LAT.
grunnire.

guarantee see *warrant.*

guard vb. borrowed fr. FR.
guarder, see *ward.*

gudgeon borrowed fr. FR. *goujon*
(ME. **gugeon *go·g oun?*).

guess vb. ME. *gesse*: prob. not a native word, but borrowed fr. the continent (DU. LG. *gissen*) or fr. the Scand. (DAN. *gisse*, SW. *gissa*). A native ME. *gesse* would point to an OE. **gétsian* (cp. *bless* OE. *blétsian*) = TEUT. base **gôtisôn?*

guest ME. *gest* borrowed fr. SCAND. *gestr* 'guest'; there was a native OE. *ʒist ʒiest*, which was supplanted by the Scand. loan-word. SCAND. *gestr* OE. *ʒist* = OHG. OSAX. G. DU. *gast* represent a TEUT. base *gasti-z* = LAT. *hostis* 'enemy', OSLOV. *gostĭ* 'guest': ARYAN base *ghostis*.

guide vb. ME. *gíde* borrowed fr. FR. *guider* (OFR. also *guier* = ME. *gíe* vb.).

guild ME. *gilde* OE. *gyld*; cp. DU. *gild*, G. *gilde*.

guile sb. ME. *gíle* borrowed fr. OFR. *guile* 'treachery', which is of Teut. origin; cp. *wile*.

guilt sb. ME. *gilt* OE. *gylt* 'a crime': TEUT. base *gulti*; a √*gult* is unknown elsewhere.

guise ME. *gíse* fr. OFR. *guise* 'way, wise', which is of Teut. origin; cp. *wise*.

gulf adapted fr. FR. *golfe*, whence also G. *golf*. The Rom. group Span. IT. *golfo* 'a gulf, bay' is based on GR. *κόλφος κόλπος* 'bosom, lap, a deep hollow'.

gullet sb. 'throat' ME. *gullet golet* borrowed fr. FR. *goule* 'throat' = LAT. *gula*.

gum[1] short for ME. *góme* OE. *góma* 'palate'; cp. ON. *gómr*, OHG. *guomo* 'palate'; cogn. with the equival. LITH. *gomurýs*: ARYAN √*ghă* (*ghău?*).

gum[2] ME. *gomme gumme*: borrowed fr. FR. *gomme* = IT. *gomma*: source LAT. *gummi* (GR. *κόμμι*).

gun ME. *gunne gonne*; the ME. word was first applied to a catapult or machine for throwing stones; perh. shortened for OFR. *mangonne*, which is the base of OFR. ME. *mangonel* 'machine for throwing stones'.

gush vb. ME. *gusche* prop. *gousche*; akin to ON. *gusa* vb. 'gush', ODU. *guisen* 'gush': TEUT. √*gut* in GOTH. *giutan*, OE. *ʒéotan*, OHG. *gioʒʒan* G. *giessen* 'pour out'.

gut ME. OE. *gut* (plur. ME. *guttes* OE. *guttas*): Teut. base *guttu-*.

gutter ME. *gutére gotére*. fr. FR. *gouttière* (OFR. *goutier*, LAT. type *guttarium*: deriv. of LAT. *gutta* 'drop').

Gypsy short for ME. *Eǧipçiĕn Eǧyptian*; cp. SPAN. PORT. *gitano* 'Gypsy' from *Aegyptiânus*; MOD.-GREEK *Ἰυφτός* aus *Αἴγυπτος*. The Gypsies were popularly supposed to be Egyptians.

H

habergeon ME. *habergeon haw-berjoun*: borrowed fr. OFR. *hauber-gon hauberjon*, dimin. of OFR. *hauberc*; see *hauberk*.

habit ME. *abit*: adapted fr. FR. *habit* 'garment, habit, a custom': source LAT. *habitus* 'condition, habit, dress'.

hack vb. ME. *hakke* OE. *haccian* (*hæččean*) = DU. *hakken*, G. *hacken*, SW. *hakka*, DAN. *hakke*; possibly from the √ *haww haw* seen in OE. *h(awan* = E. *hew*.

hack[2]; see *hackney*.

hackle **hatchel** sb. ME. *hekel hechel*; cogn. w. DU. *hekel*, G. *hechel*; SW. *häckla*, DAN. *hegle* (GOTH. **hakila*).

hackney ME. *hakeney*: borrow-ed fr. FR. *haquenée* 'an ambling horse' (= ODU. *hackeneye*, SPAN. *haçanea* 'a hackney').

haft ME. *haft* OE. *hæft*; cogn. w. DU. *heft*, ON. *hepti*, OHG. *hefti* G. *heft*: TEUT. √ *haf* (cp. *heavy*) = ARYAN √ *kap* in LAT. *capio* 'take'.

hag ME. *hagge* short for OE. *hæȝtesse* = MDU. *haghetisse*, OHG. *haga-zussa*: the first part of the compound is perh. ident. w. *haw*, the second part still un-explained.

haggard [1] adj. adapted fr. FR. *hagard* 'wild', lit. 'of the woods'; formed fr. OHG. *haga* with the Fr. suffix *-ard* from G. *-hart*; cp. *hag*.

haggard [2] adj. 'lean, meager' (earlier spelling *hagged*) prop. 'hag-like'.

hail sb. ME. *hail* (*haul*) OE. *hæȝel* (*hagol*) = DU. G. SW. DAN. *hagel*, OHG. *hagal*, ON. *hagl*: Teut. bases *hagla-* and *hagala-*. Perh. cogn. w. GR. κάχληξ 'a round pebble'. A single pebble is called 'stone': E. *hailstone* OE. *hæȝelstán*, = ON. *haglsteinn*.

hail adj. (ident. w. *hale* adj.) ME. *heil* 'healthy, sound': Scand. loanword (ON. *heill*) superseding the native OE. *hál* = E. *whole*.

— hail vb. 'greet, salute' ME. *heile*, formed fr. the ME. adj. *heil*, which was borrowed fr. ON. *heill*. —

hail (an exclamation of greeting) ME. *heil* from ON. *heill* 'hale, whole' (esp. used in greeting as *far heil* 'farewell').

hair (earlier spelling *hear heare* in the 16. cent.) ME. *hér* OE. *hér hár* = ON. *hár*, OSAX. OHG. MHG. *hâr*, DU. DAN. G. *haar*, SW. *hår*: Teut. base *hêra-* (*hêza-*?). Orig. allied are ON. *haddr*, OE. *heord* (GOTH. **hazda-*) 'hair'. Outside of Teut. cp. OSLOV. *kosmŭ kosa* (Lith. *kasa*) 'hair' — *česati* vb. 'comb'.

hale adj. (ident. w. *hail* adj.) fr. ON. *heill* 'sound'; cp. *whole*.

hale haul vb. 'drag' ME. *hale* OE. (*ȝeholian* and) **ȝehalian* = OSAX. *halôn*, OFRIS. *halia*, DU. *halen*, OHG. *holôn* (*halôn*) G. *holen*. The

TEUT. √ *hal hol* answers to LAT. *calâre*, GR. *καλεῖν* 'summon'.

half ME. *half* OE. *healf* = GOTH. *haïbs*, ON. *hálfr*, OHG. G. *halb*, OSAX. DU. SW. *half*, DAN. *halv*: Teut. base *halba-*, perh. cogn. w. SKR. *klpay* 'arrange, divide'.

halibut holibut ME. *halibut*; from ME. *hóly* 'holy' and *butte* 'a plaice'; cp. DU. *heilbot* 'halibut', SW. *helgflundra*, DAN. *helleflynder*; the fish is so called because it is excellent eating for holydays; cp. SCAND. *heilagr fiskr*, LG. *heilige butt* and *heilbutt*.

hall ME. *halle* OE. *heall* = ON. *hall holl*, OSAX. *halla*, DU. *hal*. TEUT. √ *hâl hĕl* in OE. *hĕlan* 'hide' = DU. *helen*, OHG. *hĕlan* G. *hehlen*; cp. ARYAN √ *kĕl* 'conceal, cover' in LAT. *celâre occulere*, GR. √ *καλ* in *καλύπτω* 'hide' — *καλι'βη* 'hut', OIR. *celim* 'I hide'; SKR. *çâla* 'house'.

hallow vb. ME. *hâlwe* short for OE. *hálgian*: from OE. *háliʒ* = E. *holy*. — **hallowmass** 'feast' shortened from *All Hallows' Mass* 'mass of all saints'; *hallows'* is the gen. of *hallows*, plur. of ME. *hal(o)we* 'a saint' = OE. *hálga* 'a saint' from OE. *háliʒ* 'holy'. Cp. *holy*.

halo borrowed fr. LAT.-GR. *halos* 'circle around the sun or moon'.

halt adj. ME. *halt* OE. *healt* = GOTH. *halts*, ON. *haltr*, OSAX. *halt*, OHG. *halz*: Teut. base *halta-*, pre-TEUT. *koldo* — *klôdo* in LAT. *claudus* 'halt', GR. *κλαδαρός*

'brittle'. — **halt** vb. ME. *halte* OE. *healtian* (= OHG. **halzên* MHG. *halzen* 'limp') from OE. *healt* = *halt* adj. 'lame'.

halter ME. *halter* OE. *hælftre* = MDU. *halfter* DU. *halster*, OHG. *halftra* G. *halfter*; closely allied to OE. *hylf* m. = E. *helve* 'handle', OHG. *halp*. From the same root are derived with *m*-formation ME. *halme* 'handle', OHG. *halmo* in *jioh-* 'rope fastened to the yoke to guide the oxen'.

halyard halliard 'a rope for hoisting sails' shortened from *hale-yard*, because the ropes haul the yards into their places. Cp. *hale* vb. and *yard*.

ham ME. *hamme* OE. *hamm* lit. 'bend of the leg'; Teut. base *hamma-* from an Aryan *kanmâ- knâmâ-* in GR. *κνήμη*? OIR. *cndim* (base *knâmi-*) 'bone'.

hame 'horse-collar' ME. *hâme* (OE. **hama*) = DU. *haam*, G. *hamen*: Teut. base *haman-* cogn. w. GR. *κημός*, LAT. *câmus* 'muzzle'.

hamlet ME. *hamelet*; formed with dimin. suffix *-et* from OFR. *hamel* (= Fr. *hameau*): source a Teut. word OFRIS. *hâm* = E. *home* (with dimin. suffix *-el*).

hammer ME. *hamer* OE. *hamor* = ON. *hamarr*, OSAX. *hamur*, OHG. *hamar* G. *hammer*; ON. *hamarr* denotes also 'rock, cliff', pointing to relationship with OSLOV. *kamy* 'stone'.

hamper vb. ME. *hampere hampre* vb.

hamper sb. borrowed fr. OFR.

hanapier, orig. 'a vessel to keep cups in' from OFR. *hanap* (Lat. type *hanapus*) 'goblet'. The Fr. *hanap* is of Teut. origin; cp. OE. *hnæp*, OHG. *hnapf* G. *napf*, MLG. DU. *nap*.

hand ME. OE. *hand hǫnd* = GOTH. *handus*, ON. *hǫnd*, OHG. *hant* G. OSAX. DU. *hand*: prob. derived fr. TEUT. GOTH. *hinþan* 'catch' (cp. *hound* and *hunt*). — **handle** vb. ME. *handle* OE. *handlian* = DU. *handelen*, ON. *hǫndla*, OHG. *hantalôn* G. *handeln*: frequent. vb. derived fr. *hand*. — handle sb. ME. *handel* OE. *handle* from *handle* vb. — **handcuff** 'a *cuff* for the *hand*' adopted fr. ME. *handcops* 'a handcuff' from OE. *handcops* 'a handcuff' from OE. *hand* 'hand' and *cops* 'a fetter'. — handicraft with unorig. inserted *i* (after *handiwork*) from OE. *handcræft*. — handiwork ME. *handiwerc* OE. *hand-ʒeweorc* from OE. *hond* and *ʒeweorc* ident. w. *weorc*. The *i* is due to the prefix OE. *ʒe*.

handsome ME. *handsom* prop. 'easy to handle'. — handy ME. *hendy* OE. *hendiʒ* in *listhendiʒ*? Akin w. GOTH. *handugs* 'clever', DU. *handig* 'handy, expert'; perh. not derived fr. *hand*, but akin to GR. κεντέω 'prick, spur'; cp. OHG. *hantag* 'sharp'.

hang vb. ME. *hange* OE. *hangian* = OHG. *hangên* G. *hangen*: deriv. of a str. vb. TEUT. **hanhan* = GOTH. OHG. *hâhan* = OE. *hǫn* (for **hôhan*); cp. *hunger*.

hanker vb. akin to DU. *hunkeren* (dial. *hankeren*) 'long after'; prob. akin to *hang* and *hunger*.

hap sb. ME. *hap* borrowed fr. SCAND. *happ* 'chance, good luck'; cp. OE. *ʒehæp* 'fit'. — Hence happen vb. ME. *happene* extended for ME. *happen* (cp. SWED. *happa*). — Cp. *perhaps*.

harass vb. loanword fr. FR. *harasser* 'vex'.

harbor sb. ME. *herberwe*, earlier (12. cent.) *herberge* 'inn, lodging, guest house': Scand. loanword, cp. ON. *herberge* 'inn, lodging' = OHG. *heri-bërga* 'guest house' (prop. 'sheltering place for the army') G. *herberge*, DU. *herberg*. The first part of the compound is OE. *here* = OHG. OSAX. *heri*, GOTH. *harjis* 'army'. The second part is derived fr. a lost str. vb. TEUT. *bërgan* 'shelter'. — **harbinger** ME. *herbergeour* 'one who provides lodgings': deriv. of OFR. *herberger* vb. 'lodge, quarter' which is a deriv. of OFR. *herberge* (= FR. *auberge*). This is ident. w. OHG. *heribërga* (see *harbor*).

hard adj. ME. *hard* OE. *heard*; perh. the ME. phonology points to its being borrowed from ON. *hardr*. Cp. OSAX. DU. *hard*, OHG. *herti hart* G. *hart* 'hard, solid, heavy, painful', ON. *hardr*, SW. *hård*, DAN. *haard*, GOTH. *hardus* 'hard, severe': Teut. base *hardu-* = ARYAN *kartú-* in GR. κρατύς (κάρτα). — hardy adj. ME. *hardy* borrowed fr. FR. *hardi* which is of Teut. origin; cp. OHG. *harti* *herti* under *hard*.

hards sb. 'the refuse or coarse part of flax' ME. *hęrdes* OE. *hęordan* plur. 'hards of flax'; akin to OE. *heord,* ON. *haddr* 'hair'?

hare ME. *hǎre* OE. *hara* = OHG. *haso* G. *hase*; for the rhotacism in E. cp. ON. *here*: Teut. base *hasan- hazan-*; an ARYAN *kaso-* is represented in the synon. SKR. *çaça,* OPRUSS. *sasins* 'hare'. The Aryan name of the animal points perh. to the OE. adj. *haso hasu* 'gray'.

hark vb. ME. *hěrke* (OE. **hěrcian *hýrcian*) from a Teut. base **hauziqôn* = OFRIS. *hêrkia,* MLG. *horken* G. *horchen* MHG. *hǒrchen* late OHG. *hôrechen* from **hôrah-hôn*: derived fr. the TEUT. √*hauz* in GOTH. *hausjan* = E. *hear.* —

harken vb. ME. *hěrkne* short for OE. *hěrcnian hýrcnian*; an E. derivative of the verb *hear*; cp. *talk* and *tell, lurk* and *lower.*

harlot ME. *harlot* 'a disorderly person' (of either sex): loanword fr. OFR. *harlot* 'vagabond'.

harm ME. *harm,* OE. *hearm* = OSAX. *harm* OHG. *haram* 'insult, mortification'; cogn. w. OSLOV. *sramŭ* (fr. **sormŭ*) 'shame, disgrace'.

harness ME. *harneis*; borrowed fr. OFR. *harneis* 'aımor', whence also G. *harnisch.*

harp ME. *harpe* OE. *hearpe*; cp. synon. ON. *harpa,* DU. *harp,* OHG. *harpfa harfa* G. *harfe.* The Teut. word occurs first in the 5th cent. as LAT. *harpa*; FR. *harpe* is of Teut. origin.

harpoon adopted fr. FR. *harpon,* whence also DU. *harpoen* (G. *harpune*). Source LAT. *harpago(nem).*

harrow sb. ME. *harwe* (pointing to OE. **hearwe* or **hearge*); perh. akin to the synon. G. *harke,* DU. *hark,* ON. *herfi,* DAN. *harv,* SW. *hærf* 'harrow'.

harry vb. ME. *herie herien* OE. *herȝian herigan* 'overcome with an army' (= GOTH. **harjôn,* ON. *herja* 'go on a plundering expedition', OHG. *hęriôn* G. *verheeren*): derived fr. TEUT. *harja-* 'army' under *harbor.*

harsh adj. late ME. *harsk*: a Scand. loanword; cp. DAN. OSW. *harsk* 'rancid'.

hart sb. ME. *her* OE. *heort (heorot)* = DU. *hert,* OHG. *hiruȥ hirz* G. *hirs* now *hirsch,* ON. *hjǫrtr,* SW. *hjort,* DAN. *hiort*: Teut. base **hěrut-* from ARYAN *kerud-,* cogn. with LAT. *cervus* 'hart' and GR. κεραός (lit. 'horned' from κέρας 'a horn'), KYMR. *carw* 'hart', PRUSS. *sirwis,* OSLOV. *sǔrna* 'roe'.

harvest ME. *hervest* OE. *hærfest* = DU. *herfst,* OHG. *hęrbist* G. *herbst*: related to LAT. *carpere* 'pluck', GR. καρπός 'fruit', κρώπιον 'a pruning-knife', SKR. *kṛpana* 'sword', LIT. *kìrp-ti* 'shear'.

hash sb. from FR. *hacher* vb. 'hack' (of Teut. origin, cp. *hack* vb.).

hasp ME. *haspe* OE. *hæps* (for

7*

*hæsp) = DAN. SW. G. MHG. haspe, ON. hespa 'hasp'.

haste vb. ME. histe: loanword fr. OFR. haster (FR. hâter), whence also DU. haasten, G. hasten 'make haste'. The FR. vb. is prob. a Teut. loanword.

hat sb. ME. hat (plur. hattes) OE. hæt (plur. hættas) = ON. hǫttr 'hood, cowl', SW. hatt, DAN. hat 'hat': Teut. base hattu- cogn. w. hood sb. and perh. also with LAT. cassis (for *cat-tis) 'helmet'.

hatch vb. ME. hacche; cp. MHG. hęcken 'produce young from eggs by incubation' G. aushecken 'hatch', SW. häcka 'breed', DAN. hækkebuur 'breeding cage'.

hatch sb. 'halfdoor' ME. hacche OE. hæcc? cogn. w. DU. hek?

hatchel see hackle sb.

hatchet sb. ME. hacchet: loanword from FR. hachette, dimin. of FR. hache 'axe': source a TEUT. hakka cp. hack vb.

hate vb. ME. hâte older hâtien OE. hatian = GOTH. hatan, DU. haten, OSAX. hatôn, OHG. hazzôn G. hassen. — hate sb. ME. hâte influenced by the vb. hâte; earlier ME. hęte OE. hete = OSAX. hęti, DU. haat, OHG. haz G. hass, ON. hatr, SW. hat, DAN. had, GOTH. hatis. The TEUT. √ hat 'hate' is perh. ident. w. the Teut. √ haþ in OE. heado-'war' = OHG. hadu and G. hader 'quarrel'.

hatred ME. hatręde(n): abstr.

noun from the vb. hate; cp. kindred.

hauberk ME. hauberk borrowed fr. OFR. hauberc; source OHG. halsbęrc prop. 'neck-defence'.

haughty adj. ME. hautein 'arrogant' from OFR. hautain; source OFR. haut = LAT. altus 'high'.

haul see hale vb.

haunch sb. ME. haunche: loanword from FR. hanche (OFR. hanke of Teut. origin; cp. OHG. anka?).

haunt vb. ME. haunte borrowed fr. FR. hanter 'haunt, frequent'.

have ME. have OE. habban = OSAX. hebbian, DU. hebben, OHG. habęn G. haben, ON. hafa, GOTH. haban: Teut. base habai-, ident. w. LAT. habere? Aryan base khabhêy?

haven ME. hâven late OE. hæfene, prob. a Scand. loanword; cp. ON. hǫfn 'haven'; perh. allied to OE. hæf, ON. haf 'ocean'.

haversack borrowed fr. FR. havresac 'a knapsack' from G. habersack hafersack 'a sack for oats'.

haw ME. hawe OE. haga 'an inclosure' = ON. hagi; cp. OHG. hag 'an inclosure' G. hag 'a hedge', DU. haag 'a hedge, garden'. A corresponding Aryan √ kagh is evident in CYMR. cae, CORN. ke 'hedge'. — Hence hawthorn OE. hagu-þorn. Cp. hedge.

hawk ME. hauk OE. heafoc; cp. OSAX. *habuc in the proper name Habuc-horst, DU. havik, OHG. habuh G. habicht with secondary *t*, ON. *haukr* (for *hobukr*), SW. *hök*, DAN. *hög*; GOTH. **habuks* with formative *-ka-* as in *ahaks* 'dove'. The √ *haf* is seen in OE. *hebban* E. *heave* orig. 'take, seize' as in LAT. *capere*.

hawser 'a tow-rope' borrowed fr. the OFR. vb. *haulser* 'raise, tow a boat' (Lat. type *altiare* 'elevate, raise').

hay ME. *hey* OE. *hēȝ hīȝ*: Teut. base *hauja-* = GOTH. *hawi* (gen *haujis*) 'hay, grass', OHG. *hᵉwi houwi* G. *heu*, ON. *hey*, SW. DAN. *hö*, DU. *hooi*; orig. verbal adj. of the Teut. verbal √ *hau* seen in *hew*. Hence *hay* 'grass to be hewn' (orig. *hauja-* SC. *grasa-*).

hazel ME. *hāsel* OE. *hæsel* = DU. *hazel*, OHG. *hasala* G. *hasel*, ON. *hasl*: from pre-TEUT. *kóslo-*, hence in Lat. with rhotacism *corulus* for **cosulus* 'hazel', cp. also OIR. *coll* 'hazel' for **cosl?*

he ME. OE. *hᵉ* = OSAX. *hē*.

head short for ME. *hēd* fuller form *hēved* OE. *hēafod* = ON. *haufup* (*hᵉfup*), GOTH. *haubip*, OSAX. *hôbid*, DU. *hoofd*, OHG. *houbit* G. *haupt*: Teut. base *haubida- haubuda-* is closely allied to OE. *hūfe*, OHG. *hūba* G. *haube* 'cap, hood'. This *ū*-root (ARYAN *kūp-*?) may be connected with LAT. *caput*, if this is traceable to an hypothetical **cauput *cōput*. — **head** var. suffix of *-hood*.

heal vb. ME. *hēle* OE. *hālan*; cp. the synon. OSAX. *hēlian*, DU. *heelen*, OHG. *heilan* G. *heilen*, ON. *heila*, GOTH. *hailjan* 'heal': deriv.

of the Teut. adj. *haila-* = E. **whole** (cp. also *hail* adj. — *hale* adj.). — **health** ME. *helthe* OE. *hǣlþ* 'healing, cure' = OHG. *heilida*: an abstract formation from the adj. *hāl* 'whole, hale' (see *whole*).

heap ME. *hēp* OE. *hᵉap* 'heap, troop, crowd' = OSAX. *hôp*, DU. *hoop*, OHG. *houf* 'crowd, troop' G. *haufe* 'crowd, troop, pile' (GOTH. **haups*). OSLOV. *kupü* and LITH. *kaupas* 'heap' are prob. allied.

hear vb. ME. *hᵉre* OE. *hᵉran* (WEST-SAX. *hȳran*) = OSAX. *hôrian*, DU. *hooren*, OHG. *hôran* G. *hören*, ON. *heyra*, SW. *höra*, DAN. *höre*: all with rhotacism versus GOTH. *hausjan* 'hear' (cp. *hark* and *hearken*). The TEUT. √ *hauz* = ARYAN *kous* may be connected with GR. *ἀ-κούω* for *ἀ-κοίσω* (with prefix *ἀ-* = SKR. *sam*) and with TEUT. *ausô* 'ear' = *ear*.

hearken var. of *harken*; cp. *hark*.

hearse sb. ME. *hᵉrse hᵉrçe* orig. 'a triangular harrow', then 'a carriage for a dead body': adopted fr. OFR. *herce* 'a harrow' = FR. *herse* 'a harrow'. Source LAT. *hirpex* — *hirpicem* 'a harrow'.

heart ME. *hᵉrte* OE. *heorte*; equivalent to OSAX. *hᵉrta*, ON. *hjarta*, GOTH. *hairtô* (OHG. *hᵉrza* G. *herz* by the second sound-shifting): Teut. base *hᵉrtôn-* or *hᵉrtan-* = Aryan base *kᵉrd krd* in LAT. *cor cordis*, GR. *καρδία* and *κῆρ* for **κῆρδ*, IR. *cride*, OSLOV. *srldlce* 'heart'.

hearth ME. *herth* OE. *heorþ* = DU. *heerd*, OSAX. *hěrth*, G. *hcrd*: a TEUT. √ *hĕr* 'burn' (cp. LAT. *cre-mare* 'burn'?) may be assumed as the base of E. *hearth* and GOTH. *haúri* 'coal' plur. *haúrja* 'fire', ON. *hyrr* 'fire'.

heat sb. ME. *hḗte* OE. *hǽto*, the abstract sb. from the adj. OE. *hát* (= E. *hot*) formed by vowel mutation (GOTH. **haitei* f. 'heat'). — heat vb. ME. *hḗte* OE. *hǽtan*: a factitive vb. from the adj. OE. *hát* = E. *hot* (GOTH. **haitjan* from **haits*); cp. G. *heizen*.

heath ME. *hḗth* OE. *hǽþ* = OHG. *heida* G. *heide* 'heath', GOTH. *haiþi* 'a waste', ON. *heidr*. Hence heathen ME. *hḗthen* OE. *hǽden* corresponding to ON. *heidinn*, DU. MHG. *heiden* .G. *heide*. In GOTH. we find only a feminine *haiþnô* 'a heathen woman', whereby the existence of the common Teut. masculine *haiþina* is secured for the fourth century. It seems to be a translation of the synon. LAT. *paganus* occurring in the latter half of the fourth century of the Christian era.

heave vb. ME. *hḗve* earlier *hebbe* OE. *hebban* str. vb. = ON. *hefja*, OSAX. *hebbian*, DU. *heffen*, OHG. *heffan hĕvan* G. *heben*, GOTH. *hafjan* 'lift, raise': ARYAN. √ *kap* in LAT. *capio* 'seize'. See *heavy*.

heaven ME. *hḗven* OE. *heofon* = OSAX. *hĕban* (LG. *hæven*) with a by-form *himil*, OHG. *himil*, DU. *hemel*, G. SW. DAN. *himmel*: the *l*-suffix stands by dissimilation for the older *n*-suffix after GOTH. *himins*, ON. *himinn*, whilst in the Saxon forms the orig. *m* is dissimilated to *b*. The common Teut. word is prob. a deriv. of a more primit. TEUT. *haiman-* 'clearness, brightness' (OFRIS. *hâmlicht* 'bright as the sky'): TEUT. √ *hai* in G. *heiter*, OE. *há-dor* 'serene'. Cp. *hoar*.

heavy ME. *hevy* OE. *hefiȝ* = OHG. *hĕbîg*, ON. *hǫfugr* 'heavy': deriv. of the TEUT. √ *haf* in *heave*.

hedge ME. *heȝȝe* OE. *hecȝ* (OE. also *heȝe* ME. *heye haye*): Teut. base *hagja-*; cp. OHG. *hĕcka* G. *hecke*, DU. *hegge heg*. Cp. *haw*.

heed vb. ME. *hḗde* OE. *hḗdan* = OSAX. *hôdian*, OHG. *huoten* G. *hüten*, DU. *hoeden*. The TEUT. √ *hôd* from ARYAN *kădh* (*kŏdh*?) or *kăt* is regarded as orig. cogn. w. LAT. *cassis* (for **cat-tis*) 'helmet'; cp. *hood* sb.

heel sb. ME. *hḗle* OE. *hḗla hǽla* shortened from **ha'hila* = EAST-FRIS. *hēla* (whence DU. *hiel*), dimin. of OE. *hôh* 'heel'; a Teut. base *hanha-* cp. in ON. *hǽll* 'heel', DAN. *hæl*, SW. *häl*, and in E. *hough*.

heel vb. 'incline' shortened from ME. *hēlde* OE. *hēldan hyldan* = OHG. *hēldan* w. vb. 'incline': Teut. base *halþjan* derived fr. the Teut. adj. *halþa-* 'inclined' in OE. *niderheald* 'bent downwards'.

heifer ME. *haifer* (*heckfre*) OE. *heahfore heahfre* (*hægfre*?) 'a young cow': apparently a compound, but of obscure elements. the first element seems to be *heah- hæʒ-* = TEUT. *haha- haga-* cp. G. dial. *hagen hegel* 'bull, ox'; the second element is perh. OE. *fearr* 'bull, ox' (GR. πόϱις 'heifer').

height ME. *heghte* earlier *heghthe* OE. *héhþo hýhþo* = GOTH. *hauhiþa* 'height', ON. *hǽd*: abstr. formation from the TEUT. adj. *hauha-* = *high* formed with suff. *-iþa* (cf. *length, strength*.).

heinous ME. *heinous* from OFR. *haïnos* = FR. *haineux* 'hateful'.

heir ME. *heir eir* from OFR. *heir eir* = LAT. *heres* 'an heir'.

hell ME. *helle* OE. *hell*; cp. GOTH. *halja*, OSAX. *hell* — *hellia*, OHG. *hella* G. *hölle*: common Teut. Christian name for 'Hades, infernum'; ON. *hel* shows that the older orig. word was also used in pre-Christian times for heathen 'infernum'. Cp. also ON. *Hel* 'goddess of death'. Usually connected with √ *hel hal* 'conceal' (cp. *hall*), hence *hell* 'the hiding place, the unseen place'.

helm sb. ME. *helme* OE. *helma*; cp. ON. *hjalm* 'a rudder'.

helmet dimin. of ME. OE. *hělm*. In the form *hělma-* 'helmet' common to the Teut. langs.; cp. GOTH. *hilms*, ON. *hjalmr*, SW. DAN. *hjelm*, OSAX. DU. G. *helm* with the same meaning that may be

derived fr. the verbal √ *hel* in OE. OHG. *hělan*, GOTH. *hilan* 'hide, conceal' (ARYAN √ *kěl* in LAT. *celâre, occulere*, SKR. *çarman* 'protection').

help vb. ME. *helpe* OE. *hělpan* = GOTH. *hilpan*, ON. *hjalpa*, SW. *hjelpa*, DAN. *hjælpe*, OSAX. *hělpan*, DU. LG. *helpen*, OHG. *hělfan* G. *helfen*. TEUT. √ *hělp* from PRE-TEUT. √ *kelb-* (LITH. *szělpti* vb. *paszalpà* 'help' pointing to an ARYAN √ *kelp*).

helve sb. ME. *helve* OE. *helf hylf*: Teut. base *halbi-*; cp. MLG. MDU. *helve*, OHG. *halba hělba* MHG. *help halp* 'a handle'. See *halter*.

hem sb. ME. *hem* (plur. *hemmes*) OE. *hem* (plur. *hemmas*): Teut. base *hamja-*.

hemlock ME. *hemlok humlok* OE. *hěmlic hýmlec*: the second part of the compound seems to be explanatory (cp. *leek*), the first part points to a Teut. base *haumi-*?

hemp ME. *hemp* OE. *hænep*; cp. ON. *hampr*, DU. *hennep*, OHG. *hanaf* G. *hanf*: ident. w. the synon. LAT. *cannabis*, GR. κάνναβις. The Teut. word cannot be borrowed from GR. or LAT. Perh. the Teutons adopted the word and the thing from the Scythians whence the word came also to Greece.

hen ME. OE. *hen* (stem *henn-*): the fem. of OE. *hana* 'cock' = OHG. *henna* G. *henne* (GOTH. *hanjô-*) derived fr. *hana* m. 'cock'). ON. *hǽna* (SW. *höna* 'hen') points to GOTH. *hônjô. The common TEUT. masc. hanan- (GOTH. OE. hana, OHG. hano) orig. meant 'singer', primit. related to LAT. canere 'sing'.

hence ME. hennes with secondary -s (as in thence, once) for an earlier henne, which by syncope stands for late OE. heonane mostly OE. heonan = OSAX. OHG. hinân (G. von hinnen). An original stem hi- 'this' is evident also in here and hither.

herald ME. herald (heraud): borrowed fr. FR. héraut (LAT. type heraldus), which is of Teut. origin (heri-wald?).

herb ME. hérbe adopted fr. FR. herbe: source LAT. herba 'grass'.

herd[1] 'a flock' short for ME. hérde OE. hŏord = GOTH. hairda, ON. hjŏrd, SW. DAN. hjŏrd OHG. hërta G. herde, TEUT. hërdô- from ARYAN kerdhâ is cogn. w. SKR. çárdhas çárdha-s 'troop'; also OSLOV. crêda 'herd, flock', LITH. kerdzus 'shepherd'. See herd[2]. — herd[2] 'shepherd' now usually compounded (shep-, cow-, swine-,) ME. hérde OE. hýrde (héorde), GOTH. hairdeis, ON. hirdir, OHG. hirti G. hirte: with formative ja- from TEUT. herdô- 'herd, flock'.

here ME. hére OE. hér = GOTH. ON. OSAX. hér OHG. hiar G. hier: adv. of place (formed like GOTH. aljar 'elsewhere', þar 'there' cp. there) from the pronom. stem hi- in GOTH. hi-mma daga 'today' und hi-na dag 'till to-day (cp. hence and hither). The

stem hi- is cogn. w. LITH. szis, OSLOV. si 'this one', LAT. ci-s ci-tra 'on this side'.

heron ME. heiroun from OFR. hairon = FR. héron.

herring ME. hering OE. héring = OHG. hâring MHG. hærinc G. hering, DU. haring. WESTTEUT. hâring is the source of FR. hareng.

hest 'a command' ME. héste hést with inorganic t from OE. hás 'a command' = TEUT. haisi- orig. hait-ti-: TEUT. √hait in OE. hátan 'command'. See behest and hight.

hew vb. ME. héwe OE. héawan = OSAX. hauwan, OHG. houwan G. hauen, DU. houwen; ON. hoggva points to GOTH. *haggwan in place of TEUT. hawwan. The verbal √haww haw (cp. hay) is allied to the ARYAN √kow in OSLOV. kova — kovati 'forge', LITH. káuju 'I strike' — kújis 'hammer'.

heyday orig. hey day = E. high day.

hiccough hiccup, also **hick-et** looks like a dimin. of hick or hik 'a catch in the voice', imitative of sound?

hide[1] sb. ME. híde OE. hýd (by vowel mutation fr. a Teut. base hûdi-); synon. in all Teut. languages except Goth.; cp. OHG. hût G. haut, ON. húd, DAN. SW. hud, DU. huid. ARYAN kûti-s answers to LAT. cûtis 'skin'; cp. GR. κύτος 'skin, hide'. The √ku appears in LAT. scû-tum 'shield', GR. σκῦ-τος 'skin, hide' with a prefix s.

hide² sb. 'a measure of land' OE. *híd* contr. of OE. *hígid* 'enough land for a household'; prop. **hîwida-* 'family' allied to *hind²*.

hide vb. ME. *híde* OE. *hýdan*: Teut. base *hûdjan*, perh. cogn. w. CYMR. *cudd* 'hidden, concealed' and GR. *κεύθω* 'hide': ARYAN √ *kûah*?

hideous by change of suffix for ME. *hidous* adopted fr. OFR. *hidous* = FR. *hideux*: source a LAT. type *hispidosus*, extension of LAT. *hispidus* 'rough, shaggy, bristly'.

hie vb. 'hasten' ME. *híe* earlier *híʒe hígen* OE. *hígian*. Teut. base *hî-gai-* perh. a reduplication of an ARYAN √ *kî* in LAT. *ci-to* 'quickly', GR. *κίειν* 'go'? Or cogn. w. SKR. *âghra* 'quick'?

high adj. ME. *heigh* earlier *héh* OE. *héah* = GOTH. *háuhs*, ON. *hár*, DU. *hoog*, OSAX. OHG. *hôh*, G. *hoch*: TEUT. *hauha-* from an ARYAN *kôuko-*. OTEUT. possessed a sb. formed from the adj. meaning 'hill' (base *koukó-s*); cp. ON. *haugr* 'hill' (whence E. *how* in proper names) and with ablaut G. *hügel*; cp. LITH. *kaukara* 'hill'.

hight vb. ME. *highte heghte* OE. *heht (héht?)* 'was called : pret. to OE. *hátan* = GOTH. *haitan*, G. *heissen*.

hill ME. *hil* (plur. *hilles*) OE. *hyll* (plur. *hyllas*): Teut. base *hulli-* or *hulja-* cogn. w. GOTH. *hallus* 'rock' and ON. *hallr* 'hill'; an ARYAN √ *kol* cp. in LAT. *collis*

'a hill', *culmen* 'a top', LITH. *kalnas kalvà* 'hill', GR. *κολωνός*.

hilt ME. OE. *hilt* = ON. *hjalt*, OHG. *hëlza* 'a sword-hilt'.

hind¹ ME. *hínde* OE. *hind* = ON. DAN. SW. *hind*, DU. *hinde*, OHG. *hinta* G. *hindin*. GOTH. **hindi* (gen. **hindjôs*) is perh. connected with GR. *κεμ-άς* 'youngdeer'.

hind² 'a peasant' ME. *híne* OE. *hína* 'a domestic'. Cp. *hide²*. There is a Teut. base *hîwa-* in GOTH. *heiwa-frauja* 'husband', OE. *hîwréden* 'family, household' = OHG. *hîrât* 'marriage' G. *heirat*.

hind in *behind* and *hind-feet* akin to the OE. adv. *híndan* 'at the back of — *hinder* 'backwards' = GOTH. *hindar* prep. 'behind', G. *hinter* prep. 'behind'. — **hinder** vb. ME. *hindre* OE. *hinderian* = ON. *hindra* OHG. *hintiren hintarôn* G. *hindern*. — **hindmost** corrupted fr. *hindmest* (confused with *most*) = GOTH. *hindumists* 'hindmost'.

hinge ME. *hénge*; OE. **henége* (for TEUT. **hangjôn-*) is not recorded: deriv. of the TEUT. √ *hanh hang* (see *hang*); cp. MLG. MDU. *henge* 'rack for hanging up things'.

hint sb. shortened fr. ME. *hinted* part. of *hinte (hente)* = OE. *hentan* 'seize, hunt after' from √ *hënþ* seen in *hunt*?

hip¹ sb. ME. *hipe* OE. *hype*; cp. GOTH. *húps* (nom. plur. *húpeis*), DU. *heup*, G. *hüfte* MHG. *huf* (plur. *hüffe*) OHG. *huf* (plur. *huffi*): TEUT. *húpi-* from ARYAN *kúbi-*.

hip² sb. 'the fruit of the dog-rose' ME. *hépe* OE. *héope* = OSAX. *hiopa*, OHG. *hiufo* MHG. *hiefe*.

hip vb. ME. *hippe* OE. **hyppan* = MHG. *hupfen hüpfen* G. *hüpfen*; allied to OE. *hoppian* = E. *hop* vb.; OE. *hoppettan*, G. *hopfen*, ON. *hoppa*.

hire vb. ME. *hire* OE. *hýrian* vb. = DU. *huren*, OFRIS. *héra*, SW. *hyra*, DAN. *hyre* MLG. *hûren*, G. *heuern* 'hire, rent': West-Teut. base *hûrjôn*.

hiss vb. ME. *hisse*: prob. an onomatopoetic word as ODU. *hisschen* 'to hiss'.

hit vb. ME. *hitte*: adopted fr. ON. *hitta*, DAN. *hitte*; perh. cog. w. GOTH. *hinþan* 'catch'.

hitch vb. ME. *hicche* 'move'; OE. **hyċċan?*

hither ME. OE. *hider*: derived from a Teut. pronoun *hi-* 'this' in *here* and *hence*; cp. GOTH. *hidrê*, ON. *hedra* 'on this side'; cogn. with LAT. *ci-tra* 'on this side'. For the suffix cp. *thither*.

hive ME. *hive* OE. *hýf*: Teut. base *hûbi-* in MLG. *hûve* 'hive', DU. *huif*; cogn. w. LAT. *cupa* 'bowl'?

hoar adj. ME. *hór* OE. *hár* = GOTH. **haira-*, ON. *hárr* 'hoary', OSAX. OHG. *hêr* G. *hehr* 'distinguished', also 'venerable'. The orig. meaning of the adj. was prob. 'venerable', ON. and E. have the meaning 'gray with age'. A TEUT. √ *hai* 'glitter, shine' is supported by *heaven* and ON. *heid* 'clearness of the sky'; TEUT. *hai* from ARYAN *koi* is cogn. with SKR. *kê-tú-s* 'light, lustre, torch'.

hoard ME. OE. *hórd* = OSAX. *hord* (*horth*), GOTH. *huzd*, ON. *hodd* n. — *hodâr* m., OHG. G. *hort*. TEUT. *hozda-* from ARYAN *kuzdhó-* for *kudhto-* part. 'that which is hidden'; cp. GR. κευϑω under *hide* vb.

hoarhound ME. *hórhoune* OE. *sto háre hine* 'the hoar hound'; OE. *húne* is a plant-name.

hoarse ME. *hórse* prop. *hós*, OE. *hás* pointing to GOTH. **haisa-* = OHG. *heis heisi* MHG. *heis heise*; the r of MHG. G. *heiser* seems to be the same r as in E. *hoarse* = MDU. *heersch* (mod. DU. *heesch*); perh. originating from the OE. dat. *hásre* (*mid hásre stefne*) transposed to *hársε* = ME. *hórse*?

hobble vb. ME. *hoble* for **hopple*; frequent. of *hop* vb.

hobby sb. 'a toy like a horse, ambling nag, a favorite pursuit'; ME. *hobin* 'a nag': borrowed fr. OFR. *hobin* 'a little horse'?

hock corruption of *Hochheim*: the name of a German town on the river Main, famous for wine.

hoe sb. from FR. *houe* 'a hoe': source OHG. *houwa* = G. *haue* 'hoe'.

hog ME. *hog* (plur. *hogges*) OE. *hocg* (plur. *hoggas*): a Welsh loanword, cp. w. *hwch* 'a sow' (BRET. CORN. *hoch* 'pig'). — hogs-head cp. the equiv. MLG. *hukeshôvet huxhôvet* DU. *okshoofd* (earlier also *hokshoofd*) G. *oxhoft*, SW. *oxhufvud*, DAN. *oxehoved*; origin and history of this compound are unauthorized.

hoist vb. earlier *hoise* akin to the equivalent LG. *hissen*, DU. *hijschen*, DAN. *heise*, SW. *hissa*, G. *hissen*, FR. *hisser*, IT. *issare*.

hold vb. ME. *hǫlde* OE. *háldan* (*hęaldan*) = OHG. *haltan*(*halthan*) G. *halten*, OSAX. GOTH. *haldan*, DU. *houden*, ON. *halda* : a common TEUT. vb. Cp. *behold*.

hold sb. (the hold of a ship) prop. *hole* : ident. w. *hollow* and *hollow*; cp. DU. *hol* 'a hole, cave'. — **hole** sb. ME. *hole* *hol* OE. *hol* 'a cave' = ON. *holr*, OHG. MHG. *hol* G. *hohl*, DU. *hol*; the E. ME. OE. OHG. MHG. adjectives are used as substantives : TEUT. √*hel* 'conceal' in OE. *hĕlan*, G. *hehlen*. — **hollow** ME. *holwe* OE. *holh* (gen. *holwes*); cogn. with equival. OHG. MHG. *hol*, ON. *holr* : TEUT. √*hul* connected with the TEUT. √*hel* in OE. OHG. *hĕlan* 'hide, conceal' (cp.*hell*, *helmet*).

holiday prop. *holy day*.

holly ME. *holin* OE. *holeʒn*; akin to the equivalent DU. G. *hulst* MHG. *huls*, OHG. *hulis*, whence FR. *houx*; pre-TEUT. √*kel-* in W. *celyn*, CORN. *celin*, BRET. *kelen*, IR. *cuileann* 'holly'.

hollyhock for ME. *hǫlihoc* prop. 'holy hock' : OE. *hocc* means 'mallow'.

holster borrowed fr. DU. *holster* 'a case for a pistol' (G. *pistolenholfter*); ident. w. ON. *hulstr* 'a case, a sheath', GOTH. *hulistr* 'a

veil'; from TEUT. *huljan* and suff. *-stra* fr. *-s-tra* (OE. *heolstor*).

holy ME. *hǫly* OE. *háliʒ* earlier *háleʒ* = OSAX. *hêlag*, OHG. *heilag* G. DU. *heilig*, ON. *heilagr*, DAN. *hellig*, SW. *helig* (GOTH. *hailag* in a Goth. runic inscription). Common TEUT. *hailaga-* from common TEUT. *haila-* cp. *whole* and *hale*.

homage ME. *homǎʒe* : borrowed fr. OFR. *homage* = FR. *hommage*; source a LAT. type *homaticum* 'the service of a vassal or man' (LAT. *homo* 'man').

home ME. *hǫm* OE. *hám* = OSAX. *hêm*, ON. *heimr*, OHG. G. DU. *heim* 'home'; GOTH. *haims* 'a village'. Teut. base *haimô-* (*haimi-*) from a pre-TEUT. *kaimâ-* (*kaimi-*) = LITH. *kémas* — PRUSS. *caymis* 'a village', GR. κώμη 'village'.

hone ME. *hǫne* OE. *hán* : Teut. base *hainô-* = ON. *hein*, SW. *hen* 'hone'. Cp. OE. *hénan* 'to stone'.

honey ME. *hunt* OE. *huniʒ huneʒ* : Teut. base *hunang* = ON. *hunang*, DU. *honinc*, OHG. *honang* G. *honig* 'honey'. Origin uncertain; perh. cogn. w. GR. κόνις 'dust'?

-hood a suff. used to form abstract nouns; orig. an independent sb. dying out in ME.: OE. *hád* 'state, quality' = GOTH. *haidus*, OHG. MHG. *heit* 'manner' (G. *-heit* only suffix). Cp. its var. *-head*.

hood sb. 'covering' ME. OE. *hǫd* = DU. *hoed*, OHG. *huot* G. *hut*. Closely allied to *hat* and to the TEUT. √ *had hôd* in *heed.*

hoof ME. OE. *hôf* = OSAX. *hôf*, DU. *hoef*, ON. *hófr*, OHG. *huof* G. *huf*: Teut. base *hôfa-* from Aryan *kôpo-*, whence OSLOV. *kopyto* 'hoof'. Others derive TEUT. *hôfa-* from Aryan *kôpho* and compare it with SKR. *çaphá*, AVEST. *safa* 'hoof'.

hook ME. OE. *hôc* = MDU. *hoek* 'hook'. The kindred forms have a diff. vowel and answer to OE. *haca*, ON. *haki*, OHG. *hâ(c)ko* G. *hake*. OHG. *hâg(g)o* points to GOTH. *hêg(g)a* 'hook'. G. *haken* being 'a kind of plough', GOTH. *hôha* 'plough' may also be compared, so that the stem may be *hôh hêg hak.*

hoop sb. ME. OE. *hôp* = DU. *hoep*, OFRIS. *hôp*, NORTH-FRIS. *hûp* 'hoop', MLG. *hôp*; TEUT. base *hôpa-*.

hoop vb. ME. *houpe* adopted fr. FR. *houper* 'hoop unto'; of Teut. origin, cp. OE. *hwôpan* = GOTH. *hwôpan* vb. 'boast, glory'.

hoot vb. ME. *houte* borrowed fr. OSW. *húta* 'hoot'.

hop vb. ME. *hoppe* OE. *hoppian* = DU. *hoppen*, ON. SW. *hoppa* DAN. *hoppe*, G. MHG. *hopfen*. Cogn. w. *hip* vb.

hop sb. ME. *hoppe* = DU. *hop*, G. *hopfen* late OHG. *hopfo*, MED.-LAT. *hupa* (for *huppa*). Its origin is obscure.

hope vb. ME. *hôpe* OE. *hopian* = MDU. *hopen*, MHG. G. *hoffen*. The labial in OE. *hopian* (GOTH. *hupôn*) is a substitute for a guttural (base *hugôn*) as shown by the OE. abstract noun *hyht* 'hope' (base *huh-ti-s*): TEUT. √ *huq hup*. — hope sb. ME. *hôpe* for OE. *tô-hopa* = OSAX. *tô-hopo* sb. 'hope'.

horn ME. OE. *hôrn* = ON. OHG. G. DU. *horn*, GOTH. *haúrn*: common Teut. (in a runic inscription) *horna* 'horn' cogn. w. LAT. *cornu* and IR. CYMR. *corn*, with other suffix GR. κέρ-ας 'horn'; cp. also E. *hart* prop. 'horned' and SKR. *crû-ga* 'horn'.

hornet OE. *hyrnet* = OHG. *hornaʒ hurnûʒ* G. *hornisse*. The synon. Slav. and Lat. words for 'hornet' point to GOTH. *haúrznuts* with an ARYAN. √ *krs* (IND. *çrs*): LAT. *crâbro* 'hornet' for *crâsro*, OSLOV. *srûšcnî*, LITH. *szirszone* 'hornet'. The Aryan stem is *krs* for 'hornet', cp. OSLOV. *srûša*, LITH. *szirszú*. Du. preserves a trace of this inner *s* in *horzel* 'hornet' (GOTH. *haúrsuls*) — *horzelen* vb. 'hum'.

horse ME. OE. *hors* = OSAX. *hors* — *hers*, DU. *ros*, OHG. *ros* (gen. *rosses*) G. *ross* (whence IT. *rozza*, FR. *rosse* 'a jade'), ON. *hross*, also *hors*, SW. DAN. dial. *hors* 'a horse': Teut. base *hrossa-*.

hose ME. *hôse* OE. *hôsu* = DAN. G. *hose*, DU. *hoos*, OHG. ON. *hosa* (GOTH. *hûsô*). The Teut. words found their way into Celt. (CORN. *hos* 'ocrea, cuisses') and into Rom. (OFR. *hose*).

host[1] sb. 'army' ME. *hôst ôst*:

loanword fr. OFR. *hoste* 'army' (source LAT. *hostis — hostem*).

host² sb. 'entertainer' ME. *hóste*: loanword fr. OFR. *hoste* (= LAT. *hospitem*). Hence **hostess** ME. *hóstesse* from OFR. *hostesse* and **hostler** ME. *hostlér* 'innkeeper' from OFR. *hostelier* 'innkeeper'.

host³ sb. (in the mass) ME. *hóste óste*: source LAT. *hostia*, FR. *hostie*.

hot adj. ME. *hǫt* OE. *hát*: Teut. base *haita-* = ON. *heitr*, DU. *heet*, OSAX. *hêt*, OHG. *heiz* G. *heiss* 'hot'; the TEUT. √ *hît* cp. in GOTH. *heitô* 'fever' and in ON. *hiti*, OSAX. *hittia*, G. *hitze* 'heat'; cp. *heat* sb.

hough sb. ME. *hough* (*hǫ*) OE. *hǫh* 'the heel'; hence the dimin. *heel*. Teut. base *hanha-* in ON. *hǽll* 'heel'.

hound ME. *hound* OE. *húnd hund* = GOTH. *hunds*, ON. *hundr*, DAN. SWED. *hund*, DU. *hond*, OSAX. G. *hund* OHG. *hunt*: Teut. base *hunda-* prop. 'the hunter', derived fr. the TEUT.-GOTH. vb. *hinpan* 'seize, capture' (OE. *húþ* 'booty'); see *hunt*.

hour ME. *houre oure* borrowed fr. OFR. *(h)ure (h)ore* (= FR. *heur*), whence also DU. *uur*, G. *uhr* (dial. *auer*). Source LAT. *hora*.

house ME. *hous* OE. *hús*: Teut. base *húsa-* in GOTH. *gud-hús* 'house of God', OSAX. OHG. *hús* G. *haus*, DU. *huis*, ON. *hús*. **housings** earlier *houss* (of a horse), borrowed fr. FR. *housse*?

hovel ME. *hovel* 'small hut': dimin. with suffix *-el* from OE. *hof* = ON. *hof* 'a temple, a hall'; cp. G. *hof* 'a yard'. —

hover vb. intensive derivative of ME. *hóve* vb. 'tarry, wait'; cp. OFRIS. *hovia* 'receive in one's house: derived fr. TEUT. *hofa-* 'hall, yard'.

how ME. *how* OE. *hú* (for *hwú *hwǫ́*): Teut. form *hwô* in OSAX. *hwô* 'how', OHG. *wuo*; DU. *hoe* for *hwô*, OFRIS. *hû*: formed from the Teut. stem *hwa-* in *who*; cp. GR. πῶς.

how in local names cp. *high*.

howl vb. ME. *houle*; cp. DU. *huilen*, G. *heulen*.

huckster ME. *huckstére* (OE. *huccestre*); orig. 'a female retailer'; akin to MHG. *hucke hocke* 'a retailer'; derived from MHG. *hocken* vb. 'squat', ON. *hokkinn* 'bowed, bent'. Cp. DU. *heuken* vb. 'huckster, retail' — *heuker* 'huckster, retailer'.

hue¹ sb. ME. *hẹ́we hẹ́w* OE. *hẹ́ow* 'appearance': ident. w. GOTH. *hiwi* (G. *hiujis*) 'form, appearance', SW. *hy* 'skin, complexion'.

hue² sb. 'outcry' ME. *hú* derived fr. FR. *huer* 'hoot, hiss'.

huge adj. ME. *húge* (*houǧe*): loanword fr. OFR. *ahuge* 'huge'.

hull 'husk' ME. *hule* OE. *hulu* 'hull, husk'; cp. synon. G. *hülse* OHG. *hulsa* for *hulisa* (GOTH. *hulisi* or *huluzi*): formed from the √ *hel hul* (G. *hülle*) under *hell, hollow* and *holster.* — **hull** 'body of a ship' ident. w. *hold* sb.

h u m b l e adj. ME. *humble* borrowed fr. FR. *humble* (= LAT. *humilis*).

humblebee sb. ME. *hombel-bę̨*; an equivalent OE. **humbol* is to be assumed for OHG. *humbal* G. *hummel*, DU. *hommel* 'humblebee'.

humor ME. *hûmour* from OFR. *humor* = FR. *humeur.*

hundred ME. OE. *hundred* (*hundreþ*), ident. w. OSAX. *hundarod*, G. *hundert*, ON. *hundrad*; the word is appar. a comp., the second part of which belongs to GOTH. *rapjan* vb. 'count'; the first part GOTH. OE. *hund* is cogn. w. LAT. *centum*, GR. ἑκατόν, SKR. *çatâm.*

hunger ME. *hunger honger* OE. *hungor*; cp. synon. OSAX. OHG. *hungar* G. *hunger*, ON. *hungr*; GOTH. *hûhrus* (for **hunhrus*) 'hunger' with the derived *huggrjan* 'hunger': common TEUT. *hunhru- hungru-* 'hunger' from ARYAN. *kənkru-* ? cp. LITH. *kankà* 'torture' with ON. *hâ* vb. 'torture' (from TEUT. **hanhôn*).

hunt vb. ME. *hunte* OE. *huntian*: a secondary verb from a primit. vb. shown in GOTH. *frahinþan* 'take prisoner'. From the same root E. *hound* and *hand.*

hurdle ME. *hirdel* OE. *hyrdel*, dimin. of an OE. **hyrd* = OHG.

hurt (plur. *hurti*) G. *hûrde*; cp. ON. *hurd* 'door', GOTH. *haúrds* 'door'. The meaning 'door' is developed from the common meaning 'wickerwork'. Teut. base *hurdi-* = ARYAN *krti* in LAT. *crâtes*, GR. κύρτη 'a fishing-basket' — κάρταλος 'a (woven) basket'; cp. SKR. *krt* 'spin' — *çrt* 'bind, connect'.

hurl vb. ME. *hurle* earlier *hurtle* vb.

hurricane sb. akin to the synon. DU. *orkaan*, DAN. SW. G. *orkan*, FR. *ouragan*, IT. *uracano*, SPAN. *huracan* 'a hurricane'; after the discovery of America adopted fr. Caribbean *hurakan* 'a hurricane'.

hurry vb. ME. *hurie horie* vb. 'hasten'.

hurt vb. ME. *hurte hirte* vb. 'offend' borrowed fr. OFR. *hurter* (FR. *heurter*).

husband sb. ME. *husbonde* OE. (about 1050) *húsbónda*: a Scand. loanword, cp. ON. *húsbóndi*, SW. DAN. *husbonde* from *hús* 'house' and ON. *bóndi bûndi* 'husband'.

husk ME. *huske* OE. **hüseca* 'a small house'(?); cp. G. *gehäuse.*

hussy short for *housewife.*

hut ME. *hutte* from FR. *hutte.* Source OHG. *hutta* = G. *hütte.*

hutch sb. 'a box' ME. *hucche* prop. *hücche* (whence ME. *whicche*) : loanword fr. FR. *huche* 'trough, bin'.

I

I ME. *t* earlier *ich ic* OE. *ič* =
DU. *ik*, OSAX. *ic*, OHG. *ih* G. *ich*,
GOTH. *ik*: common TEUT. *ik ek*
from ARYAN. *egom*; cp. LAT. *ego*,
GR. ἐγώ, SKR. *ahám*, ASLOV. *azŭ*,
LITH. *az*. The oblique cases were
formed in all Aryan languages
alike from a stem *me-*; cp. *me*
and *mine*.

ice ME. OE. *ís* = OHG. *îs* G.
eis, ON. *íss*, DU. *ijs* (GOTH. **eisa-*):
a common Teut. word, not
found elsewhere. — icicle
ME. *ísikel*: prop. a compound,
OE. *ís-ʒicel* (*ísesʒicel*); *ʒicel* is
dimin. 'a small piece of ice'
(cp. MLG. *ísjokel* 'icicle', ON.
iǫkull).

idol ME. *ídóle* borrowed fr. FR.
idole (LAT. *ídolum*, GR. εἴδωλον
'an image, likeness').

idle adj. ME. OE. *ídel* 'empty,
vain, useless' = OSAX. *ídal*
'empty, useless', OHG. *îtal* 'empty,
vain, boastful' G. *eitel* 'vain', DU.
ijdel 'empty'.

if ME. *if* OE. *ʒif* = OSAX. *ef*
of, DU. *of* *if* 'whether, but',
OHG. *oba* with the older by-form
ibu 'if, whether' G. *ob* 'if, as if,
even if, whether', ON. *if ef* 'if',
GOTH. *iba(i)* 'whether, perhaps'.
Prop. dat. instr. of ON. *ifi efi*
m. and *if ef* n. 'doubt', OHG.
iba f. 'doubt, condition'.

ill ME. *ill ille*: Scand. loan-
word from ON. *íllr*; the native
E. synon. is *evil* (OE. *yfel*).

imp sb. ME. OE. *impe* 'graft,
scion' with the vb. ME. *impe*
OE. *impian* 'graft'; cp. OHG.
impfôn G. *impfen*, DAN. *ympe*,
SW. *ympa*. Source a LAT. type
imputare, whence also FR. *enter*,
DU. *enten* vb. 'graft'.

impair vb. ME. *empeire* bor-
rowed fr. OFR. *empeirer* = FR.
empirer (LAT. type *impeiorare*
'make worse').

impeach vb. prop. 'hinder'
for ME. *apêche* vb. 'hinder' bor-
rowed fr. FR. *empêcher* (LAT.
type *impedicare* 'fetter' from *pedica*
sb. 'fetter').

imply cp. *ply*.

in prep. ME. *in* OE. *in* =
OSAX. G. DU. GOTH. *in*, ON. *í*,
SW. DAN. *i*. Orig. related to
LAT. *in*, GR. ἐν(ι), LITH. *i̇*,
LETT. *ě*.

inch sb. ME. *inche* OE. *ynče*:
early loanword from LAT. *uncia*
'an inch', also an 'ounce'.

ingot ME. *ingot* = FR. *lingot*
ingot? Source and history doubt-
ful.

ink ME. *ẹnke* from OFR. *enque*
(FR. *encre*, DU. *inkt*, LG. *inket*):
source LAT. *encaustum* 'the purple
red ink'.

inkling sb. from the vb. ME.
inkle 'hint'.

inn ME. OE. *in inn* sb. 'house,
lodging - house' = ON. *inni*
'inn'.

inquest ME. *enquẹste* from OFR.

enqueste (= FR. *enquête*). Akin
to **inquire** vb. ME. *enquére* from
OFR. *enquerrer* (= FR. *enquérir*
'inquire'); source LAT. *inquirere*.

ire ME. *íre* 'anger' from OFR.
ire (LAT. *íra*).

irk vb. ME. *irke* 'tire' with the
adj. *irksome* extended fr. ME.
irk 'distasteful'.

iron ME. OE. *íren* oldest OE. form
ísern = GOTH. *eisarn*, OSAX. OHG.
ísarn G. *eisen*, DU. *ijzer*, ON. *ísarn*
(*jarn*): Teut. base *îsarna-* perh.
borrowed fr. a Celt. *îsarno-* (=
OIR. *iarn* 'iron'); GALL. *Isarno-
dorum* a placename.

island ME. *îlond* OE. *tȝlond*
(*éȝland*) 'island'; the first part
of the compound represents
the OE. *íȝ éȝ* 'isle' (cp. ON. *eyland*,
OFRIS. DU. *eiland* 'island'), blended
w. OFR. *isle*. The word starts
from a TEUT. *aujô-* (in *Scandin-avia
Bat-avia*), which is a derivative
of TEUT.-GOTH. *ahwa* 'stream,
flowing water' OHG. *aha* = OE. *éa*
= LAT. *aqua* 'water'.

isle ME. *île* borrowed fr. FR.

île (source LAT. *insula*) 'an isle'.
Cp. *island*.

issue ME. *issúe* from OFR. *issue*
'end, event' (derived fr. *issir* =
LAT. *exire*).

it ME. *it* earlier ME. OE. *hit*
neuter to E. *he* (OE. ME. *hé*).

itch vb. ME. *icche* for *ȝicche* OE.
ȝyččan: Teut. base *jukjan* =
DU. *jeuken*, OSAX. *jukkian*, OHG.
juckan G. *jucken*. TEUT. √ *juk*.

ivory ME. *ivóry* (*ivoire*) borrowed
fr. OFR. *ivorie* — FR. *ivoire*, whence
also DU. *ivoor*. Source LAT. *eboreus*
'made of ivory' — *ebur* 'ivory'.

ivy ME. *ívy* OE. *ífiȝ* short for
ífi-hiȝ *ífi-héȝ* = OHG. *ëba-hewi*
MHG. *ëp-höu* (G. *epheu*) with the
by-form OHG. *ëbah*: perh. akin
to GOTH. *ibuks* 'backwards'? It
is uncertain, whether the 2ⁿᵈ ele-
ment of OHG. *ëba-hewi* = OE. *ífiȝ*
is ident. w. *hay*.

iwis 'certainly' ME. *iwis* OE.
ȝewiss = OHG. *giwis* G. *gewiss*,
DU. *gewis*: Teut. base *ga-wissa-*
prop. part. of the Teut. vb.
witan 'know' (cp. *wot*).

J

jabber variant of E. *gabber*.
jacket from FR. *jaquet*; cp.
ME. *jakke* = OFR. *jaque* (G.
jacke).

jade ME. *jáde* 'old horse'. Source
and history unknown.

jail with the by-form *gaol*
ME. *ǧail jaiole gaihǫl* borrowed fr.
OFR. *gaiole gaole* (FR. *geôle*) 'a
prison, 'bird-cage'. Source LAT.
caveola from *cavea* (= E. *cage*,
G. *käfig*).

jamb from FR. *jambe* 'a leg', also 'a jamb' (source LAT. *gamba*).

jar sb. 'an earthen pot' from FR. *jarre*.

jaundice ME. *jaundis jaunts* from FR. *jaunisse* prop. 'yellowness'; source FR. *jaune* 'yellow' = LAT. *galbīnus* 'greenish yellow'.

javelin sb. from FR. *javelin*: of Celt. origin, cp. CYMR. *gaflach* (whence OE. *gafeloc*) 'spear'.

jaw ME. *chaul* (*choul*) earlier *chavel* OE. (plur.) *čeáflas*; akin to OSAX. *kâflos* plur. 'jaw' and with other formatives ON. *kjaptr*, G. *kiefer* 'jaw': TEUT. √ *kef kêf* fr. an ARYAN *gĕph*, perh. cogn. w. AVEST. *zafra* 'mouth, jaw'.

jay ME. *jai* from FR. *geai* (OFR. *iai gai*).

jealous ME. *jelous ǧelous* from OFR. *gelous* (FR. *jaloux*, whence DU. *jaloes*).

jelly sb. late ME. *ǧellé* from FR. *gelée*.

jeopardy sb. ME. *jüperdi* orig. *jüparti* 'hazard, hazardous feat' borrowed fr. FR. *jeu parti* 'risk, hazard' (orig. 'a game, in which the chances are equally divided').

jest prop. 'a merry tale' ME. *ǧeste* (also *ǧęste*) 'a story' from OFR. *geste* 'romance'.

jet sb. (a mineral) short for ME. *ǧĕt* contracted fr. *ǧeyét*: loanword from OFR. *gaiẹt* (*jaet jet*): source LAT. *gagâtes*.

jew ME. *jęw* earlier *ǧĭw* borrowed fr. OFR. *Giu Jui*: source LAT. *Judaeus*. In OE. we find *Judẹas* plur. 'the Jews' from the Latin.

jewel ME. *jouel juel* from OFR. *jouel* (whence G. *juwel*, DU. *juweel*) = FR. *joyau*. Source a LAT. type *gaudiale* from *gaudium*.

jig sb. ME. *gigge* 'a fiddle' from OFR. *gige* (= MHG. *gîge* G. *geige*) 'a fiddle'.

jingle ME. *ǧingle*.

job sb. cp. ME. *gobet* 'small piece' and OFR. *gob* 'a mouthful'.

jockey ident. w. *Jackey*: dimin. of *Jack*.

jog vb. ME. *jogge* vb. 'go hastily'.

join vb. ME. *joine* borrowed fr. FR. *joindre* (= LAT. *jungere*). — Hence E. ME. *joint* sb. from FR. *joint*.

joist sb. ME. *ǧiste* 'joist' from OFR. *giste* (= FR. *gîte*? derivative of FR. *gésir* 'lie').

jolly ME. *joll* earlier *jolif*: loanword from FR. *joli* (OFR. *jolif*).

jostle *justle* vb. intensive formation from ME. *jouste* 'tilt' = OFR. *jouster* (ME. *jouste* 'tournament' fr. OFR. *jouste* = MHG. *tjoste*).

journal from FR. *journal*. — **journey** ME. *journẹ journée* 'a day's travel, a day's work' from FR. *journée* 'a day, a day's work' (IT. *giornata*, LAT. type *diurnâta*).

joy ME. *joie* from FR. *joie* (source LAT. *gaudia* = *gaudium*).

judge sb. short ME. *jŭ̃ge* from FR. *juge* (source LAT. *judex — judicem*) 'a judge'. — **judge** vb. ME. *jŭ̃ge* from FR. *juger* = LAT. *judicare*.

juice ME. *jŭse jŭ̃çe* from FR. *jus* (source LAT. *jus*) 'juice'.

July ME. *jŭ̃lī* from LAT. *Julius*.

— **June** ME. *jŭ̃ne* earlier *jŭ̃nie* from OFR. *gunie*? (FR. *Juin*) = LAT. *Junius*.

just ME. *jŭst* (short for *jŭst*?) from FR. *juste* (= LAT. *justus*).

— **justice** ME. *jŭstice* orig. *jŭstiçe* = FR. *justice*: source LAT. *justitia*.

— **justify** vb. ME. *justifīe* from FR. *justifīer.*

K

keel sb. ident. w. ON. *kjǫlr* (Teut. base *kelu-*) 'keel of the ship' = synon. DAN. *kjöl*, SW. *köl*, G. DU. *kiel*. Source and history unknown.

keel vb. 'cool' ME. *kę̄le* OE. *cę̄lan*: Teut. base *kōljan* derived fr. the adj. TEUT. *kōlu-* = E. *cool.*

keen adj. ME. *kę̄ne* 'sharp, bold, brave' OE. *cę̄ne* orig. *cǽni* 'bold, brave, wise': Teut. base *kōni-* = OHG. *kuoni* G. *kühn*, DU. *koen* 'bold, daring'; the original meaning is evident in ON. *kǽnr* 'wise', which points to the TEUT. √ *kan* 'know' in *can*, *ken* and *know.*

keep ME. *kę̄pe* OE. *cę̄pan cǽpan* 'keep': from a Teut. base *kōp-jan*; no √ *kōp* exists in the other Teut. languages.

keg sb. Scand. loanword: ON. *kaggi* 'a keg'.

ken vb. 'know' ME. *kenne* bor-

rowed fr. ON. *kenna* vb. 'know' = G. *kennen*, GOTH. *kannjan*; causative of TEUT. *kunnan* 'know'. Cp. *can* vb.

kennel 'a house for dogs' ME. *kenel*: adopted fr. ONFR. *kenil* (*chenil*); source ONFR. *ken* (FR. *chien*) 'dog' with suff. -*il* (LAT. type *canīle from *canis* 'dog').

kerchief sb. earlier spelling *curchief* ME. *coverchéf*: borrowed fr. OFR. *covrechef* lit. 'a head-covering'. OFR. *covrir* (= FR. *couvrir*) 'cover' and *chef* 'head'.

kernel ME. *kirnel* OE. *cyrnel* (Teut. base *kurnila-*): dimin. of *corn* (with the Teut. dimin. suff. -*ila*).

kettle ME. *ketel* borrowed fr. ON. *ketill* = GOTH. *katils*, OHG. *kęȝȝil* G. *kessel*, DU. *ketel*; corresponding to OE. *cetel* ME. *chetel*, which was superseded by ON. *ketill*. The Teut. word was early borrowed fr. LAT. *catinus* 'kettle', whence also OHG. *kezzin*.

key sb. ME. *keie* OE. *cǽȝ cǽȝe* = OFRIS. *kêi* 'a key': Teut. base *kaigi?*

kid sb. ME. *kid* borrowed fr. ON. *kid*; cogn. w. OHG. *kizzin chizzi* G. *kitze* 'a young goat'; a native E. word cogn. w. SCAND. *kid* would begin with *ch*.

kidney sb. ME. *kid-nẹre* (OE. *cẏdenẹore* *cydnẹora?*); the second part of the compound is ME. *nẹre* (= ON. *nýra*, DU. nier, OHG. *nioro* G. *niere* 'kidney'). The first part is obscure.

kill vb. ME. *kille*; a corresp. OE. **cyllan* is wanting: Teut. base *kuljan* akin to OE. *cwellan* = ME. *quelle* vb. 'kill', ON. *kvelja*, OSAX. *quellian*. There was a primit. str. vb. OE. *cwelan* 'die', OSAX. OHG. *quelan* 'smart'; cp. G. *qual*.

kiln sb. ME. *kilne* OE. *cyln* = older *cylene cyline* 'furnace': early loanword fr. LAT. *culina* 'kitchen', whence also OIR. *cuile* 'kitchen'. ON. *kylna* 'kiln' is an OE. loanword.

kin sb. ME. *kin* OE. *cynn* orig. 'a tribe': Teut. base *kunja-* = ON. *kyn*, OSAX. *kunni*, OHG. *chunni* MHG. *künne* 'race', GOTH. *kuni*; deriv. fr. the TEUT. √*ken* 'produce' in OHG. G. *kind* 'child', OE. *cennan* vb. 'produce', answering to an ARYAN √*gen* in LAT. *genus, gens-gentis*, GR. γένος — γον ή —γίγνομαι, SKR. √*jan*. Cp. *kind*,

kindred and *mankind.* —

kind adj. 'natural, loving' ME. *kinde* OE. *ȝecýnde* 'natural, inborn': derived fr. *kind* sb. —

kind sb. 'nature, sort' ME. *kinde* OE. *ȝe-cýnd* 'nature'.

kindle vb. ME. *kindle*: derived with intensive *-l* from ON. *kynda* vb. 'kindle'? (ON. *kyndill* 'a torch'?)

kindred ME. *kinréde* (OE. **cynréden*): composed of *kin* = OE. *cynn* 'kin' and OE. *réden* (= GOTH. *garaideins*) a suffix meaning 'state, condition' (cp. *hatred*).

king ME. late OE. *king* OE. *cyng* a late shortening for the common OE. *cyning*: Teut. base *kuninga-* = OSAX. OHG. *kuning* G. *könig*, DU. *koning*; cp. ON. *konungr* (but GOTH. *reiks* 'king')

kirtle sb. ME. *kirtel* OE. *cyrtel* from a TEUT. base **kurtil* (= ON. *kyrtill*): prop. 'a short undergarment' from LAT. *curtus* 'short' (cp. G. *kurz* and see *short* and *shirt*).

kiss sb. ME. *kiss* with the vowel accommodated to the vb. *kiss* for OE. *coss* = OSAX. *kus cos*, DU. *kus*, OHG. *kus* G. *kuss*, ON. *koss*, DAN. *kys*, SW. *kyss*, GOTH. **kussus*. — kiss vb. ME. *kisse* OE. *cyssan* = OSAX. *kussian*, DU. OHG. *kussen* G. *küssen*, ON. SW. *kyssa*, DAN. *kysse*.

kitchen sb. ME. *kicchen* OE. *cýčene* from a WEST-TEUT. base *kukina* = DU. *keuken*, OHG. *kuchina cluchhina* G. *kilche*: an early West-Teut. loanword from

8*

late LAT. *coquìna* (class. *culîna* see under *kiln*) or rather from a common Rom. and vulg. LAT. *cocîna* 'kitchen' (cp. FR. *cuisine*, IT. *cucina*, SPAN. *cocina*). Cp. *cook*.

kite sb. ME. *kîte* OE. *cýta* 'a kite': Teut. base *kûtjan-*.

kitten ME. *kitoun* answers to the synon. FR. *chatton* 'a young cat' (perh. the E. word points to ONFR. **keton?*)

knave ME. *knáve* OE. *cnafa* = OHG. *knabo* G. *knabe* 'boy'; identical with OE. *cnapa* ME. *knápe* 'boy' = OSAX. *knapo*, OFRIS. *knapa*, ON. *knapi* 'boy'. GERM. *knappe* points to a TEUT. *knabban-*. Perh. cogn. w. *knight?* or. w. GALL. *gnabat* 'son'?

knead vb. ME. *knéde* OE. *cnēdan* = MLG. DU. *kneden*, OHG. *knētan* G. *kneten*: TEUT. √ *kned* = ARYAN √ *gnet* in RUSS. *gnetate* 'press'.

knee vb. ME. *kné* OE. *cnéo* = OSAX. *knio*, DU. G. *knie* OHG. *chniu kneo*, GOTH. *kniu* (gen. *kniwis*): Teut. base *knewa-*, cogn. w. the synon. LAT. *genu*, GR. γόνυ, SKR. *jânu* 'knee'. — kneel vb. ME. *cnéle* OE. **cnéowlian* = DU. *knielen* MLG. *knélen*, SW. *chnüle* 'kneel', DAN. *knæle?*

knell vb. ME. *knille* OE. *cnyllan*; cogn. w. MHG. *knëllen* in *er-*, G. *knallen*.

knife sb. ME. *knif* OE. (about 1000) *cnif*. The occurrence in late OE. favors Scand. origin: ON. *knifr*. On the continent, there is an equivalent DU. *knijf*, LG. *knîf*, G. dial. *kneif*.

knight sb. ME. *knight* OE. *cniht*: Teut. base *knëhta-* = DU. G. *knecht* OHG. *knëht*, OFRIS. *kniuht*; cogn. w. *knave*?

knit vb. ME. *knitte* OE. *cnyttan*: deriv. of OE. *cnotta* (by vowelmutation) (= ON. *knútr*) = E. *knot*; OE. *cnyttan* is ident. w. LG. *knütten?*

knob sb. ME. *knobbe*; allied to MHG. *knübel* 'knuckle', DU. *knobbel* 'knot, lump, callosity', G. *knopf* 'button, bud', ON. *knappr*.

knock vb. ME. *knocke* OE. **cnoccian*; ident. w. OE. *cnuclan*, ON. *knoka*: a sound imitation, closely allied to *knack*.

knoll sb. ME. *knol* OE. *cnoll* = DU. *knol* 'a turnip', G. *knollen*.

knot sb. ME. *knotte* OE. *cnotta* = MHG. *knotze*, DU. *knot*; cogn. w. OHG. *knodo knoto* G. *knoten* and ON. *knútr* 'a knot' — *knúta* f. 'dice' — *knǫttr* (GOTH. **knattus*) m. 'ball'.

know vb. ME. *knǫwe* OE. *cnáwan* str. vb. = OHG. *chnâan* 'know', ON. *kná* vb. 'know how to do': TEUT. √ *knê knô* (akin to *can* and *keen*) = ARYAN √ *gen gnô* in LAT. *gignosco ignotus ignavus ignarus*, GR. γιγνώσκω, SKR. √*jñâ*. — knowledge sb. ME. *knǫwléche* derived fr. the vb. ME. *knǫwléche*, intensive formation of ME. *knǫwe* = E. *know* (OE. **gecnáwlǽcan* is wanting).

knuckle sb. ME. *knokel* OE.

*cnucel; cogn. w. G. *knöchel*, OFRIS. *knokle*, DU. *knokkel*, MLG. *knôkel*, DAN. *knogle knokkel*: dimin. of a simple word, seen in G. *knochen* 'a bone', DU. *knok* 'a knuckle, a bone'.

L

labor sb. ME. *lábour* adopted fr. FR. *labour* = LAT. *labor(em)* 'làbor'.

lace sb. ME. *lás*: borrowed fr. FR. *lace* — OFR. *las (laqs)*: source LAT. *laqueus* 'noose, snare' (= IT. *laccio*). See *latchet*.

lack sb. ME. *lak* OE. **læc* = ODU. *lac* DU. *lak* 'blemish, stain, lack'. — **lack** vb. ME. *lacke* from the sb., but earlier ME. *láke* (OE. **lacian*) = ODU. *laken* 'be wanting', OFRIS. *lakia*. Teut. √ *lek* in *leak*.

lacquer lacker sb. adopted fr. FR. *laque* 'varnish'? cp. G. *lack*, IT. *lacca*.

lad ME. *ladde* borrowed fr. IR. *lath* 'a youth, champion'; cp. *lass*.

ladder ME. *láddre* short for OE. *hlǽdder*: Teut. base *hlaidrjô-* = DU. *ladder leer*, OHG. *leitara* G. *leiter*; GOTH. **hlai-dri* (gen. **hlai-drjôs*): TEUT. √ *hlai hli* in *lean* vb., ARYAN √ *kli* in GR. *κλῖ-μαξ* 'ladder'. The Teut. suffix *-dr-* in *ladder* answers to a GR. *-τρα*.

lade sb. ME. *láde* OE. *hladan* = OSAX. *hladan*, DU. G. *laden* OHG. *(h)ladan*, ON. *hlada*, GOTH. *hlaþan* 'load, lade': TEUT. √ *hlad* *hlaþ* from an ARYAN √ *klat*; perh. cogn. w. √ *klad* in OSLOV. *kladą* I lay'. — The vb. OE. *hladan* ME. *láde* signifies also 'draw water', hence E. **ladle** ME. *ládel* OE. *hlædel*.

lady ME. *lády* earlier *lafdi* *láfdiʒ* OE. *hláfdíʒe* 'a lady, mistress'; cogn. w. *lord* OE. *hláford*. The first part of both words is OE. *hláf* = E. *loaf*, the second part in OE. *hláf-díʒe* is connected with GOTH. *deigan* vb. 'knead' (see *dough*). Therefore OE. *hláfdíʒe* (TEUT. **hlaiba-digjô-*) meant orig. 'the kneader of bread'.

lair ME. *leir* OE. *léʒer* 'lair, couch, bed' = OSAX. *légar* 'couch, sick-bed', DU. *leger* 'a couch, bed, lair', OHG. *légar* G. *lager* (for *leger*) 'a couch, bed, place of lying, storehouse', GOTH. *ligrs* 'a couch': Teut. base *légra-* from √ *leg* in *lie* and *lay*.

laity sb. from the adj. *lay*.

lake ME. *láke* 'lake' OE. *lacu* 'lake' and 'stream': early loanword fr. LAT. *lacus* 'a lake, pool'. OE. *lagu* 'sea, ocean' is the genuine E. correspondence of the LAT. word and of IR. *loch* 'lake'; cp. *loch*.

lamb sb. ME. OE. *lamb lomb* = OSAX. *lamb*, DU. *lam*, OHG. *lamb* G. *lamm*, GOTH. ON. *lamb*: Teut. base *lamba-* (*lambaz-* in the plur. OE. *lombru* ME. *lombren*, *lambiz-* in the plur. OHG. *lembir* G. *lämmer*).

lame adj. ME. *lāme* OE. *lama* = OSAX. *lamo*, DU. *lam*, OHG. MHG. *lam* (gen. *lames*) G. *lahm*, ON. *hami*, SW. DAN. *lame*. The commoner meaning 'bruised, maimed' is prob. the orig. one, though the meaning 'lame' is very old (GOTH. us d *halts* cp. *halt*). Cp. OSLOV. *lomiti* vb. 'break, bruise', ON. *lama* 'bruise'?

lammas ME. *lammasse* shortened fr. late OE. *hlámmæsse*, commonly OE. *hláf-mæsse*: lit. 'loaf-mass' from *hláf* 'loaf, bread' and *mæsse* 'mass'. See *loaf*.

lamp short for ME. *laumpe* adopted fr. FR. *lampe*, whence also DU. *lamp*, DAN. G. *lampe*, SW. *lampa*. Source LAT.-GR. *lampas* 'a torch, lamp' (= IT. *lampa*).

lamprey sb. ME. *laumpreie* borrowed fr. OFR. *lampreie* (= FR. *lamproie*), whence also DU. *lamprei*. Source LAT. *lampetra* 'lamprey' in a vulgar form *lampreda* (= IT. *lampreda*), whence also OE. *lempedu* 'lampreta' and perh. the synon. *pride* (OE. **prídé* short for **lampríde*?).

lance ME. *launçe* borrowed fr. FR. *lance*, whence also DU. *lans*,

G. *lanze*. Source LAT. *lancea* (= IT. *lancia*); cp. *launch*.

land sb. ME. OE. *land* (*lond*) = OSAX. DU. G. ON. SW. DAN. *land* from a Teut. base *landa-*; cogn. w. IR. *land lann*, CYMR. *llan*, CORN. *lan* (from **landhâ*) 'open space, surface', BRET. *lan* 'heath', OSLOV. *lędina* 'heath, untilled land' (RUSS. *ljada lja-dina*). — land vb. ME. *lande* = DU. G. *landen*, DAN. *lande*, SW. *landa* from *land* sb. — landscape borrowed fr. DU. *landschap* 'a landscape'.

lane sb. ME. OE. *lane* (*lone*) = OFRIS. *lona lana*, DU. *laan* 'a lane, a narrow passage': Teut. base *lánôn-*. •

language ME. *langâǧe* adopted from FR. *langage*: deriv. of FR. *langue* = LAT. *lingua* 'tongue, speech'.

languish vb. ME. *languisshe* from FR. *languiss-* stem of *languir* 'languish' (LAT. *languere* 'be weak').

lank adj. ME. *lank* OE. *hlanc*; perh. cogn. w. G. *schlank*, which points to a TEUT. *slanka-*: ARYAN *klang- s(k)lang*?

lantern ME. *lanterne launterne* borrowed from FR. *lanterne*: source LAT. *laterna lanterna*, whence also G. *laterne*.

lap sb. ME. *lappe* 'lap, border' OE. *læppa* 'a loosely hanging portion'; cogn. w. DU. *lap*, OFRIS. OHG. *lappa* G. *lappen* 'rag, tatter' and LITH. *lopas* 'patch' (LAT. *labare* 'hang down, fall'). See *limp* adj.

lapwing vb. accommodated to *wing* for ME. *lapwinke*, shortened fr. OE. *hléapwince* lit. 'the bird which turns about in running'; cp. *leap* for OE. *hléapan* 'run' and *wink*.

larboard earlier *lerboard* and *leerboard* (cp. *starboard*); perh. from ME. *lér* 'cheek'? In Scand. the planks in a ship's side have different names as *aur-*, *skaut-*, *sól-bord*.

larch sb. ME. **lerch* OE. **leré *leric* = MHG. *lerche* G. *lärche*. Source LAT. *larix (laricem)*.

lard late ME. *lard* from the synon. FR. *lard* = LAT. *larda (laridus* adj. 'fat').

large ME. *large* 'large, wide, liberal, generous' from FR. *large* = LAT. *largus*.

lark ME. *larke* contracted fr. OE. *láwerce* earliest form *láwricæ*: Teut. base *laiwrakôn-* = OHG. *lêrahha* (from **lêwrahha*) G. *lerche*, DU. *leeuwerick*, MLG. *lêwerke*. Formation and origin quite obscure.

lash sb. ME. *lasshe* 'the string of a whip' OE. *læsce* = DU. *lasch*, MLG. *lasche* 'a stripe'.

lass ME. *lasse*: perh. for **ladse* and cogn. w. *lad* ME. *ladde*?

last adj. ME. *last(e)* earlier *latst(e)* shortened for OE. *latost* 'latest': superl. of OE. *læt* = *late*.

last sb. 'the shoemaker's wooden mould of the foot' ident. w. OE. *lást* sb. 'foot-track, footprint'; the E. meaning agrees w. G. *leisten*, DU. *leest*, SW. *läst*, DAN. *læst* 'the shoemaker's last'. The orig. meaning is evident in ON. *leistr* 'foot below the ankle, a short sock'. Cp. the ARYAN √ *lis lais* 'go' in LAT. *delirare* 'go mad'.

last vb. ME. *láste* short for OE. *léstan* 'perform, stand by, carry out' = OSAX. *léstian*, OHG. G. *leisten*, GOTH. *laistjan*: derived fr. a TEUT. *laista-* 'foot-mark' under *last* sb.

latch vb. ME. *lacche* OE. *læééan ʒe-læééan* 'seize, catch hold of'. — Hence **latch** sb. ME. *lacche* 'a catch, fastening'.

latchet sb. ME. *lacchet* from ONFR. **lachet* = FR. *lacet* a dimin. of FR. *lacs* 'a snare, noose'; see *lace*.

late adj. ME. *lat (láte* adv.) OE. *læt* 'slow, late' = OSAX. *lat*, (LG. *lâte* adv. 'late'), DU. *laat*, OHG. *laʒ (ʒʒ)* G. *lass*, ON. *latr*, GOTH. *lats* 'slow, slothful': an OTEUT. adj.-stem *láta-*, belonging to the ARYAN √ *lad* in LAT. *lassus* (from **lad-tus*, an old part.) 'weary'. Cp. *let* vb. and *last* adj.

lath ME. *lappe* OE. *lætta (læppa)* = OHG. *latta* G. *latte*, DU. *lat*. Though OE. *tt* corresponds here to OHG. *tt* (regularly OE. *þþ* = OHG. *tt*), the word is still genuine Teut., since it is allied w. G. *laden* 'board, plank, lash, shutter', whence FR. *latte* (= SPAN. *lata*, IT. *latta*); akin to W. *llath* 'a rod, staff', IR. *slat*, BRET. *laz* 'rod, lath' (Celt. base *slattâ-*).

lather ME. *lather* short for OE. *léador* = ON. *laudr* (mod. ICEL. *lǫdr*) 'froth, foam': Teut. base *lau-þra-* derived from the ARYAN √ *law* in LAT. *lavare*; as for the Teut. suffix cp. GR. λουτρόν 'bath' and GALL. *lautrum* 'balneum'.

Latin adj. ME. *Latin* adopt. fr. FR. *latin* (= SPAN. IT. *latino*, DU. *latijn*, G. *latein*); source LAT. *Latinus*, whence also OE. *léden* 'Latin'.

latten sb. 'a kind of brass or bronze' ME. *latoun* borrowed fr. the synon. OFR. *laton* = FR. *laiton*, SPAN. *laton*.

lattice sb. ME. *latis* adopted fr. FR. *lattis* 'lathwork, lattice-work' formed from FR. *latte* 'a lath'; see *lath*.

laugh vb. ME. *laghe laughe* earlier *lahhe* OE. *hlehhan hlyhhan* = OSAX. *hlehhian*, DU. G. *lachen* OHG. *lahhên (h)lahhan*, ON. *hléja* (for *hlahja*), GOTH. *hlahjan* 'laugh'. TEUT. √ *hlah* = ARYAN *klăk*, prob. onomatopoetic. — **laughter** sb. ME. *laughter* OE. *hleahtor* = OHG. *hlahtar* G. *gelächter*, ON. *hlátr* from the TEUT. √ *hlah* with the suffix *þra- tra-*.

launch vb. ME. *launche* commonly *launce*: adopted fr ONFR. (Picard.) *lancher* = FR. *lancer* 'hurl, cast, dart, thrust'; deriv. of FR. *lance* = E. *lance*.

laundress extended with suffix *-ess* fr. ME. *laundér lavendére* from OFR. *lavandiere* 'washer woman' FR. *lavandière* 'laundry-maid'.

Source LAT. *lavandus* 'to be washed' (IT. *lavanda* 'a washing').

laurel ME. *laurér* (with the by-forms *lorér lorél*) from FR. *laurier*: source LAT. *laurus* 'a laurel tree'.

lave vb. ME. *láve* OE. *ʒelafian* = OHG. *labôn* G. *laben* 'refresh'. The WEST-TEUT. *labôn* is perh. a loanword fr. LAT. *lavare* (= FR. *laver*).

lavender ME. *lavendre* (with an inserted E. *r*) borrowed from FR. *lavande* = IT. *lavanda laventola*, whence DU. G. *lavendel*. Source LAT. *lavare* 'wash' (lavender was laid in freshly washed linen).

law ME. *lawe* OE. *lagu* 'law', which about 900 was borrowed fr. an early SCAND.* *lagu* = ON. *lǫg* nom. plur. 'law' (SW. *lag*, DAN. *lov* 'law'). Cogn. w. LAT. *lex* — *lēgem* fr. ARYAN √ *legh* 'lie'; cp. G. *gesetz*, *satzung* for the meaning. The genuine E. word for 'law' was OE. *ǽ* = OHG. *êwa*.

lawn [1] sb. 'a grass plot' ME. *launde lande*: borrowed from FR. *lande* 'a grassy plain', which is of Celt. origin (cp. IR. *lann* under *land*).

lawn [2] sb. 'fine linen' orig. "lawn linen": so called from FR. *Laon* a city N. W. of Rheims; cp. *Arras* and *Cambric*.

lay vb. ME. *leie lein* earlier *legğe* OE. *lećʒan* wk. vb. (3 sing. OE. *leʒþ* ME. *lei-th*): Teut. base *lagjan* = GOTH. *lagjan*, OSAX. *leggian*, OHG. *lęckan* G. *legen* DU. *leggen*, ON. *leggja*: causative formation of the √ *leg* 'lie' in *lie*; hence *lay* 'cause to lie down'.

lay sb. 'a song' ME. *lai* from OFR. FR. *lai*.

lay adj. ME. *lai* from OFR. FR. *lai* 'secular, belonging to the laity'. Source LAT. *laïcus*, whence also OE. *læwed* (G. *laie* 'a layman'). See *lewd*.

lazar sb. ME. *lázar* fr. OFR. *lazare*? Source the biblical prop. n. *Lazarus*; 'the lazar-house' is in G. *lazaret* = IT. *lazzaretto*, FR. *lazaret*.

lazy from FR. *las* = LAT. *lassus*.

lead vb. ME. *léde* (*léde*) OE. *lédan*: Teut. base *laidjan* = OSAX. *lēdian*, DU. *leiden*, G. *leiten*, ON. *leida* 'lead': prop. factitive of the str. vb. TEUT. *līþan* = OE. *līdan* 'go, travel', OSAX. *līthan*, GOTH. *leiþan*: TEUT. √ *līþ* under *lode-star*.

lead sb. short for ME. *léd* OE. *léad* = DU. *lood* 'lead a weight', G. *lot* 'a lead-weight': Teut. base *lauda-* cogn. w. synon. OIR. *luáide* (base *laudio-*).

leaf ME. *léf* OE. *léaf* = OSAX. *lôf*, DU. *loof* 'foliage', OHG. *loub* G. *laub* 'leaves, foliage', ON. *lauf* 'leaf', GOTH. *laufs* (plur. *laubôs*) 'leaf': Teut. base *lauba-* orig. 'the single leaf' (used as a collective sb. 'the foliage').

league sb. 'an alliance' adopted from FR. *ligue* 'a league': source LAT. *ligare* 'bind'.

league sb. 'about three miles' **late** ME. *lége* borrowed fr. OFR.

legue = FR. *lieu*: source a LAT.-GALL. *leuga leuca* 'a Gallic mile', whence also late OE. *léowe* 'leuga'. GALL. *leuga* corresponds to BRET. *leo*, IR. *leige* 'a league'.

leak vb. ME. *léke* OE. *lëcan* (the factitive *leccan* 'wet' from a base *lakjan*) = ON. *leka* 'drip, leak as a ship', DU. *lekken*, OHG. *lëchan* G. *lecken* vb. — *leck* adj. 'leaky'. — TEUT. √ *lek lak* see under *lack* vb.

lean adj. ME. *léne* OE. *hléne* from a Teut. base *hlai-ni* 'lean' (with suffix *-ni* as in *clean*, *green*).

lean vb. ME. *léne* OE. *hlénan* 'cause to lean': Teut. base *hlain-jan* = OHG. *leinan*: factitive of OE. *hlionian* 'lean' = OSAX. *hlinôn*, OHG. *hlinên* 'lean'; cp. G. *lehnen*, DU. *leunen*. The TEUT. √ *hlī* (cp. *ladder*) corresponds to an ARYAN √ *klī*; cp. LAT. *inclīnâre* 'incline', GR. κλίνω 'I lean' — κλι- τύς 'hill', LAT. *clī-vus* 'hill', GOTH. *hlai-w* (OE. *hláw*) 'mound'.

leap vb. ME. *lépe* OE. *hléapan* str. vb. 'leap, run' = DU. *loopen*, OSAX. *hlôpan*, OHG. *louffan* G. *laufen*, ON. *hlaupa*, GOTH. *hlaupan* 'leap, run': TEUT. √ *hlaup*, perh. cogn. w. LITH. *klupaü* vb. 'stagger, stumble'.

learn vb. short for ME. *lérne* OE. *léornian*: from a base *lërnôn* TEUT. *liznôn* = OHG. *lirnên lërnên* G. *lernen* 'learn'; cp. OSAX. *linôn* from a base *liznôn*. Akin to the primit. str. vb. GOTH. *lais* 'I know' and the deriv. OE. OHG.

lis-t, GOTH. *lis-ts* 'art, cunning'. See *lore* for the TEUT. √ *laiz liz.*

lease¹ vb. 'let tenements' borrowed from FR. *laisser.*

lease² vb. 'gather, pick, glean' ME. *lĕse* OE. *lĕsan* 'gather' = OSAX. *lĕsan*, DU. *lezen* 'gather, read', OHG. *lĕsan* G. *lesen* 'gather, read', ON. *lesa* 'gather, pick', GOTH. *lisan* 'gather'; cogn. w. LITH. *lèsti* 'pick up'.

least ME. *lĕst* OE. *lǽst* shortened fr. *lǽsest* (by-form *lǽrest*): Teut. base *laisista-* superl. to the compar. TEUT. *laisiza-* = *less.*

leather ME. *lether* OE. *lĕder* = ON. *ledr*, DU. *leder*, OHG. *lĕdar* G. *leder* 'leather': Teut. base *lĕþra-* = pre-TEUT. *letro-* in IR. *lethar*, CYMR. *lledr*, BRET. *lezr* 'leather'.

leave vb. ME. *lǽve* OE. *lǽfan* tr. 'leave' — intr. 'remain': Teut. base *laibjan*; cp. OSAX. *farlĕbian* 'remain', OHG. MHG. *leiben* 'leave', ON. *leifa* 'leave': causat. of a str. vb. *liban* in OE. *belîfan* ME. *beltve*, OSAX. *bilîban*, DU. *blijven*, OHG. *bilîban* G. *bleiben*, ON. *lífa* (orig. str.), GOTH. *bileiban* 'remain'. For the root see *live.*

leave sb. ME. *lǽve* (*lǽve*) 'permission' OE. *lǽaf* 'permission'; cp. OE. *âlýfan âlĕfan* 'permit', OHG. *irlouben* G. *erlauben.*

leaven ME. *levain* from FR. *levain* 'ferment'. Source LAT. *levâmen.*

lee ME. *lǽ* from ON. *hlé* (»sigla

á hlé« 'to stand to leeward')' prop. 'shelter, protection' (OE. *hlĕo*, OSAX. *hlĕo* 'shelter'). Cogn. w. ON. *hlý* 'warmth' — *hlýr* 'warm; and G. *lau* OHG. *hlao*; cp. *lukewarm.*

leech¹ 'physician' (Shakesp.) ME. *lĕche* OE. *lĕče lǽče* 'physician' = GOTH. *lĕkeis*, OHG. *lâhhi* 'physician': Teut. base *lĕkja- lâkja-.* Perh. allied to OIR. *liaig* (gen. *lĕga*) 'physician'.

leech² 'hirudo' ME. **lĕche* (not recorded) OE. *lĕče* 'hirudo': prop. 'physician' and ident. w. *leech*¹. Cp. ODU. *lâke* 'leech'?

leek ME. *lĕk* OE. *lĕac* = DU. *look*, OHG. *louh* G. *lauch*, ON. *laukr* 'leek': Teut. base *lauka-* pre-TEUT. *lougo-.*

leer ME. *lĕr* OE. *hlĕor* 'cheek' = OSAX. *hlior*, ON. *hlýr* 'cheek': Teut. base *hleuza-.* If the orig. meaning was 'ear', *listen* might be allied.

lees 'dregs of wine' from FR. *lie* 'lees': base a late Gallo-Latin *lia* for **lĭga* 'sediment' (ARYAN √ *legh* in *lie*).

left ME. *left lift* allied to the synon. ODU. *lucht luft*, LG. *lucht*, NFRIS. *leeft*; the orig. meaning was perh. 'faint, weak' in OE. *lyft* 'inanis': Teut. base *lufti-?* *lumfti-?* perh. allied to OHG. *lenka* 'the left hand' G. *links* 'left'?

legend ME. *legende* from OFR. *lĕgende.*

leisure ME. *lĕsüre* (commonly *leisĕr*) fr. OFR. *leisir* = FR. *loisir.* Source LAT. *licĕre.*

lemman 'sweetheart' ME. *lemman* shortened fr. an earlier *léfman*: prop. »*lief man*«.

lemon from FR. *limon*; cp. *lime³*.

lend vb. ME. *léne* OE. *lénan* vb. 'lend' from OE. *lén* 'a loan'; cp. *loan*.

length ME. *lengthe* OE. *lengþ* from a Teut. base *langiþô-* = ON. *lengd*: abstract formation of TEUT. *langa-* ; cp. *long*.

lent ME. *lente lenten* OE. *lenʒten* 'spring' = OHG. *lenzin* with the by-form *lengiʒin lengizo lenzo* G. *lenz* 'spring', DU. *lente*. OHG. *lenzin* (= OE. *lenʒten*) points to a TEUT. *langa-tîna-* 'the long day'; for the second element cp. GOTH. *sin-teins* 'daily', SLOV. *dînî*, skr. *dina* 'day'.

lentil ME. *lentil* fr. FR. *lentille*; source the synon. LAT. *lenticula* (*lens — lentis* 'lentil').

leper ME. *lepre* 'leprosy' fr. FR. *lepre* 'leprosy' (LAT. *lepra*).

less ME. *lesse lasse* OE. *léssa* 'smaller' fr. a Teut. base *laisizan-* = OFRIS. *lessa*; the adv. E. *less* ME. *les* OE. *lés* answers to OSAX. *lês* (TEUT. *laisiz*). For the superl. cp. *least*. A primitive adj. *laisa-is* LITH. *lésas* 'little, small'.

-less suffix = ME. *-lés* OE. *-léas*: prop. adj. meaning *loose*.

lesson ME. *lessoun* fr. FR. *leçon*: source LAT. *lectio(nem)*.

lest 'that not' ME. *leste* shortened for *the lést the* OE. *þý lés þe* 'for the reason less that'; for OE. *lés* = ME. *les* cp. *less*.

let¹ vb. ME. *léte* OE. *létan látan* str. vb. = GOTH. *lêtan*, ON. *láta*, OSAX. *lâtan*, OHG. *lâʒʒan* G. *lassen*, DU. *laten*: TEUT. √*lét lât* 'permit'.

let² vb. 'hinder' ME. *lette* OE. *lettan* fr. a base *latjan* 'to make slow' (TEUT. *lata-* 'slow' see under *late*) = GOTH. *latjan* 'tarry' ON. *letja*, OSAX. *lettian*, OHG. *lezzan* (G. *verletzen*), DU. *letten*.

letter ME. *lettre* fr. FR. *lettre* (LAT. *littera*).

lettuce late ME. *letüçe*; allied to FR. *laitue* = LAT. *lactûca* (whence OHG. *lattûh*).

levy fr. FR. *levée* (FR. *lever* = LAT. *levare*).

lewd ME. *léwed* OE. *léwed* 'unlearned' fr. I.AT. *laïcus* cp. *lay³*.

lick vb. ME. *likke* OE. *liccian* = OSAX. *likkôn*, OHG. *leckôn* G. *lecken*, GOTH. *likkôn. TEUT. *likkôn* belongs to the Aryan √*lîgh* 'lick' in GOTH. *laigôn*, GR. λείχω 'lick' — λιχνεύω 'taste secretly', SKR. √*rih lih* 'lick', OSLOV. *liʒą* (*liʒati*) and LITH. *léʒiù* 'lick', LAT. *lingo* and perhaps LAT. *lingua* LITH. *léʒùvis* 'tongue', OIR. *ligim* 'lick'.

lid sb. (*eye-lid*) ME. *lid* OE. *hlid* 'cover, lid' = DU. *lid* 'lid, cover', OHG. *lit* (older *hlit*) G. *lid* (in *augenlid* 'eyelid'), ON. *lid* 'cover, gate'. Cp. the TEUT. √*hlîd* in the str. vb. OE. OSAX. *hlîdan* 'cover'.

lie¹ vb. 'speak falsely' ME. *lie* earlier *lie léʒe* OE. *léogan* = OSAX. OHG. *liogan*, DU. *liegen*, G. *lügen*, ON. *ljúga*, GOTH. *liugan* str. vb. 'tell a falsehood'. The TEUT. √*leug* answers to an Aryan √*leugh* - *lugh* in OSLOV. *lŭža* (*lŭgati*) vb. 'lie' — *lŭža* sb. 'lie'. lie² vb. 'rest, repose' ME. *lie* *lin* OE. *licgan* = OSAX. *liggian*, DU. *liggen*, OHG. *licken* G. *liegen*, ON. *liggja*, GOTH. *ligan* str. vb. 'lie'. The str. vb. TEUT. *ligjan* is derived fr. the Aryan √*legh* in GR. λέκτρον λέχος 'bed' — ἄλοχος 'wife' — λέχω 'bedridden woman' — λοχέω 'bear' — λόχος 'ambush, lair', LAT. *lectus* 'bed', OSLOV. *lega* (*ležati*) 'lie'. Cp. *lay* and *lair*.

lief adj. ME. *lēf* OE. *lēof* (cp. *lemman*) = OSAX. *liof*, DU. *lief*, OHG. *liob* (*liub*) G. *lieb* 'dear, lief', ON. *ljúfr*, GOTH. *liufs* 'dear': Teut. base *leuba-* adj. 'lief' from the TEUT. √*lub* in *love*.

liege ME. *lēge* (by-form *lige*) fr. OFR. *liege lige* FR. *lige*.

life ME. OE. *līf* = OSAX. *līf*, ON. *líf*, OHG. *līb* 'life' (G. *leib*, DU. *lijf* 'body'); allied to the TEUT. √*līb* in *live*; a lost str. vb. *līban* cp. under *leave* vb. Outside of TEUT., GR. λιπαρέω 'remain' points to an ARYAN √*līp*.

lift vb. ME. *lifte* fr. SCAND. *lypta*; cogn. w. *loft*.

light sb. ME. *light* OE. *lēoht* = OSAX. OHG. *lioht*, DU. G. *licht* 'light'. The dental of the word is formative as seen in GOTH. *liuh-ap* 'light'; cp. the Aryan √*luk*: *leuk* in LAT. *luceo* 'shine', GR. λευκός 'white', SKR. *ruc* 'shine'. — Hence lighten vb. ME.

light(e)ne (where the *n* is formative) 'become light' and lightning verbal sb. 'an illuminating flash' (with the suffix -*ing*).

light adj. ME. *light* OE. *liht leoht* = DU. *ligt*, OHG. *līht* G. *leicht*, ON. *léttr*, GOTH. *leihts*: Teut. base *linhta-* for *lenkto-*? Perhaps cogn. w. GR. ἐλαχύς 'small', LITH. *lengwus lengwas* 'light'. See *lung*. — Hence also lights 'animal's lungs'. — light vb. 'alight, descend' ME. *lihte* OE. *lihtan* lit. 'make light, relieve a horse of his burden' fr. OE. *līht* = *light*. — lighten vb. ident. w. *light* vb. (w. formative -*en*). — light in the phrase "to make light of somebody" represents ME. *līte* OE. *lýt* 'little, small', which is cogn. w. *little*.

like vb. ME. *like* OE. *līcian* wk. vb. 'please' = GOTH. *leikan* (pret. *leikaida*) 'please', DU. *lijken* 'suit', ON. *líka* 'please': deriv. of *like* adj. or cogn. w. OIR. *ligach* 'beautiful' — *llg* 'color, splendor'?

like adj. ME. *lik* earlier *ilik* OE. *ʒelīc* = GOTH. *galeiks*, ON. *glīkr*, OSAX. gilīk, DU. *gelijk*, OHG. *gilīh* (*hh*) G. *gleich*. The Teut. adj. *ga-līka-* is a comp. of the particle GOTH. *ga-* and a sb. *līka-* 'body', the comp. meaning 'having the same body'; cp. GOTH. *leik*, OSAX. ON. *līk* 'body', OE. *līc-homa* 'body', G. *leiche* — *leichnam* 'corpse'. Cp. -*ly*, *which* and *such*. — Hence liken vb. ME. *līkne* 'compare'.

lily ME. *lilie* OE. *lilie* (plur. *lilian*) = OHG. *lilia* G. *lilie*, DU. *lelie*: source LAT. plur. *lilia* 'lily', whence also OSAX. *lilli* 'lily'.

limb ME. *lim* OE. *lim* (plur. *leomu*) = ON. *limr* 'limb': Teut. base *li-ma-* cogn. w. GOTH. *li-þus*, OHG. *li-d*, OSAX. *li-th*, OE. *li-þ* 'limb'; cp. also LITH. *lěmů* 'stature, growth': ARYAN √*lī*.

lime[1] sb. 'viscous substance, bird-lime' ME. OE. *līm* 'cement, glue' = DU. *lijm*, G. *leim* OHG. *lîm*, ON. *līm* 'glue': TEUT. *līma-* is allied to TEUT. *laima-* (see *loam*). LAT. *līmus* 'slime' corresponds to *lime* in form, to *loam* in meaning. √*lai lī* is attested by ON. *leir* (Teut. base *lai-z-a-*) 'clay, loam' and LAT. *li-no* 'rub over, daub'.

lime sb. 'the linden-tree', corrupted fr. earlier *line-tree* for *lind-tree*; see *linden*.

lime[3] sb. 'a kind of citron' borrowed fr. FR. *lime* 'a lime'; ident. w. *lemon*.

linch-pin earlier **lins-pin** ME. *lins* OE. *lynes* = OSAX. *lunisa*, DU. *luns lens*, G. *lünse*; allied to OHG. *luning* and OHG. MHG. *lun* 'linch-pin'. The primit. base *luni-*, if fr. an ARYAN *ļni-*, is perhaps ident. w. SKR. *âṇi* 'linch-pin'; cp. OE. *ā-lynnan* 'loosen'.

lindentree ME. *linde* OE. *lind* 'lime-tree' = OHG. *linta* G. DU. *linde*, ON. SW. DAN. *lind*: Teut. base *lindô* pre-TEUT. *lentâ-*, if allied to GR. *ἐλάτη* 'fir-tree' or LITH. *lentà* 'board'.

line ME. OE. *line* = DU. *lijn*, OHG. *lina* MHG. MLG. *line* G. *leine*, ON. *lina* 'cord, rope': Teut. base *lîn-jôn-* prop. 'the thing made of flax'; cp. *linen*.

lineage ME. *linâ̆ge* adopted fr. *lignage*: source LAT. *linea* 'a line'.

linen adj. and sb. (orig. only adj.) ME. OE. *linen* adj. = OSAX. OHG. *lînîn* G. *leinen linnen*, DU. *linen* 'made of flax': deriv. of OE. *lin* 'flax' = OSAX. OHG. *lîn*, GOTH. *lein* sb. 'linnen'; cogn. w. LAT. *linum*, GR. *λίνον*, OSLOV. *linŭ* 'flax'.

linger vb. extended fr. ME. *lenge* vb. 'tarry' w. the frequent suffix *-er*; OE. *lengan* 'prolong' fr. *long*.

link sb. 'ring in a chain' fr. an unrecorded ME. **lenk *link*: SCAND. loanword fr. an orig. *hlenk-* cp. ON. *hlekkr* (for **hlenkr*), SW. *länk*, DAN. *lænke* 'link'. There was a genuine OE. *hlenče* 'link' fr. a base *hlankjôn-*; but the guttural of *link* shows that the word may not be the development of OE. *hlenče*.

linnet sb. ME. *linet* adopted fr. FR. *linot(te)* 'a linnet' fr. FR. *lin* 'flax' so called from feeding on the seed of flax or hemp; cp. G. *hänfling* 'linnet' fr. *hanf* 'hemp'. Cp. OE. *linece* 'carduelis' and *linetwige* 'linnet'.

linseed short for ME. *lin-sẹd* prop. 'flax-seed'; cp. *linen*.

lion ME. *lioun* earlier *lẹun*: borrowed in the 12th cent. fr. FR *lion*; source LAT. *leonem* (*leo*).

lip ME. *lippe* OE. *lippa* = OSAX. **lippia*, DU. *lip*, MLG. *lippe* (whence G. *lippe*); cogn. w. the synon. OSAX. *lepur* = OHG. *lëffur* and OHG. *lëfs* 'lip'. LAT. *labium* 'lip' with the Teut. group points to an ARYAN √ *leb lab*.

lisp vb. (Scotch *wlisp*) ME. *lispe* (*lipse*) formed fr. the adj. OE. *wlisp wlips* 'lisping' = OHG. *lëfs* (for **wlëfs*) 'stammering'; akin to DU. *lispen*, G. *lispeln* 'lisp': TEUT. √ *wlifs* — pre-TEUT. *wlips*.

list[1] sb. ME. *list* short for OE. *ist* = DU. *lijst*, G. *leiste* 'list, border' OHG. *liste* 'border'. — ident. w. **list**[2] 'catalogue' fr. FR. *liste*, which is of Teut. origin (OHG. *lista* 'border, strip').

list vb. ME. *liste* OE. *lystan* 'desire' derived fr. *lust*.

listen vb. ME. *listene* earlier form *liste* OE. *hlystan* 'hear'; allied to OE. *hlos-nian*, OHG. *(h)losën* 'hear', ON. *hlora* (GOTH. **hluzan*) 'listen'. An ARYAN √ *klus* 'hear' is evident in SKR. *çruṣ-ṭi* 'obedience', OSLOV. *slyšati* vb. 'hear', LITH. *klausýti* 'hear', ON. *hlus-t* 'ear'; CYMR. *clust* 'ear'. Cp. *leer*.

litter ME. *littre* fr. OFR. *litiere* (FR. *litière*) 'a horse-litter' (LAT. type *lectaria* fr. *lectus* 'bed').

little short for ME. OE. *littel* = GOTH. *leitils* 'small', ON. *littill* 'little'. Relation to the synon. DU. *luttel*, OSAX. *luttil*, OHG. *luzzil*, OE. *lyttel* 'little' is obscure.

live vb. ME. *live* earlier form *livie libbe* OE. *libban* (*lifian*) wk. vb. = GOTH. *liban*, OHG. *lëbën* G. *leben*, DU. *leven*, OSAX. *libbian*; cogn. w. OE. *belífan* = OHG. *bilíban* G. *bleiben*: TEUT. √ *lib* see under *leave* vb. and *life*.

liver ME. *livre* OE. *lifer* = DU. *lever*, OHG. *libara lëbara* G. *leber*, ON. *lifr*. Connection of TEUT. *librô-* w. the synon. GR. ἧπαϱ, LAT. *jecur*, SKR. *yakṛt* and the two assumed stems **lik* and **ljëk* is doubtful.

livery ME. *liveré* fr. FR. *livrée*.

lizard ME. *lesarde* fr. FR. *lézard* 'lizard' (= LAT. *lacerta*).

lo interj. ME. *lǒ* OE. *lá*; a prehistoric OE. **láw* for TEUT. *laiw* is warranted by OHG. *lëw-es* 'lo'! Perhaps TEUT. *lai-wa-* is connected with *lai-þa-* in *loath*.

loadstar see *lode-star*.

loaf ME. *lǒf* OE. *hláf*: Teut. base *hlaiba-* in GOTH. *hlaifs* 'bread', ON. *hleifr*, OHG. *leib* G. *laib*; akin to LITH. *klëpas* 'bread'. See *lady*, *lammas* and *lord*.

loam ME. *lǒm* OE. *lám* = OHG. *leim* G. *lehm*, DU. *leem*: Teut. base *lai-ma-* fr. the ARYAN √ *li* under *lime*.

loan ME. *lǒn* fr. ON. *lán* 'a loan'. There was a genuine OE. *lǽn* fr. a TEUT. *laihniz*; cp. OHG. *lëhan* 'a thing granted' and ON. *lán* fr. a TEUT. *laihna-(z?)*: TEUT. √ *lihw* (GOTH. *leihwan* 'lend', OHG. *lïhan* G. *leihen*, OE. *léon* pret. *láh* 'lend, give') = ARYAN √ *liq* in LAT. *linquere* 'leave', GR. λείπειν, SW. *ric* 'leave'.

loath adj. ME. *lǒth* OE. *láþ* 'hateful' = ON. *leidr* 'loathed',

OHG. *leid* 'odious', OSAX. *lêth*; cogn. w. OHG. *lîdan* G. *leiden* 'suffer'. Perhaps there was an ARYAN √*ll lai* cp. *lo*.

lobster ME. *lopstre* OE. *loppestre* earlier *lopust* 'lobster': adoption fr. LAT. *locusta* 'lobster, locust'.

loch OE. *loh* 'lake': a Gaelic word; cp. GAEL. IR. *loch* 'lake' (ident. w. LAT. *lacus*, OE. *lagu* 'sea' under *lake*).

lock[1] sb. fr. the vb. ME. *lóke louke* OE. *lûcan* 'lock, enclose' = GOTH. *galûkan* 'shut up', OHG. *lûhhan*, DU. *luiken*.

lock[2] (of hair) ME. *lok* (plur. *lockes*) OE. *locc* (plur. *loccas*) = DU. *lok*, ON. *lokkr*, OHG. *lok* G. *locke*: Teut. base *lokka-* cogn. w. GR. λυγίεω 'I bend'.

lode-star ME. *lóde-sterre* contains OE. *ʒelád* 'way, course' (cf. ON. *leidarstjarna* = G. *leitstern*), which is cogn. w. *lead* vb. = TEUT. *laidjan* 'guide, lead'. Cp. ME. *lódesman* 'pilot' and E. *lodestone*.

lodge vb. ME. *loḡḡe* vb. adopted fr. FR. *loger*; E. lodge ME. *loḡḡe* 'lodge, tent' fr. FR. *loge* orig. 'a small house'? Source a LAT. type *laubia* fr. OHG. *louba* 'an arbor' (G. *laube* 'a covered hall'; allied to *leaf*).

loft sb. ME. *loft* 'an upper room' borrowed fr. ON. *lopt* 'upper story, balcony', which has also the meaning 'air, sky' = GOTH. *luftus*, G. *luft*, OE. *lyft* 'air'. Hence *lift* vb.

loin late ME. *loine*: adopted fr.

OFR. *logne* now *longe* (LAT. type *lumbea* fr. LAT. *lumbus* 'loin').

loiter vb. ME. *loitre*.

loll vb. ME. *lolle*.

lone short for *alone*.

long adj. ME. OE. *long* (*lang*) = OSAX. *lang*, DU. OHG. G. *lang*, ON. *langr*, GOTH. *laggs*; cogn. w. synon. LAT. *longus* (whence IT. *lungo*, FR. *long*); cp. *linger*. — long vb. ME. *longe* OE. *langian* 'long after, long' = OSAX. *langôian*, G. *verlangen* 'wish for'.

look vb. ME. *lóke* earlier *lókie* OE. *lócian* = OSAX. *lôkôn* (OHG. *luogên* G. *lugen*). The early history of the TEUT. √*lôk* (*lôg*) is obscure; cp. SKR. *lakš* 'notice, perceive' and CYMR. *llygat* CORN. *lagat* 'eye'.

loom sb. ME. *lóme* OE. *ʒe-lóma* (*andlóma*) 'a tool, implement'; perh. akin to OE. *ʒelóme* = OHG. *giluomo gilâmo* 'frequently', OHG. *gastluomi* 'hospital'.

loose adj. ME. *lós* (*lous*) borrowed fr. ON. *louss* = GOTH. *laus*, OE. *lías* (cp. *less*), DU. *los*, OSAX. OHG. *lôs* G. *los*. The common TEUT. adj. *lausa-* is a deriv. of the √*lus* 'be loose' under *lose*.

lord ME. *lórd* short for *lóverd* OE. *hláford* prop. *hláf-weard* 'loaf-ward' — 'keeper of bread' (cp. OE. *hláf* under *loaf*): the masc. corresponding to the fem. formation *lady* = OE. *hláf-díʒe*. Both compounds are peculiar to English.

lore ME. *lóre* OE. *lár* infl. *láre*

= OHG. OSAX. *lêra*, G. *lehre*, DU. *leer*: Teut. base *laizô-*, whence GOTH. *laisjan*, OE. *lǽran*, OHG. *lêran* G. *lehren*, DU. *leeren* 'teach'. See also *learn* for the TEUT. √ *liz laiz*.

lose ME. *lóse* mostly *forlése* OE. *forléosan* str. vb. = GOTH. *fra-liusan*, OSAX. OHG. *farliosan* G. *verlieren* str. vb. 'lose'. An ARYAN √ *lǔs* (cp. *loose*) may be an extended form of √ *lu* in GR. λύω 'I release', LAT. *luere*. —

loss sb. ME. OE. *los* 'destruction'.

lot ME. *lot* OE. *hlot* = DU. *lot*; ident. w. OE. *hlýt* = GOTH. *hlauts*, OHG. *lôʒ* G. *loos*: Teut. base *hlauti-*: TEUT. √ *hlut hlaut* in ON. *hljóta* str. vb. 'get by lot', OE. *hléotan*, OHG. *(h)lioʒʒan*.

loud adj. ME. *loud* OE. *hlúd* = OSAX. *hlúd*, DU. *luid*, OHG. *(h)lút* G. *laut*: the Teut. base *hlú-da-* (cp. *cold*, *old*, *couth*) was orig. a part. with suffix *-to* (LAT. *-tus*, GR. *-τός*, SKR. *-tas*); pre-TEUT. *klu-tó-s* (SKR. *crutás*, GR. κλυτός, LAT. *inclŭtus* 'famous') fr. an ARYAN √ *klŭ* in SKR. *çru* 'hear', GR. κλύω — κλέος.

lough 'lake' fr. IR. GALL. *loch*; see *loch*.

louse ME. *lous* (plur. *lis*) OE. *lús* (plur. *lýs*) = DU. *luis*, OHG. *lús* G. *laus*, ON. *lús* (plur. *lýss*): Teut. base *lús-*, derived perh. fr. the TEUT. √ *lus* 'destroy' under *loose* and *lose*; cp. GR. φθείρ 'louse' — φθείρω 'I destroy'.

lovage fr. FR. *livèche* mixed

w. ME. *luvestiche* OE. *lufestiče*. Source of the whole group LAT. *ligusticum* 'lovage'.

love ME. *love* OE. *lufu* = GOTH. *lubô*, OHG. *luba* 'love': Teut. base *lubôn-* allied to the TEUT. adj. *leuba-* = *lief*. An ARYAN √ *lubh* 'desire' is evident in LAT. *lubido*, SKR. *lôbha* 'desire' and SKR. √ *lubh* 'to desire'.

low adj. ME. *lów* earlier *lág* late OE. *lág*: borrowed fr. ON. *lágr* 'low' (SW. *låg*, DAN. *lav*) = DU. *laag*, which are derived from the TEUT. √ *leg lag* 'lie'. Hence *low* prop. 'lying flat'.

low vb. ME. *lówe* OE. *hlówan* 'low'; cp. DU. *loeien*, OHG. *luoien* 'low': TEUT. √ *hlô*, pre-TEUT. *klâ* in LAT. *clâ-mâre* 'cry'.

lower vb. ME. *loure* = MHG. *lûren* G. *lauern* 'lurk'; cp. *lurk*.

luck found since the 15th cent.; ident. w. DU. *luk geluk* 'good fortune', MHG. *gelücke* G. *glück*, OFRIS. *luk*. Akin to G. *locken*, DU. *locken* 'entice, allure'.

lucre ME. *lücre* fr. FR. *lucre* = LAT. *lucrum*.

lug vb. ME. *lugge* 'drag, lug'; cogn. w. SW. *lugga*.

lukewarm fr. ME. *léuke* (*lüke*) earlier *hléuk*; perh. contr. fr. an unrecorded OE. **hléowoc* 'lukewarm'; cogn. w. ME. *léwe* OE. *hléowe* 'lukewarm' = ON. *hlýr* 'warm' (OHG. *hlâo* G. *lau* 'lukewarm').

lull ME. *lulle* = DU. *lullen*, DAN. *lulle*, SW. *lulla*.

lump sb. ME. *lumpe lompe*;

ident. w. DU. *lomp* 'a lump', G. *lumpen* 'rags'.

lung ME. *lunge longe* OE. *lungen* == ON. *lunga*, DU. *long*, OHG. *lunga* G. *lunge* 'lung': Teut. base *lungon-j-*, allied to an ARYAN adj. *lьnghu-* 'light' == GR. ἐλαχύς, SKR. *laghu* 'light'. Cp. *lights* as synon. with *lungs*. See *light* for the ARYAN √ *lengh*.

lure sb. ME. *lùre* fr. FR. *leurre* 'bait'; source a TEUT. *lôpra-* == MHG. *luoder* 'bait' (G. *luder*).

lurk vb. ME. *lurke*: derived fr. ME. *louren* (== *lower*) as *hark* fr. *hear*, *talk* fr. *tell*.

lust sb. ME. OE. *lust* 'desire' == OSAX. DU. G. ON. *lust*, GOTH. *lustus* 'desire': a common Teut. formation, prob. allied to the ARYAN √ *las* 'desire' in GR. λιλαίομαι, SKR. √ *laš* for *lals* 'desire', LAT. *las-civus*.

lute sb. ME. *lùte*: borrowed fr. OFR. *lut leut* == FR. *luth*; ident. w. DU. *luit*, G. *laute*, IT. *liuto leuto*, SPAN. *laud*. Source ARAB. *al ûd* 'lute'.

-ly adj.-suffix ME. *-ly -lí* earlier *-lich(e)* OE. *-líc* == OSAX. *-lík*, DU. *lijk*, OHG. *-lích* G. *-lich*, ON. *-líkr*, GOTH. *-leiks*. Orig. the same as *líka-* 'body' discussed under *like* (GOTH. *watra-leiks* 'manly', prop. 'having the body of a man').

lye sb. ME. *léie* OE. *léah* (infl. *léage*); cp. synon. DU. *loog*, OHG. *louga* G. *lauge*, ON. *loug* 'warm bath': prob. connected with the ARYAN √ *lou lu* 'bathe' (cp. *lather*).

M

mace 'a big club' borrowed fr. OFR. *mace* FR. *masse*: source a LAT. type *matea* 'a beetle'.

mackerel ME. *makerél* adopted fr. OFR. *maquerel* (FR. *maquereau*) == DU. *makreel*, whence G. *makrele*: source MED.-LAT. *macarellus maquerellus* 'a mackerel'.

machine (== G. *maschine*, DU. *machine*) fr. FR. *machine*: source LAT. *machina* GR. μηχανή 'a device'.

mad adj. ME. *mad* OE. ʒemǽd prop. ʒemǽded: part. of OE. ʒemǽdan 'drive mad', deriv. from the OE. adj. ʒemǽd 'mad' == OSAX. *gimêd* 'foolish', OHG. *gimeit* 'foolish', GOTH. *ga-maids* 'frail, feeble'.

madder sb. ME. *maddre* OE. *mǽdre* (*mædre*?) == ON. *madra*, OHG. *mátara*; cogn. DU. LG. *mede* 'madder'?

maggot late ME. *maggot maggat*; prob. fr. CYMR. *maceiad macai* 'a maggot'?

magpie sb. 'a bird'; mag short for *Magot* == FR. *Margot*

'Marguerite', also 'magpie'; *pie* = FR. *pie* fr. LAT. *pîca* 'a magpie'; see *pie*.

maid ME. *maide* OE. *mæʒden* = OHG. *magatîn*: Teut. base *magadîna-* is diminutive of a LEUT.-GOTH. *magaþ-* 'a girl, virgin' = OE. *mæʒeþ*, ᷄OSAX. *magath*, DU. *meid*, OHG. *magad* G. *magd* — *mädchen*. Allied to the Teut.-Goth. base *magu-* 'boy' = ON. *mǫgr* 'boy, son', OE. *magu*.

mail[1] sb. adapted fr. FR. *maille* 'mail' (also 'a mesh of a net'): source LAT. *macula* 'a spot, hole, mesh of a net'.

mail[2] sb. ME. *male* 'a bag, wallet' borrowed fr. the synon. OFR. *male* = FR. *malle* (OHG. *malha* 'a leather bag').

maim vb. ME. *maime* prop. *maine* borrowed fr. OFR. *mehaigner* 'torment'.

main sb. ME. *main* OE. *mæʒen* 'strength' = OHG. *magan mȩgin*, OSAX. ON. *megin* 'strength': TEUT. √ *mag* in *might* and *may*.

main adj. borrowed fr. OFR. *maine magne* 'chief' (LAT. *magnus* 'great').

maintain vb. ME. *maintȩne* adopted fr. FR. *maintenir* (LAT. type *manutenere* 'hold by the hand').

maize sb. = FR. *mais*, G. *mais*; adopted fr. SPAN. *maiz*. Columbus is said to have imported the Haytian name *mahis* and the cereal to Spain whence

it was adopted by the other mod. languages.

make vb. ME. *máke* OE. *macian* = OSAX. *makôn*, DU. *maken*, OHG. *mahhôn* 'make, also fit or fasten together' G. *machen*: Teut. base *makôn* 'join, belong together'. Cp. with GOTH. **makôn* the ON. comparat. *makara* 'more suitable, fitting', OE. *ʒemæc* 'fit, suitable', OHG. *gimah* 'convenient, comfortable' G. *gemach*; OE. *ʒemæċċea* 'husband, wife' (E. *make* 'companion, spouse', E. *match* 'spouse').

malady sb. ME. *maladie* borrowed fr. OFR. *maladie* fr. FR. *malade* (source *male* 'ill, bad' and *aptus* 'disposed').

male adj. ME. *mâle* adopted fr. FR. *mâle* (source LAT. dimin. *masculus*.

malice sb. ME. *malice* borrowed fr. FR. *malice* (source LAT. *malitia* 'ill will'). — malign adj. adopted fr. FR. *malin* (f. *maligne*) 'malignant' (source *malignum* i. e. *male genus* 'ill-born').

mall sb. ME. *malle melle mail* borrowed fr. FR. *mail* 'a mall': source LAT. *malleus* 'a hammer'. — Hence mallet sb. ME. *maillet* borrowed fr. FR. *maillet* 'a mallet'.

mallow ME. *malwe* OE. *mealwe* = DU. *maluwe*: borrowed fr. LAT. *malva*, whence also FR. *mauve*, SPAN. IT. *malva*, G. *malve*. Cp. *mauve*.

malt sb. ME. *malt* OE. *mealt* = OSAX. ON. *malt*, DU. *mout*, G. *malz*. The Teut. base *malta-*

fr. a TEUT. √*melt* in OE. *mĕltan*
'dissolve, melt' with which is
allied the ON. adj. *maltr* 'rotten'
= OHG. *malz* 'melting away,
soft' so that **malt* is perh. the
adjectival neut. sb. meaning 'that
which is soft'. Cp. *melt*.

man sb. ME. OE. *man mon(nn)*
= OSAX. OHG. DU. MLG. *man*
G. *mann*, ON. *madr*, GOTH. *manna*
'mankind, man'. In OE., *man mǫn*
(*n* = *nn*) denotes 'man' and
'woman' (cp. OE. *wtfmon* = E.
woman). GOTH.-TEUT. *mann-* is
based on older *manw- manu-* (as
chin is based on an ARYAN
kenw- genu-). INDO-EUR. *mánu*
'mankind' appears in SKR. as
Manu, but it signified also the
'father of mankind'; cp. also
SKR. *manus* and *manusa* 'homo'
and OSLOV. *mǫžĭ* 'man'.

mane sb. ME. *máne* OE. *manu* =
OHG. *mana* G. *mähne*, DU. *maan*,
ON. *mǫn*, SW. DAN. *man*. The
Teut. base *manô-* 'mane' shows
a later development of meaning;
the older meaning was 'neck'; cp.
ON. *men*, OE. *męne*, OHG. *męnni*
'necklace', cogn. with LAT. *monile*
'necklace', OCELT. *μανιάκης* =
OIR. *muince* 'necklace'. In lieu
of ARYAN *manâ* 'neck' occurs SKR.
manyâ 'nape', closely allied to
OIR. *muin muinĕl* 'nape'.

mange sb. shortened fr. the
adj. ME. **maungĕ* which is bor-
rowed from the FR. part. *mangĕ*
lit. 'eaten'; cp. FR. *mangaison*
'mange'. — manger sb. ME.
maungĕr borrowed fr. FR. *man-*

geoire 'manger, stable' (FR. *man-*
ger 'eat' = LAT. *manducare*).

mangle vb. ME. *mangele* frequent.
and weakened for **mankele* fr.
ME. *manke* OE. *ʒemancian*, which
was prob. formed from an adj.
OE. **manc* = DU. *mank*: loanword
fr. LAT. *mancus* adj. 'maimed'.

mangle sb. borrowed fr. DU.
mangel (= SW. G. *mangel*); dimin.
of a simple word represented
by G. *mange* 'a mangle' = IT.
mangano 'a machine for smoothing
linen, a war-engine' fr. LAT. *man-*
ganum = GR. *μάγγανον* 'a war-
machine'.

manikin *manakin* borrowed fr.
FR. *mannequin* = DU. *manneken*;
cp. G. *männchen*, DU. *mannetje*:
all diminutives of *man*.

mankind sb. ME. *manklnde*
earlier *man-kin* OE. *mon-cynn*.
See *man* and *kin*, also *kind*.

manner ME. *manĕre* borrowed
fr. OFR. *manere* = FR. *manière*.

mantle ME. *mantel* (a form
mauntel is unrecorded) = DU. SW.
DAN. *mantel*; ON. *mǫttull* and OE.
mentel rest on a lost LAT. *mantu-*
lum mantilum (fr. LAT. *mantum* =
FR. *mante*, IT. *manto* 'a cloak'),
whence also G. *mantel* OHG. *mantal*;
cogn. w. FR. *manteau*, IT. *mantello*
(LAT. type **mantellum*).

many ME. *manl manỹ* OE. *maniʒ*
moneʒ: Teut. base *managa-* =
OSAX. OHG. *manag* G. *manch*, DU.
menig, ON. *margr*. Cogn. w. OIR.
menicc IR. *minic* 'frequently' (base
menecei-?) and CYMR. *maint*, BRET.
meñt (CELT. base *manti-*).

9*

map sb. borrowed fr. FR. *mappe* = IT. LAT. *mappa* prop. 'a napkin, table-cloth'.

maple sb. ME. *mápel* OE. **mǽpel *mapul* in *mapoltréo mapulder* 'a maple-tree': perh. ident. w. OHG. *mazzaltra* (G. *massholder*), which points to TEUT. *matlu-*, whilst the E. word points to a base *maplu-*.

mar vb. ME. *merre* OE. *ámerran ámyrran* wk. vb. 'to hinder, obstruct' = GOTH. *marzjan* 'offend', OHG. *marren*, DU. *marren* 'tarry': TEUT.-ARYAN √ *mar̄z* *mars*.

marble ME. *márble márbre* fr. FR. *marbre*; source LAT. *marmor*.

march sb. ME. *márche* 'march, boundary' fr. FR. *marche* 'boundary'. The Fr. word is of Teut. origin; cp. GOTH. *marka*, OE. *mearc*, OSAX. OHG. *marka* 'boundary' which are primitively related to LAT. *margo* 'border, edge', AVEST. *merezu* 'border', IR. *mruig* 'shire' (Celt. base *mrogi-*). Cp. *mark*.

march vb. fr. FR. *marcher*.

March (the month) ME. (since the 12th cent.) *Márch* fr. FR. *mars?* Source LAT. *Martius mensis* (whence OHG. *merzo* G. *märz*, LG. *merte*).

mare ME. *mére* OE. *mére mýre*: Teut. base *marhjôn-* (= OHG. *merihha* G. *mähre*, DU. *merie*, ON. *merr*), deriv. fr. TEUT. *marha-* 'horse' in OE. *mearh*, OHG. *marah*, ON. *marr* 'horse' (see *marshal*). There is a pre-TEUT. *marka-* in the Celt. languages; cp. GALL.

marca, IR. GAEL. *marc*, CYMR. CORN. *march* 'horse'.

margin ME. *márgín(e)* fr. LAT. *marginem* (nom. sing. LAT. *margo* = FR. *marge*).

mark[1] sb. 'line, dot, cut' ME. *marke* OE. *mearc* = DU. ON. *mark*, MHG. *marc* (gen. *markes*) G. *marke* (GOTH. *marka* 'boundary'). — Hence mark vb. ME. *marke* OE. *mearcian* = ON. *marka*, OSAX. *markôn*; cp. DU. G. *merken* = GOTH. **markjan*.

mark[2] sb. 'a unit of weight, a coin' ME. *mark* late OE. *marc*: borrowed fr. ON. *mǫrk*, whence also DU. G. *mark* (MED.-LAT. *marca*).

market sb. ME. *market* late OE. (11th cent.) *markét marcát*: borrowed fr. OFR. **market* FR. *marché* (IT. *mercato*) = LAT. *mercâtus* 'market', whence also OHG. *markât* *merchât* G. DU. *markt*. See *mart*.

maroon adj. 'chestnut-colored' borrowed fr. FR. *marron* = IT. *marrone* 'a chestnut'.

marrow ME. *marow mary* OE. *mearh mearg* = OSAX. *marg*, OHG. *mar(a)g* G. *mark*, DU. *merg*, ON. *mergr*: Teut. base *mazga-* = ARYAN **mazgho-* in OSLOV. *mozgŭ*, ZEND *mazga*, SKR. *majjan* 'marrow'. The root is SKR. *majj* 'immerge' = LAT. *mergere*.

marry vb. ME. *marie* vb. adopted fr. FR. *marier*: source LAT. *maritare* 'marry'. — Hence marriage ME. *mariáǧe* = FR. *mariage*.

marsh ME. *mersh* OE. *mersč* earliest form *merisc* = MDU.

maersche, LG. G. *marsch*, DAN. *marsk*: Teut. base *mariska-* = MED. - LAT. *mariscus* 'swamp', whence OFR. *maresc* FR. *marais*. Source TEUT. *mari-* 'ocean' (= LAT. *mare*) in OE. *mere*, OHG. *mẹri* G. *meer*, ON. *marr*, GOTH. *marei*.

marshal ME. *mar(e)schal* adopted fr. OFR. *mareschal* = FR. *maréchal*, SPAN. *mariscal*, IT. *mariscalo* 'a marshal, farrier'. Source a TEUT. *marha-skalkaz* 'horse-thane' = OHG. *marah-scalc* (OHG. *marah* 'a horse' = E. *mare* and OHG. *scalch* = OE. *sceale* ME. *schalk*, ON. *skálkr*, OSAX. *skalk*, GOTH. *skalks* 'servant'.

mart sb. short for *market*.

marten short for *martern* orig. *martre* ME. *martre* adopted fr. FR. *martre* (= IT. *martora*, SPAN. *marta*). The Fr. word, which supplanted a genuine OE. *mearþ*, is of Teut. origin: ON. *mọrdr*, OHG. *mardar* G. *marder*, DU. *marter*; OSAX. **marthar* inferred fr. the adj. *marthrîn*.

martin sb. borrowed fr. FR. *martin*, orig. the proper name *Martin*, which was applied to various birds and animals; cp. *robin red-breast*.

martyr sb. ME. *martír* OE. *martyr* = OSAX. *martîr*, OHG. *martyr*, GOTH. *martyr* (with suffix DU. *martelaar*, OHG. *martirâri* G. *märtyrer*): fr. LAT.-GR. *martyr* 'a witness'.

marvel vb. ME. *merveile* borrowed fr. FR. *merveiller*; source LAT. *mirabilia* 'wonderful things'.

mash vb. *masche* vb. 'mix' (OE. (**máscian?*) = G. *meischen*: prob. cogn. W. OSLOV. *mẹžga* 'sap of trees' (OSLOV. *zg* = TEUT. *sk*?). Cp. *mix*.

mask sb. borrowed fr. FR. *masque*, whence also G. DU. DAN. *maske* SW. *mask*.

mason ME. *mâsoun* adopted fr. FR. *maçon*; source a type *matio* 'a maison' = OHG. *mẹzzo* G. *steinmetz* 'a stone-mason'.

mass[1] sb. 'a lump of matter' late ME. *masse* borrowed fr. FR. *masse* (= IT. *massa*): source LAT. *massa* 'a lump, a mass', whence also OHG. *massa* G. *masse*.

mass[2] sb. 'the eucharist' ME. *masse* OE. *mæsse*; evidently identical w. OSAX. *missa*, DU. *mis*, OHG. *mẹssa missa* G. *messe*: a Christian word from MED.-LAT. *missa* 'mass' = FR. *messe* (whence ME. *messe*).

mast ME. *mast* OE. *mæst* = DU. LG. G. SW. DAN. *mast*, ON. *mastr*. In accordance with Grimm's law, the Teut. base *masta-* is based on pre-TEUT. *mazdo-* = LAT. *mâlus* (for **mâdus*) 'a mast'.

master sb. ME. *maister* late OE. *mæzester* borrowed fr. OFR. *maistre* FR. *maître* (= IT. *maestro*): source LAT. *magister*, whence also OSAX. *mêstar*, DU. *meester*, OHG. *meistar* G. *meister*. See *mister*.

mastiff ME. *mestif mastif* adopted fr. OFR. *mestif* prop. an adj. fr.

the sb. OFR. *mastin* (FR. *mâtin*) 'a mastiff'.

mat ME. *matte* OE. *meatta* = DU. *mat*, OHG. *matta* G. *matte*, IT. *matta* borrowed fr. LAT. *matta* 'a rug', whence FR. *natte*.

match[1] sb. ME. *macche* OE. *ʒemæčča* 'a companion' ident. w. OE. *ʒemaca* sb. = E. *make*.

match[2] sb. 'the wick of a candle, a match' ME. *macche* borrowed fr. FR. *mèche* 'match of a lamp': source LAT. *myxa* 'the nozzle of a lamp'.

mate sb. 'a companion' ME. *mâte* = DU. *maat*, OSAX. **gimato*, OHG. *gimaʒʒo* MHG. *gemaʒʒe*, OE. **ʒemâta* (wanting) would be derived from OE. *mete* = *meat*; hence *mate* prop. 'mess-mate'.

mate adj. ME. *mâte mat* 'confounded, dejected' borrowed fr. OFR. FR. *mat* (= SPAN. *mate*, IT. *matto*). Source the Arab.-Pers. expression in the chess-play *schâh mât* 'the king is dead'.

matins, mattins 'morning prayers' ME. *matin(e)s*: borrowed fr. FR. *matins* plur. of *matin* 'morning': source LAT. *matutinus* 'belonging to the morning'; cp. LAT. *hora matutina* in OHG. *mettîna* G. *mette* 'matutinal service'.

matter sb. ME. *matére* adopted fr. FR. *matière*; source LAT. *materia* 'materials'.

mattock ME. *mattok* OE. *mattoc* prob. fr. CYMR. *matog* 'a hoe'; but OSLOV. *motyka* and LITH. *matikas* 'mattock' point to a Teut. word.

mattress ME. *materas* (= DU. *matras*) borrowed fr. OFR. *materas* = FR. *matelas* = MED.-LAT. *matratium*: source ARAB. *matrah* prop. 'a place where something is thrown'.

maudlin adj. corrupted fr. ME. *Maudelein* = *Magdelaine* = OFR. *Magdeleine*, LAT.-GR. *Magdalena*. *Maria Magdalena* was considered a type of sorrowing penitence.

maul vb. ME. *malle* 'strike with a mall' formed fr. the ME. sb. *malle* 'a mall' borrowed fr. IR. *mail* 'a mall', whence also *mall*.

Maundy Thursday ME. *maundé thursdai* fr. OFR. *mandé* (= OHG. MHG. *mandât*) 'the ceremony of Christ's washing his disciples' feet': source LAT. *mandâtum* according to John XIII 34.

mauve 'mallow color' borrowed fr. FR. *mauve* 'a mallow' = LAT. *malva*; ident. w. *mallow*.

maw ME. *mawe* OE. *maga* 'stomach' = OHG. *mago* 'stomach' G. *magen*, DU. *maag*, ON. *magi* 'stomach'.

may vb. ME. *mai* OE. *mæʒ* = OSAX. OHG. G. DU. *mag*, ON. *má*, GOTH. *mag*. TEUT. √ *mag (mug)* fr. ARYAN *magh* is closely allied to OSLOV. *moga mošti* 'be able'.

May ME. *may mai* fr. FR. *Mai* (LAT. *Maius mensis*).

mayor sb. ME. *maire* adopted fr. FR. *maire*; source LAT. *major* 'greater'.

me pers. pron. dat. and acc.
ME. OE. *mḗ* fr. a Teut. and ARYAN
stem *mĕ-* in GOTH. *mi-s mi-k*,
G. *mi-r mi-ch*, LAT. *mihi me*; GR.
μοί ἐμοί με ἐμέ; SKR. *mahyam*
me 'dat., *mám má* acc.; base
ma-.

mead¹ sb. ME. *mḗde* OE. *meodo*
= DU. MLG. *mede* OHG. *mĕto*
mitu G. *met*, ON. *mjǫdr*: base
TEUT. *medu* = ARYAN *medhu*; cp.
SKR. *mádhu* 'honey, sweet drink',
GR. μέϑυ 'wine' (allied μεϑύω
'I am drunk', μέϑη 'drunkenness'),
OSLOV. *medŭ* 'honey, wine', LITH.
midus 'mead' — *medùs* 'honey', IR.
mid.

mead² sb. 'meadow' (now in
poetry) ME. *mḗde* OE. *mǽd* (gen.
mǽdwe) = DU. *mat* MLG. *mâde*
OLG. *mâtha mâda*, OFRIS. *mêth*,
G. *matte*, GOTH. *mêdwa*: based
on a TEUT. √ *map mêd*, con-
nected w. LAT. *mêto* 'I mow,
reap' and showing a shorter
form *mê* in E. *mow*. But the
GOTH. *mê* might represent
the root and *twâ* the suffix. —
meadow ME. *medwe* OE. *mǽd*
gen. *mǽdwe*. *Mead* and *meadow*
are related as *shade* and *sha-
dow*. Cp. *mead*.

meagre adj. ME. *mḗgre* bor-
rowed fr. FR. *maigre* (= SPAN.
IT. *magro*): source LAT. *macer*
'lean, thin, meagre'. OE. *mæʒer*
(= DU. MLG. G. *mager* OHG. *magar*,
ON. *magr* is common Teut.).
The Teut. forms with LAT.
macer, GR. μακεδνός 'tall', μακ-
ρός 'long' have prob. come fr.

an ARYAN √ *mǎk* 'thin, long'.
LITH. *mázas* 'small' and OHG.
magar might point to a common
√ *magh*. Perh. the Teut. group
comes fr. ʏulg. LAT.-IT. *magro*.

meal¹ sb. 'flour' ME. *mḗle* OE.
mĕlo (gen. *mĕlwes*) = OSAX.
mĕlo, DU. DAN. *meel*, OHG. *mĕlo*
(gen. *mĕlawes*) G. *mehl*, ON. *mjǫl*:
Teut. base *mĕlwa-* 'flour meal'
lit. 'that which is ground' from
a Teut. and ARYAN √ *mel* 'grind'
seen in OSAX. OHG. GOTH. *malan*
DU. *malen* G. *mahlen*, ON. *mala*
'grind'; cp. LAT. *molo*, GR. μύλλω,
OSLOV. *melja* (*mlĕti*), LITH. *malu*
(*málti*), OIR. *melim* 'grind'; cp.
mill.

meal² sb. 'a repast' ME. *mĕl*
= OSAX. *mâl*, DU. *maal*, G. *mahl*,
ON. *mál*, OHG. *mâl* wanting with
this meaning; ident. w. GOTH.
mêl 'time', OE. *mǽl* 'time'.

mean adj. ME. *mḗne* OE. *ʒemǽne*
fr. a Teut. base *ga-maini-* =
GOTH. *gamains*, OSAX. *gimĕni*,
OHG. *gimeini* G. *gemein*, DU.
gemeen; cogn. w. LAT. com-
mūnis for *com-moini-s*; cp. LAT.
ūnus with GOTH. *ains* = ARYAN
oino-s.

mean vb. ME. *mḗne* OE. *mǽnan*
= OSAX. *mĕnian*, DU. *meenen*,
OHG. *meinen meinan* G. *meinen*,
ON. *meina*, GOTH. *mainjan*; OSLOV.
mĕnja mĕniti is closely allied.
Connected with √ *man* 'think' in
mind?

mean adj. ME. *mḗne* adj. 'middle'
contracted fr. *mejĕn* = OFR.

meyen FR. *moyen* 'intermediate': source LAT. *mediânus*.

measles sb. ME. *mesel* sb. 'leper' — adj. 'leprous': loan-word fr. OFR. *mesel* = LAT. *misellus*.

measure sb. ME. *mésüre* borrowed fr. FR. *mesure* (= SPAN. *mesura*, IT. *misura*) from LAT. *mensûra*.

meat ME. *méte* OE. *mete* fr. a Teut. base *mati·* = OSAX. *meti*, DU. *met* (in *-wurst*), OHG. *ma͜z*, ON. *matr*, GOTH. *mats* 'food'.

medal borrowed fr. FR. *médaille* (= SPAN. *medalla*, IT. *medaglia*); source a LAT. type *metallea* fr. LAT. *metallum*.

meddle ME. *medle* (*méle*) 'mix' borrowed fr. OFR. *medler mesler* = FR. *mêler*: source a LAT. type *misculare* 'mix' fr. LAT. *miscere* 'mix'. — medley sb. ME. *medlé* adopted fr. OFR. *medle mesle* (fem. *medlee* = FR. *mêlée*) part. of OFR. *medler* 'mix'.

medlar sb. ME. *medle-tré* fr. OFR. *meslier mesle* 'medlar-tree': source LAT. *mespilum* 'a medlar'.

meed sb. ME. OE. *méd* (OE. once *meord*) = OSAX. *mêda*, DU. *miede*, OHG. *mêta miata* G. *miete* 'hire'; GOTH. *mizdô* 'reward' (the *z* of which was lost in Teut. with lengthening of *i* to *ê*) fr. an ARYAN *mizdho-* in GR. μισθός 'wages, pay, hire', OSLOV. *mizda*, AVEST. *mîžda* 'wages', OIND. *mûdhá* (for *miždhá*) 'contest, match, booty' (perh. orig. 'a prize' by inference fr. the SKR.

adj. *mîdhvás* 'spending lavishly').

meek adj. ME. *mék* (late OE. *méoc*) borrowed fr. the equiv. ON. *mjúkr* = SW. *mjuk*, DAN. *myg* 'soft', cp. DU. *muik* 'soft', GOTH. *mûks* (inferred fr. *mûka-môdei* 'meekness').

meet vb. ME. *méte* OE. *métan* vb. = OSAX. *môtian*, DU. *moeten*, ON. *mǣta*, GOTH. *gamôtjan* 'meet': TEUT. √*môt*.

meet adj. ME. *méte* OE. *ȝemǣte* = OFRIS. *mête*, MLG. *mâte*, OHG. *gimâʒi*; cp. *mete*.

melt vb. ME. *melte* OE. *mëltan*; for the √ *melt* see *malt*. An Aryan √ *meld* is evident in SKR. *mrdú* 'soft, tender', GR. μέλδειν 'cook'.

menace sb. ME. *menáce manáce* borrowed fr. FR. *menace* (LAT. *minacia*) 'threat'.

mend vb. *mende* short for *amende* borrowed fr. FR. *amender* (LAT. *emendare*). See *amend*.

menial (prop. adj., but also used as sb.) ME. *meineal* formed with the suffix *-al* fr. ME. *meiné mainé* 'a household'. This is borrowed fr. OFR. *mesne meisnee* answering to a LAT. type **mansionata*.

merchant ME. *marchaunt marchaund* borrowed fr. OFR. *marchant* = FR. *marchand*: source LAT. *mercari* 'buy' (cp. *market*).

mercy ME. *mérçi* borrowed from FR. *merci* (source MED.-LAT. *merces* 'mercy, pity' extended fr. LAT. *merx* 'traffic'). See *market*, *merchant*.

merge vb. adopted fr. LAT. *mergere* 'plunge under water'.

merit ME. *merit* fr. FR. *mérite*.

mermaid ME. *mer-maide*; OE. *mere* 'ocean' ME. *mere* agree with OHG. OSAX. *meri*, GOTH. *marei* 'ocean'; cp. *marsh*.

merry adj. ME. *mirie* OE. *myrȝe* from a Teut. base *murgi-* 'short' in OHG. *murgfâri* 'of short life', Swiss *murg* 'mannikin'; cp. GOTH. *maúrgjan* 'shorten'. The adj. TEUT. *murgu-* 'short' = IE. *mrghu-* corresponds to GR. βϱαχύς 'short' (for *μϱαχύς).

mesh sb. ME. *mesche* OE. *mäsče* = ON. *moskve*, OHG. *mâsca* G. *masche*; the Teut. base *mêsgen* belongs to the IE. *mêzg* in LITH. *mázgas* 'knot' from the vb. *mezgù (mègsti)* 'knot, weave nets'; hence *mesh* may be traced to a TEUT. √ *mêsq* (ARYAN *mêzg* 'braid').

mete vb. ME. *mƒte* OE. *mětan* = OSAX. *mětan*, DU. *meten*, OHG. *mězzan* G. *messen*, ON. *meta*, GOTH. *mitan* with which is allied GOTH. *mitôn* 'think over', OHG. *mězzôn* 'moderate'. The TEUT. √ *mět* is based on the ARYAN √ *měd* in GR. *μέδομαι* 'I devise' — *μέδων* 'counselor' — *μέδιμνος* 'a corn-measure', LAT. *modus* 'manner' — *modius* 'a corn-measure', GOTH. *mitáps* 'measure'.

mess sb. ME. *messe* borrowed fr. OFR. *mes* FR. *mets* (source LAT. *missus* fr. *mittere*) 'send' and in MED.-LAT. 'put, place').

message ME. *messáge* borrowed fr. FR. *message*; LAT. type *missatica*

an extension of LAT. *missus*. — Hence **messenger** (with the insertion of *n* as in *passenger*) ME. *messagér* formed fr. *message* with the suffix *-er* denoting 'the agent'.

metal ME. *metal* borrowed fr. FR. *métal*.

mete vb. 'measure' ME. *mƒte* OE. *metan* SW. vb. 'measure' = GOTH. *mitan*, G. *messen* OHG. *mězzan*, DU. *meten*.

mettle ident. w. *metal* but meaning now 'spirit, ardor'.

mew vb. onomatopoetic like DU. *maauwen*, G. *mauen*; imitative of a cat's cry.

mew ME. *mêw* OE. *mǣw*; cp. DU. *meeuw*, ON. *má-r*, G. *möwe*: TEUT. base *maiw-*.

mickle ME. *mikel michel mukel muchel*, OE. *mičel myčel* = GOTH. *mikils*, ON. *mikill mykill*, OSAX. *mikil*, OHG. *mihhil*; cp. *much*.

mid- adj. ME. *mid* OE. *mid midd* = OSAX. *middi*, OHG. *mitti* G. *mit-*, ON. *midr*, GOTH. *midjis*. In mod. E. and in mod. G., the adjectives E. *mid-* = G. *mit-* are only used in compounds as E. *midday, midlent, midsummer, midwinter*; G. *mittag, mitternacht, mittwoch* (orig. dat. sing.). The TEUT. stem *midja-* answers to ARYAN *médhyo*; cp. GR. *μέσος* (for *μεϑjος), SKR. *mádhyas*, LAT. *medius*. — **middle** adj. and sb. ME. OE. *middel* = DU. *middel*, OHG. *mittil* G. *mittel*; with formative *-l* from the adj. *mid*.

midge ME. *mïʒʒe* OE. *myčǵ* fr. a Teut. base *mugjô-* = OSAX. *muggia*, DU. *mug*, OHG. *mucka* G. *mücke*. From ON. *mý* it may be inferred that the West-Teut. guttural is secondary.

midst formed with excrescent *t* from ME. *in middes* equivalent to *amid*.

mien borrowed fr. FR. *mine* fr. IT. *mina* = OIT. *mena* 'fashion, carriage of man': source MED.-LAT. *minare* 'conduct, lead'.

might ME. *might* OE. *miht meaht* = OSAX. OHG. *maht*, DU. *magt*, G. *macht*, ON. *máttr*, GOTH. *mahts*. The common TEUT. **mahti* is an old verbal abstract from GOTH. *magan* (like OSLOV. *mošti* from **mokti* from *mogą* 'clean'). See *may*.

milch adj. ME. *milche* OE. **mylče*: deriv. of *milk*; cp. the equiv. adj's. ON. *milkr mjólkr*, OHG. *mēlch* G. *melk*, OE. *mēlc*.

mild adj. ME. OE. *milde* = OSAX. *mildi*, DU. G. *mild* OHG. *milti*, ON. *mildr*, GOTH. *mildeis*. Cogn. w. OIR. *meldach* 'agreeable' or *blaith* 'soft, smooth' (base *mlāti-*)? or OSLOV. *mladŭ* 'young, tender', LITH. *mildùs* 'pious'?

mildew ME. *mildēw* OE. *miledēaw* = DU. *meeldauw*, OHG. *mili-tou* G. *mehltau*; the first part is prob. fr. OE. *mele* = GOTH. *miliþ* 'honey'; cp. ON. *milska* 'a honeyed drink'; the second part see under *dew*.

mile ME. *mīle* OE. *mīl* = DU. *mijl*, OHG. *mīla mīlla* (for **mīlja*) G. *meile*; borrowed fr. LAT. *mīlia*

(passuum) lit. 'thousand paces', (whence also FR. *mille*, IT. *miglia*). The more frequent plur. *mīlia* was adopted in Rom. and G. as a fem. sing. (omitting *passuum*).

milfoil ME. *milfoil* fr. FR. *mille-feulle* = LAT. *millefolium*.

milk ME. *milk* OE. *meoloc milc* = OSAX. *miluk*, DU. *melk*, OHG. *miluh* G. *milch*, ON. *mjólkr*, GOTH. *miluks*. It is remarkable that a common Aryan or at least a West-Aryan term for 'milk' is wanting, although the √ *melg* = TEUT. *mēlk* 'to milk' occurs in all the West-Aryan languages. From a common Indo-Eur. vb.: OE. *mēlcan*, DU. *melken*, OHG. *mēlchan* G. *melken*, GOTH. **milkan*. Cp. LAT. *mulgere*, GR. ἀμέλγειν, OSLOV. *mlĕsti* (pres. *mlŭzą*), LITH. *mìlsti* (pres. *mélžu*) OIR. *mbligim* (*mlicht* and *melg* 'milk'). — **milk** vb. ME. *milke* OE. *meolcian* (= OFRIS. *melka*, ON. *mjólka*) fr. OE. *meolc*.

mill ME. *mille* earlier *milne* OE. *myln* (whence ON. *mylna*) = DU. *molen meulen*, OHG. *muli(n)* G. *mühle*; borrowed fr. late LAT. common ROM. *molina* 'mill' (for class. LAT. *mola*), whence also IT. *mulino*, FR. *moulin*.

millet fr. FR. *millet*; source LAT. *milium* 'millet'.

milt ME. OE. *milte* = DU. *milt*, OHG. *milzi* G. *milz*, ON. *milti*; from the TEUT. √ *melt* seen in *malt*. E. and DU. *milt* 'soft roe of fishes' is a corruption of *milk* (SW. *mjölke* 'milt' fr. *mjölk* 'milk', DAN.

fiskemelk 'soft roe of fishes', lit. 'fish-milk').

mince vb. ME. *mince* OE. *minsian* wk. vb. 'make small' deriv. fr. OE. *min(nn)* = DU. *min* 'smaller'; cp. FR. *mincer* 'mince' from *mince* 'small' of Teut. origin.

mind sb. ME. *minde* OE. *ʒe-mýnd* 'memory, mind': Teut. base *ga-mundi-* = GOTH. *ga-munds* 'memory' from GOTH. *ga-munan* = OSAX. *(far)munan* 'despise', ON. *muna*, OE. *ʒemunan*, cp. GOTH. *muns* 'purpose, desire, mind', ON. *munr* 'mind, desire, love', OE. *myne* 'memory, love'. Allied to ON. *minni* 'remembrance, mind', OSAX. *minna*, OHG. *minnia* and OHG. *minnî* G. *minne* 'love', orig. 'remembrance'. All belong to the common Aryan and TEUT. √ *men man* 'think'; cp. GR. μένος 'courage, mind', μιμνήσκω 'I remember', LAT. *memini reminiscor mens moneo*, SKR. √ *man* 'think, believe'.

mine possessive pron. ME. OE. *mîn* = OSAX. OHG. *mîn*, DU. *mijn*, G. *mein* (also OHG. *mîn* G. *meiner*), ON. *mînn*, GOTH. *meins*: derived fr. the stem *me-* of the pers. pron. cp. *me* and for the suffix cp. SKR. *makîna* 'mine' and *thine*.

mine sb. ME. *mine* = DU. *mijn*, G. DAN. *mine*: borrowed from FR. *mine* (= SPAN. IT. *mina*): of Celt. origin; cp. IR. GAEL. *méin* 'metal', BRET. *men* 'stone, metal', CVMR. *mwyn* 'metal': CELT. base *mêna meina*?

mingle a frequent. vb. from ME. *minge menge* OE. *mengan* = OSAX. *mengian*, DU. *mengen*, OHG. *mengan* G. *mengen*, GOTH. *maggjan*. Cp. *among*.

minnow 'a fish' ME. *minowe* OE. *mynwe* (and *myne* 'capito') = OHG. *muniwa* 'capedo'; cp. WESTPHAL. *mûne*, HESS. *mæhn*? Etymology unknown.

minster ME. *minster* OE. *mynster* fr. a base *munistirja-* = DU. *munster*, OHG. *munistri* prop. 'monastery' then 'convent-church' G. *münster*: after LAT.-GR. *monasterium*, whence also FR. *moutier* 'monastery, convent'.

minstrel ME. *ministral menestral* borrowed fr. FR. *ménestrel*: source LAT. *ministerialis* 'an artisan, jester, buffoon'.

mint¹ sb. ME. *mint* OE. *mynet* = DU. *munt*, OHG. *muniʒ muniʒʒa* G. *münze*: TEUT. *munita- munitô-* borrowed fr. LAT. *monêta* 'place of coinage, money', whence also FR. *monnaie* under *money*.

mint² sb. 'a plant' ME. OE. *minte* = DU. *munt*, OHG. *minza* G. *minze*: adapted fr. LAT. *mentha menta* (GR. μίνθα), whence also FR. *menthe*, IT. SPAN. *menta*.

mire¹ 'deep mud' ME. *mire* OE. *mýre* from WEST-TEUT. *miurjôn* = ON. *mýrr* 'slime'; the *r* of these words is orig. *z* = *s*; cp. OE. *mêos* 'moss' by the side of OE. *mos* 'moss, swamp'; G. *moos* also signifies 'marsh'; cp. *moss*. Hence E. *mire* prop. 'mossy soil'.

mire² cp. *pismire*.

mirth ME. *mirthe* earlier *murhde* OE. *myrgð* deriv. fr. OE. *myrʒe* = *merry* with formative *-th* (as in *length, strength*).

mis¹ prefix ME. OE. *mis-* = DU. *mis-*, OHG. *missa- missi-* G. *miss-*, ON. *mis-*; GOTH. *missa-* for **miþta-* (prop. 'lost') is an old part. in *tô-* from a √ *miþ* seen in OE. *mîdan* ME. *mithe* 'shun, avoid' (= OSAX. *mîdan*, OHG. *mîdan* G. *meiden*). Akin to OIR. *mî* in *mîgním* 'misdeed'?

mis² prefix older *mes-* borrowed fr. OFR. *mes-* (FR. *mé-*): source LAT. *minus* 'less'. — mischief ME. *mes-chéf* borrowed fr. OFR. *mes-chief* 'a bad result, damage' fr. *mis²* and *chief* (cp. ME. *bon-chéf* 'happiness'). — miscreant borrowed fr. OFR. *mescreant* (source LAT. *credent-em*).

miss vb. ME. *misse* OE. *missan* = DU. G. *missen*, ON. *missa*, GOTH. *missjan*. Evidently connected with WEST-TEUT. *mîþan* 'avoid' in OE. *mîdan*, OHG. *mîdan* G. *meiden* 'avoid'. Cp. *mis*.

miss contr. of *mistress*.

mist ME. OE. *mist* = DU. *mist*, LG. *mist* 'darkness, fog, mist', ON. *mistr* 'darkness, mist'.

mister ME. *maister* = *master*.

mistle ME. *mistel* OE. *mistel* = OHG. *mistil* G. *mistel*, ON. *mistel* 'mistletoe'. — mistletoe OE. *misteltán* (= ON. *mistilsteinn*) fr. *mistil* 'bird-lime' and *tán* 'branch'.

mite¹ sb. 'a small insect' ME. OE. *mîte* = LG. *mîte*, OHG. *mîʒa* 'a midge, fly': TEUT. √ *mit* 'cut

small', whence GOTH. *maitan* = ON. *meita* 'cut'.

mite² sb. 'a very small portion' ME. *mîte* borrowed fr. ODU *mijt* 'a small coin'.

mitten ME. *mitaine* borrowed fr. FR. *mitaine* 'a mitten'.

mix vb. ME. *mixe* OE. *miscian* = OHG. *miskan* from *miskjan MHG. MLG. G. *mischen*: all prob. borrowed fr. LAT. *miscere* 'mix'.

mizzen sb. borrowed fr. FR. *misaine* = IT. *mezzana*: source LAT. *medius*. Ident. w. G. *bezaan-segel*.

moan vb. ME. *mǫne* (OE. *manian) with the by-form ME. *mêne* OE. *mænan* 'moan'.

moat sb. ME. *mote* borrowed fr. OFR. *mote* 'dike'.

mock fr. FR. *se moquer*.

mode fr. FR. *mode*.

moiety borrowed fr. FR. *moitié* (LAT. type *medietâtem*).

moist adj. ME. *moiste* 'moist, fresh': borrowed fr. OFR. *moiste* (= FR. *moite*). Source LAT. *musteus* 'belonging to new must or wine', also 'new, fresh' (*mustus* 'new wine').

mole¹ sb. 'a mark on the body' ME. *mǫle* OE. *mál* = OHG. *meil* also *meila*, GOTH. *mail* 'a spot'.

mole² sb. 'breakwater' borrowed fr. FR. *mole* 'a bank' (= IT. *mole molo*): source LAT. *moles* 'a great heap, a vast pile'.

mole³ sb. 'an insectivorous animal' ME. *molle* = DU. *mol*? Prob. short for ME. *moldewerp*

= OHG. *moltwërf* G. *maulwurf.* From ME. *mólde* OE. *mólde* 'earth' = ON. *mold*, OHG. *molta*, GOTH. *mulda* 'earth' and from the √ *werp* seen in GOTH. *wairpan*; see *warp.*

monday ME. *mónenday* OE. *mónandæʒ* = DU. *maandag*, OHG. *mânatac* G. *montag*, ON. *mánadagr*: the common Teut. name for LAT. *dies Lunae* (FR. *lundi*, IT. *lunedì*); the first syllable of *monday* is ident. w. *moon.*

money ME. *moneie* borrowed fr. OFR. *moneie* = FR. *monnaie* (= SPAN. *moneda*, IT. *moneta*): source LAT. *monêta.* See *mint*[1].

monger sb. ME. OE. *mongére* OE. *mangére* (= OHG. *mangâri*, ON. *mangari*) formed from OE. *mangian* 'trade' with suffix *-ere.* Source LAT. *mango* 'a defrauding trader'.

monk ME. *monk* OE. *munuc* = OSAX. *munik*, DU. *monnik*, OHG. *munih(h)* G. *mönch*: source LAT. *monachus* (GR. *μοναχός*), whence also FR. *moine* and OIR. *manach.*

monkey formed like *donkey*: source IT. *monna mona* 'ape', whence also G. (16. cent.) *münaff* 'simia prasiana'.

month ME. *móneth* OE. *mónap* = DU. *maand*, OHG. *mânôd* G. *monat*, ON. *mánudr*, GOTH. *mênôps.* The common Teut. stem *mênôp-* 'month' (pre-TEUT. *mênôt-*) is ident. w. TEUT. *mênan-* = *moon.*

mood sb. ME. OE. *mód* = OSAX. *môd*, DU. *moed*, OHG. *muot*

G. *mut*, GOTH. *môds*, ON. *môdr.* The orig. meaning of the TEUT. stem *môda-* was perhaps 'strong emotion, violent excitement' and was prob. derived fr. the √ *ma-* in GR. *μαίσθαι* 'desire'.

moon ME. *móne* OE. *móna* = OSAX. OHG. *mâno*, DU. *maan*, G. *mond*, ON. *máni*, GOTH. *mêna* 'the moon'. The Teut. base *mênan-* (and *mênôp-* = *month*) is cogn. with the greater part of the terms for 'moon, month' in the other ARYAN languages; cp. SKR. *mâs* (for *mâns mêns*) 'moon, month' — *mâsa* 'month', GR. *μήν* (for *μήνς*) 'month', LAT. *mênsis* 'month', OSAX. *mêseci* 'moon, month', LITH. *mênů* 'moon' — *mênesis* 'month', OIR. *mí* 'month'.

Moor[1] sb. 'an inhabitant of Barbery' borrowed fr. FR. *More*; source LAT. *Maurus*, whence also SPAN. IT. *Moro*, OHG. *Môr* G. *Mohr.*

moor[2] sb. 'a tract of untilled land' ME. OE. *mór* 'a moor, morass, bog' = OSAX. *môr*, DU. *moer*, OHG. *muor*, LG. G. *moor*; related to OE. *mere*, OHG. *meri* 'sea' = LAT. *mare* 'sea'. See *marsh.*

morass sb. ME. *mareis* borrowed fr. FR. *marais* (= IT. *marese*), whence also DU. *moras moeras*, LG. *moras* (whence G. *morast*): source MED.-LAT. *maragium* 'swamp, marsh'.

more adj. ME. *móre* OE. *mâra* = OSAX. OHG. *mêro* G. *mehr*, DU. *meer*, ON. *meiri*; GOTH. *maiza* (whose *iza* is the OTeut. comparat. suffix) became OE. *mára* (*r* from *z* by rhotacism). The stem *ma-* belongs to the TEUT. adj. *mê-ra-* 'illustrious'.

morning ME. *morninge morweninge* deriv. of OE. *morgen* = OSAX. OHG. *morgan*, DU. G. *morgen*, ON. *morgunn* and *myrgenn*, GOTH. *maúrgins*: a common TEUT. word for the ·first half of the day from day break. — Cp. *evening*.

morrow; see *morn* and *to-morrow.*

morsel ME. *morsél* adapted fr. OFR. *morsel* (= FR. *morçeau*, IT. *morsello*): dimin. of LAT. *morsum* 'a bit'.

mortar¹ 'a vessel in which substances are beaten to powder' ME. *mortér* OE. *mortére* (= DU. *mortier*): borrowed fr. FR. *mortier* (= SPAN. *mortero*, IT. *mortajo*) 'mortar': source LAT. *mortârium* 'a vessel in which substances are pounded'.

' mortar² 'a mixture of lime and of sand' so called from the vessel in which it was made *mortar*¹ ME. *morter mortier* adopted fr. FR. *mortier* (= SPAN. *mortero*, IT. *mortajo*), whence also DU. *mortel*, MHG. *morter mortel* G. *mörtel*): source LAT. *mortârium*.

mortgage borrowed fr. FR. *mortgage* lit. 'a dead pledge'.

moss ME. OE. *mos* 'a swamp, a plant': Teut. base *mosa-* = DU. *mos* 'moss, plant', OHG. *mos* 'a swamp, plant' G. *moos* 'plant' bog', ON. *mosi* 'moss, mire'. Ident. w. OE. *méos*, OHG. *mios* from a Teut. base *meusa-*, whence *mire*. Outside of TEUT., LAT. *muscus* and OSLOV. *múchú* are cognate.

most adj. and adv. 'greatest in size' ME. *móst* OE. *mást* commonly OE. *mást* = OSAX. *mêst*, DU. *meest*, OHG. G. *meist*, ON. *mestr*, GOTH. *maists*. Superl. belonging to the compar. *more*. GOTH. *maists* has the old superl. suffix like GOTH. *bat-ists*, OHG. *bezzist*, OE. *betst* (for *bet-est*). The adj. stem GOTH. *mêrs*, OHG. *mâ-ri*, OE. *mǽre* etc. seems to be the base of *more* and *most*.

mote ME. *móte* OE. *mot* (plur. *mótu*) 'atom'; the ME. form are based on the OE. nom. plur. Cp. DU. *mot*?

moth ME. *moththe* OE. *moppe* = DU. *mot(t)*, MHG. G. *motte*, ON. *motti*, SW. *mott* 'a moth' with the by-forms MHG. *matte*, OE. *mohpe* ME. *moughpe*.

mother¹ ME. *móder* OE. *módor* = OSAX. *môdar*, DU. *moeder*, OHG. *muoter* G. *mutter*, ON. *módir*. The common TEUT. word for 'mother' (GOTH. said *aipei*). TEUT. *módr-* 'mother' from ARYAN *mâtr-* in SKR. *mâtṛ*, GR. μήτηρ μάτηρ, LAT. *mâter*, OSLOV. *mati*, OIR. *máthir* 'mother'.

mother² 'dregs, lees' from *mudder* = ODU. *modder* 'mud, dregs', DU. *moer* 'dregs, lees',

LG. G. *moder*, DAN. SW. *mudder*
'mud, mould'. Cogn. w. *mud*.

motley adj. ME. *motlé* borrowed fr. OFR. *mattelé* 'clotted, curdled'.

mould[1] sb. 'fine **soft** earth'
ME. OE. *mólde* 'ground, land, earth, country' = OHG. *molta*, ON. *mold* 'mould', GOTH. *mulda* 'dust': √ *mal* (cp. *meal*) with formative *d* as in *old*, *cold*.

mould[2] sb. ME. *mólde* adopted fr. OFR. *molle* (FR. *moule*) 'a mould': source LAT. *modulus* dimin. of *modus* 'measure'.

moult vb. ME. *moute* OE. *bimútian*: borrowed fr. LAT. *mûtâre* 'change', whence **also** DU. *muiten*, OHG. *mûʒʒôn* G. *mausern* 'change the feathers or skin, moult'.

mount vb. adapted fr. FR. *monter* 'mount'.

mount sb. ME. *mount*: loanword from FR. *mont*. Ident. with OE. *münt* from LAT. *montem (mons)*. The ME. *ou = û* is not the OE. *û*, but substitution for the FR. nasal vowel. — mountain ME. *mountaine* fr. OFR. *montaine* = FR. *montagne* (LAT. type *montanea*).

mourn vb. ME. *mourne* OE. *múrnan* str. vb. = OSAX. *mornian*, OHG. *mornên*, ON. *morna*, GOTH. *maúrnan*: ARYAN √ *mer* in GR. *μέριμνα* 'sorrow' and LAT. *memor*.

mouse ME. *mous* (plur. *mîs*) OE. *mús* (plur. *mýs*) = DU. *muis*, OHG. *mûs* G. *maus*, ON. *mús*. The base *mûs-* occurs in almost all ARYAN languages. Cp. SKR. *mûs*

'mouse' with the √ *mus mus mušây* 'take away, rob'; also GR. *μῦς*, LAT. *mûs*, OSLOV. *myší*.

mouth ME. *mouth* OE. *mûd* = OSAX. *mûd*, DU. *mond*, OHG. *mund* G. *mund*, ON. *munnr múdr*, GOTH. *munþs* 'mouth'. The TEUT. *munþa-z* 'mouth' is based on pre-TEUT. *manto-s* and connected with LAT. *mentum* 'chin'.

move vb. ME. *móve* with the by-form *moeve* fr. OFR. *movoir mevoir* FR. *mouvoir* = LAT. *movere*.

mow sb. ME. *mowe mouwe* OE. *múga múwa* = ON. *múgi* 'heap'; cp. OHG. *mû-wërf* 'mole' orig. 'maker of mole-heaps'.

mow vb. ME. *móve* OE. *máwan* str. vb. = DU. *maaijen*, OHG. *mâen* MHG. *mæjen* G. *mähen*. A common WEST-TEUT. √ *mê* 'mow' appears in OE. *mæþ* (E. *math* in *after-*, *latter-*), OHG. *mâd* G. *mahd* 'mowing, swath', and in GR. *ä-μητος* 'harvest' — *á-μάω* 'I mow' and in LAT. *metere* 'reap'.

much ME. *moche muche* for earlier *muchel* OE. *myčel* fr. a Teut. base *mukila- (mikila-)*; cogn. w. GR. *μεγάλη* and *μέγας*; SKR. *mâhan* 'great'. Cp. *mickle*.

muck ME. *muck* borrowed fr. a SCAND. *muk-* = ON. *myki mykr* 'dung'.

mud ME. *mud* = OLG. *mudde* 'mud'.

muff vb. DU. *mof* LG. G. SW. *muff*: DAN. *muffe* a new TEUT. word derived fr. FR. *moufle* 'mitten'. MED.-LAT. *muffula* (9th cent.). Cogn. w. *muffle* vb. 'cover up warmly' fr. OFR. *moufle* 'mitten'.

mulberry ME. OE. *múrberie* OE. *mór-berie* = DU. *moerbes moerbesie*, OHG. *mûrbêri môrbêri* G *maulbeere*; the *l* of the first part of the compound for *r* is the effect of dissimilation; *mór* is LAT. *môrum* 'a mulberry'. The second part is an explanatory addition.

mule ME. *müle* borrowed fr. FR. *mule*; source LAT. *mulus* 'a mule', whence also IT. *mulo*, G. *maulesel* (OHG. *mûl*, OIR. OE. *mûl*).

murder sb. ME. *morther* OE. *mordor* = GOTH. *maúrþr*; from √ *mr mər* 'die' and suffix *-þra*; cp. OE. *mord* = ON. *mord*, OSAX. *morth*, DU. *moord*, OHG. G. *mord* 'premeditated murder'. TEUT. *morþa-* 'murder' is based on pre-TEUT. *mr̥to-m* 'death': √ *mor* widely diffused through all the Aryan languages signified 'die'. Cp. the SKR. √ *mr* 'die' (*mr̥tá-m* 'death' — *mr̥tas* 'dead' — *márta-s* 'mortal') — *mr̥tyús* 'death'; LAT. *mori* 'die' — *mortuus* 'dead' — *mors* 'death'; OSLOV. *mrěti* 'die' — *morú-sü-mrütí* 'death' — *mrütvü* (LAT. *mortuus*) 'dead'; LITH. *mìrti* 'die' — *mùrtis* 'death'; GR. βροτός (for *μροτός) 'mortal' — ἀμβροτός 'immortal'; OIR. *marb* 'dead'. — murder vb. ME. *murthre mirthre* OE. *myrdrian* = OHG. *murdiren*, GOTH. *maúrþrjan* 'murder, kill'.

murky ME. *mirke mirk* borrowed fr. ON. *myrkr* and ident. w. OE. *mirče myrče*. OE. *myrče*, OSAX. *mirki* and ON. *myrkr* 'dark' represent a Teut. base *mirkwi-*.

murmur vb. ME. *murmure* adopted fr. FR. *murmurer* (= SPAN. *murmurar*, IT. *mormorare*, OHG. *murmurôn* G. *murmeln*): source LAT. *murmurare*.

muscle adopted fr FR. *muscle*: source LAT. *musculus* 'a muscle, a little mouse', dimin. of *mus* 'a mouse' (GR. μῦς) 'a mouse, a muscle'. From the same source also DU. G. *muskel* 'a muscle'.

must sb. ME. OE. *must* 'new wine' (= DU. G. *most*, ON. *must*) adopted fr. LAT. *mustum* 'new wine', whence also OFR. *moust*, FR. *moût*, IT. *mosto*. See *musty*, *moist* etc.

must vb. ME. OE. *móste* pret. of OE. *môtan* = OSAX. *môtan*, DU. *moeten*, OHG. *muozzan* G. *müssen*, GOTH. *môtan*.

mustard ME. *mustard mostard* (= DU. *mosterd mostaard*, G. *mostert* (*mostrich*): borrowed fr. OFR. *moustard* = FR. *moutard*. Source OFR. *moust* = LAT. *mustus* 'new wine'.

mute ME. *müet* fr. FR. *muet*. Source LAT. *mutus* 'dumb'.

mutton ME. *motoun mutoun* adopted fr. OFR. *moton* (FR. *mouton*).

muzzle ME. *mosel* borrowed fr. OFR. *musel* = FR. *museau* 'muzzle'; perh. orig. identical w. *morcel* = E. *morsel*.

mushroom late ME. *musheroun* fr. the equiv. OFR. *mousseron*.

muster sb. 'a show; review, array; pattern' etc. short for ME. *moustre* from OFR. *monstre* (FR. *montre* = IT. *mostra*): source LAT. *monstrare*, whence also DU. *monster*, MLG. *munster*, G. *muster*, SW. DAN. *mönster*. — Hence the vb. **muster** vb. 'exhibit, review' etc. ME. *must(e)re* < OFR. *monstrer* (FR. *montrer* = SPAN. *mostrar*, IT. *mostrare*) from LAT. *monstrare*; cp. DU. *monsteren*, MLG. *munsteren*, G. *mustern*, SW. *mönstra*, DAN. *mönstre*.

N

nag ME. *nagge* 'horse'; cp. ODU. *negge* 'a small horse'.

nail ME. *nail* OE. *næʒel* = OSAX. OHG. *nagal* DU. G. *nagel*, ON. *nagl* 'finger-nail' — *nagli* 'wooden, iron nail'; GOTH. **nagls* inferred from the vb. *nagljan* 'nail'. TEUT. *nagla-* arose from ARYAN *noghlo-* or *nokhlô-*; cp. SKR. *nakhá* 'nail of a finger or toe, claw of a bird', GR. *ὄνυχ-* (nom. *ὄνυξ*) 'nail of a finger or toe, claw, hoof, hook', LAT. *unguis* 'claw, talon', OIR. *ingen* (CYMR. *ewin*) from *ənghwînâ*, OSLOV. *nogŭtĭ* 'nail, claw' (fr. OSLOV. *noga* 'foot'); LITH. *nágas* 'finger-nail' — *nagà* 'horse's hoof'. ARYAN √ *nokh nogh.*

naked adj. ME. *naked* OE. *nácod* = DU. *naakt*, OHG. *nackut nahhut* G. *nackt*, ON. *nøkkviðr*, GOTH. *naqaþs*: Teut. base *naqo-da-naqa-da-* from a pre-TEUT. *nogoto-nogetô-*; cp. OIR. *nocht* 'naked' from a base *nokto-* and SKR. *nagná* 'naked' with suffix *na* for *ta*; without consonantal suffix are formed OSLOV. *nagŭ*, LITH. *nûgas* 'naked'. Allied also LAT. *nûdus* for **novdus *nogviaus*. — ARYAN √ *nôg?*

name sb. ME. *náme* OE. *náma noma* = OSAX. OHG. *namo*, DU. *naam*, G. *name*, ON. *nafn* (for **namn*), GOTH. *namô*; synon. with SKR. *nâma*, GR. *ὄ-νομα*, LAT. *nômen* and perh. also ident. with OSLOV. *imę* fr. **in-men *ən-men*, PRUSS. *emmans*, OIR. *ainm*. The ARYAN base was *nô-men-*, which perh. was orig. **gnô-men-* fr. the ARYAN √ *gnô* in *know*. Then *name* prop. meant 'name by which a thing is known'.

nap¹ sb. from the vb. ME. *nappe* OE. *hnæppian hnappian* 'doze'; cp. OHG. *hnaffezen* MHG. *nafzen* vb. 'slumber'. Perh. cogn. w. OE. *hnipian*, ON. *hnipna* vb. 'droop'.

nap² sb. earlier *nop* ME. *noppe* 'nap', OE. *hnoppa* ('villus') 'nap of cloth' = DU. *nop*, MLG. DAN. *noppe*, OSW. *nop* 'nap of cloth or wool'; cogn. W. NORWEG. *nuppa*, GOTH. *dishniupan* 'to break'.

nape ME. *nápe* 'knob'; perh. with inner labial for guttural and cogn. W. *neck*.

napkin ME. *napekin* adopted fr. FR. *nappe* 'table-cloth' with dimin. suffix -*kin*. Source a vulg. LAT. **nappa* = LAT. *mappa* 'a cloth'. See *map*.

nard ME. *nard* borrowed fr. FR. *nard* (= SPAN. IT. *nardo*) = LAT. *nardus*, whence also G. *narde*.

narrow adj. ME. *narowe narwe* OE. *nearu* = OSAX. *naru*, DU. *naar*) from a TEUT. adj. *narwa-* (used as fem. sb. in OHG. *narwa* G. *narbe* 'scar'). Cp. LITH. *nèr-ti* vb. 'thread' (a needle) — *narvà* 'cell of the queen-bee'.

narwhal (= G. *narwal*) adopted fr. DAN. SW. *narhval* = ON. *ná-hvalr* 'sea-unicorn'. The second element see under *whale*; the first part is obscure.

nasty adj. corruption of an earlier *nasky*; perh. borrowed fr. SW. dial. *naskug* 'nasty, dirty'.

naught ME. *naught* OE. *náht* earlier *náwiht* = OSAX. *niowiht* OHG. *niowiht* G. *nicht*, DU. *niet*, GOTH. *ni waihts* 'no thing'; cp. *whit*.

nave[1] sb. 'the body of the church' borrowed fr. OFR. *nave* FR. *nef* (= SPAN. IT. *nave*) 'a ship' — 'the body of the church': MED.-LAT. *návis* 'the nave of a church' = LAT. *návis* 'ship'.

nave[2] sb. 'the hub of a wheel' ME. *náve* OE. *náfu* = DU. *naaf aaf nave*, OHG. *naba* G. *nabe*, ON. *nef*, GOTH. **naba*: an old ARYAN word (base *nobhâ*); cp. SKR. *nâbhi* f. and *nabhya* n. 'the nave' (of a wheel); cogn. w. *navel*. See *auger*.

navel sb. ME. *nável(e)* OE. *náfela* = DU. *navel*, OHG. *nabulo* G. *nabel*, ON. *nafli*; GOTH. **nabala*: a common ARYAN word with a base *nobhalo-*: *onbhalo-*; cp. the synon. GR. ὀμφαλός, LAT. *umbilicus* (for **unbilicus *nobilicus*), SKR. *nâbhîla*, OIR. *imbliu* 'navel'. These words are very old *l*-derivatives of ARYAN *nóbhâ onbhâ* 'nave, navel'; cp. LETT. *naba* 'navel', LAT. *umbo* 'boss of a shield'. Cp. *nave*.

navy ME. *návie návę*: borrowed fr. OFR. *navee* orig. 'a single ship' (fr. LAT. *navis* 'ship').

nay ME. *nai*: loanword fr. ON. DAN. *nei* 'no, not', which answers to genuine *no* (cp. *aye*).

neap-tide sb. ME. *nép-sęsoun* OE. *nép-flǫd* 'ebb'; a TEUT. adj. *nêpa-* is not found elsewhere.

near adj. 'nigh' now used as a positive, but prop. a comparative adverb ME. *nęr* (*nęr*) OE. *nęar* (*nýr*) contr. of **nęahor* (**nęahir*) = OSAX. OHG. *náhôr* adv., DU. *naar* adv. Cp. *nigh*.

neat adj. borrowed fr. FR. *net* (source LAT. *nitidus* 'shining, clear').

neck ME. *nekke* OE. *hněcca* = DU. *nek*; cp. OHG. *nac hnac (ck)*

G. *nacken*, ON. *hnakki*: Teut. base **hnakkan-* for ON. *hnakki* and **hnĕkkan-* for OE. *hnĕcca*. OIR. *cnocc*, OBRET. *cnoch* 'hill' (stem *cnocco-*) may be cognate, perhaps also *nape*.

need sb. ME. *nẹ̄d* (*nẹ̄d*) OE. *nẹ̄d* *nȳd* (*nẹ̄ad*) fr. a Teut. base *naudi* = OSAX. *nôd*, DU. *nood*, OHG. *nôt* G. *not*, ON. *naudr*, GOTH. *naups*: pre-TEUT. *nauti-* has been connected with PRUSS. *nauti-* 'distress'; pre-TEUT. √ *nau*.

needle ME. *nẹ̄dle* OE. *nẹ̄dl nǣdl* (oldest form *nǣdl*) = OSAX. *nâdla*, DU. *naald*, OHG. *nâdala* G. *nadel*, ON. *nál*, GOTH. *nêþla*: a common Teut. word for 'needle' formed with the suffix *-þlô-*, ARYAN *-tlâ-* fr. √ *nê* seen in OHG. *nâjan* G. *nähen* 'sew'. TEUT. √ *nê* is usually connected with the ARYAN √ *snê* in LAT. *nêre*, GR. *νέω* 'I spin' — *νῆμα* 'thread' — *νῆτρον* 'spindle'; OIR. *snim* 'spinning' and *snáthe* 'thread' — *snáthat* 'needle'.

neeze vb. cp. ME. *nẹ̄singe* 'sneezing' and ON. *hnjósa*, OHG. *hniosan* G. *niesen*, DU. *niezen* vb. 'sneeze': TEUT. √ *hneus*, cogn. w. the TEUT. √ *fneus* in OE. *fnẹ̄osan* ME. *fnẹ̄se* and DU. *fniezen* 'to sneeze' and √ *sneus* in *sneeze*.

neif neaf ME. *nẹ̄ve* 'fist' borrowed from ON. *hnẹ̄fi* 'fist' (SW. *näfve*, DAN. *nœve*).

neigh vb. ME. *nẹ̄ie* OE. *hnǣgan* 'neigh' == DU. *neien* vb. and MLG. *neiinge* sb. 'neighing', MHG. *neigen* vb. 'neigh': of imitative origin like ON. *gneggja* and OHG. *hweiôn* vb. 'neigh'.

neighbor ME. *neighebour* OE. *nẹ̄hhebûr* prop. *nẹ̄ah-ʒebûr* = OSAX. *nâbûr* (for *nâh-gibûr*), DU. *nabuur*, OHG. *nâh-gibûr* G. *nachbar*: a common West-Teut. compound of *nigh* and *bower*, pointing to GOTH. **nêhwa-gabûr*.

neither see *either*; ME. *nouther* OE. *nâwder* earlier form *nâhwæder*.

nephew ME. *nevẹ̄w* borrowed from FR. *neveu*; supplanting the genuine ME. *nẹ̄ve* OE. *nẹ̄fa* 'grandson, nephew' = ON. *nefi* 'relative', DU. *neef* 'grandson, nephew, cousin', OHG. *nẹ̄vo* G. *neffe* 'sister's (or brother's) son': Teut. base *nẹ̄fan-* from a pre-Teut. base *nẹpŏt-* appearing in SKR. *nápât* (stem *náptr̥*) 'descendant, son, grandson', GR. *ἀνεψιός* 'a first cousin, kinsman' — *νέποδες* 'offspring', LAT. *nepos* (the source of FR. *neveu*, whence E. *nephew*) 'a grandson, also a nephew', OIR. *nia* 'a sister's son'.

nest ME. OE. *nest* = OHG. G. DU. *nest*: TEUT. *nĕsta-* = pre-Teut. form *nizdo-* confirmed by SKR. *nîḍa-s* 'lair of animals' also 'dwelling', ARMEN. *nist* 'seat', OIR. *net* 'nest', LAT. *nîdus* 'nest' for **nizdos*. The ARYAN *ni-zdo-* is prop. a compound of the ARYAN √ *sed* 'sit, seat oneself', and the verbal particle *ni* preserved in SKR. (see *nether*); *nizdo-* from *ni-sedô-* means lit. 'settlement'; cp. SKR. *ni-sad* 'sit down,

10*

settle'. — nestle vb. ME. *nest(e)le* OE. *nistlian* (= DU. *nestelen*, G. *nisteln*): a frequent. form, lit. 'frequent a nest'.

net ME. OE. *net (tt)* fr. a Teut. *natja-* = OSAX. *net (netti)*, DU. ON. *net*, OHG. *nezzi* G. *netz*, GOTH. *nati*; allied to ON. *nót* 'a large net' and LAT. *nassa* 'net'.

nether adj. ME. *nethere* OE. *neodera*; cogn. W. OSAX. *nithiri*, DU. *neder*, OHG. *nidiri* G. *nieder* and OE. *nider* = OSAX. *nithar*, DU. *neder*, OHG. *nidar* G. *nieder*, ON. *nidr*, GOTH. **niþar*: deriv. from the Aryan verbal particle *ni* 'downward' mentioned under *nest* and the comparat. suffix LAT. *-ter*, GR. *-τερος*, SKR. *-tara*.

nettle ME. *nettle* OE. *netele* = DU. MLG. *netel*, OHG. *nezzila* G. *nessel*; with dimin. suffix *-ilôn-* from a more original form seen in OHG. *nazza* 'nettle', GOTH. **nata* and **natilô*; possibly connected with *net* and with the reduplicated OIR. *nenaid* (base *nenat-*) nettle'; cp. LITH. *notere* 'nettle'.

never adv. ME. *never* OE. *nǽfre* from *ne* 'not' and *ǽfre* = *ever*.

new adj. ME. *nēwe* OE. *nēowe* (*niwe*) = OSAX. OHG. *niuwi*, DU. *nieuw*, G. *neu*, ON. *nýr*, GOTH. *niujis*. The common TEUT. *niuja-* from pre-TEUT. *néuyo-* answers to SKR. *návyas naviyas* (and *návas*), LITH. *naujas navas* (OSLOV. *novǔ*, LAT. *novus*, GR. *νέος*); prob. connected with the ARYAN particle *nū* 'now', so that 'that which is new' means 'now, recent'. Cp. *now*.

newt with secondary *n* from ME. *eute evete* OE. *efete*; not found in the other Teut. languages. Teut. base *abitôn-*?

next adj. ME. *next* OE. *niehst* *nēhst* = OSAX. OHG. *nâhist* G. *nächst*: superl. of OE. *nēah* = E. *nigh*. See also *near*.

nice ME. *nice* 'foolish' fr. OFR. *nice* 'slothful, idle, dull'; source LAT. *nescius* 'ignorant'.

niche borrowed fr. FR. *niche* = IT. *nicchia* 'a recess in the wall'.

nickname short for earlier *nekendme* ME. *eke-náme* prop. 'additional name'; cp. ON. *auknafn*, DAN. *ögnavn* 'nickname'. For OE. *écan ýćean* 'to add' cp. *eke*. The initial *n* of *nickname* is secondary as in *newt*.

niece ME. *nece* fr. FR. *nièce*: source MED.-LAT. *neptia* 'a niece' = LAT. *neptis* a' grand-daughter, niece'.

niggard sb. ME. *nigard* with the by-form ME. *nigoun* 'niggard'; the formation of the Me. words points to Fr. influence.

nigh adj. adv. and prep. ME. *neigh* OE. *nēh* earlier *nēah* = OSAX. *nâh*, OHG. *nâh* G. *nahe*, ON. *nd-r*, GOTH. *nēhws* 'nigh, near': Teut. base *nêhwa-* = pre-TEUT. *nêko- nēqe-*. Cp. *near*, *next* and *neighbour*.

night ME. *night (naught)* OE. *niht (neaht)* = OSAX. OHG. *naht*, DU. G. *nacht*, ON. *nátt nótt*, GOTH. *nahts*: TEUT. *naht-* from pre-TEUT. *nokt-*; cp. LAT. *nox* (stem *nocti-*), GR. *vῦξ* (*νυκτ-*), SKR. *nákta — naktan — nákti*, LITH. *naktis*, OSLOV. *noštĭ*. See *fort-night*, *sennight*.

nightingale ME. *nightengále* OE. *nihte-gale* = OSAX. OHG. *nahti-gala*, DU. *nachtegaal*, G. *nachtigall* 'a nightingale': from OE. *niht* (gen. *nihte*) = *night* and TEUT. *galan* str. vb. 'sing'. Cp. *stanyel*.

nightmare ME. *nightemáre*; OE. OHG. ON. *mara* 'a night-mare' (DU. *nacht-merrie* 'nightmare').

nightshade OE. *niht-sćeadu* from OE. *niht* = E. *night* and OE. *sćeadu* = E. *shade*.

nimble adj. ME. *nimel* lit. 'ready to catch' from OE. *niman* vb. 'take, seize'; for the suffix cp. *brittle*.

nine ME. *nîne* OE. *nigone* without inflexion *nigon* *neogon* = OSAX. *nigun*, DU. *negen*; cp. GOTH. OHG. *niun* G. *neun*, ON. *nîu* 'nine'; the forms with *g* are based on TEUT. **nĕgun* for **nĕwun*, whilst GOTH. and OHG. *niun* are based on **nĕwn*. The numeral is common to all Aryan languages in the form *newon newn*; cp. SKR. *ndvan*, LAT. *novem*, GR. *ἐννέα*, OIR. *nói*.

'**nit** ME. *nite* OE. *hnitu* = DU. *neet*, MLG. *nete nit*, OHG. *niӡ* G. *niss*. GR. *κονίς* (plur. *κονίδες*) 'egg of lice, bee-bugs and fleas' may be allied, if *κ(ο)νιδ* is common to both languages. Cp. also SLAV. *gnida* and ALBAN. *ϑenî* from **kenîdâ*.

no adv. ME. *nǫ́* OE. *ná* (= ON. *nei* cp. *ay*) from *ne* 'not' and *á* 'aye, ever'.

noble ME. *nǫ́ble* fr. FR. *noble* = LAT. *nobilis*.

nod vb. ME. *nodde*; cogn. W. OHG. *hnutten* 'vibrate' MHG. *notten* 'stake' and ON. *hnjóða* vb. 'hammer'; TEUT. √*hnud*.

noddle 'head' ME. *nodle*.

noise sb. ME. *noise* borrowed fr. FR. *noise* 'quarrel'; source LAT. *nausea* 'nausea'.

noisome adj. of ME. *noy nuy* 'annoyance, hurt' earlier ME. *anui* fr. FR. *ennui* (OFR. *anui*); cp. *annoy*.

none ME. *nǫ́n* OE. *nán* from *ne* 'not' and *án* = *one*.

nook ME. *nǫ́k* 'corner'.

noon ME. OE. *nǫ́n* = OSAX. OHG. *nôna*, DU. *noen*, G. *none*, ON. *nón*. Source LAT. *nôna* (sc. *hora*) lit. 'the ninth' (hour) with an extension of meaning 'midday, twelve o'clock'.

nor ME. *nor* short for *nother* 'neither', OE. *náwder* contr. of *náhwæder* 'neither' from OE. *ná* = *no* and OE. *hwæder* = *whether*.

north ME. *north(e)* OE. *norþ* = DU. *noord*, OHG. G. *nord*, ON. *norðr*, SW. DAN. *nord*; IT. SPAN. *norte*, FR. *nord* are of Teut. origin.

northern ME. *northerne* OE. *norderne* prehistoric **norþróni* fr. a TEUT. type *norþróni* = OHG. *nordruoni*, ON. *norránn* 'northern'.

nose ME. *nǫ́se* OE. *nôsu* (*násu*) 'the nose'; cp. DU. *neus*, OHG. *nasa* G. *nase*, ON. *nǫs*; TEUT. **nasô-nosô-* 'nose' = ARYAN *nas-*; cp.

SKR. *nåsa nas*, OSLOV. *nosŭ*, LITH. *nósis*, LAT. *nåsus nåres*. — **nostril** ME. *nosethirl* OE. *nos-þyrel* (*næs-þyrl*) lit. 'a nose-orifice' from OE. *nosu nasu* = *nose* and OE. *þyrel* 'a perforation, orifice'.

not ME. *not* short for *nought* OE. *nauht nåwiht* = OSAX. OHG. *niowiht*, DU. *niet*, G. *nicht*. From OE. *ne* 'not' and OE. *åwiht* = *aught*.

notch also **nock** ME. *nokke* = ODU. *nock* 'a notch in the head of an arrow', OSW. *nocka* 'a notch': source OFR. *hoche* 'notch'?

note ME. *nóte* adopted fr. FR. *note*: source LAT. *nota* 'a mark, sign, note'. — **notice** borrowed fr. FR. *notice* 'notice' = LAT. *notitia* 'knowledge, acquaintance'.

noun sb. borrowed fr. OFR. *non* = FR. *nom* 'a name': source LAT. *nômen* 'a name'.

nourish vb. ME. *nurisshe* vb. adopted fr. OFR. *noriss-* the stem of certain forms of OFR. *norrir* = FR. *nourrir* 'nourish': source LAT. *nutrire* 'feed'. Cp. *nurse*.

now ME. *now* OE. *nú* = OSAX. *nú*, DU. *nu*, OHG. *nú* G. *nu(n)*, ON. *nú*, GOTH. *nú*: a common ARYAN adv.; cp. SKR. *nú nún-am* 'now', GR. *vú vūr*, LAT. *nunc* (with the *c* of *hi-c*), OSLV. *nyně* 'now', LITH. *nu*. Cp. *new*.

nude adj. fr. FR. *nude* = LAT. *nûdus* 'naked'.

nuisance sb. ME. *noisaunçe* borrowed fr. FR. *nuisance* 'a hurt':

a verbal noun formed fr. the pres. part. of FR. *nuire* = LAT. *nocêre* 'hurt, injure'.

numb adj. ME. *nome nomen* prop. part. of ME. *nime* = OE. *niman* 'take, overpower, deprive of sensation'; cp. ON. *numinn* 'bereft' (of life, of speech).

number adopted fr. FR. *nombre*: source LAT. *numerus* 'a number'. —. **numerous** adj. adopted fr. FR. *numereux* (for the usual *nombreux*) fr. LAT. *numerosus* adj. 'numerous'.

nun ME. *nonne* OE. *nunne* = DU. *non*, OHG. *nunna* G. *nonne*. In the 8th cent. adopted fr. LAT. *nonna* (orig. meaning 'mother'); cp. FR. *nonne*, IT. *nonna* 'a nun'.

nurse sb. contr. of ME. *noriçe nuriçe*: loanword fr. OFR. *nurrice* = FR. *nourrice*. Source LAT. *nutríc-em* 'a nurse'. — **nurture** sb. ME. *nortûre* adopted fr. OFR. *noriture* (= FR. *nourriture*): source LAT. *nutritura* 'nourishment'. See *nourish*.

nut ME. *note nute* OE. *hnutu* = DU. *noot*, OHG. *nuʒ* G. *nuss*, ON. *hnot* 'nut'. The Teut. base *hnut*-points to √ *knud* (seen in OIR. *cnú* 'nut'?). — **nutmeg** ME. *notemuge nutmegge* from ME. *nut* = *nut* and ME. *müǧe* borrowed fr. OFR. *muge* 'musk' = LAT. *muscus* 'musk'? Cp. OFR. *muguette* FR. *muguet* 'a nutmeg' = ITAL. *noce moscada*.

O

oaf ident. with *elf*; perh. OE. *ælf* or rather borrowed fr. ON. *álfr* 'elf'.

oak ME. *ók* OE. *ác* fr. a Teut. base *aik-* = ON. *eik*, DU. *eik*, OHG. *eih* G. *eiche*: all with the same meaning 'oak'; perh. cogn. w. GR. *αἰγανέη* 'spear' — *Αἰγίς*.

oakum ME. *ókumb* OE. *á-cumba* 'tow'; cp. OHG. *â-kambi* 'tow': prop. 'that which is combed out'. For OE. *cómb* cp. *comb*.

oar ME. *óre* OE. *ár* (infl. *áre*) fr. a Teut. base *airô-* = ON. *ár* (DAN. *aare*, SW. *åra*). If TEUT. *airô-* is an ARYAN *êryâ-*, √ *êr* in GR. *ἐρέτης* 'oarsman' — *ἐρετμός* 'oar' might be cognate, cp. *row*.

oast ME. *óst* OE. *ást* 'kiln, dryinghouse' = DU. *eest*: TEUT. *aistu-* cogn. w. LAT. *aestus* 'glowing heat'; ARYAN √ *aidh* 'burn' in GR. *αἴθος* 'heat'.

oath ME. *óth* OE. *áþ* = GOTH. *aiþs*, ON. *eidr*, DU. *eed*, OHC. G. *eid* 'oath': TEUT. *aiþa-* fr. a pre-TEUT. *oito-* in OIR. *oeth* 'oath'; perh. √ *ai* in OHG. *êwa* 'law'.

oats ME. *ótes* plur. of *óte* OE. *áta*.

oblige vb. ME. *oblige* = FR. *obliger*, LAT. *obligare*.

obtain fr. FR. *obtenir*.

odd ME. *odde* 'distinguished, special': loanword fr. ON. *oddi* 'a triangle', which also means 'an odd number' (*standask í odda* be at odds, quarrel').

of ME. OE. *of* = GOTH. ON. DU. *af*, OHG. *aba* G. *ab*: ARYAN *apo* in GR. *ἄπο*, SKR. *ápa* 'away'. — off orig. ident. w. *of*.

offend vb. ME. *offende* fr. FR. *offendre* = LAT. *offendere*.

offer vb. ME. *offre* OE. *offrian* wk. vb. 'offer': loanword fr. LAT. *offerre* 'offer'; cp. DU. *offer* sb. 'offering' and OSAX. *offrôn* vb. 'offer'.

office ME. *office* fr. FR. *office* = LAT. *officium* 'duty'.

often earlier *oft* ME. *ofte* OE. *oft* = ON. *opt*, GOTH. *ufta*, OHG. *ofto* G. *oft* 'frequently'. The adv. points to a Teut. adj. *of-ta-*, which is perh. part. of an ARYAN √ *uq* = SKR. *uc* 'to be wont'.

oil ME. *oile* (*olie*) fr. OFR. *oile* = FR. *huile* 'oil' (LAT. *oleum*).

ointment ME. *oinement* fr. OFR. *oignement*: deriv. of FR. *oindre* = LAT. *ungere* vb. 'anoint'.

old ME. *óld* OE. *áld* (*éald*): Teut. base *alda-* = OSAX. *ald*, OHG. G. *alt*, ON. *aldr*, DU. *oud* 'old'; cogn. w. GOTH. *alþeis* 'old' and *usalþan* 'grow old'. A primitive TEUT. and ARYAN √ *al* 'grow' cp. in GOTH. *alan* = LAT. *alere* 'nourish'.

on ME. OE. *on* = GOTH. *ana* 'on', G. *an* OHG. *ana*, DU. *aan*, ON. *á* (for **an*): cogn. w. GR. *ἄνα*, SKR. *ana*.

once ME. *ṓnes* late OE. *ánes* (commonly *ǽnes*); orig. genitive of OE. *án* = *one*; cp. G. *einst* OHG. *eines*. — **one** ME. *ṓn* OE. *án* fr. a Teut. base *aina-z* = GOTH. *ains*, ON. *einn*, DU. *een*, G. *ein*. ARYAN *oino-s* may be inferred fr. LAT. *únus* (for *oinos*), IR. *óen*, CYMR. *un*, GR. οἰνός; cogn. w. SKR. *ê-ka* 'one'.

onion ME. *onioun* fr. FR. *oignon* whence also FLAM. *anjoen* DU. *ajuin* fr. ODU. *onjuun*: source LAT. *únió(nem)*, whence also OE. *ynne* 'onion' fr. WEST-TEUT. *unnjôn-* = TEUT. *únjôn-*.

only ME. *ṓnḻi* earlier *ṓnlic* OE. *ánlic* 'unique'. From *one*.

ooze ME. *wṓse* OE. *wṓs* (infl. *wṓse*) 'juice'; perh. fr. a Teut. base *wansa-* in ON. *vás* 'wetness'; cp. MLG. *wôse* 'juice'.

or conj. ME. *or* shortened fr. an earlier *odr*, which supplants OE. *odde* 'or' under the influence of OE. *áwder áhwæder* = ME. *auther outher* 'either' ('one of two')

or adv. 'ere' ME. *ṓr* late OE. (*rare*) *ár*; commonly OE. *ǽr* ME. *ěr* 'ere'. See *ere*.

orange ME. *orenǧe* fr. OFR. *orenge* = FR. *orange*.

open ME. *ṓpen* OE. *ṓpen* fr. a Teut. base *opana-* = OHG. *offan* G. *offen*, OSAX. *opan*, DU. *open*, ON. *opinn*. The adj. has the form of a participle and points to a lost verbal root (*eup? wěp?*).

orchard ME. *orchard* OE. *orěerd* older *ort-ǧeard* (= GOTH. *aúrti-gards* 'garden'): adoption of LAT. *hortus* (for the mute *h* cp. IT.

orto); GOTH. *aúrtja* 'gardener' and OHG. *orzôn* 'cultivate' point also to LAT. *hortus*. The *ch* of the E. word is owing to a fusion of *t* + *ȝ* (OE. *ort* + *ȝeard*). OE. *ȝeard* 'garden' (cp. *yard* and *garden*) is added in explanation of LAT. *hortus* (= TEUT. *ort*).

ordain vb. ME. *ordaine* fr. OFR. *ordener* = LAT. *ordinare*. — ordre ME. *ordre* fr. FR. *ordre* = LAT. *ordinem* (nom. *ordo*).

ordure (Shakesp.) 'excrement' ME. *ordüre* fr. FR. *ordure*.

ore ME. *ṓr* OE. *ár* 'brass' = GOTH. *ais* 'brass' (*aiza-smiþa* 'coppersmith'), ON. *eir*, OHG. *êr* 'brass'; cogn. w. LAT. *aes* 'ore, bronze', SKR. *ayas* 'iron'.

origin ME. *oriǧine* fr. FR. *origine*.

orison 'prayer' ME. *oreisoun* fr. FR. *oraison* 'prayer': source LAT. *oratio-nem*.

orts ME. *ortes* plur. of a sing. *ort* OE. *ṓret* for *or-ǽt*; cp. LG. *ort* 'what is left by the cattle in eating' and GOTH. *uzêta* 'crib'; prefix *or* 'out' and √ *et* in *eat*.

ostrich ME. *ostriche* fr. OFR. *ostruche* = FR. *autruche*; source LAT. *avis struthio* 'ostrich', whence OE. *strýta*, OHG. *strûȝ* (G. *vogel strauss*) and also IT. *struzzo*.

other ME. *ṓther* OE. *ṓder* fr. a Teut. base *anþera-* = GOTH. *anþar*, OHG. G. DU. *ander*, ON. *annarr*; cogn. w. LITH. *antras*, SKR. *antara* and *anya* 'other'.

otter ME. *oter* OE. *otor* = DU. G. *otter* OHG. *ottar*, ON. *otr*: base TEUT. √ *otra-* = ARYAN *udro-* cogn.

w. *water*; *otter* prop. 'the water animal'. Cp. GR. ὕδρα 'a water-snake' and closely allied to the Teut. group OSLOV. *vydra*, LITH. *údra* 'otter'.

ouch ME. *ouche* commonly *nouche* 'necklace, collar' fr. OFR. *nouche* prop. *nosche* (= OHG. *nusca*).

ought = *aught*.

ounce ME. *ounçe* fr. FR. *once*; source LAT. *uncia*, whence also *inch*.

our ME. *oure* OE. *úre* for **úsre* = GOTH. *unsara*: from the Teut. pron. *uns*; cp. *us*.

ousel ME. *ȯsel* OE. *ȯsle* for **omsle* TEUT. *amsla* = OHG. *amsala* G. *amsel* 'ousel'.

out ME. *oute* OE. *úte* earlier *út* = GOTH. *út*, ON. *út*, OHG. *úʒ* G. *aus*, DU. *uit*. Cp. SKR. *ud* 'up, out'.

outlaw ME. *outlawe* late OE. *útlaga* fr. ON. *útlagi*; cp. LAT. *exlex* and see *law*.

outrage ME. *outráge* fr. FR. *outrage* (= source a LAT. type *ultra-ticum*).

oven ME. *ȯven* OE. *ofen* = OHG. *ovan* G. *ofen*, DU. *oven*, ON. *ofn* and GOTH. *aúhns* 'oven'; an original meaning of the Teut. word is preserved in OE. *ofnet* 'vessel'.

An ARYAN type *uqno-* is found in GR. ἰπνός 'oven'.

over ME. *ȯver* OE. *ofer* = GOTH. *ufar*, OHG. *ubar*, ON. *ofr*, DU. *over*; cp. G. *über* OHG. *ubiri*. Outside of the Teut. languages, GR. ὑπέρ and SKR. *upári* 'above' are cognate.

owe vb. ME. *ȯwe* OE. *ágan* 'possess' = GOTH. *aigan*, OHG. *eigan* 'possess': ARYAN √ *aik* in SKR. *íç* 'possess'. — **ought** ME. *ȯughte* OE. *áhte* is the pret. tense of OE. *ágan* and **own** ME. *ȯwen* OE. *ágen* is part. = OHG. *eigan* G. *eigen*, OSAX. *êgan*. The vb. **own** ME. *ȯune* OE. *ágnian* 'possess' is a deriv. of the adj. *own*.

owl ME. *oule* OE. *úle* fr. a Teut. base *uwwalôn-*; cp. OHG. *úwila* G. *eule*; ON. SW. *ugla* points to a GOTH. **uggwalôn-*. The word is sound-imitation.

OX ME. *ox* OE. *oxa* = GOTH. *aúhsa*, OHG. *ohso* G. *ochse*, ON. *oxi* *uxi*, DU. *os* 'ox': Teut. base *ohsan-*, ARYAN *ukson-* in SKR. *ukšan* 'ox', CYMR. *ych*.

oyster ME. *oistre* fr. OFR. *oistre* = FR. *huître* 'oyster': source LAT. *ostrea*, whence also OE. *ȯstre*, G. *auster*, DU. *oester*.

P

pace ME. *páçe pás* borrowed fr. FR. *pas* = LAT. *passus* 'a **step**'.

pack sb. ME. *packe* = DU. *pak*, ON. *pakki*, G. *pack*, IT. *pacco*, FR.

paquet; BRET. *pak*: source and history of the group unknown. — **package** formed by adding the FR. suffix *-age* = LAT. *-aticum* to the sb. *pack*. — packet formed fr. the FR. dimin. *paquet*.

pact adopted fr. FR. *pacte* = LAT. *pactum*, whence also IT. *patto*, DU. G. *pacht* 'rent-contract'.

paddock ME. *paddok*; the ending *-ock* is a dimin. suffix as in *bullock*, *hillock*. Primit. ME. *padde* 'frog' = SCAND. *padda*, DU. LG. FRIES. *padde* (G. *schildpatt*). There exists also LG. *pad-hucke* 'paddock', the second element of which is LG. *hucke* 'paddock'.

page sb. ME. *pāǧe* fr. FR. *page* (whence G. *page*). Source GR. παιδίον 'a little boy'.

page² sb. (of a book) fr. OFR. *page*. Source LAT. *pāgina*, whence also OFR. *pagene* (ME. *pāǧine pāǧent* 'page') and OHG. *peine* (rare) 'page'. — pageant orig. 'the movable scaffold on which the old mysteries were acted' ME. *pāǧent* — earlier form *pāǧine* 'pageant'. Source MED.-LAT. *pagina* 'scaffold' = LAT. *pagina* 'a page', also 'a plank of wood'. For the excrescent *t* in *pageant* cp. *parchment*.

pail ME. *pail* OE. *pæǧel* 'bucket' = DU. *pegel peil*, LG. *pēgel*, whence G. *pegel* 'water-gauge' is borrowed.

pain ME. *peine* fr. FR. *peine*: source LAT. *poena*, whence also OE. *pīn* = E. *pine*.

painim ME. *painim* 'heathendom' fr OFR. *paenîme* = LAT. *paganismus* 'heathendom'.

paint vb. ME. *painte peinte* vb. borrowed fr. FR. *peint*, part. of *peindre* = LAT. *pingere* 'paint'. See *depaint*.

pair ME. *peir* fr. FR. *paire* (= SPAN. *par*, IT. *paro pajo*): source LAT. *par* 'alike', whence MHG. *pâr* G. *paar* 'pair'. See *peer*.

palace ME. *paleis palais* fr. FR. *palais*, whence also MHG. *palas* (rare *paleis*) G. *palast*: source MED.-LAT. *palatium*.

palate fr. the synon. LAT. *palātum* (ME. *palét palát* from OFR. *palat*).

pale adj. ME. *pāle* borrowed fr. FR. *pâle*: source LAT. *pallidus* 'pale'.

pale sb. ME. *pāl(e)* 'stake' fr. FR. *pale* 'stake or pole'. Source LAT. *pālus* 'a stake'. For the rare OE. *pāl* 'stake' see *pole*.

palfrey ME. *pal(e)frei palefrai* fr. ONFR. *palefrei* = FR. *palefroi*. Source LAT. *paraverēdus* 'an extra post-horse' which is also the source of OHG. *pferfrid* G. *pferd* and IT. *palafreno*, SPAN. *palafren*. The Lat. word is a compound of GR. παρά and GALLO-LAT. *verēdus* 'horse' (*rhèda* is Gallo-Lat. for 'travelling carriage' and *ve* is a Celt. prefix); hence παρα-verēdus was orig. the 'horse in reserve'.

palisade Shakesp. *palisado* = FR. *palissade*, SPAN. *palizada*, IT. *palizzata*. All equiv. and deriv. fr. LAT. *pālus* 'a stake'. Cp. *pale* and *pole*.

pall ME. *pal* OE. *pæll*: source LAT. *pallium*. The adoption cannot have occurred before the literary period of Anglo-Saxon, as we should expect an OE. form *pelle *pylle 'wrapper'.

LAT. *palla* cannot be the source, as it never was the ecclesiastical terminus technicus, but rather *pallium*.

palm 'inner part of the hand' ME. *paume palme*: borrowed fr. OFR. *palme* = *paume*. Source LAT. *palma* 'the palm of the hand' (cogn. w. OE. *folm* under *feel*).

palm[2] sb. 'a tree' ME. *palm* OE. *pálm*: a bible word, LAT. *palma* 'a palm-tree'.

palsy ME. *pal(e)sie* oldest form *parleste* fr. FR. *paralysie*: source LAT. *paralysis* 'palsy', which was used in OE. as *paralysis*.

pan ME. OE. *panne* = OHG. *pfanna* G. *pfanne*, ON. SW. *panna*, DU. *pan*: TEUT. *panna* is regarded as a transformation of LAT. *patina* (or rather *patna*) 'a basin'.

pane ME. *páne* 'patch, piece, pane' fr. FR. *pan* 'a pane, piece, or pannel': source LAT. *pannus* 'a cloth, rag, patch'. — **pánel pannel** ME. *panél* 'a piece of cloth' (= DU. *paneel*) fr. OFR. *panel* FR. *panneau*. Source a LAT. type *panellus* fr. *pannus*.

pannier ME. *panier* 'breadbasket' fr. FR. *panier* (= LAT. *pânârium* 'bread-basket', whence also DU. *paander*, OSAX. *paneri*, OHG. *pfanâri*).

pansy borrowed fr. FR. *pensée*: derived from FR. *penser* 'think' (cp. G. *vergissmeinnicht* as the name of a flower).

pant vb. 15th cent. *pante paunte* fr. OFR. *pantoyer* (cp. FR. *pan-teler*) 'gasp, pant'; cp. OFR. *pantais* = E. *pantas* (in falconry) 'a disease of hawks'.

pantaloons fr. FR. *pantalon*. The FR. word prop. meant trowsers worn by the Venetians who were called *Pantalone* after the patron Saint of Venice, St. Pantaleone.

pantry ME. *pan(e)trie* fr. FR. *paneterie* (derived fr. LAT. *panis* 'bread').

paper ME. *páper* earlier *papér* fr. FR. *papier* = LAT. *papyrus* (cp. also *taper*), whence also G. DU. *papier*. In late OE. (11th cent.), a rare *papér* (cp. OHG. *paffur*) 'papyrus' is found.

paradise ME. *paradis* (*parais*) fr. OFR. *paradis* (*paraïs pareïs*) — FR. *paradis*, IT. *paradiso*. Source LAT. *paradisus*, whence also OHG. OSAX. *paradis* G. *paradies*, DU. *paradijs*, ON. SW. DAN. *paradis*. The corresp. OE. term was *neorxnawong*.

paramour ME. *paramour* 'lover, concubine'. Source the FR. phrase *par amour* 'by love' (cp. ME. *par dé* 'by God' — *par fay* 'by my faith' and *perhaps*).

parcel ME. *parçel* prop. *parçél* fr. FR. *parcelle* (LAT. type *particella* derived fr. *particula*).

parch vb. prop. the same as *pierce* fr. ME. *perche perçe*.

parchment ME. *parchemin* fr. FR. *parchemin* (DU. *perkament* fr. OFR. *parcamin*): source LAT. *pergamêna* (*charta*) 'parchment'. The city of *Pergamon* in Asia

Minor was famous for the invention of parchment. The excrescent *t* in NE. *parchment* is the same as in *tyrant*; cp. *pageant*.

pardon sb. ME. *pardoun* from FR. *pardon*: source LAT. *perdonare* 'remit a debt', whence FR. *pardonner*.

pare vb. ME. *pâre* fr. FR. *parer* = LAT. *parare*.

parish ME. *parisshe* earlier *parosche* fr. OFR. *paroche* = FR. *paroisse*: source LAT. *parœcia* (GR. παροικία), an ecclesiastical terminus technicus.

paritory see *pellitory*.

park ME. *park* short for OE. *pearroc*; ident. w. DU. MLG. *perk* 'a park', OHG. *pfërrih* G. *pferch* 'an inclosure, sheepfold': source a Celt. base *parraka-* (*parrika-*) in FR. *parc*, IT. *parco*. Cogn. w. SPAN. *parra* 'fruitwall, espalier for vine' and PROVENC. *parran* 'small garden'.

parlour ME. *parlour* fr. FR. *parloir* 'conversation room' (FR. *parler* 'speak').

parrot for earlier (15th cent.) *perrot* = FR. *Perrot Pierrot* 'little Peter' (in FR. also used as a name for a sparrow).

parsley ME. *persli* earlier form *persil* fr. FR. *persil* = LAT. *petroselinum* 'parsley' (cf. G. OE. *peter silie*).

parsnip late ME. *parsnépe pasnépe* fr. OFR. *pastenaque* = LAT. *pastinaca* 'parsnip'.

parson ME. *persoun* ident. w. *person*. MED.-LAT. *persôna* also meant 'curate, parson'.

part sb. ME. *part* fr. FR. *part* (= SPAN. IT. *parte*): source LAT. *pars-partem*. — part vb. ME. *parte* vb. fr. FR. *partir* = LAT. *partiri partîre* 'divide, part'. — **partake** vb. ME. *part tâke*; cp. G. *teil nehmen*. — party sb. ME. *parti(e)* fr. FR. *partie*, whence also MHG. *partie* G. *partei*, DU. *partij*; IT. *partita* = LAT. type *partita*.

partridge ME. *pertriche* fr. OFR. *pertris*, whence also DU. *patrijs* (ODU. *pertrîse*): source LAT. *perdix-perdicem*.

parvis ME. *parvis* fr. FR. *parvis* 'porch of a church'; ident. w. *paradise*. The church-porch is called in several languages *paradise* (esp. the portico of St. Peter's church, Rome, was called *paradîsus*).

pass vb. ME. *passe* (*pâçe*) vb. fr. FR. *passer* (IT. MED.-LAT. *passare* 'step, walk' fr. LAT. *passus* 'step'. — passge ME. *passâge* fr. FR. *passage*. — passenger earlier *passager* ME. *passagér*; cp. *messenger* for the secondary *n*.

paste sb. ME. *pâste* fr. OFR. *paste* = FR. *pâte*; source late LAT. *pasta* 'paste'.

pastern earlier *pastron* represents an unrecorded ME. *past(ü)roun* fr. the synon. OFR. *pasturon* = FR. *pâturon*.

pastime for *pass-time*, an imitation of the synon. FR. *passe-temps*.

pastry sb. ME. *pâsté* 'pie' fr. OFR. *pasté* (earlier *pastéth*, whence

ODU. *pasteide* = DU. *pastei*):
derived fr. LAT. *pasta* = *paste*.
patch ME. *pacche*; perh. **ident.**
W. LG. *plakke* 'a piece'.

path ME. *path* OE. *pæþ* = DU.
LG. *pad*, OHG. *pfath pfad* G. *pfad*
'a way': Teut. base *papa-*, not
cogn. w. GR. πάτος 'a way',
SKR. *path* 'a way', AVEST. *paþ*
'way'. But cp. OE. *pæppan* 'tread',
LG. *pedden* vb. 'tread', MHG. *pfetten*.

pattern ME. *patroun* borrowed
fr. FR. *patron* 'pattern'.

pause adopted fr. FR. *pause*
= LAT. *pausa*.

pave vb. ME. *páve* borrowed
fr. FR. *paver* 'pave' (LAT. *pavire*
'beat').

paw sb. ME. *paue poue* bor-
rowed fr. OFR. *poue* (= PROV.
pauta 'a paw'); ident. w. DU.
poot, G. *pfote*: it is uncertain
whether the base *pauta* is orig.
Celt. or Teut.

pawn[1] sb. borrowed fr. FR.
pan 'a pawn, gage, pledge';
perh. ident. w. OFRIS. DU. *pand*,
OHG. *pfant* G. *pfand*.

pawn[2] sb. (at **chess**) ME. *paun*
poun borrowed fr. OFR. *poon*
paon peon = FR. *pion*: source
IT. *pedone* prop. 'a footman (LAT.
pedo-nem). Cp. ON. *ped-madr*
'pawn at chess.

paxwax late ME. *pax-wax*
'tendon of the neck'; cp. OHG.
waltowahso, OFRIS. *waldewaxe* 'ner-
vus' and *wax* for the second ele-
ment of the compound. The first
part of E. *paxwax* (dial. E. *fax-
wax* is obscure.

pay vb. ME. *paie* vb. fr. FR.
payer (prop. 'satisfy, content' =
LAT. *pacare* 'pacify'), whence also
DU. *paaien* 'pay'.

pea (plur. *peas*) fr. ME. *pés(e)*,
the *s* of which was considered
to be the plural ending. ME.
pés points to ONFR. *peis* = FR.
pois. Source LAT. *pisum* 'a pea',
whence also OE. *pisu*.

peace ME. *pés* earlier *pais* (=
DU. MLG. *peis*, MLG. *pais*) fr.
OFR. *pais* = FR. *paix* (LAT. *pax-
pacem*).

peach late ME. *péche* fr. FR.
pêche for *pesche* = IT. *pesca*, LAT.
persicum 'a peach'. Fr. the LAT.
word, G. *pfirsich*, DU. *perzik*, OE.
persoc 'a peach' are borrowed.

peacock ME. *pé-cock* and pea-
hen ME. *pé-henne* point to OE.
péa with the by-form *páwa* 'pea-
cock: source LAT. *pávó-nem*,
whence also OHG. *pfáwo* G.
pfau, DU. *pauw*, ON. *páfugl*; cp.
FR. *paon* 'peacock'.

pear ME. *pére* OE. *péru* 'a pear'
= ODU. *pere*, DU. LG. *peer*: loan-
word fr. the equival. LAT. *pirum*
(whence also G. *birne*) = FR.
poire 'a pear'. Cp. **perry**.

pearl ME. *pérle* fr. FR. *perle* =
OHG. *pérala* G. *perle*, IT. *perla*:
source LAT. *pirula* (for *pilula* 'a
little ball'?).

peasant fr. FR. *paysan*; cp.
pheasant fr. FR. *faisan* and see
parchment.

peat for *beat* (see *purse* for
the change of *b* to *p*).

pebble sb. ME. *pibbel-stǫn* and *puble-stǫn* OE. *papol-stán popol-stán* 'a pebble-stone'.

peck vb. a var. of *pick*.

peck sb. ME. *pekke* 'a measure'; perh. akin to FR. *picotin* 'a measure'.

pedant sb. (= DU. G. DAN. SW. *pedant*) borrowed fr. FR. *pédant*, IT. *pedante*, the ultimate source of which is GR. παιδεύειν 'educate'.

pedigree late ME. *petegréw petigrü*: perh. adopted fr. FR. *pied de grue* 'a crane's foot'?

peel vb. adopted fr. FR. *peler*. Source LAT. *pellis* 'skin'.

peep[1] vb. 'chirp' ME. **pepe pipe* borrowed fr. FR. *piper*. Source LAT. *pipare* = GR. πιππίζειν 'chirp'; sound - imitation; for variant in form see *pipe*.

peep[2] vb. 'look pryingly'; cp. OFR. *piper* 'peep' — *la pipe du jour* 'the peep of day'.

peer sb. ME. *pére pér* borrowed fr. OFR. *per peer* FR. *pair*. Source LAT. *par* 'equal'; see *pair*.

peer[1] vb. 'appear' ME. *pére* short for ME. *appére = appear*.

peer[2] vb. 'pry' ME. *pire* = LG. *piren* 'look closely'.

peevish adj. ME. *pévisch péviche pévāǧe*. The ending (cp. *partridge* and *parish*) points to FR. origin.

peg sb. ME. OE. *pegge*, akin to DAN. *pig*, SW. *pigg* 'spike', LG. *pigge* 'peg'.

pellitory sb. late ME. *paritorie* fr. FR. *paritoire*, which goes back to a LAT. type **parietaria* 'the plant of the walls'?

pelt sb. ME. *pelt* 'a sheep-skin' (E. *peltry* = DU. *pelterij*, MLG. *peltrie* fr. FR. *pelletrie*); ident. w. G. *pelz* OHG. *pelliȝ*. Source a Rom. type *pellicia* = FR. *pelisse*, IT. *pelliccia*. Cp. *pilch*.

pelt vb. ME. *pelte* also *pilte pulte*, the latter forms corresponding to OE. *piltan pyltan*. Source LAT. *pultare* 'beat, strike'?

pen sb. borrowed fr. FR. *penne*. Source LAT. *penna* 'a feather'.

pen vb. ME. *penne* OE. *onpennan* 'impound, enclose': prob. connected with *pound*[2] and LG. *topennen* 'bar, bolt' — *üppennen* 'open'.

penance ME. *penaunce* fr. OFR. *penance* older *penëance* = LAT. *poenitentia* 'penitence'.

pencil orig. 'a hair-brush' ME. *pençél* fr. OFR. *pincel* FR. *pinceau* 'a brush'. Source LAT. *penicillus* 'a painter's brush', whence also G. *pinsel*.

pennon pennant ME. *penoun* borrowed fr. OFR. *pennon* 'a flag, streamer' (for the secondary *t* of *pennant* see *pageant, parchment*). Source LAT. *penna* 'wing, feather'.

penny ME. *peni* plur. *penies* (contr. *pens*, whence E. *pence*) OE. *peniȝ penniȝ penning pending* = OSAX. *pending penning*, DU.

penning, OHG. *phantinc* **pfenting** *pfenning* G. *pfennig*, ON. *penningr*. The word may be derived fr. *pan*, so that the form of the *pennies* may have suggested the word or it may have been associated with the base **pand* under *pawn*? For the suffix *-ing* cp. *shilling*, *farthing*.

people ME. *péple* *páple* borrowed fr. OFR. *pueple* FR. *peuple*, whence also G. *pöbel*. Source LAT. *pópulus* 'people' (cp. also DU. *peupel*.

pepper ME. *peper* *piper* OE. *pipor* = DU. *peper*, OHG. *pfëffar* G. *pfeffer*, ON. *piparr*: borrowed fr. LAT. *piper* (whence also IT. *pepe*, FR. *poivre*). Cp. OSLOV. *pĭprŭ* 'pepper'.

perceive vb. ME. *pérceive* fr. OFR. *percever* FR. *apercevoir*. Source LAT. *percipere* 'apprehend'.

perch[1] 'a rod' ME. *pérche* fr. the synon. FR. *perche*. Source LAT. *pertica* 'a pole, bar'?

perch[2] 'a fish' ME. *pérche* borrowed fr. FR. *perche*. Source LAT. *perca* = GR. πέρκη 'a perch'.

perchance cp. *perhaps*. —

perdy (Shakesp.) 'by God' ME. *pardé* = FR. *par dieu* 'by God'.

perform vb. ME. *perfourme* earlier *parfourne* borrowed fr. OFR. *parfournir* 'perform'.

perhaps (late ME. *perhappous* 15th cent.) and *perchance* have the FR. preposition *par* (*per*) in imitation of ME. *peraventüre-*

parauntre and *per cas*; *haps* is the plur. of *hap* under *happy* (cp. *paramour*).

peril ME. *perll* fr. FR. *péril*. Source LAT. *periculum* 'danger'.

perish vb. ME. *perisshe* borrowed fr. the stem of some forms of the FR. verb *périr* 'perish'.

deriwig formerly *periwigge perwicke* borrowed fr. FR. *perruque* (*wi* being substituted for FR. *ü*); cp. also G. *perrücke*, DU. *pruik*.

periwinkle; cp. the synon. ME. *pervenke* OE. *pervince*. Source LAT. *pervinca* 'a twining plant'.

perry adopted fr. FR. *poiré* 'perry', formed fr. a vulgar LAT. type **piratus* 'perry, drink made of pears' (LAT. *pirum* under *pear*).

person ME. *pérsoun* borrowed fr. FR. *personne*. Source LAT. *persôna*; ident. w. *parson*.

pert adj. ME. *pért* 'pert, plain, clever, bold'; cp. ODU. *gepertich* FLAM. *pertig* 'alert'. The group goes back to FR. *apert*.

pertain vb. ME. *parténe* borrowed fr. OFR. *partenir*. Source LAT. *pertinere* 'belong'.

peruke ident. w. *periwig*.

pervious adj. borrowed fr. LAT. *pervius* 'passable'.

pest borrowed fr. FR. *peste*. Source LAT. *pestis* 'plague'.

pester vb. short for *impester* borrowed fr. OFR. *empestrer* 'pester, entangle' FR. *empêtrer*.

pet sb. 'a tame animal, a

favored child' short for earlier *peat* (ME. **pęt*).

petty adj. ME. *petit* adopted fr. FR. *petit* 'small'.

pew sb. ME. *püe (püwe)* fr. OFR. *puie* 'an elevated space', an open gallery with rails', whence also DU. *pui*, OFRIS. *poie.* Source LAT. *podium* 'a balcony'.

pewet peewit so called from its plaintive cry; the earlier by-form *puet* points to a FR. source.

pewter late ME. *pęuter* adopted fr. OFR. *peutre (peautre)* 'a kind of metal'. It stands for **peltre* = SPAN. *peltre*, IT. *peltro* 'pewter'; cp. DU. *piauter.*

pheasant ME. *fęsaunt* earlier *fęsaun* fr. FR. *faisan* = IT. *fagiano.* Source LAT. *phasiânus*, GR. *φασιανός* 'bird of *Phasis* in Colchis', whence also OHG. *fasân* G. *fasan.*

phial vial borrowed fr. OFR. *phiole* (FR. *fiole*). Source LAT. *phiala*, GR. *φιάλη* 'a broad, flat, shallow cup'.

philtre borrowed from FR. *philtre.* Source LAT. *philtrum*, GR. *φίλτρον* 'a love potion'.

phlegm adopted fr. FR. *phlegme.* Source LAT. GR. *phlegma* 'a flame, inflammation, phlegm'.

pick vb. ME. *pikke* OE. *pician* = LG. DU. *pikken*, G. *picken.*

picket borrowed fr. FR. *piquet piequet* 'a little pick axe', dimin. of OE. *pic* 'a pike' under *pike.*

pickle sb. ME. *pikel* = DU. *pekel,* MLG. *pekel* G. *pökel*; prob. fr. *pickle*, frequentative of *pick* 'pickout, cleanse'.

picnic a modern word arising about 1700 and soon received into FR. (*piquenique* about 1740) and GERM. (*picknick* about 1770). **pie** ME. *pie* fr. FR. *pie* 'a broiled remnant of a shoulder of mutton'. **pie** (in *magpie*) ME. *pie* fr. OFR. *pie* = LAT. *pîca.*

piebald composed of *pie* 'a magpie' and *bald* 'streaked'.

piece ME. *pęçe* borrowed fr. FR. *pièce.*

pier ME. *pęre* borrowed fr. OFR. *piere*, FR. *pierre* = LAT. *petra* 'stone'.

pierce vb. ME. *pęrçe* borrowed fr. FR. *percer* 'pierce'. ME. by-form *pęrche.*

piety adopted fr. FR. *piêté* 'piety' = LAT. *pietâtem*; ident. w. *pity.*

pig ME. *pigge.* **pigeon** late ME. *pigoun* fr. FR. *pigeon.* Source LAT. *pipio(nem)* 'a chirper'. See *peep* and *pipe.* **pike** ME. *pike* OE. *pic* = DU. *piek*, G. *piek*; cp. *pick.*

pilch ME. *pilche* OE. *pilçe pylçe* 'fur'. Source MED.-LAT. = IT. *pelliccia* 'felt', whence also FR. *pelisse* and OHG. *pelliʒ* G. *pelz*, DU. *pels* 'fur (primitive source LAT. *pellis*). Cp. *pelt.*

pile[1] sb. 'an arrow' ME. OE. *pîl* (= DU. *pijl*, OHG. *pfîl* G. *pfâil*, ON. *pîla*): borrowed fr. LAT. *pîlum* 'a javelin', whence OFR. *pile*, SPAN. IT. *pilo* 'a javelin, pestle'. **The**

corresponding Goth. word was *arhwazna*; cp. ON. *ǫr*, OE. *earh* = LAT. *arcus*.

pile[2] sb. 'a heap' ME. *pile* 'tower, castle' borrowed fr. OFR. *pile* 'a pier, pyramid' FR. *pile* 'a mole' = SPAN. *pila* 'a pillar, trough', IT. *pila* 'trough'. Source LAT. *pila* 'a pier of stone'. See *pillar*.

pile[3] sb. 'a tumor' (now used in plur.) fr. LAT. *pila* 'a ball'.

pile[4] sb. 'hair' borrowed fr. OFR. *peil* FR. *poil* = SPAN. IT. *pelo*. Source LAT. *pilus* 'a hair'.

pilfer borrowed fr. OFR. *pelfrer* 'pilfer'.

pilgrim ME. *pilgrim* borrowed fr. MHG. *pilgrîm*. Source MED.-LAT. *peregrînus* (late LAT. *pelegrînus*), whence FR. *pélerin*, IT. *pellegrino*, SPAN. *peregrino*, DU. *pelgrim*.

pill = G. DAN. *pille* prob. borrowed fr. the dimin. FR. *pilule*. Source LAT. *pilula* 'a pill'.

pillar ME. *pilẹr* borrowed fr. FR. *pilier* (= SPAN. *pilar*, IT. *piliere*). Source MED.-LAT. *pîlâre* *pîlârius* (LAT. *pila*) 'pillar', whence also OHG. *pfîlâri* G. *pfeiler*; DU. *pilaar* is FR. *pilier*, but DU. *pijler* is LAT. *pîlâre*.

pillory sb. ME. *pilọry* borrowed fr. FR. *pilori* 'a pillory'.

pillow sb. ME. *pilwe* OE. *pyle* *pylwe* = DU. *peuluw*, OHG. *pfuliwî(n)* also *pfulwo* G. *pfühl*: borrowed fr. LAT. *pulvinus* 'cushion'. Cp. *cushion*.

pilot sb. borrowed fr. FR. *pilote* = SPAN. IT. *piloto* *pilota*, DU.

piloot, G. *pilote*. Origin unknown. The word occurs in Germ. and Engl. since the 15th cent.; in Germ. it appears first in the It. form *piloto*. Perh. the It. word became European through the commerce with Genoa and Venice.

pimpernel sb. fr. FR. *pimprenelle* *pimpinelle*.

pin sb. ME. OE. *pinn* = DU. LG. *pin*. Source LAT. *penna* 'a pin, nail'.

pinch vb. ME. *pinche* borrowed fr. FR. *pincer*.

pine sb. ME. *pine* OE. **pin(trēo)* 'pine-tree': borrowed fr. LAT. *pînus* 'a pine', whence FR. *pin* (DU. *pijn*), SPAN. IT. *pino* 'a pine-tree'.

pine vb. ME. *pine* OE. *pînian* 'torment' = ON. *pîna*, DU. *pijnen*, OHG. *pfînôn pînôn* (G. *peinigen*): deriv. fr OE. *pin* = OHG. *pîna* G. *pein*. Source LAT. *pœna* (pronounced *pêna*).

pinfold; see *pound*[2].

pint sb. late ME. *pinte* fr. FR. *pinte* (whence DU. *pint*, LG. *pinte* 'can'): source LAT. *pincta*.

pip sb. ME. *pippe* = DU. LG. *pip*, G. *pips* OHG. *pfiffíz*: borrowed fr. a vulgar LAT. *pippîta* (= LAT. *pituîta*) 'phlegm', whence also FR. *pépie*, SPAN. *pepita*, IT. *pipita*.

pipe sb. ME. OE. *pipe* = DU. *pijp*, LG. *pîpe*, OHG. *pfifa* G. *pfeife*, ON. *pîpa*: borrowed fr. MED.-LAT. *pîpa*, whence also the synon. FR. *pipe*, SPAN. *pipa*, IT. *piva*. Source LAT. *pîpâre* 'chirp'.

11

pit sb. ME. *pit* OE. *pyt (tt)* = DU. *put*, LG. *pütt* OHG. *puzzi pfuzzi* G. *pfütze*: TEUT. *putjus*: borrowed fr. LAT. *puteus* 'a well, pit', whence also IT. *pozzo*, SPAN. *poza*, FR. *puits* and OIR. *cuithe*, CYMR. *peten* 'well, pit'.

pitch sb. ME. *pich* OE. *pič* = OSAX. ODU. *pik* DU. *pek*, OHG. *pëh bëh (hh)* G. *pech*, ON. *bik*: borrowed fr. LAT. *pix (pic-)* 'pitch', whence also FR. *poix*, SPAN. *pez*, IT. *pece* 'pitch'.

pitcher sb. ME. *picchẹr* borrowed fr. OFR. *picher*. Source MED.-LAT. *picárium*, a by-form of late LAT. *bicárium* under *beaker*.

pith sb. ME. *pithe* OE. *piđa* cognate W. DU. *pit* ODU. *pitte* 'pith' and MLG. *pêdik* 'pith'. A West-Teut. base *pipan-* is to be assumed, perh. a TEUT. *pipwon-* instead of *qipwon-*: √*git*?

pittance sb. ME. *pitaunçe* (= MLG. *pitancie*) borrowed fr. FR. *pitance* 'meat, food, daily subsistance'.

pity sb. ME. *pitẹ* fr. FR. *pitié*. Source LAT. *pietâtem*.

place ME. *pláçe* fr. FR. *place* (= SPAN. *plaza*, IT. *piazza*). Source LAT. *platea* = GR. πλατεῖα 'a street'. G. *platz* and DU. *plaats* are also of Fr. origin.

plague ME. (14ᵗʰ cent.) *pláge* adopted fr. LAT. *plâga* 'an injury' whence DU. *plaag*, OHG. *plâga* G. *plage* and IT. *piaga*, FR. *plaie*.

plaice ME. *plaiçe* borrowed fr. FR. *plaise* OFR. *plaïse*. Source MED.-LAT. *platîsa* prop. *platessa* 'a flat-fish', whence also DU. *pladijs*, G. *platteise*.

plain adj. ME. *plain* borrowed fr. FR. *plain* (whence also DU. *plein*) = SPAN. *plano*, IT. *piano*. Source LAT. *plânus* 'flat, even'.

plain sb. ME. *pleine* adopted fr. FR. *plaine* = SPAN. *plana*, IT. *piano*. Source LAT. *plânum* 'a plain'.

plaint sb. ME. *pleinte plainte* fr. FR. *plainte* (= LAT. *planctus* 'lamentation').

plait vb. ME. *plaite* 'fold' derived fr. OFR. *pleit (ploit)* sb. 'fold'. Source LAT. *plicare* 'fold, braid'.

plan adopted fr. FR. *plan*, whence DU. G. *plan*. Source LAT. *plânus* 'flat, plane', whence SPAN. *plan*, IT. *piano*. See *plain*, *plane*.

plane adj. borrowed fr. FR. *plane* (= SPAN. *plano*, IT. *piano*). Source LAT. *plânus* 'flat, level'.

plane sb. 'a carpenter's tool' late ME. *pláne* borrowed fr. FR. *plane*. Sourçe MED.-LAT. *plâna* 'a carpenter's tool'.

plane-tree ME. *pláne(-trẹ)* = DU. *plaan-boom* fr. FR. *plane*. Source LAT. *platanus* 'plane-tree'.

plank ME. *planke* borrowed fr. ONFR. *planke* FR. *planche* (= SPAN. *plancha*, IT. *pianca*). Source MED.-LAT. *planca*, whence DU. *plank*, G. *planke*.

plant ME. *plante* OE. *plant* = DU. *plant*, OHG. *pflanza* G. *pflanze* (ON. *planta*): fr. LAT. *planta*, whence also FR. *plante*, SPAN.

planta, IT. *pianta*. In ME. we find *plaide* fr. FR. *plaider* 'plead, also *plaunte* sb. vb. as adap- argue', whence also DU. *pleiten* tion of FR. *plante* — *planter*. — 'sue'.
plantain ME. *plantain* (*plauntain*?)   **please** vb. ME. *plése* borrowed borrowed fr. FR. *plantain*. Source fr. OFR. *plesir plaisir* (FR. *plaire* LAT. *plantago* (*plantaginem*) 'a 'please'). Source LAT. *placêre* plantain'.   'please'. — pleasure (late ME.
  plash ME. *plasche* borrowed fr. *plésüre* 15th cent.) fr. the FR. ODU. *plasch* DU. *plas* 'water- infinit. *plaisir*, but influenced by puddle'. abstract nouns such as *nature*
  plaster ME. *plâstre plaister* fr. *leisure*. OFR. *plastre* (*plaistre*, whence   pledge sb. ME. *pléǧǧe* fr. OFR. DU. *pleister*) cp. FR. *plâtre*. Source *plege* (FR. *pleige*) 'a surety', which GR.-LAT. *ἔμπλαστρον* = IT. is related to OSAX. *plégan* OHG. *empiastro*, FR. *emplâtre* 'plaster'. *pflégan* 'be responsible for, LAT. *emplastrum* = MED.-LAT. answer for' (cp. *plight*). *plastrum* 'gypsum', whence OHG.   plenty ME. *plenté* fr. OFR. *plenté*, *pflastar* G. *pflaster*. source LAT. *plênitâtem*.
  plat plot ME. OE. *plot (tt)*. See   **plier** see *ply*. *plot*.   plight sb. ME. *plight* OE. *pliht*
  plate ME. *plâte* borrowed fr. formed by means of the abstract OFR. *plate plaite* 'plate - armor, formative -*t* from a vb. seen in ingot, silver' FR. *plat*, whence OE. *pléon* 'risk' (OHG. *pflégan* G. DU. *plat*, G. *platte*. Source a *pflegen* whence G. *pflicht* 'friendly MED.-LAT. *plata* 'plate of metal' care, interest'). (GR. *πλατύς*).   plot[1] short for *complot* = FR.
  platoon fr. FR. *peloton* 'a ball, *complot* 'a conspiracy'. platoon'.   plot[2] sb. ME. OE. *plot (tt)*.
  platter ME. *plater* fr. OFR. *platel*   plough ME. **plough** *plǿw* OE. 'a plate' = FR. *plateau* also *plóh* = DU. *ploeg*, OHG. *pfluoh* 'waiter'. *pfluog* G. *pflug*, ON. *plógr*. This
  play vb. ME. **plaie** *pleie* OE. Teut. group *plôhu- plôgu-* was *plégian* 'play' and play sb. ME. borrowed by the Slav. (SERB.- *plaie pleie* OE. *plèga*. The other RUSS. *plugú*, LITH. *pliugas*). TEUT. languages have no such   plover ME. *plovér* borrowed fr. root as *plêg* 'play'. OFR. *plovier* FR. *pluvier*. Source
  plea sb. ME. *plé* **plai** 'debate' a LAT. type *pluviarius* 'rainy'. fr. OFR. *ple plai* with the by-   pluck vb. ME. *plukke plokke* forms *plaut plaid*. Source MED.- (*plicche*) OE. *pluccian* (OE. *plyččan*) LAT. *placitum* 'a decree, sen- = DU. *plukken*, OHG. *pflucchen* tence'. — plead vb. ME. *plède* *pflockôn* G. *pflücken*, ON. *plokka*.

Source a LAT. type *pilüccàre =
IT. piluccare, FR. éplucher. Vulgar
LAT. *pilüccàre (whence ME. pilken
'pluck') prop. 'pluck hairs one
by one' is an extension of LAT.
pilàre.

plug sb. ident. w. DU. plug,
LG. plugge (pluck) late MHG. pfloc
G. pflock 'plug'.

plum ME. ploume OE. plûme
(plÿme) = DU. pruim, LG. prûme
plûme, OHG. pfrûma beside pflûmo
(LAT. r changed to TEUT. l) G.
pflaume: early loanword fr. LAT.
prûnum, whence also FR. prune,
IT. pruna. Cp. prune.

plumb fr. FR. plomb = LAT.
plumbum.

plume fr. FR. plume = LAT.
plûma.

plummet ME. plommet borrowed
fr. FR. plombet 'a plummet' dimin.
of FR. plomb 'lead'.

plump adj. borrowed fr. LG.
plump, DU. plomp.

plunder vb. adopted fr. MDU.
plunderen = G. plündern 'rob,
pillage'.

plunge vb. short for ME. ploungĕ:
borrowed fr. FR. plonger 'duck,
dive', whence also DU. plonzen.

plush sb. = DU. pluis, G.
plüsch; borrowed fr. FR. peluche
= IT. peluzzo. Source a LAT. type
*pilucia, an extension of LAT.
pilus 'hair'.

ply vb. ME. plie 'bend' adopted
fr. FR. plier 'fold, bend, bow'.
Source LAT. plicàre 'fold'.

poach [1] vb. 'dress eggs' fr. FR.
pocher. — poach [2] vb. 'intrude
into preserves' borrowed fr. FR.
pocher from poche 'a pouch'.

pock ME. pokke OE. pocc = MDU.
pocke, DU. pock, G. LG. pocke 'small
pox'. — pocket ME. poket fr. OFR.
poquette, dimin. of OFR. pocke poche.
See poke.

poignant adj. ME. poinant poin-
zaunt fr. FR. poignant. (Source
LAT. pungere). — point ME. point
fr. FR. point (source LAT. punc-
tum) 'point'.

poise vb. ME. poise earlier peise
fr. OFR. poiser peiser FR. peser
'to weigh'. Source LAT. pensare
'to weigh'.

poison ME. puisoun fr. FR. poison
'poison' = LAT. potio(nem) 'a
drink'.

poke sb. ME. pọke 'a bag' =
ODU. poke, ON. poki. FR. poche is
perh. an Engl. loanword. Cp.
pock.

poke vb. ME. pọke (pouke pucke)
'thrust, throw' = DU. poken, MLG.
pûken.

pole [1] sb. 'a stake' ME. pọle OE. pâl
'a pale, pole': source LAT. pàlus
'a stake', whence G. pfahl OHG.
MHG. pfâl. See pale.

pole [2] sb. 'a pivot' the synon.
FR. pol = LAT. polus (GR. πόλος)
'a hinge'.

polish vb. ME. polisshe fr. FR.
polir (poliss-) 'polish'.

poll ME. pol (ll) 'head' = LG.
ODU. polle 'head'; perh. ident. w.
bowl?

pommel ME. *pomel* borrowed fr. OFR. *pomel* FR. *pommeau* 'the pommel of a sword': prop. dimin. LAT. *pômum* 'apple'.

pomp ME. *pompe* fr. LAT. *pompa*, whence also FR. *pompe*.

pond ME. *pond ponde*.

ponder vb. borrowed fr. LAT. *ponderare* 'weigh'.

pontiff fr. FR. *pontif pontife*, LAT. *pontifex*.

pontoon fr. FR. *ponton*, IT. *pontone* 'a great broad bridge'.

pool sb. ME. OE. *pól* = DU. *poel*, LG. *pôl*, OHG. *pfuol* G. *pfuhl*; perh. akin to OE. *pull pyll* 'pool' = ON. *pollr* 'pool, pond'.

poop borrowed fr. FR. *poupe* = LAT. *puppis* 'the hinder part of a ship'.

poor adj. ME. *povre* fr. OFR. *povre = pauvre* (source LAT. *pauper*) 'poor'.

pope ME. *pópe* OE. *pápa* = LAT. *pápa*. The continental dialects differ from the LAT.-OE. forms; cp. OSAX. *pâvos*, DU. *paus*, MHG. *bâbes* G. *papst*.

popinjay late ME. *popinjay* earlier *papĕgai* (= DU. *papegaai*, MLG. *papegoie*, G. *papagai*) fr. FR. *papegai* OFR. *papegay* and *papegau* = IT. *papagallo*. Prob. derived fr. Low GR. *παπαγᾶς* = ARAB. *babaghâ* (PERS. *bapgâ*). The Lat. name *psittacus* agrees with GR. *ψιττακός*.

poplar sb. ME. *poplér(e)* = DU. *populier*, ODU. *popelier*: borrowed fr. OFR. *poplier* = FR. *peuplier*. Source FR. *peuple* 'poplar' =

LAT. *pôpulus* 'poplar', whence also DU. *popel* and G. *pappel*.

poppy sb. ME. *popy* OE. *popiȝ papæȝ* (about 800). The suffix *i* (not producing umlaut) points to an older form *-ang* as in *body, holly*. There are no Teut. equivalents. Usually considered to be borrowed fr. LAT. *papâver*.

porcelain sb. = FR. *porcelaine*, DU. *porselein*, G. *porzellan* (since the 16th. cent.); the base is IT. *porcellana*, orig. 'the Venus-shell', 'concha Veneris'; this having much resemblance to *porcelain*, the name of the shell was transferred to that of the ceramic ware.

porch sb. ME. *porche* borrowed fr. FR. *porche*: source LAT. *porticus*, from which OE. *portic* and OHG. *pforzih* are earlier loanwords.

porcudine occuring in the 15th—16th cent's in the forms *porpentine porpoint* and *porkepin* which go back to OFR. *porc espin* (now *porc-épic*) = IT. *porco spino (porco spinoso)* 'thornbush hog'. — pork 'flesh of swine' ME. *pork* 'pork, swine' fr. the synon. FR. *porc* (= LAT. *porcus*).

port[1] sb. 'harbor' ME. OE. *port* 'harbor' fr. the equival. LAT. *portus* (= FR. *port*, IT. *porto*) 'harbor', whence also ODU. *port* 'city'.

port[2] sb. 'a gate' fr. FR. *porte* = LAT. *porta* 'a gate', whence also OE. *port* or *port-ȝeat* 'a gate', DU. *poort*, G. *pforte*.

port³ sb. 'behavior' ME. *port* fr. FR. *port* 'behavior': deriv. of LAT. *portare* 'carry'.

port⁴ == *Port-wine* orig. »wine of Oporto in Portugal«.

portray vb. ME. *pourtraie* fr. FR. *portraire*. — **portrait** == FR. *portrait*.

post¹ sb. 'a pillar' ME. OE. *post* == DU. LG. *post*: early loanword fr. LAT. *postem* (nom. sing. *postis*), whence also G. *pfosten* OHG. *pfost* and FR. *poteau*.

post² sb. 'mail service' == DU. G. *post*, FR. *poste*, IT. *posta*. The word is a native of Italy and was borrowed from there by the modern languages in the 16th cent.

post³ sb. 'a military post' == G. *posten*, DU. *post* fr. IT. *posto* 'guard, post'.

pot ME. OE. *pot (tt)*, == DU. LG. *pot (tt)*, ON. *pottr* (SWED. *potta*, DAN. *potte*); akin to FR. *pot* == CYMR. *pot*, IR. *pota*.

potato imported in the second half of the 16th cent. together with SPAN. *patata* from America (in Hayti the name was *batata* about 1530).

pouch ME. *pouche* 'bag' fr. OFR. *pouche* (*poche*) 'pocket'; akin to *poke*.

poult sb. 'chicken' (== *pullet*) late ME. *pulte* fr. FR. *poulet* 'chicken' (*poule* 'hen'). — **poulterer** extended for ME. *pultẹr* fr. FR. *poulletier*. — **poultry** ME. *pultrie* is derived fr. ME. *pultẹr*.

pounce vb. see *punch*.

pound¹ ME. *pound* OE. *pund* 'a pound' (weight and money) == OSAX. *pund*, DU. *pond*, OHG. *pfunt* G. *pfund*, ON. SW. DAN. *pund* GOTH. *pund*: borrowed in the second cent. fr. LAT. *pondo* (indecl.) 'pound', not fr. LAT. *pondus* 'weight'.

pound² sb. 'enclosure' ME. *pound* (shortened in *pon-*, *pun-fọlde* 'pound'). OE. *pund* 'enclosure' with the verb OE. *pýndan* ME. *pinde* 'impound, dam up the water' == ON. *pynda* 'shut in' (E. *pinfold* ME. *pinfọlde* 'pound' points to OE. *pýndan* ME. *pinde*). Prob. *pen* OE. *pennan* is cognate, if the base **panjan* goes back to an earlier form **pandjan*: TẹUT. √ *pand pund*.

pound vb. 'beat' ME. *pounc* OE. *púnian* 'pound'; perh. cognate w. DU. *puin* 'ruin, rubbish'.

pout vb. ME. *poute* 'sulk' (OE. **pútian?*). — **pout** sb. (a kind of fish) OE. *púta* or *púte* (in the compound *ảlepútan* 'eelpouts'); cp. DU. *puit* a kind of fish. The word is derived from the vb. *pout* (TEUT. √ *pút*): the fish has its name from its pouting lips.

powder sb. ME. *poudre* 'hair-powder' fr. FR. *poudre*, whence also DU. *poeder*, G. *puder*. Source LAT. *pulverem* (*pulvis*), whence G. *pulver*, IT. *polve* 'dust, powder'.

power ME. *pouẹr* earlier *poẹr* fr. OFR. *poẹr* == FR. *pouvoir*; ident. w. IT. *potere* and deriv. fr. LAT. *potest potui* etc.

praise sb. ME. *prais preis* fr. OFR. *preis*, ident. with *price*.

pram sb. 'a flat-bottomed lighter' = LG. *prahm*, DU. *praam*; LG. *prâm*, ON. *prámr*, SW. *pram*. DAN. *pram* are of Slav. origin; cp. OSLOV. *pramŭ* belonging to the ARYAN √*per* 'cross, ferry' seen in *fare* vb.

prance vb. ME. *praunçe* vb. ident. w. E. *prank* vb. ME. *pranke*; the sound points to Fr. origin.

prate vb. late ME. *prāte* = DU. LG. *praten* 'prate', DAN. *prate* 'tattle'.

pray vb. ME. *preie* fr. OFR. *preier* = FR. *prier* 'pray' (source LAT. *precari* 'pray').

preach vb. ME. *prẹche* fr. FR. *prêcher*. Source church-LAT. *praedicare* 'preach', whence also OE. *predician*, ON. *predika*, DU. *prediken*, OSAX. *prẹdikôn*, OHG. *prẹdigôn* MHG. G. *predigen* 'preach'.

press vb. ME. *presse* fr. OFR. *presser* = LAT. *pressare*.

pretty adj. ME. **prẹtl* for *pratl* 'pretty' and 'clever, cunning'; OE. *prǽtiʒ* 'tricky, deceitful'. The OE. sb. *prætt* plur. *prattas* means 'trickery'.

prey sb. ME. *preie praie* fr. OFR. *preie praie* = FR. *proie* (hence DU. *prooi*) 'prey'. Source LAT. *praeda*.

price sb. ME. *prĭs* fr. OFR. *pris* = FR. *prix*. Source LAT. *pretium* 'price'. See *prize*.

prick sb. ME. *pricke* (*prike*) OE. *pricca* (*prica*) 'prick, spike'. — **prick** vb. ME- *pricke* (*prike* OE.

prician) 'prick, spur'. Cp. MHG. *pfrëcken*, ON. *prikka*: TEUT. √*prik*. — *prickle* relation ME. *prikel* OE. *pricel*.

pride ME. *prǐde* OE. *prýda*: umlaut-relation to *proud*.

priest sb. ME. *prẹst* OE. *prẹost*; ident. w. OHG. *prêst priestar* MHG. G. *priester*, OSAX. *prêstar*, FR. *prêtre* for OFR. *prestre*: descendants of LAT. *presbyter* 'priest'. But there are discrepancies in the phonetical development of the Rom. and Teut. forms.

prime fr. FR. *prime* = LAT. *primus*. — **primrose** fr. FR. *prime rose* = LAT. *prima rosa* 'first rose'. — **prince** ME. *prinçe* fr. FR. *prince* (source LAT. *princeps* — *principem* = IT. *principe*), whence also G. *prinz* DU. *prins*.

print vb. ME. *printe* short for *prẹnte imprẹnte* fr. FR. *empreinte* sb. 'a stamp, print'; cp. FR. *empreindre* = LAT. *imprimere*.

prison ME. *prisoun* fr. FR. *prison*; source LAT. *prehensio(nem)* = IT. *prigione*.

privy ME. *privẹ* fr. FR. *privé* (= LAT. *privâtus*).

prize vb. ME. *prise* fr. FR. *priser*; cf. E. *prise* fr. FR. *prix*. — *prize* sb. 'taking or capture e. g. of a ship' fr. FR. *prise* 'seizure' (DU. *prijs*, G. *prise*).

proud ME. *proud* late OE. *prúd* (by-form ME. *prout* late OE. *prút prẹte*); cp. ON. *prúdr* 'proud', DAN. *prud* 'stately'. Cp. the umlaut-relation *pride*. Source OFR.

proud 'valiant' (under *prowess*)
= FR. *preux.*

prove vb. ME. *próve* late OE. (c.
1000) *prófian:* loanword fr. LAT.
probare, whence also FR. *prouver,*
MHG. *prüeven* G. *prüfen,* ON. *prófa*
and also ME. *préve prœve* 'prove'.
— The sb. *proof* is derived fr.
the vb. (cp. ME. *préve próve* =
FR. *preuve*).

prow ME. **proue* fr. FR. *proue*
(IT. *prua proda,* LAT. *prora*) 'prow'.

prowess ME. *prouesse* fr. OFR.
prouesse 'prowess', abstr. sb. of
OFR. *prou proud* = late OE. *prúd*
s. under *proud.*

proxy sb. earlier *prockesy* for
procuracy; cp. proctor late ME.
proketour = LAT. *procurator(em).*

prune sb. ME. *prüne* fr. FR.
prune = LAT. *prúnum;* cp. *plum.*

pry vb. ME. *prie* OE. **priwan*
*preowian, the root of which is
evident in OE. *bepríwan* vb. 'wink
with the eye' — *preowothwíl*
'twinkling of the eye'.

psalm sb. ME. *psalm* = LAT.
psalmus; already OE. *salm.*

puck sb. short for ME. *pouke*
OE. *púca* 'demon, hobgoblin' =
ON. *púki* 'imp'; cp. OE. *púcel*
'demon', NORTH-FRIES. *puk* 'mis-
chievous sprite with large eyes'.

pudding ME. *pudding* prob.
borrowed fr. FR. *boudin* 'black-
pudding' (cp. ME. *cuning* fr. OFR.
conin under *cony*).

puff vb. ME. *puffe* OE. **puffian*
aside of OE. *pyffan* 'blow'; TEUT.
base *puffón puffjan.*

pull vb. ME. *pulle* OE. *pullian*
'draw'.

pullet ME. *pollie* fr. FR. *poulette*
'a young hen', cp. *poult.*

pulp sb. fr. FR. *pulpe* = LAT.
pulpa 'pulp'.

pumpion (dimin. *pumpkin*) ear-
lier *pompoun* fr. FR. *pompon* (=
DU. *pompoen*) 'a kind of gourde'.
Source LAT. *pepo* (= FR. *pépon,*
IT. *pepone popone*).

punish vb. ME. *punisshe* fr. FR.
punir (*puniss-*) 'punish'.

purblind ME. *purblind* orig.
'blind as a *pur*'? OE. *púr* means
the bird 'onocrotalus'; cp. SWED.
purblind.

purchase vb. ME. *purcháçe* fr.
FR. *pourchasser.*

purge vb. ME. *purǧe* fr. FR.
purger.

purple ME. *purpre* fr. FR.
pourpre = LAT. *purpura.*

purpose vb. ME. *purpóse* fr.
OFR. *pourposer* = FR. *proposer*
'propose'.

purse ME. *purs* late OE. (c.1050)
púrs: loanword fr. OFR. *borse* =
FR. *bourse;* cp. LAT. *bursa.*

pursue vb. ME. *pursúe* fr. OFR.
porsuir = FR. *poursuivre* (source
LAT. *prosequi*) 'prosecute'.

purvey vb. ME. *porveie* fr. OFR.
porvoir = FR. *pourvoir* (LAT.
providere) 'provide'.

push vb. ME. *posse pusse* (*posshe*)
'push' fr. FR. *pousser* (= LAT.
pulsare) 'strike, thrust'.

put vb. ME. *pute putte* vb. 'throw, push, thrust' OE. (c. 1000) *potian* 'thrust'; perh. borrowed fr. OFR. *bouter* 'thrust' (cp. OE. *purs* 'purse' fr. OFR. *borse* under *purse*).

Q

quail sb. ME. *quaile* fr. OFR. *quaille* = FR. *caile* 'a quail'; cp. IT. *quaglia*. Source a vulgar LAT. *quaccola*, whence also DU. *kwakkel* = ODU. *quackele* 'quail'.

quaint adj. ME. *queint*, earlier form *coint* (*quoint*) 'famous, well-known, clever, neat, elegant': loanword fr. OFR. *coint* 'neat, fine' = LAT. *cognitus* 'known'.

quake vb. ME. *quáke* OE. *cwácian* vb. 'quake'; cp. OE. *cweccean* 'move' = ODU. *quecken* 'shake one's head': TEUT. √*qak*.

qualm ME. *qualm* 'death, pestilence, torture' OE. *cwealm* 'death, pestilence': derived fr. the TEUT. √ *qĕl* in OE. *cwĕlan* ME. *quĕle* vb. 'die'; cp. *quell*.

quarrel ME. *querĕle* fr. FR. *querelle* = LAT. *querēla* 'a complaint'.

quash vb. ME. *quasshe* vb. fr. OFR. *quasser* = FR. *casser* 'break'; source LAT. *quassare* 'to shake'.

quaver vb. derived fr. ME. *quáve* (OE. **cwáfian*) vb. 'tremble'; cogn. w. ME. *quappe* vb. 'tremble'.

quay earlier spelling *keie* late ME. *keie* fr. FR. *quai*.

quean ME. *quĕne* OE. *cwĕne* 'woman': perhaps a SCAND. loanword cp. ON. *kona* G. plur. *kvénna* (= OHG. *quĕna kona*, GOTH. *qinô*); cp. late OE. *cwĕnc-fugel* 'a hen-bird' fr. the equiv. ON. *kvenfugl*. There was a genuine OE. corresponding *cwine* 'bad woman'. The group rests on a TEUT. *qĕnôn-* 'wife' = ARYAN *genâ*; cp. GR. γυνή, SKR. *gnâ*, OIR. *ben*, OSLOV. RUSS. SERB. *žena*, PRUSS. *gena* 'wife'. See the following word.

queen sb. ME. *quĕn* OE. *cwĕn* 'queen, distinguished lady'; base *qôni* for *qâni* = GOTH. *qêns*, ON. *kván kvén*, OSAX. *quân* 'wife': TEUT. *qêni-* = ARYAN. *gêni-* (= SKR. *jâni* 'wife') is of the same root as TEUT. *qĕnôn-* (see *quean*) = ARYAN *genâ*.

quell vb. ME. *quelle* OE. *cwellan* 'kill': derived fr. the str. vb. OE. *cwĕlan* ME. *quĕle* 'die' (cp. *qualm*). They belong to the TEUT. √ *qĕl* in G. *qual* = OHG. OSAX. *quâla* 'torment, torture': ARYAN √ *gĕl* in LITH. *gelà* 'grief' — OSLOV. *žalĭ* 'suffering'.

quench vb. ME. *quenche* OE. *cwencean* wk. vb. 'extinguish': derived fr. OE. *á-cwincan* 'be exstinguished' = OFRIS. *kwinka* 'vanish'. It is doubtful whether OE. *cwinan* 'to be exstinguished' is connected with E. *quench* (DU. *kwijnen* 'wither').

question ME. *questioun* fr. FR. *question.*

quick adj. ME. *quick* OE. *cwicu* 'living, alive' = OSAX. DU. *quik,* OHG. MHG. *quëc* (G. *quecksilber* 'quicksilver' and *erquicken* .vb. 'quicken, refresh') G. *keck* (for *queck*) 'pert', ON. *kvikr kykr:* TEUT. √ *qiq* fr. ARYAN √ *gig* in LAT. *vivo* (*vixi-victum-vivere*). There exists an ARYAN doublet *gīw* in GOTH. *qius* (stem *qiwa-*) adj. 'alive' = SKR. *jīva,* LITH. *gywas,* LAT. *vivus* 'living, alive' (cp. GR. βίος 'life'). See *quitch-grass.*

quill sb. ME. *quille* = WESTPHAL. *quiele* 'quill': TEUT. base *gili-,* perh. ident. w. MHG. *kil* G. *kiel* 'quill'.

quilt sb. ME. *quilte* fr. OFR. *cuilte* = LAT. *culcita* 'cushion, pillow'.

quince ME. *coine quīne* fr. OFR. *coin* = FR. *coing* 'a quince' (the *ce* of modern E. *quince* belongs prop. to the plural). Source LAT. *cydonia* = IT. *cotogna,* OHG. *kutina* G. *quitte,* OE. *godæppel;* DU. *kwee* ODU. *quêde* corresponds to MHG. *quiten* = G. *quitte.*

quire (of paper) sb. ME. *quaēr quaīer* 'book' fr. OFR. *quaier* (DU. *kohier*) = FR. *cahier* 'copy book'. Source a late Latin *quaternum* 'collection of four leaves' (= IT. *quaderno* 'a quire of paper', OE. *cwātern*).

quitch-grass (also *quick-grass couch-grass*) ME. **quicche;* OE. *cwice* 'quitch-grass' answers to DU. *kweek,* LG. *quēke,* G. *quēcke* 'quitch-grass'. The name derives fr. TEUT. *quiku-* 'alive' (under *quick*), because the weed seems not clearable.

quite adv. ME. *quīte* fr. FR. *quit.*

quiver vb. derived fr. the adj. ME. *quiver,* late OE. *cwifor* 'lively, brisk, eagerly'; cp. OFR. *quivrer* vb. 'awaken, encourage'.

quiver sb. ME. *quiver* fr. FR. *cuivre;* ident. w. FR. *coivre cuivre:* late Latin base *cucurum,* whence also OE. *cocor,* OHG. *kohhar* G. *köcher* 'quiver', DU. *koker.*

quoth (*quoth he* 'he said') 3ᵈ sing. pret. = ME. *quoth* earlier *quath* OE. *cwæd* pret. of ME. *quēthe* OE. *cwëdan* str. vb. 'say, speak' = GOTH. *qiþan,* ON. *kveda,* OSAX. *quëdan,* OHG. *quëdan* 'say': ARYAN √ *get* (by-form *ged* in SKR. *gad* 'speak'?). Cp. *bequeath* and *bequest.*

R

rabbit cogn. w. ODU. *robbe*
robbeken 'rabbit'; perh. identical
w. DU. *rob*, G. *robbe* 'phoca'?

race[1] ME. *ręs* OE. *ræs*? or bor-
rowed from ON. *rás* 'a running':
TEUT. base *rêsa-*.

race[2] 'family' fr. FR. *race* =
SPAN. PORT. *raza*; source ARAB.
râs 'origin'.

race[3] 'root' fr. OFR. *raïs* = LAT.
radix. — From the same source
also *radish* = DU. *radijs* (FR.
radis).

rafter ME. *rafter* OE. *ræfter*;
formed by suffix *-tra-* from the
same root as ON. *ráf* 'roof' and
OHG. *rávo* 'rafter'. Cp. the ARYAN
√*rêph* in GR. ἐρέφω — ὄροφος.

rag ME. *ragge* (late OE. **ragg*
inferred from the adj. *raggiʒ*
'shaggy'): borrowed fr. ON. *rǫgg*
'shagginess'.

rage ME. *ráǧe* fr. FR. *rage* =
LAT. *rabies*.

rail[1] ME. *rail reil* fr. OFR. *reille*;
source LAT. *rêgula*, whence also
G. *riegel* OHG. *rigil*, ODU. *rijchel*
'bar, rail'.

rail[2] ME. *rail* OE. *hrægl* 'a gar-
ment'; ident. w. OHG. *hregil* 'a
garment': TEUT. base *hrag(i)la-*.

rain ME. *rain rein* OE. *ręʒn* = OHG.
OLG. *rĕgan* G. DU. *rĕgen*, ON. *regn*,
GOTH. *rigns*: TEUT. base *rĕgna-*.
Cp. Lith. *roké* 'drizzling rain'.

raise vb. ME. *reisc* borrowed fr.
ON. *reisa* 'raise': causal of ON.
rîsa = GOTH. *reisan*; cp. *rise*.

raisin ME. *reisîn* fr. OFR. *raisin*
'a grape', whence also DU. *rozijn*,
G. *rosine*. Source LAT. *racêmus*
'a bunch of grapes'.

rake ME. *rák.* OE. *ráca* = DU.
raak; ident. w. OHG. *rêhho* G.
rechen, ON. *reka*: TEUT. base *rakon-
rëkon-*, derived fr. the str. vb.
GOTH. *rikan* 'gather'.

ram sb. ME. OE. *ram* (*mm*) OE.
rǫm (*mm*) = OHG. MHG. DU. *ram*:
TEUT. base *ramma-*; perh. cogn.
w. ON. *ramr* 'strong'.

ramsons ME. *ramsen* OE. *hram-
san* plur.: TEUT. base *hramusan-*
also in G. (dial.) *ramsen*, SWED.
ramslök 'bear-garlick'; further
allied to GR. κρόμυον 'onion',
IR. *crem* — CYMR. *craf* 'garlick',
LITH. *kermusze* 'wild garlick'.

range vb. fr. FR. *ranger*.

ransack vb. ME. *ransake* fr. ON.
rannsaka prop. 'search the house':
ON. *rann* 'house' (= GOTH. *razn*,
OE. *ræsn ræn ærn* 'house'); for
ON. *saka* see *seek*.

ransom ME. *raunçoun* (DU. *rant-
soen*) fr. FR. *rançon* (= LAT.
redemptio-nem).

rap vb. ME. *rápe* 'rush, hasten'
= ON. *hrapa* vb. 'hasten'; cp.
DU. *rapen*, MHG. *raffen* 'seize':
TEUT. base *hrapôn*.

rape sb. ME. *rápe* (= DU. *raap*)
fr. LAT. *rapa* 'turnip'.

rat ME. *rat* OE. *ræt* (*tt*) =
G. *ratte* OHG. *ratta*, DU. *rat rot*;

ident. w. FR. *rat*, IT. *ratto*. History of the group unknown.

rate fr. FR. *rate* = LAT. *ratum*.

rather ME. *rather* OE. *hrador* prop. 'quicker, sooner': comparative form of OE. *hrade* 'quickly'; cp. the adj. OE. *hræd*, ON. *hradr* 'swift', OHG. *hrad*, DU. *rad* 'quick' fr. a TEUT. base *hrapa-*. Akin to OIR. *crothim* 'I shake'.

rattle vb. ME. *ratele* vb.; cp. OE. *hrætele* sb. 'rattle wort' and LG. *ratelen* vb. 'rattle', MHG. *razzeln* G. *rasseln* vb. 'rattle': TEUT. √*hrat* = ARYAN √*krad* in GR. *κραδαίνω* (√*krot* in GR. *κροταλίζειν* vb. 'rattle'?).

raven sb. ME. *rǎven* OE. *hræfn* = ON. *hrafn*; cp. OHG. *hraban* G. *rabe*, DU. *raaf*: TEUT. base *hrabna-* *hrabn-*; perh. fr. an ARYAN √*kro* : *kor* in LAT. *corvus*, GR. *κόραξ* 'raven'.

ravish vb. ME. *ravisshe* vb. fr. FR. *raviss-* in *ravir* 'to ravish'.

raw ME. *raw* OE. *hreaw* = OHG. *hrao hrô* G. *roh*, DU. *rauw*, ON. *hrôr*: TEUT. base *hrǎwa-*; perh. cogn. w. SKR. *krûra* 'sore' and LAT. *cruor* 'blood'.

ray see *roach*.

reach[1] vb. ME. *rěche* OE. *rǎcean* fr. a TEUT. type *raikjan* in OHG. *reihhan* G. *reichen* vb. 'reach', DU. *reiken*.

reach[2], *retch* vb. ME. *rěche* OE. *hrǎcean*; TEUT. √*hrǎk* in OE. *hrǎca* = ON. *hrǎki* 'spittle' and OHG. *rǎhhisôn* 'to try to vomit'.

read vb. ME. *rěde* OE. *rǎdan* vb. = ON. *rǎda* 'read'; prop.

ident. w. GOTH. *rêdan*, OHG. *râtan* G. *raten* vb. 'advise', ON. *rǎda* 'counsel, consult'. *read* meant orig. 'to **read** a riddle' (cp. *riddle*), then 'to interprete the runes' (ON. *rǎda gǎtu* 'read a riddle' — *rǎda draum* 'read a dream' — *rǎda rûnar* 'read runes'). SKR. has a corresponding √*rǎdh* 'perform'; cp. also OSLOV. *raditi*.

ready adj. ME. *rędi* (OE. **rǎdiʒ* extended fr.) OE. *rǎde* 'ready' = OHG. *reiti* 'ready'; cp. GOTH. *garaids* = ON. *greidr* 'ready'. As G. *fertig* prop. meant 'ready for a journey' (G. *fahrt*), perh. a TEUT. base *raida-* 'journey' may be the source of the group; cp. IR. *rêid* 'passable' and see *ride* and *road*.

realm sb. ME. *rěalme* (*rialme*) fr. OFR. *realme* (FR. *royaume*).

ream late ME. *ręme* fr. OFR. *raime* FR. *rame*; cp. SPAN. *resma*, ITAL. *risma* (G. *ries*) 'ream of paper'. Source ARAB. *rizma* 'a bundle'.

reap vb. ME. *rępe* OE. *riopan* vb. fr. a TEUT. √*rip* 'cut' in *ripe*; cp. OE. *rifter* 'sickle' and see *ripe*.

rear vb. ME. *rěre* OE. *rǎran* vb. = OHG. *rêran* vb. 'raise' fr. a TEUT. base *raizjan*; cp. *rise* and *raise* for √*rîs*.

rear adj. ME. *ręre* OE. *hrĕr*.

reason ME. *ręsoun* earlier *reisoun* fr. FR. *raison* = LAT. *ratio-nem*.

reave (*bereave*) vb. ME. *ręve* OE. *rĕafian* vb. = OHG. *raubôn* G. *rauben*, GOTH. (*bi*)*raubôn* 'de-

spoil', ON. *raufa* (see also *robe*):
derived fr. a primitive **str.** vb.
OE. *berḗofan*, ON. *rjúfa* 'to break'.
Cp. SKR. √ *lup*.

receive vb. ME. *receive* fr. OFR.
recever = FR. *recevoir*.

reck vb. ME. *recke* (*recche*) short
for OE. *rḗcean* earlier *rācean*:
TEUT. base *rôkjan* in ON. *rǿkja*,
OSAX. *rôkian*, OHG. *ruohhan* 'have
a care for'.

reckon vb. ME. *rekne* OE. *ʒe-
rēcenian* vb. = OHG. *rēhhanôn*
G. *rechnen* 'reckon', DU. *rekenen*;
cp. the TEUT. √ *rĕk* in OHG. *rahha*
'subject, thing'.

-red suffix in *hatred*; cp. OE.
fḗondrǽden frḗondrǽden 'friend-
ship' (*htwrǽden* under *hind*);
orig. *-raidîn* in GOTH. *ga-raideins*.

red adj. short for ME. *rḗd* OE.
rḗad = TEUT. *rauda-* in GOTH.
rauds, OHG. *rôt* G. *rot*, DU. *rood*,
ON. *raudr* 'red'; cp. OE. *rḗodan*
= ON. *rjôda* vb. 'redden' and
ruddock (*rust*). There is a
corresponding ARYAN √ *rûdh*
reudh in GR. *ἐρυθρός*, SKR. *rudhirá*,
OSLOV. *rŭdrŭ*, LAT. *ruber* 'red',
LAT. *rûfus*, IR. *ruad*.

reed sb. ME. *rḗd* OE. *hrḗod* =
OHG. *hriot* G. DU. *riet*: TEUT. base
hreuda-.

reek sb. ME. *rḗk* sb. fr. the vb. OE.
rḗocan 'reek, smoke' = ON. *rjúka*,
OHG. *riohhan* G. *riechen*; cp. OE.
rḗč rýč, ON. *reykr*, OHG. *rouh* G.
rauch, DU. *rook* 'smoke' fr. a TEUT.
base *rauki-*.

reel ME. *rḗle* OE. *hrḗol*; prop.
*hrǽhil fr. a TEUT. base **hranhil*

in ON. *hrǽll* 'a weaver's rod',
NORTH-FRIES. *raial*.

rehearse vb. ME. *rehḗrçe* fr.
OFR. *reherçer*.

rein sb. ME. *reine* fr. OFR. *reine*
= FR. *rêne* (cp. ITAL. *redina*;
source LAT. *retinere* 'restrain').

relieve vb. ME. *relḗve* fr. FR.
relever = LAT. *relevare*.

rely vb. from LAT. *re* (as in
recall, *remind*, *renew*) and
E. *lie* 'to rest'.

remnant sb. ME. *remenaunt* fr.
OFR. *remenant* 'remnant'.

rend vb. ME. *rende* OE. *rendan*
vb. 'tear, lacerate' = OFRIS. *renda*
vb. 'tear, break'.

rennet[1] sb. fr. the vb. ME. *renne*
'run, make to run'; cp. under
run.

rennet[2] sb. fr. FR. *reinette*.

renounce vb. ME. *renounçe* fr.
FR. *renoncer*. — **renown** ME.
renoun fr. FR. *renom*.

rest sb. ME. *reste* OE. *rest*: TEUT.
base *rasti-*, cp. OHG. *rasta* 'rest,
a measure of distance', GOTH.
rasta 'a mile', ON. *rǫst* 'a mile'.
There is a TEUT. √ *ras* in GOTH.
razn 'house', ON. *rann* (cp.
ransack).

retch vb. see *reach*[2].

ribb ME. *ribbe* OE. *ribb* = TEUT.
ribja- in ON. *rif*, OHG. *rippi*:
ARYAN √ *rĕbh* in OSLOV. RUSS.
rebro 'rib'.

rhythm see *rime*.

-ric in *bishopric* = ME. *bisshop-
riche* OE. *bisceoprīče*; cp. OE. *rīče*
'reign' = GOTH. *reiki*, OHG. *rīhhi*

G. *reich*: fr. TEUT. *rîk-* = GOTH. *reiks* 'king'.

rice sb. fr. FR. *riz* (DU. *rijst*) = ITAL. *riso*, G. *reis*: source GR. ὄρυζα 'rice'.

rich adj. ME. *riche* fr. FR. *riche*; ident. w. OE. *rîce* 'powerful', OHG. *rîhhi* G. *reich*, DU. *rijk*, ON. *rîkr*, GOTH. *reiks*. Originally a derivative of GOTH. *reiks* 'king' under *ric*. — **riches** sb. ME. *richesse* fr. FR. *richesse*: derived fr. FR. *riche* = TEUT. *rîki* 'powerful'.

rick sb. short for ME. *rẹ́k* OE. *hrẹ́ac* 'a heap' = DU. *rook*, ON. *hraukr* (*hroki*) 'a heap': TEUT. base *hrauka-*, akin to ON. *hrúga* 'a heap' and IR. *cruach* 'heap'.

rid vb. ME. *ridde* prop. *redde* OE. *hreddan* = OHG. *hrẹttan* G. *retten*: TEUT. base *hradjan* from an ARYAN √*krath* in SKR. *çrathay.* 'loosen'.

riddle sb. ME. *rẹ́dles* OE. *rẹ́dels* *rádelse* = DU. *raadsel*, OSAX. *rádisli* G. *rätsel* 'riddle'; cp. OHG. *rátisca* *rátussa* 'riddle': TEUT. √*rád rẹd* under *read*.

riddle² sb. 'sieve' ME. *riddel* for OE. *hridder* = OHG. *hrîtara* G. *reiter* 'sieve': ARYAN √*krî* in LAT. *cribrum* 'sieve', GR. κρίνω and in GOTH. *hrai-ns*, OHG. *reini* G. *rein* 'clean' (prop. 'sifted'?).

ride ME. *rîde* OE. *rîdan* str. vb = OHG. *rîtan* G. *reiten*, DU. *rijden*, ON. *rîda*: TEUT. √*rîd* = pre-TEUT. *reidh* in GALLO-LAT. *rêda* 'carriage' —*verêdus* 'horse' (under *palfrey*) and IR. *rîadaim* 'I go'; see *ready*.

ridge ME. *riġ̈ġe* OE. *hryġ̈* (genit. *hryġ̈es*) = TEUT. *hrugja-* in OSAX. *hruggi*, DU. *rug*, OHG. *hrucki* G. *rücken* 'back', ON. *hryggr*: pre-TEUT. *krukjo-*, cogn. w. IR. *crocenn* sb. 'back'.

rife adj. ME. OE. *rîf* 'abundant, frequent' = ON. *rifr* 'munificent, abundant', ODU. *rijf* 'copious', LG. *rîve* 'abundant'.

right adj. ME. *right* OE. *riht* earlier **rëht* = OHG. OSAX. *rëht* G. DU. *recht*, ON. *rëttr*, GOTH. *raihts* 'right, straight': TEUT. *rëhta-* fr. an ARYAN *rëkto-* (= LAT. *rectus* 'right, straight'), prop. participle fr. a verbal √*rëg* in LAT. *regere* 'to rule'; cp. SKR. *rju* 'right, straight'.

righteous transformed fr. ME. *rightwis* OE. *rihtwis* = OHG. *rëhtwîs* 'knowing the right'; see *wise*.

rim sb. ME. *rime* OE. *rima rioma* 'border, margin'; probably cogn. w. OE. *rand*, ON. *rǫnd*, OHG. *rant* G. DU. *rand* 'border, margin': TEUT. *ran-dô-* for *ram-dô-* (as *sand* for ARYAN *samdho-*). Perh. *rind* belongs to the same ARYAN √*rëm*.

rime¹ sb. ME. *rîm* 'verse, song' borrowed about 1200 fr. OFR. *rime*, whence also MHG. *rîm* G. *reim*, DU. *rijm* (properly 'verse'). Source LAT. *rhythmus*.

rime² sb. ME. *rime* OE. *hrîm* = DU. *rijm*, ON. *hrîm* 'hoarfrost'; doubtful, whether OHG. *hrîfo* G. *reif*, OSAX. *hrîpo*, DU. *rijp* 'hoarfrost' are cognate.

rind sb. ME. *rinde* OE. *rind* 'bark of a tree' fr. a TEUT. base *rindô-* (*rĕndô-*) = OHG. *rinta* G. *rinde* 'rind'; perh. cogn. W. OHG. *rant* G. *rand* and OE. *rand* 'border, margin' under *rim*.

ring sb. ME. *ring* OE. *hring* = ON. *hringr*, OHG. *hring* ring G. DU. *ring*: TEUT. base *hringa-* (*hrĕnga-*) fr. a pre-TEUT. √ *krĕngh* in OSLOV. *kragŭ* 'circle' and *kraglŭ* 'round'.

ring vb. ME. *ringe* OE. *hringan* = ON. *hringja* 'ring the bells'.

rip vb. ME. *rippe* (*ruppe*) OE. *ryppan* = HG. *rupfen* 'to tear': TEUT. base *ruppjan*; cogn. W. GOTH. *raupjan*, OHG. *rouffen* G. *raufen*, OE. *rýpan rĕpan* and perh. allied to SKR. √ *rup* 'break'.

ripe adj. ME. OE. *ripe* 'mature, ripe' = WEST-TEUT. *rîpi-* in OSAX. *rîpi*, DU. *rijp*, OHG. *rîfî* G. *reif* 'mature, ripe'; derived fr. the TEUT. verbal √ *rîp* 'cut' in E. *reap* and OE. *rifter* sb. 'sickle'. Therefore *ripe* orig. meant 'cuttable, fit for reaping'.

rise vb. ME. *rise* OE. *risan* str. vb. = ON. *risa*, OHG. *rîsan* str. vb. 'to move up, rise': TEUT. verbal √ *rîs*, whence also *rear* and *raise*.

risk sb. fr. FR. *risque* = ITAL. GERM. *risico*.

rive vb. ME. *rîve* fr. ON. *rîfa* 'tear' = OHG. *rîban* G. *reiben*, DU. *rijven* 'grate, rub': TEUT. verbal √ *wrîb* in ODU. MLG. *wrîven* 'rub'.

river ME. *rivĕr* fr. FR. *rivière* 'river, stream'; ident. W. ITAL.

riviera **sea-shore**: deriv. from LAT. *rîpa* 'bank'.

roach late ME. *rŏche* points to a FR. source (cp. SWED. *rokka*, DAN. *rocke* 'roach'); the synon. *ray* goes back to FR. *raie* = LAT. *raia* 'roach'.

road ME. *rŏde* 'journey, road' OE. *râd* 'journey, road' = TEUT. base *raidô-* (ON. *reid* 'riding') fr. the verbal √ *rîd* in *ride*.

roar vb. ME. *rŏre* OE. *rârian* vb. = OHG. *rêrên* MHG. *rêren* vb. 'low, bellow': TEUT. base *rairan?* or *raizan?*

roast vb. ME. *rŏste* fr. OFR. *rostir* = FR. *rôtir* 'roast'. Source a TEUT. vb. *raustjan* = OHG. *rôsten* G. *rösten* 'roast'; cp. OHG. MHG. *rôst* G. *rost* 'gridiron, grate'.

rob vb. ME. *robbe* fr. FR. *rober*.

robe sb. ME. *rŏbe* fr. FR. *robe*. Source a TEUT. sb. *rauba-* = OE. *rêaf* 'spoil, clothing', OHG. MHG. *roup(b)* 'booty, spoil'. Cogn. W. *reave*.

robin = FR. *Robin* the name Robert.

rock sb. ME. *rock* late OE. *rocc* (*stânrocc*): borrowed about 1000 fr. ONFR. *roc* (FR. *roche*) = ITAL. *rocca*. Source CELT. *rokka-?*

rock[2] vb. ME. *rocke* late OE. *roccian* 'shake, swing, rock'; cogn. W. OHG. *ruckan* G. *rücken*, ON. *rykkja* 'to pull roughly and hastily': TEUT. √ *rukk*.

rod ident. w. *rood*.

roe[1] sb. 'a female deer' ME. *rŏ* OE. *râ* earliest form *râha* = OHG. *rêho*: TEUT. base *raihan-*;

ident. w. OHG. *rêh* G. *reh*, DU. *ree*, ON. *rá* fr. a TEUT. base *raiha-*.

roe[2] sb. 'the spawn of fishes' short for late ME. *róune*; properly OE. **hrogen* = ON. *hrogn*, OHG. *rogan* G. *rogen* with the by-form OHG. *rogo*: TEUT. base *hrogna-* (*hrogan-*).

rogue sb. fr. FR. *rogue*.

roll vb. ME. *rolle* fr. OFR. *rôler* = FR. *rouler*: source LAT. *rotulare*.

rood ME. *róde* OE. *ród* (obl. *róde*) 'cross', original meaning 'a rod or pole'. Ident. w. OSAX. *rôda*, DU. *roede*, OHG. *ruota* G. *rute* and w. E. *rod*. TEUT. base *rôdô-*, pre-TEUT. *râdhâ-* or *râtâ-*.

roof ME. *róf* OE. *hróf*: TEUT. base *hrôfa-* in ON. *hróf* 'shed', OFRIES. *hrôf* 'roof', DU. *roef* 'cabin'. Perh. allied to *roost*. IR. *cro* 'roof' points to a pre-TEUT. form *krâpo-*.

rook sb. ME. *rók* OE. *hróc* = ON. *hrókr*, OHG. *hruoh*: TEUT. base *hrôka-*, pre-TEUT. *krâgo-*.

room sb. ME. *roum* OE. *rúm* = OHG. *rûm* G. *raum*, DU. *ruim*, ON. *rúm*, GOTH. *rûms* 'room': TEUT. *rû-ma-* fr. an ARYAN √ *rû* in LAT. *rûs* (*rûris*) 'open country'.

roost sb. ME. *róst* OE. *hróst* = DU. *roest* 'hen-roost', OSAX. *hrôst* 'roof'; prop. *hrôfsta-* and cogn. w. *roof*?

root sb. ME. *róte* late OE. *rót* borrowed fr. the equival. ON. *rót*: TEUT. base *wrôtâ-*, cogn. w. E. **root** vb. OE. *wrótan* 'grub up'

= ON. *róta* 'grub up'; cp. MHG. *rüezzel* G. *rüssel*.

rope sb. ME. *róp* OE. *ráp* = TEUT. base *raipa-* in ON. *reip*, DU. *reep*, OHG. G. *reif* 'hoop, ring, rope'; perh. cogn. w. GR. ῥαιβός 'bent'.

rose sb. ME. *róse* OE. *róse* (by-form *róse*) borrowed fr. LAT. *rosa*, whence also FR. G. *rose* . OHG. *rôsa*.

rosemary sb. ME. *rosmarine* fr. OFR. *rosmarin* (FR. *romarin*) = LAT. *ros marinus* (prop. 'marin dew'); cp. G. *rosmarin*.

rotten adj. ME. *roten* = ON. *rotinn*: partic. of a verbal √ *rut reut* in OE. *rotian*, OSAX. *rotôn*, MHG. *rozzen* vb. 'putrify'.

rough adj. ME. *rough* (*row*) OE. *rúh* = OHG. *rûh* G. *rauh* 'rough' (DU. *ruig* 'rough'): TEUT. base *rûha-*, pre-TEUT. *rûko-*, cogn. w. LITH. *raukas* 'wrinkle'?

round vb. 'whisper' ME. *roune* OE. *rúnian* = OSAX. *rûnian*, OHG. *rûnên* G. *raunen* 'whisper': derivative of TEUT. *rûnô-* 'secret, mystery' under *rune*.

round adj. ME. *round* fr. FR. *rond* (OFR. *roond* = LAT. *rotundus*), whence also G. *rund*, DU. *rond* 'round'.

row sb. ME. *ráwe* OE. *ráw* 'row' fr. a TEUT. base *raiwô-* orig. *raigwô-*; cogn. w. MHG. *rîhe* G. *reihe* 'row' and the str. vb. OHG. *rîhan* 'rank, string': pre-TEUT. √ *rikh reikh* in SKR. *rêkhâ* 'line'.

row vb. ME. *ráwe* OE. *ráwan* = ON. *róa*, DU. *roeijen*, MHG.

rüejen 'to row': common base a strong verbal √*rô* in **rudder** ME. *rôther* OE. *rôdor* = OHG. *ruodar* G. *ruder*, DU. *roer* 'rudder': TEUT. base *rô-þra-*. LAT. *rê-mus* 'rudder' and GR. *è-ρε-τμός* belong to the same ARYAN √*rô* : *rê*.

rowlock rollock sb. prop. 'hole for rowing'; cp. G. *loch* and OE. *árloc* ME. *órlock* 'hole of oars'.

ruddock sb. ME. *ruddok* OE. *rudduc* 'red-breast'; cogn. w. ruddy ME. *rodi rudý* (OE. **rudiʒ*) reddish' and OE. *rudu* 'red color'; cp. the adj. *red*.

rude adj. ME. *rüde* fr. FR. *rude* = LAT. *rudis* 'rude'.

rue vb. ME. *rêwe* OE. *hréowan* str. vb. = OSAX. *hreuwan*, OHG. *riuwan* G. *reuen*, ON. *hryggva* vb. 'distress, grieve': base a strong verbal √*hreuw*. Cp. *ruth*.

rue sb. (a plant) ME. *rüe* fr. FR. *rue* = LAT. *ruta* 'rue'.

rulé ME. *rêule* earlier *riule* fr. OFR. *reule riule*: source LAT. *rêgula*, whence also OE. *rêgol*, OHG. *rêgala* G. *regel*, FR. *règle*.

rump late ME. *rumpe*; ident. w. MHG. G. *rumpf*, DU. *romp* 'trunk, body'.

rumple parallel form to ME. *rimple* OE. *hrympele* and ident. w. ODU. *rompel* 'ripple': derived fr. the TEUT. verbal √*hrëmp* in OE. *gehrumpen* 'wrinkled' and OHG. *rimpfan* str. vb. 'wrinkle'.

run vb. ME. *rinne* (part. *tronne*) OE. (rare) *rinnan* (mostly *yrnan*) = ON. *rinna*, GOTH. *rinnan* 'run';

OHG. *rinnan* G. *rinnen* str. vb. 'run'.

rune the TEUT. word for the old characters in writing: OE. ON. *rún* with the orig. meaning 'mystery, secret' (GOTH. OHG. *rûna*); ident. w. OIR. *rún* 'secret'. Cp *round* vb. for the root.

rung ME. *runge* OE. *hrung* (obl. *hrunge*) GOTH. *hrugga* 'staff', HG. LG. *runge*, DU. *rong* 'spar, bolt': TEUT. base *hrungô-*.

rust ME. *rust roust* OE. *rúst* fr. a TEUT. base *rûsta-*; ident. w. HG. LG. *rost* fr. a TEUT. base *rûsta-*: derived with *st-* formative from the ARYAN √*rûdh* (in E. red and ruddy), whence also LAT. *robigo* 'rust' and OSLOV. *rùzda* (for **rudja*) 'rust'.

rush sb. ME. *russhe* OE. *rýsče*; ident. w. LG. DU. *rusch* 'rush, reed'.

rush vb. ME. *rousche* = G. *rauschen* MHG. *rûschen*, DU. *ruischen* ODU. *ruuschen*, OSWED. *ruska* 'rush': TEUT. base *hrûskôn*? There occurs also OE. *hrýscan*.

ruth sb. ME. *rêuthe*: extended fr. a more primitive sb. OE. *hrêow*; cp. OE. *hrêowan* str. vb. 'rue' under *rue*.

rye sb. ME. *rîe* OE. *ryʒe*: TEUT. base *rugi-* in ON. *rugr* 'rye'; OHG. *rocko* G. *roggen* and OSAX. *roggo* 'rye' point to a TEUT. parallel base *ruggan-*. Outside of TEUT., OSLOV. *rüžĭ* 'rye' (base *rugi-*) and LITH. *rugiaî* 'rye' show the same base as OE. *ryʒe* and ON. *rugr* = TEUT. base *rugi-*.

12

S

sable sb. ME. *sáble* borrowed fr. OFR. *sable*; ident. w. MHG. G. *zobel*: source a SLAV. word, RUSS. *soboli* 'sable'.

sabre saber fr. FR. *sabre* = G. *säbel*, SERB. RUSS. *sablja*, HUNGAR. *szablya*. Source and history unknown.

sack sb. 'bag' ME. *sakk* OE. *sæcc* = GOTH. *sakkus*, DU. *zak*, G. *sack* OHG. MHG. *sac*: TEUT. base *sakku-* borrowed fr. LAT. *saccus*, whence also ITAL. *sacco*, FR. *sac*. Source HEBR.-Phenic. *sak*.

sad ME. *sad* 'sad, quiet, serious'; the ident. OE. *sæd* 'satiated' corresponds with OHG. *sat* G. *satt*, OSAX. *sad*, ON. *sadr*, GOTH. *saps* 'satiated'. There is an ARYAN √*sá* 'satiate' in LAT. *satur-satis* and OIR. *sathach* 'satiated'; cp. GR. *ǎ-μενα* 'satiate'.

saddle ME. *sádel* OE. *sadol* = ON. *spdull*, OHG. *satul* G. *sattel*, DU. *zadel*: TEUT. base *sadula-*, perh. borrowed from a non-TEUT. language which might have formed a sb. *sadulo-* from 'the ARYAN √*sed* in *sit* — *set*.

safe ME. *sáf* earlier *sauf*: loan-word fr. FR. *sauf* = LAT. *salvus*; cp. *save*.

sail sb. ME. *sail* *seil* OE. *sèȝel* = OHG. *sègal* G. *segel*, DU. *zeil*, ON. *segl*: TEUT. base *sègla-*.

saint sb. ME. *seint* *saint* fr. FR. *saint* = LAT. *sanctus*.

sake sb. ME. *sáke* OE. *sácu* = TEUT. base *sakô-* in OHG. *sahha* G. *sache*, DU. *zaak* 'matter, affair'; perh. based on the TEUT. verbal *sakan* 'content, rebuke'.

sale ME. *sále* OE. *sálu*; hence *sell*.

sallow sb. ME. *salwe* earlier *salge* OE. *sealh* (*scalg-*) = OHG. *salaha*: TEUT. base *salhô-*; cp. ON. *selja* 'willow' (base *salhjôn-*). Prob. cognate w. LAT. *salix* (base *salic-*) 'willow' and GR. *ἑλίκη*.

sallow adj. ME. *salwe* OE. *seale* *salo* = DU. *zaluw*, ON. *splr* 'yellowish', OHG. *salo* 'sallow': TEUT. base *salwa-*.

salt sb. ME. *salt* OE. *sealt*: TEUT. base *saltə-* in GOTH. ON. OSAX. *salt*, OHG. G. *salz* 'salt'. Cogn. w. LAT. *sal*, GR. *ἅλς*, OSLOV. *soli*, OIR. *salann* 'salt'.

salve sb. ME. *salwe* OE. *sealf* (infl. *sealfe*) = OHG. *salba* G. *salbe*, DU. *zalf*; cp. GOTH. *salbôn* vb. = OE. *sealfian* E. salve vb. Cognate w. the ARYAN √*sèlp* *solp* in SKR. *sarpis* 'butter' — *srpra* 'fat', GR. *ἕλπος* 'oil'.

same sb. ME. *sáme* OE. *sam* = GOTH. *sama*, ON. *samr*, OHG. *sam* 'the same': pre-TEUT. *somo-* in GR. *ὁμός*, SKR. *sama* 'the same'.

sample sb. ME. *saumple* earlier *asaumple* fr. OFR. *essemple* FR. *example* = LAT. *exemplum*.

sand sb. ME. OE. *sand* = OSAX. *sand*, OHG. *sant* G. *sand*, DU. *zand*,

ON. *sandr*: TEUT. base *sanda*- for *samda*-, cp. pre-TEUT. *samadho-s* in GR. ἄμαθος 'sand'.

sap sb. ME. *sap* OE. *sæp* = MLG. ODU. *sap*, MHG. OHG. *saf* G. *saft* 'sap': TEUT. base *sapa*- borrowed fr. LAT. *sāpa* 'must'.

satin sb. ME. *satin* fr. FR. *satin*: source the vulgar LAT. *seta* 'silk' (in G. *seide* OHG. *sīda* = OE. *sīd* 'silk').

Saturday ME. *saterday* earlier *Saterndai* OE. *Sæterndæʒ* = DU. *zaterdag*, OFRIS. *saternesdag* ,WEST-PHAL. *Sâterdach*: adaptation of LAT. *Saturni dies*. Cp. the names of the other days of the week.

sauce sb. ME. *sauçe* fr. FR. *sauce*: source LAT. *salsa*. Hence **sausage** fr. FR. *saucisse*.

savage adj. ME. *sauvâge* fr. FR. *sauvage* = LAT. *silvaticus*.

save vb. ME. *sāve* earlier *sauve* fr. FR. *sauver* = LAT. *salvare* 'secure'. Cp. *safe*.

savor sb. ME. *sāvour* fr. OFR. *savour* = LAT. *sapor-em* 'taste' **saw** [1] sb. ME. *sawe* OE. *sage* = OHG. *saga*, LG. *sage*, DU. *zaag*, ON. *sǫg*; cp. the ablaut-varia-tion OHG. *sĕga* 'saw': derived fr. an ARYAN √ *sēk · sok* (in LAT. *secare* 'cut'), whence also OE. *secg* 'sword' and E. scythe.

saw [2] sb. ME. *sawe* OE. *sagu* 'saying' = G. *sage* OHG. *saga*: derived fr. the TEUT. verb *sagan* = OE. *secgan* ME. *sein sain* E. **say** and OHG. *sagên* G. *sagen*; cp. ON. *seggja* 'say': perh. cog-nate w. LITH. *sakýti* vb. 'say'.

scale [1] sb. 'shell' ME. *scále*: loanword fr. OFR. *escale* FR. *écale*. Source OHG. *scala* under *shell*.

scale [2] (of a balance) ME. late OE. *skále*: loanword fr. ON. *skál* 'scale of a balance'; ident. w. OHG. OSAX. *skâla* 'bowl'.

scarce ME. *scars* fr. OFR. *escars* (FR. *échars*) = ITAL. *scarso* 'scarce': source LAT. *excarsus* = *excarpsus* 'selected'.

scarlet ME. *scarlăt* fr. OFR. *escarlate* (FR. *écarlate*); ident. w. G. *scharlach*, DU. *scharlaken* (MHG. *scharlât*, ODU. *schaerlaet*). Source PERS. *sakirlât*.

scathe vb. ME. *scáthe* fr. ON. *skáda*; ident. w. OE. *sceppan* = GOTH. *skapjan* vb. 'harm'. The TEUT. √ *skap* corresponds to an ARYAN √ *skáth* in GR. ἀσκηθής 'harmless'.

scatter vb. ME. *scatere*: loan-word of the 12th century fr. ODU. *scateren* 'scatter'?

scent vb. properly *sent* (late ME. *sent* sb. 'scent') fr. OFR. *sentir* 'smell' = LAT. *sentire*.

school ME. *scóle* OE. *scól* (infl. *scóle*) = OHG. *scuola* G. *schule*, DU. *school*: loanword fr. LAT. *scola* (in a medieval pronun-ciation *scôla*), whence also FR. *école* and 'ITAL. *scuola*.

scissors ME. *sisoures* *çisoures* fr. OFR. *çisoires* 'scissors' (FR. *ciseaux*).

scoff ME. *scof*; cogn. w. the equiv. OHG. *scopf* sb. and OFRIES. *schof*; cp. ON. *skopa* vb. 'scoff, mock'. Source and history un-

12 *

known; the E. word probably not genuine Anglosaxon.

scold vb. ME. *scólde*; cognate w. OHG. *scëltan* G. *schelten* vb. 'scold'. Probably the E. word is not genuine English, but borrowed fr. abroad.

score ME. *scóre* late OE. *scor* 'twenty': loanword fr. ON. *skor* 'notch': source the TEUT. √*skër* in *shear*.

scorn ME. *scórn* earliest form (about 1200) *scárn*: borrowed fr. OFR. *escarn* 'scorn'. Source OHG. *scërn* 'mockery'.

scour vb. ME. *scoure*.

scourge sb. 'whip' ME. *scourge* fr. OFR. *escurge* (whence also FR. *escourgée écourgée*) 'a scourge'.

scrape vb. ME. *scráþe* fr. ON. *scráþa*; cp. MLG. DU. *schrapen* G. *schrappen*.

scream vb. ME. *scréme* vb. fr. ON. *skráma* 'to scare, terrify'.

screw sb. fr. OFR. *escroue*, modern FR. *écrou*.

scribe sb. ME. *scríbe* fr. LAT. *scríba*.

scrip sb. ME. *scrippe* fr. ON. *skreppa*.

scurf ME. late OE. *scurf* borrowed fr. ON. *skurf* (= SWED. *skorf*, DAN. *skurv*); cp. OHG. *scorf* G. *schorf*, DU. *schurft* 'scurf'. TEUT. √*skërf skorf* in OE. *sceorfan* 'to scrape'.

scuttle sb. ME. OE. *scutel* 'a dish, bowl'; identical w. OHG. *scuzzila* G. *schüssel*, DU. *schotel*, ON. *skutell* 'dish'. Source LAT. *scutula scutella*.

scythe ME. *síthe* OE. *síþe síȝþe* 'sickle' = ON. *sigdr* 'sickle': Teut. base *sigiþja-*, derived fr. a TEUT. √*sëg* in OHG. *sëgansa* G. *sense* 'scythe'; cp. *saw*.

sea ME. *sę́* OE. *sǽ*; ident. w. GOT. *saiws*, ON. *sǽr*, OHG. OLG. *sëo* G. *see* DU. *zee*: base *saiwi-*.

seal[1] sb. ME. *sęl* fr. OFR. *sëel* FR. *sceau*. Source LAT. *sigillum*.

seal[2] (the animal) sb. ME. *sęle* OE. *seolh* (pl. *seolas*) = OHG. *sëlah*, MLG. *sel*, ON. *selr*: Teut. base *sëlha-*.

seam sb. 'suture' ME. *sęm* OE. *sęam* = ON. *saumr*, OHG. MHG. *soum* G. *saum* DU. *zoom*: Teut. base *sau-ma-*, derived from the same root as the vb. *sew.* — *seampstress* ME. *semster* OE. *sęa-mestre* 'a woman who sews seams'.

sear 'withered' ME. *sęr* OE. *sęar* = DU. *zoor* 'dry', OHG. *sôr*.

search vb. ME. *sęrche çerche* vb. fr. OFR. *cercher* (= FR. *chercher*). Source LAT. *circare*.

season sb. ME. *sęsoun (seisoun)* fr. OFR. *seson* FR. *saison*: source LAT. *satio-nem* '(time of) sowing'.

seat sb. ME. *sęte* borrowed fr. ON. *sǽti* 'a seat': derivative of the TEUT. √*sët* in *sit* and *set*.

sedge sb. ME. *sęǧǧe* OE. *secǧ*: Teut. base *sagja-* also in ODU. MLG. *segge*. √*sah sag* in OHG. *sahar* 'sedge'. Perh. cognate with a reduplicated GALLO.-LAT. *si-sc-a* 'sedge' = IR. *seisg*.

see vb. ME. *sę́* OE. *sęon* contracted for **sëhan* = OHG. OLG. *sëhan* G. *sehen* DU. *zien*: WEST-

TEUT. *sèhan* = GOTH *saihvan.*
TEUT. √ *sehw* = ARYAN √ *seq*
in LAT. *sequi,* GR. ἔπεσθαι, SKR.
sac 'follow'. The original mean-
ing of the TEUT. verb probably
was 'to follow with the eyes'.

see sb. 'seat of a bishop'. ME.
sẹ fr. OFR. *se* 'seat' = LAT. *sede-m*
'seat'.

seed ME. *sẹ̄d (sẹ̄d)* OE. *sẹ̄d sǣd*
= OHG. *sât* G. *saat,* DU. *zaad*
(GOTH. *sēþs* in *manasēþs* 'man-
kind'): Teut. base *sê-di-*; for
√ *sê* cp. *sow.*

seek vb. ME. *sẹ̄ke* OE. *sêcan*
(*sẹ̄cean*) = GOT. *sôkjan,* ON. *sǣkja,*
OHG. *suohhan* G. *suchen,* DU. *zoeken.*
TEUT. √ *sôk* = ARYAN √ *sâg*
in OIR. *sâigim* 'I seek' (LAT.
sâgîre?)

seethe vb. 'boil' ME. *sẹ̄the* OE.
sẹ̄odan str. vb. = ON. *sjôda,*
OHG. *siodan* G. *sieden,* DU. *zieden.*
In GOTH., we find only the deri-
vative *sauþs* sb. 'sacrifice' (prop.
'a burnt-offering'). TEUT. √ *seuþ*
= ARYAN √ *seut.*

seldom adv. ME. *seldom* prop.
sẹlde(n) OE. *sẹldan* adv. = ON.
sjaldan, OHG. *sëltan* G. *selten,* DU.
zelden adv. Cogn. w. GOTH. *silda-
leiks* 'wonderful'.

self pron. ME. OE. *sẹlf* = OHG.
sẹlb G. *selbst,* DU. *zelf,* ON. *sjalfr,*
GOTH. *silba*; Teut. base *sẹlba-.*

sell vb. ME. *selle* (pret. *sọlde*)
OE. *sellan* (pret. *sâlde*) 'to give'
= GOTH. *saljan* 'to bring an
offering', ON. *selja* 'to hand over',
MHG. *sẹllen.*

selvage, *selvedge* cp. the synon.

DU *zelfkant,* G. (dial.) *self-end*
and LG. *egge*; therefore *selvedge*
compound of *self* and *edge,* per-
haps in imitation of early DU.
selfegge.

send vb. ME. *sẹnde* (prt. *sẹnte*)
OE. *sẹndan* (prt. *sẹnde*) wk. vb.
= GOTH. *sandjan,* ON. *senda,*
DU *zenden,* ŌSAX. *sẹndian,* OHG.
sẹntan G. *senden.* Derived fr.
GOTH. *sinþ,* OHG. *sind,* OE. *sīþ*
'journey' = OIR. *sêt* 'way' (ARYAN
base *sento-* sb. — *sontejô* vb.).

sennight prop. 'seven night'
OE. *seofon niht*; cp. *fourtnight.*

sermon ME. *sẹrmoun* fr. FR.
sermon.

serve vb. ME. *sẹrve* borrowed in
the 12th cent. fr. FR. *servir* (=
LAT. *servîre*). Derivative *servant*
ME. *sẹrvaunt* fr. FR. *servant* and
service ME. *sẹrvisẹ* fr. FR. *service*
(LAT. *servitium*).

set vb. ME. *sette* OE. *sẹttan* wk.
vb. = GOTH. *satjan,* ON. *sẹtja,*
DU. *zetten,* OSAX. *sẹttian,* OHG.
sẹzzan G. *sẹtzen*: TEUT. *satjan*
causal vb. to *sitjan* = *sit.* —
settle vb. ME. *sẹtle* OE. *sẹtlian*
'to fix': derived fr. OE. *sẹtl* 'a
seat'; cp. GOTH. *sitls,* OHG. *sẹzzal*
G. *sessel.*

seven num. ME. *seven* OE. *seofone*
prop. *seofon* = GOTH. OHG. *sibun*
G. *sieben* DU. *zeven.* Oldest Teut.
form *septun* in Lex Salica. Ident.
w. LAT. *septem,* GR. ἑπτά, SKR.
saptan.

sever vb. ME. *severe* fr. OFR.
sevrer = LAT. *separare.*

sew vb. ME. *sẹ̄we* OE. *sẹowian*

siwian; cp. GOTH. *siujan*, ON. *sýja*, OHG. *siuwan* 'to sew': TEUT.-ARYAN √ *siw* in LAT. *suere*, SKR. *siv* 'to sew'; cp. *seam*.

shackle sb. ME. *schackle* OE. *sčeācol* 'a bond'; ident. w. ON. *skǫkull* 'pole of a carriage'. TEUT. √ *skak* in *shake*.

shad sb. ME. *schadde* OE. *sčeadda*. Perhaps an orig. TEUT. *skadan*-'herring' is found in *Scadin-avia*, if it originally meant 'herring's isle'. Cp. yet IR. GAEL. *sgadan* 'herring'.

shade, shadow ME. *scháde shadwe* OE. *sčeadu* obl. *sčeadwe*: Teut. base *skadwa*- in DU. *schaduw*, OHG. *skato* gen. *skatwes*, G. *schatten*, GOTH. *skadus*; cogn. w. OIR. *scáth* 'shadow': pre-TEUT. √ *skāt*.

shaft sb. ME. *schaft* OE. *sčeaft* = OSAX. *skaft*, OHG. *scaft* G. *schaft*, ON. *skapt*: TEUT. *skafta*-prop. a 'shaven' pole; cp. *shave* and GR. σκῆπτρον 'staff, sceptre' — σκᾶπτον 'staff'.

shag 'rough hair' OE. *sčeacga* 'hair'; cogn. w. ON. *skegg* 'beard'.

shake vb. ME. *scháke* OE. *sčeācan* str. vb. = ON. *skaka*; cp. OSAX. *skakan* 'to go away'.

shall vb. ME. *schal* (prt. *schólde*) OE. *sčeal* (prt. *sčeólde*) = GOTH. *skal* (*skulda*), OHG. *scal* (*scolda*) G. *soll* (*solte*), DU. *zal*, ON. *skal*. Cogn. w. LITH. *skelė́-ti* 'to be liable'.

shallop see *sloop*.

shallow ME. *schalwe* 'not deep' with the byform ME. *schóld*; not found in OE. nor in the other TEUT. languages. Base *skal-wa-* (*skal-da-*).

shambles ME. *schämel* 'bench' OE. *sčeamol* 'stool': borrowed fr. LAT. *scamellum*, whence also OHG. OSAX. *scamal* G. *schemel*.

shame vb. ME. *scháme* OE. *sčeāmu* = OSAX. *skama*, OHG. *scama* G. *scham*; cp. GOTH. *sik skaman* 'to shame' = OE. *sčeāmian*.

shank vb. ME. *schanke* OE. *sčeanca*; cp. G. *schenkel* 'shank' fr. a lost OHG. **scenkil*. Cogn. w. G. *schinken* 'ham' OHG. *scinko* 'shank', which is perh. a doublet by the side of OE. *sčeanca*.

shape vb. ME. *schápe* str. vb.; ident. w. OE. *sčieppan* = GOTH. (*ga*)*skapjan* 'to create', OHG. *scępfan* 'to create' (G. *schaffen*): TEUT. √ *skap*.

share sb. 'part' OE. *sčeāru*; cogn. w. *shear*.

share sb. 'plough-share' ME. *scháre* OE. *sčeāru* = OHG. *scara* G. *pflugschaar*: TEUT. √ *skěr* 'cut' in *shear*.

sharp adj. ME. *scharp* OE. *sčearp* = ON. *skarpr*, DU. *scherp*, OSAX. *skarp*, OHG. *scarf* G. *scharf* adj. 'sharp'. TEUT. verbal √ *skěrp* in OE. *sčeorpan* str. vb. 'to scrape'.

shave vb. ME. *scháve* OE. *sčeāfan* str. vb. = GOTH. *skaban*, ON. *skafa*, OHG. *scaban* G. *schaben*, DU. *schaven* 'to shave': TEUT. √ *skab* cogn. w. LAT. *scabere* 'to shave' and prob. w. GR. σκάπτω 'to dig'. Cp. *shaft*.

shaw ME. *schawe* OE. *sčeāga* 'thicket, small wood'; ident. w.

ON. *skagi* 'promontory' and cogn. w. ON. *skógr* 'wood' and MHG. *schache* 'piece of wood'.

shawm ME. *schalmý* borrowed fr. FR. (dial.) *chalemie*, whence also G. *schalmei*; standard FR. *chalumeau* fr. a LAT. type *calamella*.

she ME. *schḗ*; functionally corresponding to OE. *hēo* (fem. of *hē*), but phonetically to OE. *sēo* (fem. of the article *sē* = *the*).

sheaf sb. ME. *schḗf* OE. *scḗaf*: TEUT. base *skauba-* in ON. *skauf*, OHG. *scoub*, DU. *schoof*. Cogn. w. OHG. *scobar* G. *schober* 'rick' (of corn). All derivatives of the Teut. √*skūb* in **shove** with the orig. meaning 'things shoved together'.

shear vb. ME. *schḗre* OE. *scēran* str. vb. = OHG. *scēran* DU. G. *scheren*, ON. *skera*: ARYAN √*skĕr* in LITH. *skir-ti* 'separate', cogn. w. √*ker* in GR. κείρειν 'shear'.

sheath vb. ME. *schḗthe* OE. *scḗap* obl. *scḗape*: fr. a TEUT. *skaiþjō-* in OSAX. *skēdia*, OHG. *sccida* G. *scheide*, DU. *scheede*: orig. meaning 'that which separates'. Cogn. w. **shed** vb. ME. *schḗde* OE. *scēadan* = GOTH. *skaidan* with the byform OSAX. *skēdan* = OHG. *sceidan* G. *scheiden* 'to separate': TEUT. √*skaiþ* *skaid*, which is compared to GR. σχίζειν, SKR. *chid*, LAT. *scindere* 'to cleave, cut' (ARYAN √*skhid*?). See **shide**.

sheen sb. (prop. adj.) ME. *schḗne* OE. *scḗne* (*scýne*) adj. 'fair' = OSAX. OHG. *skōni* DU. *schoon*

G. *schön*, GOTH. *skauns*: TEUT. base *skau-ni-*, verbal adj. 'to be looked at' fr. √*skau* in *show*.

sheep sb. ME. *schḗp* OE. *scḗp* (*scēap*) = OSAX. *skâp*, DU. *schaap*, OHG. *scâf* G. *schaf*: Teut. base *skêpa-* (*skâpa-*).

sheet sb. ME. *schḗte* OE. *scḗte* (*scýte*), umlaut-deriv. of OE. *scḗat* 'fold of a garment' = GOTH. *skauts* 'hem of a garment', OHG. *scôz* G. *schoss* 'bosom, lap'; OE. *scýte* represents a TEUT. type *skautjôn-*. TEUT. √*skeut* in *shoot*.

shelf ME. *schelve* OE. *scýlf* = MLG. ODU. *schelf*, OHG. *scëlb*; cp. ON. *Hlid-skjalf*.

shell sb. ME. *schelle* OE. *scëll* obl. *scëlle*: TEUT. type *skaljō-* in DU. *schel*, ON. *skel* 'shell' and in GOTH. *skalja* 'a tile'; cogn. w. OHG. *scala* G. *schale* 'shell'.

shepherd sb. ME. *schepherd* OE. *scḗp-hyrde* prop. compound of OE. *scḗp* 'sheep' and OE. *hyrde* E. *herd* 'one who tends a herd'; cp. GOTH. *hairdeis*, OHG. *hirti* G. *hirte* and see *herd*.

sheriff sb. ME. *scherḗfe* earlier *schîr-rēve* OE. *scîr-ʒerḗfa*; 1st part of the OE. compound see under *shire*; OE. *ʒerḗfa* E. *reeve* is derived fr. TEUT. *rôba rôfa* = OHG. *ruoba ruofa* 'number'?

shide sb. ME. *schîde* OE. *scîd* = ON. *skid*, OHG. *scît* G. *scheit* 'thin board'; ident. w. OIR. *sciath* 'shield' (ARYAN base *skeito-*). Cogn. w. *sheath*.

shield sb. ME. *schḗld* OE. *scḗld* (byform *scëld*): TEUT. base *skëldu-*

in GOTH. *skildus* = ON. *skjǫldr*, OHG. *scilt*, DU. G. *schild*. Perh. cogn. w. LITH. *skeliù* 'I split'.

shift vb. ME. *schifte* OE. *sciftan* 'to divide' = ON. *skipta*, DU. *schiften* 'to divide'.

shilling sb. ME. *schilling* OE. *scilling* = GOTH. *skilliggs*, ON. *skilling*, OHG. OSAX. *scilling* G. *schilling*: TEUT. base *skillinga-* more orig. *skëllingo-*, perh. akin to OHG. *scëlla* G. *schelle* 'bell'. The common Teut. name of the coin properly meant 'the tinkling money' (for the suffix *-ing* in names of coins see *penny* and *farthing*).

shimmer vb. ME. *schimere* OE. *scimorian*: deriv. of OE. *scīma* 'light' = GOTH. *skeima* 'light'; cp. G. *schimmern* aside of OHG. *scīmo* 'light'. Cp. *shine* for the TEUT. √*skĭ*.

shin *(shinbone)* sb. ME. *schine (schinebọn)* OE. *scina (scinebān)* = OHG. *scina* (MHG. *schinebein*) G. *schiene (schienbein)*, DU. *scheen (scheenbeen)*. OE. *scīe* 'shin' shows evidently the more primitive root-form *ski*: separate OE. OHG. *sci-na*.

shine vb. ME. *schine* OE. *scīnan* str. vb. = GOTH. *skeinan*, ON. *skína*, OHG. OSAX. *skīnan* G. *scheinen*, DU. *schijnen*: all equivalent. TEUT. *skī-na-n* rests on a √*skĭ* as shown by OE. *scī-ma* OHG. *sci-mo* GOTH. *skei-ma* 'light'.

shingle sb. ME. *schingel*; apparently identical w. G. *schindel* OHG. *scintula* (loanword fr. LAT.

scindula, by form of *scandula* 'shingle'); but the phonetic anomaly is not yet explained.

ship sb. ME. *schip* OE. *scip* = GOTH. ON. OSAX. *skip*, OHG. *scif* G. *schiff*: common Teut. base *skipa-*.

shire sb. ME. *schire* OE. *scīr* (obl. *scīre*) = OHG. *skîra* 'provincia'.

shirt sb. ME. *schirte* pointing to an OE. **scyrte*; deriv. fr. the adj. OE. *sceort* = *short*, as shown by G. *schurz* 'shirt' aside of MHG. *schurz* 'short'. ON. *skyrta* = OE. **scyrte* represents a TEUT. type *skurtjôn-*, but OE. *sceort* a base *skorta-*. See *short*.

shoal 'crowd' ME. *schọle* OE. *sceōlu* = OSAX. *skōla* 'troop'.

shock vb. ME. *schocke* fr. FR. *choquer* 'give a shock'.

shock sb. ME. *schocke* 'heap of corn'. OE. **sceocc* is lost, but inferred from MHG. *schoc* 'heap' — *schocke* 'shock'. Cogn. also w. MLG. *hocke* 'shock of corn'.

shoe sb. ME. *schọ* OE. *sceōh* (pl. *sceọ-s* for **sceọhas*): Teut. base *skôha-* in GOTH. *skôhs*, ON. *skó-r*, OHG. *scuoh* G. *schuh*, DU. *schoen*. Perhaps derived fr. a TEUT. √*skêh skê(g)w* in GOTH. *skêwjan* ON. *skêva* 'to go'.

shoot vb. cp. ME. *schọte* vb. OE. *sceōtian* 'to dart', derived fr. the primitive ME. *schẹte* OE. *sceọtan* = ON. *skjóta*, OSAX. *skeotan* OHG. *sciozzan* G. *schiessen*, DU. *schieten*: TEUT. √*skeut* : *skut*.

shop sb. ME. *schoppe* OE. *sceoppa*

'booth', hut'; cognate w. OE. *scypen* 'shed for cattle', G. *schopf* *schuppen* 'shelter'.

shore sb. ME. *schǫre*: fr. the TEUT. √*skĕr* 'shear, cut'.

short adj. ME. *schórt* OE. *sċeórt*: base *skorta-*; cp. OHG. *scurz* fr. a base *skurtu-*: loanword fr. LAT. *ex-curtus, as LAT. *curtus* is preserved in G. OHG. *kurz* 'short', DU. *kort*, ON. *kortr* (see *kirtle* for OE. *cyrtel* and *shirt* for G. *schürze*).

shot sb. ME. *schot* OE. *ʒesċeót* 'a missile': deriv. from the TEUT. √*skeut skut* in *shoot*.

shoulder sb. ME. *schulder* OE. *sċuldor*; cp. DU. *schouder*, G. *schulter* (OHG. *scultirra*).

shout vb. ME. *schoute*.

shove vb. ME. *schouve* OE. *sċúfan* = ON. *skúfa*, DU. *schuiven*: ident. w. GOTH. *skiuban*, OHG. *scioban* G. *schieben*: TEUT. √*skúb* = ARYAN √*skubh*; SKR. √*kṣubh* 'to be agitated' seems to be cognate. — *shovel* sb. ME. *schövel* OE. *sċeófl*; cp. DU. *schoffel* and OHG. *sċúfala* G. *schaufel*.

show vb. ME. *schĕwe* late OE. *ʒesċeáwian* 'to show'; the corresponding OE. *sċeáwian* means 'to look, behold' and is identical with the equival. OHG. *skouwôn* G. *schauen* DU. *schouwen*: TEUT. √*skau sku* (see *sheen*) in GOTH. *skuggwa* 'looking glass'. Cogn. w. the ARYAN √*ku kow* in LAT. *cavere* 'to take care', GR. κοεῖν 'to beget'.

shower sb. ME. *schour* OE. *sċúr*

= GOTH. *skûra* 'storm', OHG. *scûr* G. *schauer*, ON. *skúr*.

shred sb. short for ME. *schrĕde* OE. *sċrĕad* (obl. *sċrĕade*) 'shred, piece'; cp. OE. *sċrĕadung* 'shred' and *sċrĕadian* 'to pare': TEUT. √*skraud* in OHG. *scrôtan* 'to cut, pare'; perh. cogn. w. *shroud*.

shrew sb., **shrewd** adj. fr. ME. *schrĕwe* sb. 'bad person' — *schrĕwed* adj. 'wicked, bad'; the corresp. OE. *sċrĕawa* means 'shrew-mouse'. Origin and history of the group unknown.

shriek vb. ME. *schrike* (OE. *sċrīctan*); cogn. w. shrike sb. OE. *sċrīć* 'a bird's name'. Cp. ON. *skríkja* 'to titter'.

shrine sb. ME. *schrīn* OE. *sċrīn*; ident. w. OHG. *scrîni* G. *schrein*, DU. *schrijn*: loanword fr. LAT. *scrînium*, whence also ITAL. *scrigno*, FR. *écrin*.

shrink vb. ME. *schrinke* OE. *(for)sċrincan* str. vb. = ODU. *schrinken*; cogn. w. SWED. *skrynka* 'a wrinkle': TEUT. √*skrĕnk*.

shroud sb. ME. *schroud* OE. *sċrúd* 'garment' = ON. *skrúd* 'ornament, dress'. See *shred*.

shudder vb. ME. *schudere* (OE. *sċúdorian) = LG. *schuddern* (whence G. *schaudern*), DU. *schudden* 'to tremble'; cp. OHG. *scutisôn* 'to shudder'.

shun vb. ME. *schüne* OE. *sċúnian* wk. vb. 'to avoid, abhor'; perh. deriv. fr. a TEUT. √*skĕn* 'to flee away' in ON. *skynda* 'to hasten', OHG. *scuntan* 'to urge on'.

shut vb. ME. *schutte* OE. *sċyttan*

= DU. *schutten* 'to shut in, to block up': Teut. base *skutjan* cogn. w. **shuttle** sb. ME. *schitel* OE. *scytels* 'bar, bolt': Teut. base *skutisla-*, √*skeut skut* in **shoot**.

shy adj. ME. *schey* OE. *sčéoh* (**sčéog-*) 'timid' = MHG. *schiech* (G. *scheu*), DU. *schuw*: Teut. base *skeoha- skeuha-*, whence OHG. *sciuhan* 'to frighten' (G. *scheuen*).

sick adj. short for ME. *sék* OE. *séoc* = GOTH. *siuks*, ON. *sjúkr*, OSAX. *siok*, OHG. *sioh* G. *siech*, DU. *ziek*: TEUT. *seuka-* adj. 'ill, sick' by the side of the str. vb. GOTH. *siukan* 'to be ill', whence the verbal noun GOTH. *saúhts*, OHG. *suht* 'illness'.

sicker (Scotch) adj. ME. *siker* OE. *sicor* = OHG. *sihhūr* G. *sicher*, OSAX. *sikur*, DU. *zeker*: loanword (Teut. base *sikúra-*) fr. LAT. *sēcūrus*, borrowed during the first centuries of the Christian era.

sickle sb. ME. *sikel* OE. *sicol*: borrowed fr. LAT. *sēcula*, whence also OHG. *sihhila* G. *sichel* DU. *sikkel*.

side sb. ME. *síde* OE. *síde* (obl. *sídan*) = ON. *síða*, OHG. *síta* G. *seite*, DU. *zijde*: Teut. base *síd-jón-*, perh. connected w. OE. *síd* adj. 'long, wide' = ON. *síðr* 'hanging down'?

siege sb. ME. *sége* fr. FR. *siège*.

sieve sb. ME. *sive* OE. *sife* (oldest form *sibi*) = OHG. *sib* G. *sieb*, DU. *zeef* 'a sieve': Teut. base *sibi-*, connected w. the vb. *sift*.

sift ME. *sifte* OE. *siftan* = DU. *ziften*, LG. (G.) *sichten* 'to sift'. There exists a TEUT. √*sih* in OE. *séon* OHG. *sîhan* G. *seihen* 'to filter, strain', the guttural of which may have changed to a labial (*sîf* for *sîh*).

sigh vb. ME. *sighe* points to an OE. *sihhtan; cogn. w. the equivalent ME. *sike* OE. *sícan*. The root *sik sihh* looks like sound-imitation.

sight sb. ME. *sight* earlier ME. *sighthe* OE. *zesihþ*: deriv. of the TEUT. √*seh* in **see**.

sign sb. ME. *signe* fr. FR. *signe*.

silk ME. *silk* OE. *siolc* fr. an earlier *siluc; cogn. w. ON. *silki*: source LAT. *sericum* (whence also OIR. *stric* and OSLOV. *selkŭ* 'silk').

sill sb. ME. *sille* OE. *syll* obl. *sylle*: Teut. base *suljô-* borrowed fr. LAT. *sŏlea* 'sole of the foot', whence also GOTH. *sulja* 'sole of a shoe'. ON. *syll* is an OE. loanword. Cp. *sole*.

silly adj. ME. *sé13* OE. *séliz* (*sǽliз*) 'happy, fortunate' = OHG. *sálig* G. *selig*, DU. *zalig* 'blessed': secondary extension to GOTH. *sēls* 'good' = ON. *sáll* 'happy' (cp. OE. *sǽl* sb. 'happiness'). TEUT. √*sēl*.

silver ME. *silver* OE. *siolfor* = GOTH. *silubr*, OSAX. *silubar*, OHG. *silabar* G. *silber*, DU. *zilver*, ON. *silfr*; ident. w. OSLOV. *srebro* RUSS. *serebro*, LITH. *sidabras*. Source and history uncertain.

sin sb. ME. *sinne* OE. *synn* obl. *synne*: base *sunjô-* for an earlier *sundjô-* in OHG. *suntea* G. *sünde*, OSAX. *sundia*, DU. *zonde*; cp. yet

ON. *synd* fr. a base *sunidjô-* (the dentals are suffixal). Cogn. w. LAT. *sons (sont-is)* 'guilty'.

since with the more original byform (Shakesp.) *sithence* ME. *sithens* prop. *sithen* OE. *síþþan*; the additional *s* of the ME. form is of adverbial origin (cp. *once, twice*). The orig. OE. form was *síþ-þan* (cp. the identical GOTH. *þana-seiþs* 'later'), resting on the OE. adverb *síþ* 'later', which is a comparative to GOTH. *seiþus* 'late'. ON. *sídan* corresponds to OE. *síþþan*; cp. OHG. *sîd* G. *seit* = OE. *síþ* 'later'.

sinew sb. ME. *sinewe* OE. (*sionu* pl.) *sionŗowe*, which results fr. a Teut. base *sinêwô-* or *sĕnêwô-*; cp. ON. *sin*, OHG. *sĕnawa* G. *sehne*, DU. *zenuw*: cogn. w. SKR. *snâva* 'sinew' or w. GR. ἴνἑς 'sinew'.

sing vb. ME. *singe* OE. *singan* str. vb. = OHG. OSAX. *singan* G. *singen* DU. *zingen*; oldest Teut. form GOTH. *siggwan* (= ON. *syngva*): all synonymous. TEUT. √*sĕngw sangw* is related to GR. ὀμφή 'speech, oracle': ARYAN √ *sĕnghw*. The corresp. causal is represented by **singe** ME. *sŗnğe* OE. *sŗnĕğean* fr. a Teut. ground-form *sang(w)jan* = OHG. *sŗngan* G. *sengen* 'to singe' prop. 'to make to sing'.

sink vb. *sinke* OE. *sincan* str. vb. = OHG. *sinkan* G. *sinken* DU. *zinken*; oldest form GOTH. *sigqan* (= ON. *sökkva*): TEUT. √*sŗnkw* 'to sink'.

sip vb. ME. *sippe*; deriv. fr. OE. *sype* 'absorbing', which is verbal noun to OE. *stepan*; see *sup*.

sir, sire ME. *síre* fr. FR. *sire*, whence also ON. *síra*. — sirrah, spelt in 16th cent. *sirrha serrha*, points to orig. »sir, ah« or »sir, ha«.

sister sb. ME. *sister* is regarded as a distinctively Scand. loan-word fr. ON. *systir*. The OE. equivalent *sweostor swustor* ME. *suster* is not responsible for the modern phonology. The Teut. base is *swestr- swistr-*; cp. GOTH. *swistar*, OHG. *swester* G. *schwester*, DU. *zuster*. The *t* of the common Teut. word is excrescent. Aryan base *swĕsr-* (nom. *swĕsôr*) in SKR. *svasr*, LAT. *soror* (for *swesôr*), LITH. *sesŭ* 'sister'.

sit vb. ME. *sitte* OE. *sittan* str. vb. = DU. *zitten*, OSAX. *sittian*, OHG. *sizzan* G. *sitzen*: WESTTEUT. *sittjan* fr. TEUT. *sitjan* (= ON. *sitja*); cp. GOTH. *sitan*: strong verbal √*sĕt sat* (whence a causal vb. *satjan* under *set*), ARYAN √*sĕd* in LAT. *sêdeo*, GR. ἕζομαι (ἕδος 'seat'), SKR. √*sad* 'to sit', OSLOV. *sĕsti*, LITH. *sĕsti*. Cp. *settle* and *soot*.

six ME. OE. *six* fr. a TEUT. *sĕhs* = GOTH. *saíhs*, OHG. OSAX. *sĕhs* G. *sechs*, DU. *zes*, ON. *sex*: ARYAN *sĕks* in LAT. *sex*, GR. ἕξ; cp. SKR. *šaš*.

sketch sb. = DU. *schets*, G. *skizze* borrowed fr. ITAL. *schizzo*.

skew vb. late ME. *skĕwe* 'to

slip away'; cp. ODU. *schouwen* vb. 'to shun'?

skill sb. ME. *skil* 'reason' borrowed fr. ON. *skil* 'discernment' (*skilja* vb 'to separate').

skin sb. ME. *skin* late OE. *skinn* borrowed fr. ON. *skinn*, which arises fr. a Teut. base *skinþa-*, whence derived OHG. *scintan* G. *schinden* wk. vb. 'to skin'. BRET. *scant* 'scale' rests on an ARYAN *skꝫnto-*.

skirmish sb. ME. *scarmisshe* fr. FR. *escarmouche*; cp. ITAL. *scaramuccia*, G. *scharmützel*. The group rests on OHG. *scirman* (G. *schirmen*).

skirt sb. ME. *skirt* fr. ON. *skyrta* 'a shirt'; further relations see under *kirtle* and *shirt*.

skull sb. ME. *sculle* (*scolle*).

sky sb. ME. *skie* borrowed fr. ON. *ský* 'cloud'; not found in OE. (but OSAX. *skion*).

slack adj. ME. *slak* OE. *slæc* 'languid, slothful' = ON. *slakr*, OLG. *slak*, OHG. *slah* 'slack': Teut. base *slaka-*. — Hence **slake** vb. ME. *slake* OE. *slæcian* 'slacken'.

slaughter sb. ME. *slaughter*: borrowed in 11ᵗʰ cent. fr. ON. *slátr* or its oldest form **slahtr*. Der. fr. the TEUT. √ *slah* in *slay*.

slave sb. = DU. *slaaf*: loanword fr. FR. *esclave*, whence also G. *sklave*. Source ITAL. *schiavo* 'slave' = GR. Ἐσϰλαβηνοί 'the Slavonians, Slaves'.

slay vb. ME. *slę* (part. *slain*) OE. *slęan* (part. *slæꝫen*) str. vb. = GOTH. OHG. OSAX. *slahan* (G.

schlagen), DU. *slaan*, ON. *slá*: TEUT. √ *slah slôh* = ARYAN *slăk*; cp. *slaughter* and *sledge*.

slay sb. (a weaver's reed) OE. *sleꝫe* 'percussorium' cogn. with the TEUT. √ *slah* = *slay* vb.; ON. *slá* 'bar, bolt'.

sled short for ME. *slęde*; borrowed fr. ON. *sledi* 'a sledge'; corresponding to OHG. *slito* G. *schlitten*, DU. *slede* 'sledge'. The group rests on the TEUT. √ *slid* in *slide*.

sledge-hammer ME. *sleꝫꝫe* OE. *sleꝫ* (obl. *sleꝫꝫe*) sb. 'sledgehammer': Teut. base *slagjô-* deriv. fr. √ *slah* in *slay*; cp. ON. *sleggja*, DU. *slegge slei* 'mallet'.

sleek adj. ME. *slik* borrowed fr. ON. *slik-r* 'sleek, smooth' (= DU. *slijk*): TEUT. √ *slik* in OHG. *slihhan* G. *schleichen*.

sleep vb. ME. *slępe* (*slępe*) OE. *slępan* (*slăpan*) str. vb. = GOTH. *slępan* (pret. *saizlêp*), OSAX. *slápan*, DU. *slapen*, OHG. *slâffan* G. *schlafen*. Cogn. w. G. *schlaff* OHG. *slâf* 'lax, loose, remiss'. TEUT. √ *slap* = ARYAN √ *slab* perh. in LAT. *labi* 'to slide'.

sleet sb. ME. *slęt*; OE. **slęt* (**slýt*) not found; umlaut-relation to MHG. *slôꝫ* (G. *schlosse* 'hail'): Teut. base *slauti-*, whence also DU. *sloot*, FRIES. *slât*.

sleeve sb. ME. *slęve* OE. *sléfe* (*slýfe*): Teut. base *slaubjô(n-)* in ODU. *sloove* 'veil'.

sleight sb. ME. *sleighte* earlier ME. *slehpe*: borrowed fr. ON. *slógd* 'slyness', which is abstract formation to the adj. *sly* = ME. *slȩh* ON. *slǽgr*.

slice sb. ME. *slȋçe* fr. OFR. *esclice* 'a shiver, splinter'; source the TEUT. √ *slȋt* in *slit*.

slide vb. ME. *slȋde* OE. *slȋdan* str. vb. = MHG. *slȋten* 'to slide'; TEUT. √ *slȋd* under *sled*; ARYAN √ *slidh* in LITH. *slȋdus* 'slipper' (cp. OE. *slȋdor* 'slippery').

slight adj. ME. *slight*; OE. *slȋht* not found, but may be inferred fr. the corresp. GOTH. *slaihts* 'smooth', OHG. *slēht* 'smooth, flat' (G. *schlecht* 'bad' — *schlicht* 'simple'), DU. *slecht*, ON. *slēttr* 'flat, smooth': Teut. base *slēh-ta-* prop. *slih-ta-* fr. the verbal √ *slȋk* in *sleek* (ON. *slȋkr* 'sleek, smooth').

slime sb. ME. OE. *slȋm* = OHG. MHG. *slȋm* G. *schleim*, DU. *slijm*, ON. *slȋm*: Teut. type *slȋ-ma-* fr. an ARYAN √ *slȋ*, whence also LAT. *li-mus* 'mud'.

sling vb. ME. *slinge* str. vb. (OE. *slingan* not recorded) 'to fling' = ON. *slyngva* str. vb. 'to cast, fling'; cp. MHG. *slinge* sb. 'sling', DU. *slingeren* vb. 'to toss' and OHG. *slingan* 'to swing'. TEUT. √ *slēngw* (*slēnhw*?).

slip vb. ME. *slippe* OE. *slyppan* belongs to the str. vb. OE. *slȗpan* 'to glide' = DU. *sluipen* 'to sneak'; cp. GOTH. *sliupan* str. vb. 'to slip' and OHG. *slupfan* G. *schlüpfen* 'to slip': Teut. verbal √ *slȗp*, perh. related to LAT. *lûbricus* 'slippery'.

slit vb. ME. *slitte* deriv. fr. ME. *slȋte* OE. *slȋtan* str. vb. 'to slit';

cp. ON. *slȋta*, OSAX. *slȋtan* str. vb. 'to slit', DU. *slijten*, OHG. *slȋʒʒan* G. *schleissen*: TEUT. √ *slȋt* 'to tear'.

sloe sb. ME. *slǫ́* OE. *slȃ* (infl. *slȃ-n*), prob. contracted fr. OE. *slȃhe* (infl. *slȃhan*) = OHG. *slēha* G. *schlehe*; cp. DU. *slee*, SWED. *slȃn*, DAN. *slaaen* 'sloe' and OE. *slȃh-þorn* 'black-thorn'. Doubtful whether LITH. *slȳvas* 'plum' and OSLOV. RUSS. *sliva* 'plum' are cognate.

sloop sb. fr. DU. *sloep*: source FR. *chaloupe*, whence also E. *shallop* = G. *schaluppe*.

slot sb. 'bar, bolt' late ME. *slot* = DU. LG. *slot*, OHG. *sloʒ* G. *schloss*; derived fr. the TEUT. √ *slȗt* 'shut' in DU. *sluiten*, LG. *slûten*, OHG. *slioʒʒan* G. *schliessen* (cp. G. *schlüssel* OHG. *sluʒʒil* = OSAX. *slutil* 'key'). TEUT. √ *slȗt* rests on an ARYAN √ *sklûd*, cogn. w. LAT. *claudere* 'shut'.

sloth sb. ME. *slǫ́uthe* with abstr. suffix fr. the adj. *slow*; cp. the umlaut-relation OE. *slǣwþ* ME. *sleuthe*.

slough sb. 'mire' ME. *slough* OE. *slǫh* 'mire'.

slow adj. ME. *slǫ́w* OE. *slǟw* = OSAX. OHG. *slēo* 'blunt', DU. *sleeuw* 'sour', ON. *sljór* 'blunt': Teut. base *slaiwa-*, perh. cogn. w. LAT. *laevus* 'left', GR. λαιός.

slow-worm sb. prop. ME. *slǫ́-worm* *slǫ́-wurm* OE. *slȃ-wyrm* 'blindworm'; ident. w. SWED. *slȃ* (or *mslȃ*), NORWEG. *slo* (or *mslo*) 'blindworm'. Not compounded with *slow* OE. *slǟw*, but resting on a TEUT. *slaiha-* 'blindworm'; cp. LITH. *slēkas,* PRUSS. *slayx* 'rainworm'.

sluice sb. = DU. *sluis,* G. *schleuse*: source OFR. *escluse* (FR. *écluse*) fr. a low Lat. type *exclûsa* 'a floodgate'.

slumber vb. ME. *slomere* frequentative of ME. *sloume* vb. 'slumber', derived fr. the sb. OE. *slú-ma* 'slumber'; cp. DU. *sluimen sluimeren,* LG. *slûmeren* (G. *schlummern*) vb. 'slumber'. OE. *slú-ma* sb. 'slumber' rests on an ARYAN √ *slú* in GOTH. *slawan* 'to cease, be silent'.

sly adj. ME. *slí (slý)* prop. *slěi slěȝ* (Orrm *slěh* under *sleight*): borrowed fr. ON. *slǽgr* adj. 'sly, cunning'; ident. w. the non-umlauted DU. *sluw* LG. *slû* (G. *schlau*), SWED. DAN. *slug.* As seen by G. *verschlagen* 'sly', the adj. rests on the TEUT. √ *slah* in *slay*?

smack[1] sb. 'taste' ME. *smak* OE. *smæc* sb. = DU. *smaak*; OHG. *(gi)smah*; cp. the vb. OE. *smæccan* 'to taste' = ODU. *smaken* OFRIES. *smakia*; cp. OHG. *smacken smęcken* G. *schmecken* 'to taste'. WEST-TEUT. √ *smak smakk.*

smack[2] (Shakesp.) sb. 'a loud kiss' cp. G. *schmatzen* fr. MHG. *smatzen* prop. *smacketzen,* LG. *smacken* 'to smack the lips'.

smack[3] sb. (a fishing-boat) fr. ODU. MLG. *smacke* (DU. *smack*), whence also the equivalent G. *schmacke,* FR. *semaque,* ITAL. *semacca,* SPAN. *zumaca.* Source and

history of the group unknown. It is doubtful whether late OE. *snacc* ON. *snekkja* (kind of ship) is cognate.

small adj ME. *smal* (infl. *smale*), OE. *smæl* (infl. *smala*): Teut. adj. *smala-* in GOTH. *smals,* OHG. OSAX. *smal* G *schmal.* ON. *smali* = OHG. *smala-nôȝ* — *smalaȝ vihu* 'sheep' points to GR. μῆλον 'sheep' and OIR. *mil* 'beast'; cp. also OSLOV. *malŭ.*

smallage sb. prop. *small ache*; ME. *áche* is FR. *ache* 'parsley'. Source LAT. *apium* 'parsley'.

smalt sb. fr. DU. *smalt* = G. *schmalte,* FR. *smalt*: source ITAL *smalto,* which is of Teut. origin (cp. MHG. *smelzen* G. *schmelzen*).

smart vb. ME. *směrte* OE. *smeortan*: a Teut. strong vb. = OHG. *směrzan* 'to smart'; cp. DU. *smart* sb. = OHG. *směrzo* G. *schmerz* sb. 'pain': TEUT. √ *směrt* pre-TEUT. *směrd* cogn. w. LAT. *mordere* 'to bite', GR. σμερδαλεός.

smear vb. ME. *smęre* vb. fr. the sb. OE. *smeoro* = ON. *smjǫr* 'butter', OHG. OSAX. *smëro*: ARYAN √ *smër* also in GOTH. *smaïr-þr* 'fatness' and in LITH. *smarsas* 'fat' and OIR. *smir* 'marrow'.

smell sb. ME. *smel* cogn. w. **smoulder** vb. ME. *smoldere* vb. 'to burn with a stifling smoke'; cp. the sb. ME. *smolder* 'a stifling smoke' and the vb. DU. *smeulen* 'to smoulder' = LG. *smælen.*

smelt vb. not found in OE. ME. (see *melt*); borrowed fr.

SWED. *smälta* = DAN. *smelte*, DU. LG. *smelten*, OHG. *smëlzan* G. *schmelzen* 'melt'; cp. ITAL. *smalto* = FR. *émail* 'enamel'. The TEUT. √*smëlt* is probably connected w. √*mëlt* under *melt*.

smelt sb. (a kind of fish) ME. OE. *smelt*; ident. w. DAN. DU. *smelt*: cp. NORW. *smelta* (name of various kinds of small fish).

smile vb, ME. *smile* (OE. **smýlan?*); cogn. w. the non-umlauted MHG. *smielen smieren* 'to smile' and the frequentative E. *smirk* OE. *smearcian* 'smile'.

smirch vb. 'to besmear' derivative of *smear*.

smirk see under *smile*.

smite vb. ME. *smite* OE. *smítan* str. vb. = GOTH. *smeitan*, DU. *smijten*, LG. *smiten*, OHG. *smiʒʒan* G. *schmeissen* 'to cast':. TEUT. √*smit* 'strike, beat, smear'.

smith vb. ME. *smith* OE. *smiþ* = ON. *smiðr*, DU. *smid*, OHG. *smid* G. *schmied*; cp. GOTH. *aizasmiþa* 'coppersmith'; cogn. w. OHG. *smida gismídi* NHG. *geschmeide*, DU. *gesmijde*. The dental is formative. There is an ARYAN √*smi* in GR. *σμι-λη σμινύη*. — *Smithy* sb. seems to be the SCAND. *smidja* (= OE. *smiþþe*, OHG. *smittha*).

smock sb. ME. *smok* OE. *smocc* 'smock, frock, shirt' = ON. *smokkr*; cp. OHG. *smocco* 'shirt': deriv. fr. the TEUT. √*smúg* in OE. *smúgan*, ON. *smjúga* 'to creep through a hole', MHG. *smiegen* G. *schmiegen*. ARYAN √*smúk* in

OSLOV. *smykati sę* 'to creep', LITH. *smùkti* 'to glide'.

smoke sb. ME. *smoke* OE. *smóca* sb. 'smoke'; cogn. w. OE. *smíc* 'smoke' (base *smauki-*) and the str. vb. OE. *smíocan* 'to smoke'; cp. DU. *smoken* (base **smukôn*) and *smook* sb. (base **smauki-*) : TEUT. √*smúk*, perh. cogn. w. LITH. *smaukti* 'to choke'.

smooth adj. ME. *smóthe* late OE. *smód* with the umlauted byform OE. *sméde*; MLG. *smôde* represents an OSAX. **smôthi* fr. a Teut. base *smanþi-*.

smother sb. ME. *smorther* (*þra-* being an abstract suffix); OE. *smorian* 'to choke, suffocate' = DU. LG. *smoren* G. *schmoren* 'to stew'. — **smoulder** vb. ME. *smoldere* vb. rest on ME. *smolder*, which is ident. w. ME. *smorther*.

snail sb. ME. *snail* OE. *snæʒl*: Teut. base *snagla-*; cp. MHG. *snegel*, ON. *snigill* 'snail'; cogn. w. OHG. *snëcko* G. *schnecke* (LG. *snigge*), ME. *snegge*.

snake sb. ME. *snáke* OE. *snáca*; cp. the equiv. ON. *snákr snókr*, LG. *snáke*. Teut. √*snak* in OHG. *snahhan* 'to creep'.

snare sb. ME. *snáre* borrowed fr. ON. *snara* 'a snare, halter'; ident. w. OHG. *snar(a)ha* OE. *snearh* 'noose, snare' fr. a Teut. base *snarhôn-*; cp. the str. vb. OHG. *snër(a)han* MHG. *snërhen* 'to bind tightly'. Probably cogn. w. OHG. *snuor* G. *schnur* 'a lace, cord' (GOTH. *snôrjô*).

sneeze vb. ME. *snése* (OE. *snéo-*

san); ident. w. *neese* ME. *nése* = ON. *hnjósa* and w. OE. *fnéosan*.

snipe sb. ME. *snipe*; ident. w. ON. *mýri-snípa* 'a moor-snipe' and cogn. w. the equiv. OHG. *snépfa* G. *schnepfe* DU. *snep snip* (ITAL. *sgneppa* is of Teut. origin).

snite see under *snot*.

snore vb. ME. *snóre* vb. with the frequentative *snort* ME. *snorte*; cogn. w. G. *schnarchen*, DU. *snorken snurken* 'to snore, snort'.

snot vb. ME. *snot* OE. *zesnot* 'mucus of the nose' = DU. *snot*; cogn. w. **snout** sb. ME. *snoute* = ODU. *snûte* DU. *snuit* and w. *snite* vb. ME. *snîte* OE. *snýtan* = ON. *snýta* 'to wipe the nose'. Cp. G. *schnautze, schnäutzen*.

snow sb. ME. *snów* OE. *snáw* = GOTH. *snaiws*, ON. *snǽr snjór*, DU. *sneeuw*, OHG. *snêo* G. *schnee*: Teut. base *snaiwa-*, derived fr. the ARYAN √ *snígh* in OHG. *snîwan* G. *schneien*, OE. *snîwan* 'to snow' = LAT. *ningere*, LITH. *snigti*, AVEST. *sniž* 'to snow'; cp. GR. νίφ-α 'snow' and LAT. *nix nîv-em*, IR. *snechta* — CYMR. *nyf* 'snow'. LITH. *snégas* and OSLOV. *snégŭ* 'snow' correspond completely to TEUT. *snaiwa-* fr. *snaigwa-*.

so adv. ME. *só* prop. *swó* OE. *swá* = GOTH. *swa*, ON. *svá* (OHG. *sô* DU. *zoo*). Cp. the derivative *such* and MHG. *sus* (G. *sonst*), DU. *zus*.

soap sb. ME. *sópe* OE. *sápe* = OHG. *seiffa* G. *seife*: Teut. base *saipôn-*. Whether LAT. *sapo(nem)* = FR. *savon*, ITAL. *sapone* are in any way related with the Teut. word-group, is uncertain.

sob vb. ME. *sobbe* (OE. **sobbian*): frequentative of a TEUT. √ *sûb* in OHG. *sûft* 'a sigh, a sob' — *sûftión* (G. *seufzen*) 'to sigh'.

sock sb. ME. *sock* OE. *socc*: loan-word fr. LAT. *soccus* (= FR. *sorque*, ITAL. *socco*), whence also OHG. MHG. *soc*, ON. *sokkr*.

sod sb. ME. *sódde*: probably borrowed fr. MLG. *sôde*, which corresponds to OFRIES. *sâtha* 'sod, turf': Teut. base *saupôn-*: perhaps related to *seethe*.

soft adj. adv. ME. *sôfte* short for OE. *sófte* adv. by the side of the umlauted adj. OE. *séfte*; ident. w. OSAX. *sâfti* adj. — *sâfto* adv. = OHG. *senfti* adj. — *samfto* adv. (G. *sanft sacht*, DU. *zacht*).

soil[1] sb. 'ground' ME. *soile* fr. OFR. *soel* = FR. *sueil*: source LAT. *solea*.

soil[2] vb. 'to defile' ME. *soile* fr. FR. *souiller*.

solace sb. ME. *solás* fr. OFR. *solaz* = LAT. *solatium*.

soldier sb. ME. *soudiour* properly *souldier* fr. OFR. *soldier* (FR. *soldat*). Source OFR. *soulde* 'pay for soul-diers', whence DU. G. *sold*. Source LAT. *solidus* (= ITAL. *soldo*, FR. *sou*) 'piece of money'.

sole[1] (of a shoe) sb. ME. *sóle* OE. *sóle* = OHG. *sola* G. *sohle*, DU. *zool*: Teut. base *sola*, borrowed fr. a LAT. type **sola*, represented by FR. *sole*, ITAL. *suolo*, SPAN. *suela* 'sole of a shoe'. The vulgar-LAT. *sola* has supplanted LAT. *solea*, whence GOTH. *sulja* 'sole' is borrowed.

sole² (a flat fish) ME. *sǫle* fr. FR. *sole*; ident. w. *sole*¹; cp. LAT. *solea* 'sole-fish'.

some pron. ME. *sum som* OE. *sum* = GOTH. *sums*, ON. *sumr*, OHG. *sum*: ARYAN base *səmo-* in GR. *ἀμοθεν*, SKR. *sama*.

son sb. ME. *sone sune* OE. *sunu* = GOTH. *sunus*, ON. *sunr*, OSAX. *sunu*, OHG. *sun* G. *sohn* DU. *zoon*: Teut. base *sunu-*. An ARYAN base *sûnu-* is evident in SKR. *sûnu-*, OSLOV. *synǔ*, LITH. *sûnùs* 'son'. Cogn. w. GR. *υἱός* 'son' fr. an ARYAN base *suyu-* and w. OIR. *suth* 'foetus'. There occurs also a SKR. √ *sû* 'to beget, bear, bring forth'.

song vb. ME. OE. *sǫng*: Teut. base *sang(w)a-* also in GOTH. *saggws*, ON. *sǫngr*, DU. *zang*, G. *sang*. Cp. *sing*.

soon adv. ME. *sǫne* OE. *sǫna*; as shown by GOTH. *suns-aiw* 'soon', OE. *sǫn-a* is a compound of OE. *sǫn* (= OHG. OSAX. *sân*) and *á* (= GOTH. *aiw* OHG. *io*); cp. OHG. *sâr sâr-io* and GOTH. *suns* 'soon'.

soot sb. ME. OE. *sǫt* = ODU. *soet*, ON. *sót*; derived fr. the TEUT. √ *sět* 'sit, set'; cogn. w. OIR. *suide* (base *sódiâ*), LITH. *sódis*, OSLOV. *saʒda* 'soot'.

sooth adj. 'true' ME. *sǫth* OE. *sǫþ* fr. a Teut. base *sanþ-* = ON. *sannr*, OHG. *sand*, OSAX. *sôth*; cogn. w. GOTH. *sunjis* (for *sundja-*). TEUT. *sanþ-* answers to SKR. *sat*,

which is participle of the ARYAN √ *es* 'to be' (SKR. *ásti*, GR. *ἔστι*, LAT. *est*, G. *ist*) with the suffix *-ont-* in GR. *φεροντ-* (cp. *tooth*). GOTH. *sunjis* 'true' corresponds to SKR. *satyá* 'true'.

sore adj. ME. *sǫr* OE. *sár* fr. a TEUT. adj. *sai-ra-* in ON. *sárr*, OHC. *sêr*, DU. *zeer* 'sore, wounded'; cp. GOTH. *sair* sb. 'pain', OHG. *sêr* (G. *versehren* vb. 'to hurt'). Cogn. w. LAT. *sae-vus* 'wild' and OIR. *sai-th* 'pain'. Cp. *sorry*.

sorrel (plantname) fr. OFR. *sorel* (FR. *surelle*), which is derived fr. FR. *sur* 'sour' = OHG. *sûr* (see under *sour*).

sorrow sb. ME. *sorwe* OE. *sorg* infl. *sorge*: Teut. base *sorgô-* in GOTH. *saúrga*, OHG. *sorga* G. *sorge*, DU. *zorg*, ON. *sorg*: ARYAN √ *sěrgh* in LITH. *sergéti* 'to heed' — *sìrgti* 'to suffer'.

sorry adj. ME. *sǫrý* OE. *sáriʒ* earlier *sáreʒ*: Teut. base *sair-ag-*, deriv. fr. TEUT. *saira-* = *sore*.

sot sb. ME. *sot* late OE. (c. 1000) *sott*; borrowed fr. FR. *sot*, whence also DU. *zot* and MHG. *sot*; cogn. w. IR. *suthan* 'a dunce'.

soul sb. ME. *soule* prop. *sǫule* OE. *sáwol* infl. *sáwle*: TEUT. *saiwalô-* in GOTH. *saiwala*, OHG. *sêla* (for *sêwla*) G. *seele*, OSAX. *seula*, DU. *ziel*. Cp. GR. *αἰόλος* 'movable'.

sound¹ adj. 'healthy' ME. *sound* prop. *tsound* OE. *ʒesund* = OSAX. *gisund*, OHG. *gisunt* G. *gesund*, DU. *gezond*; probably cognate w. LAT. *sânus* 'healthy'.

13

sound (of the sea)² sb. ME. *sound* OE. *súnd*; the original meaning of the OE. word is 'a swimming' which affirms connection w. *swim*: Teut. base *sunda-* (ON. *sund*) for **swumda-*.

sound³ sb. 'a noise' ME. *soun* fr. FR. *son*: source LAT. *sonus*.

sound⁴ vb. fr. FR. *sonder*.

sour adj. ME. *sour* OE. *súr* = ON. *súrr*, DU. *zuur*, OHG. *súr* G. *sauer*: ARYAN base *súro-* in LITH. *súras*, OSLOV. *syrŭ* 'raw, rough'.

source sb. ME. *sours* fr. FR. *source* (deriv. fr. LAT. *surgere*).

south sb. ME. *south* OE. *súþ* = ON. *súdr*, DU. *zuid*: Teut. base *sunþ-* in OHG. *sundan* 'from the south' (= OE. *súdan*, ON. *sunnan*). Probably allied to GR. *νότος* (for **σνότος*) 'south-wind'. — **southern** ME. *sothern* OE. *súderne* corresponds to OHG. *sundróni* = ON. *sudrǽnn*.

sow¹ vb. ME. *sówe* OE. *sáwan* str. vb. = GOTH. *saian*, ON. *sá*, DU. *zaaijen*, OSAX. *sájan*, OHG. *sáen* G. *säen* = ARYAN verbal √ *sē* in LAT. *sero* (ground-form **siso*) *-sēvi-satum*, OSLOV. *sē-ti*, LITH. *sēti* 'sow' and in LAT. *sē-men* = OHG. *sá-mo* G. *same*. Cp. *seed*.

sow² sb. ME. *sowe* earlier *suwe* *suge* OE. *sugu*. Cogn. w. TEUT. *sú* 'sow' (under *swine*) and w. IR. *suig* 'a pig'.

space sb. ME. *spáce* fr. OFR. *espace*; source LAT. *spatium*.

spade sb. ME. *spáde* OE. *spádu* infl. *spádan*; ident. w. ON. *spadi*, DU. *spade*, OSAX. *spado*, G. *spaten*;

cogn. w. GR. *σπάθη* 'a blade of wood or metal'.

span vb. ME. *spanne* OE. *spannan* str. vb. = OHG. *spannan* G. DU. *spannen* 'to extend'.

span-new adj. ME. *span-néwe* fr. ON. *spán-nýr*; ON. *spánn* (cp. *spoon*) means 'a chip, shaving'.

spar¹ sb. ME. *sparre* (cp. the vb. OE. *zespearrian* 'to shut, bar') = OHG. *sparro* (whence G. *sparren*), DU. *spar*, ON. *sparri*: Teut. base *sparron-*.

spar² sb. OE. *spær-stán*; cp. G. *sparkalk*.

spar³ vb. ME. *sparre* fr. OFR. *esparer* = FR. *éparer*.

spare adj. ME. *spar* infl. *spáre* OE. *spær* (infl. **spära*) in the compound *spær-hende* (original meaning 'having spare, thrifty hands') and in the vb. *spcrian* 'to spare'. Teut. base *spara-* in ON. *sparr*, OHG. *spar* (G. *spar-sam*); cp. ON. *spara*, OHG. *sparôn* G. *sparen* 'to spare'. Outside of TEUT., OSLOV. *sparŭ* 'thrifty' and GR. *σπαρνός* 'rare, lacking' are cognate.

spark sb. ME. *sparke* OE. *spearca*: Teut. base *sparkon-* in DU. *spark*, LG. *sparke*; cogn. w. LAT. *spargere?*

sparrow sb. ME. *sparwe* OE. *spearwa* = GOTH. *sparwa*: Teut. base *sparwan-*; cp. OHG. *sparo* (G. *sperling*).

speak vb. ME. *spéke* OE. *spécan* str. vb. = OHG. *spéhhan* with the byforms OE. *sprécan* = OHG. *spréhhan* G. *sprechen*, DU. *spreken*,

OSAX. *sprĕkan*; WEST-TEUT. strong verbal √ *sprĕk*: *spĕk*, perhaps connected w. ON. *spraka* 'to crackle' and LITH. *spragéti* 'to crackle'. See *speech*.

spear sb. ME. *spére* OE. *spére*; ident. w. ON. *spjǫr*, OHG. *spér* G. DU. *speer* and cogn. w. LAT. *sparus* 'a dart'.

speck vb. ME. *specke* OE. *spĕcca* 'a spot, mark'; cp. DU. *spikkel*.

speech sb. ME. *spéche* OE. (rare) *spéĉ* (*spéĉ*) with the common byform OE. *spráĉ*: Westteut. base *spâki- sprâki-*; derived fr. √ *spĕk sprĕk* in *speak*.

speed sb. ME. OE. *spéd* properly OE. *spóed* fr. a Teut. base *spô-di-* in OSAX. *spôd* 'success', DU. *spoed* 'speed', OHG. *spuot* 'success' (whence G. *sputen* 'to make haste') : verbal abstract to the str. vb. OE. *spówan* 'to succeed' = OHG. *spuon* 'to succeed', which are cognate w. OSLOV. *spéjati* 'to succeed', SKR. *sphâγ* 'to increase': ARYAN √ *sphé sphô*.

spell sb. ME. OE. *spel* (infl. *spell-*) 'story, saying' (see also *gospel*) = GOTH. *spill* 'tale, myth', ON. *spjall* 'a saying', OHG. *spël* 'a narrative' (DU. *spellen* vb.): Teut. base *spélla-*, assimilated for *sqedlo-*, pre-TEUT. *sq-etlô-* = OIR. *scél*, CYMR. *chwedl* 'a story'. Derived from the ARYAN √ *seq* 'to say, tell' (cp. *say*); ARYAN suffix *-etlo-* as in GR. ἔχετλον.

spell vb. ME. *spelle* 'syllabicare' (Orrm *spelldrenn* 'syllabicare'); not found in this mean-

ing in OE. Cognate w. OFR. *espeler* = FR. *épeler* 'to spell'.

spelt sb. OE. *spĕlt* = DU. *spelt*, OHG. *spĕlta spĕlza*: loanword fr. late LAT. *spelta* (= IT. *spelta*, FR. *épeautre*).

spend vb. ME. *spende* OE. *spendan (in the sb. *spending* and in the compounds *á-, for-spendan*): loanword fr. LAT. *dispendere* vb. 'spend', whence also G. *spenden* OHG. *spentan*.

spew vb. ME. *spéwe* OE. *spíwan* = OHG. OSAX. *spíwan* G. *speien*, GOTH. *speiwan* str. vb. (ON. *spýja*, DU. *spuwen*): strong verbal √ *spíw* as in LAT. *spuere*, LITH. *spiauti* 'to spew'; cp. the cognate √ *pju* in GR. πτύειν, OSLOV. *pjuti*?

spice sb. ME. *spíçe* fr. OFR. *espice* (FR.) = LAT. *species*.

spider sb. ME. *spither* in Kent. for *spinder* OE. *spinnére; derived fr. *spin*.

spike sb. ME. *spík* 'an ear of corn' fr. LAT. *spíca*.

spill vb. ME. *spille* late OE. *spillan* fr. ON. *spilla*; ident. w. OE. *spildan*, OHG. *spildan* 'to spill': Teut. base *spilþjan*.

. **spin** vb. ME. *spinne* OE. *spinnan* str. vb. = GOTH. OHG. *spinnan*, G. DU. *spinnen*, ON. *spinna*: all equivalent. The str. vb. TEUT. *spinnan* rests on a √ *spën* in **spindle** ME. OE. *spinel* = OHG. *spinila*.

spirit see *sprite*.

spit¹ sb. ME. *spite* OE. *spitu* 'roasting spit' = OHG. *spiȝ*, DU. *spit* (ITAL. *spito*, FR. *épois* represent a TEUT. *spitus*); derived fr. the TEUT. adj. *spitu-* in OHG. *spitzi* G. *spitz*.

spit² vb. ME. *spitte* OE. *zespyttan*; ident. w. ON. *spytta* with the by-form *spýta*, LG. *spûjten*, G. *speutzen*; see *spout*.

spite sb. ME. *spit* for *despit*; see *despite*.

spleen sb. fr. LAT. (GR.) *splen*.

split vb. Scandin. loanword; cp. DAN. *splitte*; cogn. w. DU. *splijten* = MHG. *splîzen* G. *spleissen* (whence G. *splitter*).

spoil vb. ME. *spoile* fr. FR. *spolier* (LAT. *spoliare*).

spoke sb. ME. *spôke* OE. *spáca* = OSAX. *spêka* DU. *speek*, OHG. *speihha* G. *speiche*. All equivalent; Teut. base *spaikôn-*.

sponge sb. ME. *sponże* fr. OFR. *esponge* (FR. *éponge*); source LAT. *spongia*, whence also OSAX. *spunsia* DU. *spons*.

spool sb. (not found in ME. OE.) loanword fr. DU. *spoel*; ident. w. OHG. *spuolo* G. *spule* (ITAL. *spuola* is of TEUT. origin): Teut. base *spôlôn-*; doubtful whether cogn. w. *spin*.

spoon sb. ME. OE. *spôn* fr. a TEUT. *spânu- (spênu-)* in OHG. *spân* 'a chip, splint', DU. DAN. *spaan* 'a chip', ON. *spánn spönn* 'a chip' (cp. *span-new*). Cogn. w. MHG. *spâ-t* 'a chip': √*spê*.

sport sb. for *disport* as *spend* for *dispend*; ME. *disporte* vb. fr. OFR. *se desporter* 'to amuse one-self'.

spot sb. ME. *spot* pl. *spottes*;

not found in OE. (where *splot* pl. *splottas* 'a spot'); cp. ODU. *spotte* DU. *spot* 'a blot'.

spouse sb. ME. *spouse* fr. OFR. *espouse* (FR. *épouse*); source LAT. *sponsa*.

spout vb. ME. *spoute*; cogn. w. *spit*.

sprat sb. ME. *sprot* (pl. *sprottes*) OE. *sprot* (pl. *sprottas*); cp. MLG. *sprot* G. *sprotte*, DU. *sprot*.

sprawl vb. ME. *spҳaule* OE. *sprҳawlian* fr. a TEUT. *sprauwalôn*.

spread vb. ME. *sprҫde* OE. (ze)- *sprǽdan* 'to extend' = OHG. G. *spreiten*, DU. *spreiden*; deriv. fr. the str. vb. OHG. *sprîtan* 'to become extended'.

spring str. vb. ME. *springe* OE. *springan* = OSAX. OHG. *springan*, ON. *springa* (ITAL. *springare* is a TEUT. loanword): TEUT. √*sprëng* sprang, perhaps related to GR. σπέρχεσθαι 'to make haste'.

sprite sb. ME. *sprite* fr. FR. *esprit*; ident. w. *spirit*. Source LAT. *spiritus*.

sprout vb. ME. *sproute* (OE. *sprútan*) = DU. *spruiten*, LG. *sprúten*, OFRIES. *sprúta* 'to sprout'; cp. G. *spriessen*: TEUT. √*sprút* spreut.

spur sb. ME. *spure* OE. *spura* (*spora*); ident. w. OHG. *sporo* (G. *sporn*), DU. *spoor*, ON. *spori* (ITAL. *sprone* FR. *éperon* are of TEUT. origin): Teut. base *spuron- sporon-*. √*spҫr* in OHG. OSAX. OE. *spurnan* 'to kick against' under *spurn* and in G. *spur* DU. *spoor* OE. *spor* 'a foot-track'.

spurge sb. short for ME. *spourge*: loanword fr. OFR. *espurge* (source LAT. *expurgare*).

spurn vb. ME. *spurne* OE. *spûrnan* str. vb. 'to kick against' = OHG. OSAX. *spurnan* 'to kick against': ARYAN √*spər* in LAT. *sper-nere* 'to despise', LITH. *spìrti* 'to kick against', GR. σπαίρειν, SKR. *sphur.* Cp. *spur.*

spy vb. ME. *spîe* fr. OFR. *espier*, which is of Teut. origin: OHG. *spëhôn* G. *spähen*, ODU. *spien* (ARYAN √*spëk* in LAT. *conspicio*, *speculum*, SKR. √*spaç*).

square sb. ME. *squâre* fr. OFR. *esquarre* 'a square'.

squire sb. ME. *squire* = *es-quire.*

squirrel sb. ME. *squirël* for *scûrël* fr. OFR. *escurel* (= FR. *écureuil*); source a LAT. type *scurellus* (*scuriolus*) for LAT. *sciurus* 'a squirrel'.

stable[1] sb. ME. *stâble* fr. OFR. *estable* (= FR. *étable*); source LAT. *stabulum* 'abode, stable'.

stable[2] adj. ME. *stâble* fr. OFR. *estable* = LAT. *stabilis* 'stable'.

staff sb. ME. *staf* (pl. *stâves*) OE. *staf* (pl. *stâfas*) = ON. *stafr*, DU. *staf*, OHG. G. *stab*; cp. OHG. *stabên* 'to be stiff' and the adj. EASTFRIES. *staf* 'stiff', also LITH. *stëbas* 'staff — *stâbas stobras*; SKR. √*stabh* 'be stiff'.

stag sb. ME. *stagge* late OE. *stagga* 'a stag'.

stage sb. ME. *stâge* fr. OFR. *estage* = FR. *étage* (LAT. type *staticum*).

stain sb. ME. *steine* fr. OFR. *desteindre* = LAT. *dis-tingere.*

stair sb. ME. *steir* properly *stéier* OE. *stâ̆ger* = ODU. OLG. *stêger* DU. *steiger* 'stair': WEST-TEUT. ground-form *staigir*, derived fr. the Teut. verbal √*stîg* in OE. *stîgan*, OHG. *stîgan* G. *steigen*, DU. *stijgen* 'to climb'; cogn. w. GR. στείχειν 'to march', SKR. *stigh* 'ascend' (cp. LAT. *ve-stigium* 'a foot-track').

stake sb. ME. *stâke* OE. *stâca* = ODU. *stâke* DU. *stiak*, SWED. *stake*; cp. OFRIES. *stak* 'stiff', G. *stachel* 'a prick, goad'.

stalk[1] sb. ME. *stalke*, a dimin. form with suffixed *k* of ME. *stâle*; cp. OE. *stëla*, ON. *stil-kr* 'a stalk', OHG. G. *stil*, also GR. στελεόν 'a handle'.

stalk[2] vb. ME. *stalke*; *k* is a frequentative suffix; cp. OE. *styllan* 'to leap' (OE. *stealcian).

stall sb. ME. *stal* OE. *steall* fr. a Teut. base *stalla-* in ON. *stallr*, OHG. *stal* G. *stall*, DU. *stal* 'stall, stable' (ITAL. *stallo* 'place' — *stalla* 'stable' are of Teut. origin). ARYAN base *stadhlo-* in LAT. *stabulum* 'stable'.

stallion sb. ME. *stalloun* fr. OFR. *estalon* (FR. *étalon*) = ITAL. *stallone*: of Teut. origin (TEUT. *stalla-* 'stable' under *stall*)

stammer vb. ME. *stamere* deriv. fr. OE. *stâmor* adj. 'stammering'; cp. DU. *stameren-stamelen*, OHG. *stamalôn*; √*stam* in ON. *stamr* 'stammering' — *stama* vb. 'to stammer', OHG. *stamên* 'stammer';

cp. also GOTH. *stamms* 'stammering'. Cogn. w. OSAX. OHG. *stum* G. *stumm* 'dumb'.

stamp vb. ME. *stampe* (E. **stampian*) = DU. *stampen*, OHG. *stampfôn* G. *stampfen* (ITAL. *stampare* FR. *étamper* are of TEUT. origin): TEUT. √ *stamp* cogn. w. GR. στέμβειν 'to stamp'.

stanch, *staunch* vb. ME. *staunche* vb. fr. OFR. *estancher*.

stand vb. ME. *stande* OE. *standan* (prt. OE. ME. *stôd*) = GOTH. OSAX. *standan*, ON. *standa*, OHG. *stantan* 'to stand': a strong vb., common to the Teut. languages; TEUT. √ *stap stad*; the nasal of the verb is orig. characteristic of the present tense).

standard sb. ME. *standard* (= DU. *standaard*) fr. OFR. *estandart* = FR. *étandard* (ITAL. *stendardo* fr. LAT. *extendere* 'spread out').

s ang sb. ME. *stange* loanword fr.to N. *stong* gen. *stangar*; ident. w. OHG. *stanga* G. *stange*, DU. *stang* an d the umlauted OE. *steng* 'pole, stake'; source the vb. OE. *stingan* 'to stab, pierce'; see *sting*.

stanyell sb. (Shakesp.) OE. *stánźélla* properly 'rock-yeller'; cp. *yell*.

staple sb. ME. *stápel* OE. *stápol* 'a prop' = DU. LG. *stapel*, OFRIES. *stapul* 'block'.

star sb. ME. *stĕrre* OE. *steorra* = OHG. OSAX. *stĕrro*, ODU. MLG. *stĕrre*: Teut. base *stĕrron-*; ident. w. GOTH. *staírnô*, ON. *stjarna* (hence ME. *sterne*); OHG. *stĕrno* (G. *stern* OHG. *stĕrn*). Cogn. w.

SKR. *star*, GR. ἀστήρ, LAT. *stella* (for *sterula?). All equivalent.

starboard sb. ME. *stĕrbórd* short for OE. *stéorbord*; cp. ON. *stjórbordi* 'starboard' and OE. *stéor* under *steer* [2].

starch sb. ME. *sterche OE. *stĕrčo* (= G. *stärke*): umlaut-derivative with palatalisation of *stark*.

stare vb. ME. *stáre* OE. *stárian* = ON. *stara*, OHG. *starên* 'to stare'; derived fr. an adj. *stara-* in SKR. *sthira* 'fast, hard', GR. στερεός 'hard': ARYAN √ *sta* 'to stand' in OHG. *stân stên* G. *stehen*, DU. *staan*, LAT. *stare*, GR. ίστάναι, SKR. *sthâ*.

stark adj. ME. *stark* OE. *stearc* = OSAX. MHG. G. *stark;* cp. ON. (with umlaut) *sterkr* and GOTH. *gastaúrknan* 'to become dry': ARYAN √ *strg* in LITH. *strégti* 'to become stiff'.

starling sb. ME. *stĕrling* short for OE. *stĕrling*: dimin. formation of OE. *stĕr* 'a starling' = OHG. *stâra* G. *staar* 'a starling'; cogn. w. OE. *stĕarn* = LAT. *sturnus*.

start vb. ME. *sterte* (OE. *steortan str. vb.); cp. ODU. DU. *storten*, OHG. *sturzen* G. *stürzen*: TEUT. √ *stĕrt sturt*.

starve vb. ME. *stĕrve* OE. *steorfan* str. vb. 'die(of hunger') = DU. *sterven*, OSAX. *stĕrban*, OHG. *stĕrban* G. *sterben* str. vb. 'to die'; cp. ON. *starfi* 'stiffness', EAST-FRIES. *bestarfen* 'be stiff'. The original meaning of the TEUT. √ *stĕrb* was probably 'be stiff'.

state sb. ME. *estát* fr. OFR. *estat* = FR. *état* = LAT. *status*.

stay ¹ vb. ME. *staie* fr. OFR. *estayer* FR. *étayer*.

stay² sb. OE. *stæʒ*: Teut. base *staga-*, whence FR. *étay; cp.* DU. LG. *stag*.

stead sb. ME. *stéde* OE. *stëde* fr. a Teut. base *stadi-* = GOTH. *staþs* 'a stead, place', OHG. *stat* (G. *stadt* 'town'), ON. *stadr* 'a place': abstract formation of the ARYAN √ *sta* 'to stand' (see *stare*); cp. LAT. *statio*, SKR. *sthiti* 'a standing'.

steak sb. ME. *steike* (late OE. *staecan* 'to roast'): borrowed fr. ON. *steik* 'a steak' — *steikja* 'to roast'.

steal vb. ME. *stéle* OE. *stëlan* str. vb. = GOTH. *stilan*, ON. *stela*, OSAX. OHG. *stëlan* G. *stehlen* DU. *stelen:* TEUT. √ *stël*, perhaps ident. w. GR. στέρεσθαι — στερίσκειν 'bereave'.

steam sb. ME. *stém* OE. *stéam* fr. a Teut. base *stau-ma-* (DU. *stoom*, EASTFRIES. *stôm*): √ *stau*, not found elsewhere.

steed sb. ME. *stéde* OE. *stéda* 'a stallion': umlaut-derivative of OE. *stód* = E. *stud*.

steel sb. ME. *stéle* OE. *stéle (stýle)*: umlaut-formation by the side of the equival. OHG. *stahal* G. *stahl*, DU. *staal*, ON. *stál*: Teut. base *stahla-* and (for OE. *stýle*) *stahlja-*; ident. w. OPRUSS. *stakla-* 'steel'.

steep adj. ME. *stép* OE. *stéap* adj.; ident. w. OE. *stéap* = ON. *staup* 'beaker' under *stoup*. — Umlaut-deriv. **steeple** ME. *stépel* OE. *stépel stýpel* (fr. a Teut. base *staupila-*; cp. ON. *stopull* 'a steeple').

steer ¹ sb. ME. *stér* OE. *stéor* = GOTH. *stiur*, ON. *stjörr*, OHG. OSAX. *stior* G.˙DU. *stier* 'a bull'; ident. w. ON. *þjórr* (DAN. *tyr*): ARYAN base *(s)teuro* (OSLOV. *turŭ* 'steer'). But GR. ταῦρος corresponds to OIR. *tarb* (ARYAN base *tarwo-*, not cogn. w. *steer*).

steer² vb. ME. *stére* OE. *stéoran* w. the umlauted byform *stýran* = OHG. *stiuran* G. *steuern*, DU. *sturen*; cp. ON. *stýri* 'a rudder'; for a non-umlauted root-form see under *starboard*. TEUT. √ *steur* also in GOTH. *stiurjan* 'to confirm'.

stem sb. ME. *stem* OE. *stëmn stëfn* 'a stem of a tree': ablaut-relation to ON. *stafn*, OSAX. *stamn* = OHG. *stam* G. *stamm* DU. *stam*: TEUT. ground-forms *stëmna-* **stamna-**, cogn. w. IR. *tamon* 'stem'. √ *sta* 'to stand' under *stare*.

stench sb. ME. *stench* OE. *stenč* fr. a TUET. base *stank(w)i-*; see *stink*.

step vb. OE. *stæppan stëppan* str. vb.; cp. DU. *stappen*, OHG. *stapfôn* 'to step' and OE. *stepe stæpe* 'a step, pace'; probably related to OSLOV. *stopa* 'foot-track'? The root seems to be nasalized in *stamp*.

step in *stepfather stepmother* etc. ME. *step-fader*, *-móder* short for OE. *stéop-fæder*, *-módor*; ident. w. ON. *stjúpfadir*, *-módir* = OHG. *stiof-fater*, *-muoter* G. *stiefvater*, *stiefmutter*: Teut. base *steupa-*, whence OHG. *bistiufen* OE. *ástýpan* vb. 'bereave, deprive (of parents)'.

stern[1] adj. ME. *stęrne* OE. *styrne*: Teut. base *stúrni-* prop. *stěrnu-*, cogn. w. LAT. *strěnuus*.

stern[2] sb. ME. *stęrne* fr. ON. *stjörn* 'a steering'; see *starboard* and *steer* vb

stew vb. ME. *stüwe* vb. fr. the sb. OFR. *estuve* = G. *stube*; see *stove*.

steward sb. ME. *stǐward* (since the 12th cent.); cogn. w. OE. *stǐ(ʒ)-wita* 'house-holder'. The first element is ident. w. *sty*.

stick sb. ME. *sticke* OE. *sticca* = OHG. *stěcko* G. *stecken*: Teut. base *stikkon-*, derived fr. the verbal √ *stik* in OHG. *stěhhan* G. *stechen*.

stiff adj. short for ME. OE. *stǐf* 'stiff' = ON. *stǐfr*, DU. *stijf*, G. *stcif*; cogn. w. LITH. *stipti* 'to become stiff' and LAT. *stǐpes* 'a pole'.

stile sb. ME. *stǐle* contracted from OE. *stigol* infl. *stiʒele* = OHG. *stigila* 'a stile'; derived fr. the TEUT. √ *stǐg* under *stair*.

still adj. ME. OE. *stille* = OHG. OSAX. *stilli* G. *still*, DU. *stil*, OFRIES. *stille*: deriv. fr. the TEUT. √ *stěll* 'to stand firmly' in the factitive vb. OHG. G. *stellen* 'to place' and in OHG. *stollo* 'post'.

stilt sb. ME. *stilte*; ident. w. OHG. *stelza* G. *stelze*, DU. *stelt*; all equivalent.

sting vb. ME. *stinge* OE. *stingan* str. vb. = GOTH. *(us)stiggan*, ON. *stinga*; cp. OHG. *stungôn stungen* 'to sting': TEUT. √ *stěng* under *stang*.

stink vb. ME. *stinke* OE. *stincan* str. vb. = GOTH. *stiggan*, OHG.

stinkan G. DU. *stinken*: TEUT. √ *stěnq* pre-TEUT. *stěngw* (*těngw* in GR. *ταγγός* 'rancid').

stir vb. ME. *stire* OE. *styrian* vb.; ident. w. the ablauted OHG. *stören* G. *stören*, DU. *storen*, OFRIES. *stěra*: WEST-TEUT. bases *sturjan staurjan*; √ *stur* also in *storm*!

stirrup sb. ME. *stirop* properly *stǐ-rǫp* OE. *stǐʒ-ráp*; ident. w. OHG. *stěga-reif* G. *stegreif* (DU. *steegreep*), ON. *stig-reip*. Second element of the compound is TEUT. *raipa-* = *roap*; for the 1st element (Teut. *stiga-* √ *stǐg*) see *stair*.

stitch sb. ME. *sticche* OE. *stiče* early *stǐči*: Teut. base *stiki-* 'a pricking' by the side of OE. *stician* 'to prick'; cf. OHG. *stěhhan* G. *stechen* (OHG. *stih* G. *stich* sb. 'pricking'), OSAX. *stěkan*, DU. *steken*. ARYAN √ *stig* in GR. *στίγμα — στίζω*; cf. SKR. √ *tij* 'be sharp'.

stith sb. ME. *stith* borrowed fr. ON. *stedi* 'an anvil'.

stock sb. ME. *stock* OE. *stocc* 'trunk, log, pillory' = DU. *stok*, OHG. G. *stock*, ON. *stokkr*: Teut. base *stokka-* for *stukka-*; TEUT. √ *stuk* in DU. LG. *stoken*, ME. *stǒke* 'to stab'; cogn. w. SKR. *tuj* 'push'.

stone sb. ME. *stǫn* OE. *stǎn* = GOTH. *stains*, ON. *steinn*, OHG. G. *stein*, OSAX. *stěn* DU. *steen*: Cogn. w. OSLOV. *stěna* 'a wall' — *stěnǐnǔ* 'rocky', GR. *στîον στία* 'pebble-stone'. Cp. *stanyel*.

stool sb. ME. OE. *stǒl* = GOTH. *stôls*, ON. *stôll*, DU. *stoel*, OSAX. *stôl*, OHG. *stuol* G. *stuhl*: Teut. base *stô-la-* deriv. fr. the ARYAN √ *sthâ* 'to stand' under *stead*. Cp. also OSLOV. *stolŭ* 'table', GR. στήλη 'column'.

stoop vb. ident. w. ME. *stoupe* OE. *stúpian* 'to curve downwards' = ODU. *stuipen* 'to bow', ON. *stúpa* SWED. *stupa* 'to fall'.

stop vb. ME. *stoppe* (OE. *for-stoppian* 'to stop up, close'), ident. w. DU. *stoppen*, OHG. *stopfôn* G. *stopfen* and w. ITAL. *stoppare* 'to stop up with tow'. Source low LAT. *stuppare* (LAT. *stuppa* 'oakum').

stork vb. ME. *stork* OE. *storc* = DU. *stork*, OHG. *stork* G. *storch*, ON. *storkr*; cogn. w. GR. τόργος 'a large bird'.

storm sb. ME. OE. *storm* = ON. *stormr*, DU. *storm* (OHG. G. *sturm*); derived fr. √*stur* in *stir* or cogn. w. LAT. *sternere* 'to strew'.

story sb. ME. *stórie* fr. OFR. *estoire* = LAT. *historia*.

stoup *stoop* ME. *stóp*: borrowed fr. ON. *stoup* 'beaker, cup' = *stoop* 'a gallon': the sb. (TEUT. *staupa-* 'beaker') rests on the adj. *staupa-* = *steep*.

stout adj. ME. *stout* fr. OFR. *estout*; ident. w. DU. *stout*, OHG. G. *stolz* 'proud': source LAT. *stultus* 'foolish'.

stove sb. OE. *stofa* 'a bath' = OHG. *stuba* 'a bathing-room' (G. *stube* 'a room'), DU. *stoof*; ident. w. FR. *étuve* and OSLOV. *istŭba* 'a room'. Source and history uncertain. Cp. *stew*.

stow vb. ME. *stówe* OE. *stówian* 'to restrain'; derived fr. OE. *stów* 'a place' = LITH. *stova* 'place'.

straight adj. ME. *streight* OE. (á)streht; part. of OE. *streċċean* = *stretch*.

strain vb. ME. *streine* fr. OFR. *estraindre* = LAT. *stringere* and *strait* ME. *streit* fr. OFR. *estreit* (FR. *étroit*) = LAT. *strictus*.

strand sb. ME. OE. *strand* 'shore' = ON. *strond* (gen. *strandar*) 'margin, edge', DU. LG. G. *strand* 'shore' (FR. *étrain* of Teut. origin).

strange adj. ME. *straunge* fr. OFR. *estrange* (FR. *étrange*): source LAT. *extraneus*.

strangle vb. ME. *strangle* vb. fr. OFR. *estrangler* = LAT. *strangulare*.

strap sb. ME. OE. *strop* (pp): loanword fr. LAT. *struppus* 'thong, fillet', whence also DU. LG. *strop* and FR. *étrope*.

straw sb. ME. *straw* OE. *streaw* (with the byforms ME. *str* OE. *stréa*): Teut. base *strawa-* = ON. *strá*, DU. *stroo*, OHG. *strô* G. *stroh*; cp. the vb. *strew* OE. *stréwan*, *stréʒan* = GOTH. *straujan*, OHG. *strouwen* G. *streuen*, DU. *strooien* 'to strew'. TEUT. √*strau* derived fr. the ARYAN √*ster* in GR. στορέ-νυμι στρώννυμι and LAT. *sterno* (stravi — stratum), OSLOV. *strŭtu* 'to spread out'; cp. esp. LAT. *stramen* 'straw'.

straw-berry sb. ME. *straw-berie* OE. *streaw-berie*; not cogn. w. *straw*. Probably connected w. LAT. *fragum* 'straw-berry': ARYAN base *sraghwo-* = Teut. base *strawa-*; the 2nd element in *straw-berry* might be explanatory.

stray vb. ME. *straie* fr. OFR. *estraier;* derived fr. LAT. *strata* (= *street*).

streak sb. ME. *strike* OE. *strica* 'a line'; cp. GOTH. *striks* 'a stroke with the pen' and *strike*.

stream sb. ME. *strém* OE. *stréam* = OHG. *stroum* (G. *strom*), DU. *stroom*, ON. *straumr:* Teut. base *strau-ma-*, derived fr. the ARYAN √ *sru* 'to flow' = SKR. √ *sru* 'to flow'; cp. GR. ῥ:ειν, OIR. *sruth* 'river' — *sruaim* 'stream' (LAT. *flûmen* instead of *frûmen: ARYAN srou-men-).

street ME. *stréte* OE. *strǽt stræt* infl. *stráte* (whence ON. *strǽti* is borrowed) = OSAX. *stráta*, DU. *straat*, OHG. *strâʒʒa* G. *strasse:* WEST-TEUT. *strâta* fr. LAT. *strâta* (sc. *via*) prop. 'a paved way', whence ITAL. *strada* = FR. *étrée* (OIR. *sráth*) 'a street'.

strength sb. ME. *strengthe* OE. *strengdu* (GOTH. *straggiþa*) derived fr. *strong*.

stress sb. 'force' short for ME. *distresse* fr. OFR. *destresse*.

stretch vb. ME. *strecche* OE. *stréᴄᴄean* (part. *streht* under *straight*); ident. w. OHG. *strecchen* G. *strecken*, DU. *strekken:* TEUT. type *strakkjan;* cp. OHG. *stracken* 'be straight' and the adj. DU. LG. *strak* 'straight' (G. *stracks* 'immediately').

strew see under *straw*.

stride vb. ME. *stríde* OE. *stridan* vb. = MLG. *stríden* 'to stride': √ *strîd*.

strife sb. ME. *strif* fr. OFR.

estrif, which rests on a Teut. sb. = OSAX. *strîd*, OHG. *strît* G. *streit*.

strike vb. ME. *strike* OE. *strican* str. vb. 'to rub, wipe' = OFRIES. *strîka*, DU. *strijken*, OHG. *strîhhan* G. *streichen;* TEUT. √ *strîk*, ARYAN √ *strîg* in LAT. *strigilis*, OSLOV. *striga* — *strišti* 'to shear'. Cp. *stroke*.

string sb. ME. OE. *stréng* fr. a TEUT. base *strangi-* in ON. *strengr*, DU. *streng*, OHG. G. *strang;* cogn. w. the adj. *strong*.

strive vb. ME. *strîve* fr. OFR. *estriver* vb. (OFR. *estrif* under *strife*).

stroke sb. ME. *strók* and *stroke* vb. OE. *strácian* fr. √ *strîk* under *strike*.

strong adj. ME. OE. *strong* fr. TEUT. base *strangu-* in OHG. *strang strengi* G. DU. *streng* (G. *sich anstrengen* vb.); cogn. w. LAT. *stringere* 'to draw tight, compress'.

stub sb. ME. *stubbe* with the umlauted byform OE. *stybb* 'a stub'; cp. I.G. *stubbe*, DU. *stobbe*, ON. *stubbi* and GR. στύπος 'a stub, stump'. ARYAN √ *stup*, nasalized in *stump*.

stubble sb. ME. *stoble stuble* fr. OFR. *estouble;* ident. w. OHG. *stupfala* DU. G. *stoppel:* source vulgar LAT. *stup(i)la* instead of LAT. *stipula* 'stubble'.

stud sb. short for ME. OE. *stód* 'a stud' (cp. the umlaut-derivation *steed*) = ON. *stód*, OHG. *stuot*. Cp. OSLOV. RUSS. *stado*, LITH. *stodas* 'a herd of horses'.

study vb. ME. *studie* prop. *stúdie*

vb. **fr.** OFR. *estudier* (**FR.** *étudier*) = LAT. *studere*.

stuff sb. fr. OFR. *estoffe* = FR. *étoffe* (whence also G. *stoff*, DU. *stof*).

stump sb. ME. *stump stomp*; ident. w. DU. *stomp*, OHG. G. *stumpf*; probably connected w. *s t u b* : ARYAN √ *stumb*: *stu(m)p*, also in ON. *stúfr* *stúfi* 'a stump'.

stun vb. ME. *stüne* *stone* OE. *stünian* 'to resound'; cp. the umlauted ON. *stynja* 'to groan', G. *stönen*, DU. *stenen*: ARYAN √ *stən* *sten* in GR. στένειν, OSLOV. *stenja*, SKR. *stan* 'to groan, resound'.

sturgeon ME. *stourğeoun* fr. FR. *esturgeon*; source a TEUT. base *sturjon-* in OHG. *sturio* (G. *stöhr*, DU. *steur*) = OE. *styria* 'a sturgeon'. Doubtful whether cogn. w. *stir*.

stutter vb. fr. ME. *stote* *stute* vb.; cp. G. *stottern* 'to stammer'. All derivations of √ *staut* in GOTH. *stautan*, ON. *stauta* 'to beat, strike' = OHG. *stôʒʒan* G. *stossen*. ARYAN √ *(s)tud* in LAT. *tundere* 'to beat', SKR. √ *tud* 'to strike'.

sty[1] **sb.** ('sty for swine') ME. *stie* OE. *stíʒ* infl. *stíʒe* 'a pig-sty'; ident. w. OHG. *stîa* 'a pig-sty', ON. *stí* (*svín-stí*), SWED. (*svín*)*stía* 'a sty'.

sty[2] **sb.** ('sty in the eye') cp. OE. *stíʒend*; equivalent w. LG. *stîge*, NORW. *stíg*.

subdue vb. ME. *subdue* properly *sudüe* fr. OFR. *souduir* = LAT. *subdúcere*.

subtle adj. ME. *sotel* *sutel* *sutil*

fr. OFR. *sotil* (FR. *subtil*) = LAT. *subtilis*.

succeed vb. ME. *succéde* fr. FR. *succeder* = LAT. *succedere*.

succour vb. ME. *sucoure* *socoure* fr. OFR. *soccorre* = LAT. *succurrere*.

such pron. ME. *such* earlier *swuch* *swich* OE. *swylć* *swilé*: Teut. base *swulik* in OSAX. *sulik*, OHG. *sulih* (G. *solch*); as shown by GOTH. *swaleiks*, the 1st element of the compound rests on *so* = OE. *swá*.

suck vb. short for ME. *souke* OE. *súcan* str. vb. with the byform OE. OHG. *súgan* G. *saugen*; cogn. w. LAT. *súgere*: ARYAN √ *súg* *súk*.

sudden adj. ME. *sodein* prop. *sodain* fr. FR. *soudain* (LAT. type *subitanus* for *subitaneus* 'sudden').

suffer vb. ME. *suffre* *soffre* fr. FR. *souffrir* (LAT. *sufferre*).

sugar sb. ME. *sügre* *sücre* fr. FR. *sucre*, whence also ODU. *súker* DU. *suiker*; cp. G. *zucker* fr ITAL. *zucchero*.

sum sb. ME. *summe* *somme* fr. FR. *somme*.

summer sb. ME. *sumer* *somer* OE. *súmor* fr. a Teut. base *sumaru-* in OSAX. OHG. *sumar* G. *sommer*, DU. *somer*, ON. *sumar*. Cogn. w. AVEST. *ham*, OIR. *sam*, CYMR. *ham* *haf*, ARMEN. *amarn*: all equivalent. Cp. also SKR. *samâ* 'year'.

summit sb. fr. FR. *sommet* (rests on LAT. *summus*).

summon vb. ME. *somone* fr. OFR. *somoner* (LAT. *submonere* 'to remind privately').

sun sb. ME. *sunne sonne* OE. *sunne* infl. *sunnan* = GOTH. *sunnô*, OHG. OSAX. *sunna* G. *sonne*, DU. *zon*: TEUT. base *sunnôn-*.

supper sb. ME. *soper süper* fr. FR. *souper*. Cp. *dinner*.

sure adj. ME. *sür* properly *seür* fr. OFR. *sur süer* FR. *sûr* (= LAT. *sêcûrus*, whence also *sicker*).

surgeon sb. ME. *surğęn (surğein)* fr. OFR. *cirurgien* (LAT. type *chirurgianus*).— Hence **surgery** ME. *surğerle*: LAT. *chirurgia*.

swaddle vb. ME. *swathele* OE. *swædelian* vb.: derived fr. OE. *swædel* 'bandage'; ident. w. the umlauted OHG. *swędil* 'bandage'; see *swathe*.

swain sb. ME. *swain* prop. *swein*: borrowed in the 11th cent. fr. ON. *sveinn*; ident. w. OE. *swān* 'man, warrior', OHG. *swein* 'servant'.

swallow sb. (the bird) ME. *swalowe* OE. *swealwe* = OHG. *swalawa* G. *schwalbe*; ident. w. OSAX. *swala*, ON. *svala* 'a swallow': Teut. base *swalwôn-*; if for *swalgwôn-*, cogn. w. GR. ἀλκύων?

swallow vb. ME. *swel(o)we* earlier *swelgen* OE. *swęlgan* str. vb. = OSAX. OHG. *swęlgan (swęlhan)* G. *schwelgen*, DU. *zwelgen* (ON. *svelgja*): Teut. verbal √ *swelh swęlg*, ARYAN √ *swēlk*.

swamp sb. cogn. w. OHG. G. *sumpf*, DAN. SWED. *sump* 'a swamp'.

swan sb. ME. OE. *swan* fr. a TEUT. *swana-* = ON. *svanr*; cp. OHG. *swana* G. *schwan* DU. *zwaan*. Cogn. w. LAT. *sonare* (properly *svonare*), SKR. √ *svan* 'to sound'.

sward sb. ME. *swirde* OE. *sweard* infl. *swearde* 'the skin of bacon' = ODU. *zwaerde*, MHG. *swarte* G. *schwarte* 'skin of bacon', ON. *svǫrdr* 'skin'. The modern E. meaning 'green turf' is due to Northern influence; cp. ON. *jardar-svǫrdr* 'earth-sward', *grass-svǫrdr* 'grass-sward' (and MLG. *grœnswarde*, DAN. *gronsvœr*).

swarm sb. ME. *swarm* OE. *swearm* = ON. *svarmr*, OHG. *swarm* G. *schwarm* (DU. *zwerm*): all equivalent. Cp. the SKR. √ *svar* 'to sound'?

swart adj. ME. *swart* OE. *sweart* = GOTH. *swarts*, ON. *svartr*, DU. *zwart*, OHG. *swarz* G. *schwarz*; Cogn. w. LAT. *sordes* (properly *svordes*) 'dirt': ARYAN √ *sword*.

swath sb. ME. *swath* OE. *swæþ* 'footprint, track' (with the by-form OE. *swadu* 'track'); cp. MLG. *swat — swade*, G. *schwaden*, DU. *zwaad* 'a row of mown grass': Teut. base *swaþa*.

swathe vb. ME. *swáthe* OE. *swǟdian*; cp. *swaddle*.

swats (Scotch) 'beer' OE. *swata*; derived fr. √ *swôt* under *sweet*.

swear vb. ME. *swęre* OE. *swęrian* (prt. ME. OE. *swōr*) str. vb. = OHG. OSAX. *swęrian* G. *schwören*, DU. *zweren*, ON. *sverja* str. vb.; cp. GOTH. *swaran*. The original meaning of the TEUT. √ *swar* was probably 'to declare', as shown by the derivative *answer*.

sweat vb. short for ME. *swęte* OE. *swétan*; derived fr. OE. *swát* ME. *swǫte* (E. *sweat* sb. influenced

by the vb. *sweat*) = DU. *zweet,*
ON. *sveiti,* OHG. *sweiʒ* G. *schweiss*:
TEUT. √ *swait (swit* in G. *schwitzen*
OHG. *swizzan*) = ARYAN √ *swoid*
swid in SKR. √ *svid* 'to sweat',
GR. ἰδρώς 'sweat' — ἰδίειν 'to
sweat', LAT. *sûdor* (orig. *svoidos)
'sweat', LETT. *swidrs* 'sweat'.

sweep vb. ME. *swépe* OE. *swâpan*
3ᵈ p. sg. pres. t. *swǽpd* 'to sweep':
TEUT. √ *swaip* under *swoop.*

sweet adj. ME. OE. *swéte* adj.
with the non-umlauted adverb
OE. *swóte* (ME. *sóte* adj. adv.);
ident. w. ON. *sátr* (orig. *svétr*),
OSAX. *swôti,* DU. *zoet,* OHG. *s(w)uoʒʒi*
G. *süss*: Teut. base *swôti-,* orig.
swôtu- (cp. GOTH. *sûts* 'sweet'),
ARYAN base *swâdu* in SKR. *svâdú,*
GR. ἀδύς ἡδύς, LAT. *suâvis* (orig.
suâdu-is). Cp. *swats.*

swell vb. ME. *swelle* OE. *swëllan*
str. vb. = OSAX. OHG. *swëllan*
G. *schwellen,* DU. *zwellen,* ON. *svëlla*
str. vb.: TEUT. verbal √ *swëll*
(also in GOTH. *ufswalleins* sb.).

swerve vb. ME. *swęrve* OE.
swęorfan str. vb. 'to scrub, file';
ident. w. OSAX. *swërfan,* DU.
zwerven, GOTH. *swairban,* ON.
svërfa: TEUT. √ *swërb,* ARYAN
√ *swërbh* in RUSS. *sverbéti,* OSLOV.
svrúbĕti 'to itch'.

swift adj. ME. OE. *swift* (OE.
swift?); p. participle of OE. *swifan*
'to move quickly' = ON. *svifa,*
formed by suffix *to* (see *old,*
cold, loud). Cogn. w. DU.
zweven, OHG. *swëbên* G. *schweben.*

swill vb. ME. *swile* OE. *swillan*
(3ᵈ p. sg. pres. t. *swiled*).

swim vb. ME. *swimme* OE. *swim-*
man str. vb. = OSAX. OHG.
swimman str. vb. G. *schwimmen*;
ident. w. ON. *symja* (for orig.
swumjan) 'to swim': TEUT.
√ *swëm (sum* under *sund).*

swine sb. ME. OE. *swîn* =
OSAX. OHG. *swîn* G. *schwein* DU.
zwijn, ON. *svîn,* GOTH. *swein*:
Teut. base *swîna-,* properly *sû-*
-îna-, derived fr. ARYAN *sû* 'a
pig' in OE. OSAX. OHG. *sû* 'a sow'
= LAT. *sû-s,* GR. ῖ-ς σῦ-ς. The
suffix *-îna-* in TEUT. *swîna-* is
diminutive, as shown under
chicken, maiden. See also *sow.*

swing vb. ME. *swinge* OE. *swin-*
gan str. vb. = OSAX. OHG. *swin-*
gan G. *schwingen.* — swinge ME.
swęnǧe OE. *swęnǧean* 'to beat,
shake' causal of *swing*: TEUT.
√ *swëng swang (swangw* in GOTH.
afswaggwjan?)

swink vb. ME. *swinke* OE. *swin-*
can str. vb. Ident. w. *swing?*

swoon vb. ME. *swôune* earlier
swôgnien; derived fr. the p. parti-
ciple OE. *ʒeswôgen* 'in a swoon'
— *áswôgen* 'choked'; allied to
GOTH. *gaswôgjan swôgatjan* 'to
sigh', OE. *swôgan* 'to sough, sigh':
ARYAN √ *swôgh swâgh* in LITH.
svagéti 'to sound'.

swoop vb. ME. *swôpe* OE. *swâpan*
(identical w. *sweep*).

sword sb. ME. *swęrd* OE. *swęord*
(*swurd*) = OSAX. OFRIES. *swërd,*
DU. *zwaard,* ON. *svërd,* OHG. *swërt*
G. *schwert*: ARYAN base *swërdho-*
(in LAT. *sorbus* 'service-tree'?)

T

table sb. ME. *táble* fr. FR. *table* = LAT. *tabula* (whence OE. *tæfel* 'chess-board' = OHG. *zabal* 'board'); cp. also G. DU. *tafel*.

tackle sb. ME. *takel*; ident. w. MLG. *takel* 'equipment' (G. SWED. *takel*, DAN. *takkel*).

tadpole short for *toad-poll*.

tail sb. ME. *tail* OE. *tæʒel* = OHG. *zagal* 'a tail', ON. *tagl* 'a tail', GOTH. *tagl* 'hair'.

tailor sb. ME. *taillour* fr. OFR. *tailleor* = FR. *tailleur*.

take vb. ME. *táke* late OE. (11th cent.) *tácan* borrowed fr. ON. *taka* str. vb. taking the place of OE. *niman* (under *nimble*); cp. *cast* = ON. *kasta* supplanting OE. *weorpan* (under *warp*). Ident. w. GOTH. *tēkan* str. vb. 'to touch': TEUT. √ *têk tak*; pre-TEUT. √ *dêg dag*?

tale sb. ME. *tále* OE. *tálu* = DU. *taal* 'language', OHG. *zála* G. *zahl*; cp. ON. *tal* 'a tale'. Cp. the TEUT. verb *taljan* in OE. *tellan* ME. *telle* E. **tell** = OHG. *zellan* (cp. GOTH. *talzjan*). Hence derived **talk** vb. ME. *talke* vb. (OE. **talcian *talecian*); *k* is suffixed as in *hark*.

tall adj. ME. *tal*; probably OE. *ʒetæl* 'swift, prompt' with the by-form *geatol(lic)* 'swift'. Ident. w. OHG. *gizal*: Teut. base *ga-tala-*.

tallow ME. *talugh* earlier **talh* = MLG. *talch* (G. *talg*, DU. *talk*), ON. *tolgr*. Cogn. w. GOTH. *tul-gus* 'fast'?

tame adj. ME. *táme* OE. *tam* (infl. *táma*) = ON. *tamr*, DU. *tam*, OHG. *zam* G. *zahm*: Teut. base *tama-* (hence derived GOTH. *tamjan* 'to tame' = ON. *temja*, OHG. *zęmmen*). ARYAN √ *dom* in LAT. *domare* 'to tame', GR. *δαμᾶν*, SKR. *damáy* 'to tame'.

tan vb. ME. *tanne* OE. *tannian* vb.; cogn. w. FR. *tan* 'oak-bark' (LAT. *tannare* in the 8th cent. = FR. *tanner*; cp. DU. *taan* 'bark'). Hence E. *tawny* = FR. *tanné*.

tang sb. (sea-weed) fr. DAN. *tang* = ON. *þang* (*þongull*).

tap sb. ME. *tappe* OE. *tæppa* 'a tap' = OHG. *zapfo* G. *zapfen*, DU. *tap*, ON. *tappi* (FR. *tape tapon* are Teut. loanwords).

taper sb. ME. *táper* OE. *tápor*: properly **papur*, loanword fr. LAT. *papyrus*, which appears in Rom. dialects as 'taper'.

tar sb. ME. *terre*; cp. OE. *teoru* (*tyrwe*) 'tar' and DU. (G.) *teer*, ON. *tjara*; ident. w. LETT. *darwa* 'tar'. The group rests on Aryan *deru* = *tree*; *tar* orig. 'tar-wood'.

tare sb. ME. *táre*; Teut. base *tar(w)ôn* also in ODU. *taruwe* DU. MLG. *tarwe*. Cogn. w. SKR. *dûrva* (a kind of grass) and LITH. *dirva* 'field'.

tarn sb. ME. *terne* fr. ON. *tjǫrn* (G. *tjarnar*) 'a tarn, pool'.

tarry vb. ME. *terie* OE. *terian terʒan* 'to vex' = DU. LG. *tergen*.

tart sb. ME. *tarte* fr. OFR. *tarte* = FR. *tourte* (whence DU. *taart,* G. *torte*).

task sb. ME. *tåsk(e)* fr. OFR. *tasque* = FR. *tâche*; source LAT. *taxare,* whence also *tax.*

tatter sb. a Scand. loanword fr. ON. *tǫtrar* pl. 'tatters'; already ME. *tatered* 'ragged'.

tattle vb. fr. ME. *tatere* vb.

taw, tew vb. ME. *tǫwe;* OE. *tāwian teawian* means prop. 'prepare' and corresponds with DU. *touwen* 'to curry leather', OHG. *zouwen* 'make, prepare', GOTH. *taujan* 'do': TEUT. √ *tau;* see *tool.*

tawny see *tan.*

tax vb. fr. FR. *taxer* = LAT. *taxare;* ident. w. *task.*

tea sb. = FR. *té,* G. *thee:* source CHINESE *té;* the word became European in the 2nd half of the 17th cent.

teach sb. ME. *tǫche* (prt. *taughte*) OE. *tǣčean* (prt. *tæhte*); cogn. w. *token* OE. *tácen;* cp. OHG. *zeigôn* G. *zeigen.* ARYAN √ *dik.*

team[1] sb. 'family' ME. *tǫm* OE. *tǫam* 'family, offspring' = MLG. *tôm* 'progeny' (with the umlauted vb. teem ME. *tǫme* OE. *tǫman týman* 'to teem'): Teut. base *tau(h)ma-* fr. √ *tŭh* in GOTH. *tiuhan,* OHG. *ziohan* G. *ziehen.* ARYAN √ *duk* in LAT. *dúco.* See the following word.

team[2] sb. (team of oxen) ME. *tǫme ttǫme* OE. *zetýme* 'team of oxen'; derived fr. TEUT. *tau(h)ma-* 'rein, bridle' (in ON. *taumr* OHG.

zoum G. *zaum*). Root the same as in *team*[1].

tear vb. ME. *tǫre* OE. *tēran* str. vb. = GOTH. *gatairan* 'to break'. ARYAN √ *der* in SKR. *dar* 'to burst, break asunder', GR. δέρειν 'to flay', LITH. *dirti* 'to flay'.

tear sb. ME. *tǫr* OE. *tǫar:* TEUT. *tahr-* in ON. *tár,* OHG. *zahar* (G. *zähre*); cp. ONORTHUMBR. *tæhher* and according to Verner's law GOTH. *tagr.* ARYAN base *dakru* in GR. δάκρυ, WELSH *daigr* (perhaps SKR. *açru* and LAT. *lacrima* are cognate). All equivalent.

tease vb. (ME. *tǫse*) OE. *tǣsan* 'to pull to pieces, to tease (wool)' with the non-umlauted byform ME. *tǫse* (OE. *tāsan* or *tāsian*). TEUT. strong verbal √ *tais* in OHG. *zeisan* 'to tease' = DU. *teezen.* — Cogn. w. teasel (plantname) ME. *tǫsel* OE. *tāsel* = OHG. *zeisila* 'thistle'.

teat sb. ME. *tǫte* fr. FR. *tette;* ident. w. OE. *titt* = MHG. G. *zitze.*

ted vb. fr. ON. *ted,a;* ident. w OHG. G.(dial.) *zetten* 'to spread . As shown by the p. participle GOTH. *un-gatass* 'undisposed', there existed also a str. vb. *tadjan.* ARYAN √ *dat* in GR. δατέομαι 'I divide, distribute'.

teem[1] vb. 'to bring forth' see *team.*

teem[2] vb. 'to empty' see *toom.*

teen sb. ME. *tǫne* OE. *tǫona* 'suffering, insult' = OSAX. *tiono* 'injury'; cp. OFRIES. *tiuna* 'to hurt.'

208
tell — that

tell vb. ME. *telle* (prt. *tólde*) OE.
tellan (prt. *tálde*) under *tale*.

tempest sb. ME. *tempést* fr.
OFR. *tempeste* = FR. *tempête*.
Source vulgar LAT. *tempesta* for
tempestas.

temple sb. ME. *temple* OE. *tempel*
fr. LAT. *templum*.

temples ME. *temples* fr. OFR.
temples (FR. *tempe*) plur. = LAT.
tempora 'the temples'.

tempt vb. ME. *tempte* vb. fr.
OFR. *tempter* (FR. *tenter*) = LAT.
temptare.

ten num. ME. *tén* rests on an
unrecorded OE. **téon*, instead of
which an umlauted *týn* is found.
Teut. base *tëhun tëhan* in GOTH.
taihun, OSAX. *tëhan*, DU. *tien*,
OHG. *zëhan* G. *zehn*. Ident. w.
SKR. *daça*, GR. δέκα, LAT. *decem*,
OIR. *deich*. — The suffix -teen
(in *thirteen* etc.) ME. -*téne* OE.
-*téne* -*týne* is the inflected form
of the numeral *ten*. — The suffix
-ty (in *twenty* etc.) represents
the sb. GOTH. *tigus* 'decade' (in
saíhs tigjus = ON. *sextigir*); cp. OE.
prítíȝ sixtíȝ = OHG. *drízug sëhzug*
G. *dreissig sechzig*. For the *g*
in GOTH. *tigus* cp. GR. δικάς
'decade'.

tender adj. ME. *tendre* fr. FR.
tendre; source LAT. *tener*.

tense sb. fr. OFR. *tens* (= FR.
temps) = LAT. *tempus*.

tent sb. ME. *tente* (= DU. *tent*)
fr. OFR. *tente* = vulgar LAT. *tenta*;
cp. LAT. *tentorium*.

term sb. ME. *térme* fr. FR. *terme*;
source LAT. *terminus*.

terror sb. fr. FR. *terreur* =
LAT. *terror(em)*.

test sb. meant properly in al-
chemy 'a vessel for testing gold'
and rests on ME. *test(e)* = LAT.
testa, whence also FR. *tête* OFR.
teste 'head' with the borrowed
E. *testy*.

tether sb. short for ME. *téder*;
doubtful, whether genuine Eng-
lish or of Scand. origin. Cp.
ON. *tjódr* = OHG. *ziotar* 'a tether':
Teut. base *teudra-*.

tetter sb. ME. OE. *teter* fr. a
Teut. base *tëtru-* = ARYAN
dëdru-. Cp. OHG. *zitaroh* 'tetter'
and SKR. *dadru* 'a kind of lep-
rosy', LITH. *dedervine* 'tetter'.

than conj. ME. *thanne* OE. *þanne*
= OHG. MHG. *danne*; derived fr.
the article *the*.

thane sb. ME. *thein* (the modern
spelling *a* instead of *ai* — as
in *rain* — is of Scotch origin)
OE. *þëȝen*: Teut. base *þëgna-* in
ON. *þëgn*, OSAX. *thëgan*, OHG.
thëgan 'a thane, warrior' (in the
Bavarian dialect 'a male child').
Ident. w. GR. τέκνον 'child';
ARYAN √*tek* in GR. τίκτω (aorist
ἔ-τεκ-ον).

thank vb. ME. *thanke* OE. *þan-
cian þoncian* wk. vb. = OHG.
dankôn G. DU. *danken*, ON. *þakka*
'to thank'. Root as in *think*.

that pron. ME. *that* OE. *þæt* =
OSAX. *that*, OHG. *daz* G. *das* (*dass*):
ARYAN form *to-d* (fr. the stem
to under *the*) = SKR. *tad*, GR.
το (for **το-δ*); cp. LAT. *istud illud*

aliud show the *d* as neutral ending.

thatch sb. properly and dialectical *thak* ME. *thak* OE. *þæc* = OHG. *dah* G. *dach*, ON. *þak*: Teut. base *þaka-*. Cp. the wk. vb. TEUT. *þakjan* in OE. *þeċċean* = OHG. *dęckan* G. *decken*, DU. *dekken*. ARYAN √ *tĕg* in LAT. *tegere*, cogn. w. √ *steg* in GR. στέγειν, SKR. *sthag*, LITH. *stegti* 'to cover'; cp. GR. τέγος στέγος 'a roof', OIR. *teg* 'a house'.

thaw vb. ME. *thǎwe* OE. *þǎwian*; cp. OHG. *douwen* G. *tauen*, DU. *dooien*, ON. *þeyja*: √ *þau þaw* properly **þagw*, ARYAN √ *taq* in GR. τήκειν 'to melt'?

the article ME. *thĕ* late OE. *þĕ* (OE. *sĕ* influenced by the inflected stem *þa-* in *that*). ARYAN base *to-* in SKR. *ta-m* = GR. τt-ν, SKR. *ta-d* GR. τo etc. Cp. *than*, *that*, *their*, *there*, *they*.

theft sb. ME. *thĕfte* short for *þĕfte* prop. *þĕfthe*: abstract derivation fr. *thief*. Cp. the umlauted OE. *þýfþ* infl. *þýfþe* 'theft' = OFRIES. *thiufthe*.

their pron. ME. *their(e)* borrowed fr. ON. *þeira*. — **then** ME. *thenne* OE. *þænne* ident. w. *than*. — thence adv. ME. *thennes* extended for *thenne thanne* = OE. *þanone* prop. *þanon* = OHG. *dannân* (G. *von dannen*). — **there** adv. ME. *thĕre thĕr* OE. *þĕr þǎr* = OHG. *dàr* (G. *da*). — **they** pron. ME. *thei they*; borrowed in the 11th cent. fr. ON. *þeir*.

thick adj. ME. *thicke* probably borrowed fr. ON. *þykkr* (*þjǫkkr*); the corresponding OE. *þiċċe* would have changed into ME. **thicche* E. **thitch*. Perhaps ME. *thicke* is blended w. OE. *þiċċe* = OHG. *dicki* G. *dick* DU. *dik*. Teut. base *þiqu-* = ARYAN base *tigu-* in OIR. *tiug* 'thick'.

thief sb. ME. *thĕf* (pl. *thĕves*) OE. *þĕof* (pl. *þĕofas*) = GOTH. *þiubs*, ON. *þjófr*, OHG. *diob* G. *dieb*, DU. *dief*: Teut. base *þeuba-*, by Verner's law changed fr. original **þeufa-*, as shown by OHG. *diuva* 'theft'.

thigh sb. ME. *theigh* earlier *thĕh* OE. *þĕoh* = OHG. *dioh*, DU. *dij*, ON. *þjó*: Teut. base *þeuha-*, ARYAN base *teuko-*, cogn. w. LITH. *taukas* 'fat of animals, marrow', OSLOV. *tukŭ* 'fat'.

thimble sb. ME. *thimbel* short for *thimel* OE. *þýmel* 'thumb-stall': diminutive of OE. *þúma* = *thumb*.

thin adj. ME. *thinne* OE. *þynne* = OHG. *dunni* G. *dünn*, DU. *dun*, ON. *þunnr*: Teut. base *þunnu-* properly *þunu- þunw-*, ARYAN base *tǝnu* in SKR. *tanu*, LAT. *tenuis*, CYMR. *teneu*; cp. GR. ταναός (all equivalent). ARYAN √ *tǝn* in SKR. *tan* 'to stretch', OE. *þennan*, OHG. *dęnnan* G. *dehnen*, GOTH. *þanjan* 'to stretch out'.

thine thy pron. ME. *thin* OE. *þin* = GOTH. *þeins*, ON. *þinn*, OHG. *din* G. *dein*, DU. *dijn*; TEUT. *þina-* formed by suffix *-ina-* (cp. SKR. *tāvakina* 'thine') fr. TEUT. *þû* = *thou*.

thing sb. ME. *thing* OE. *þing*
= ON. *þing*, OHG. G. DU. *ding*:
Teut. base *þinga- þĕnga-*; pro-
bably ident. w. GOTH. *þeihs* 'time'
= LAT. *tempus* (for **tenquus* ?).

think vb. ME. *thenke* (*thenchen*)
OE. *þenčean* (3ᵈ sg. prs. t. *þencþ*)
= GOTH. *þagkjan*, ON. *þekkja*,
OSAX. *thenkian*, OHG. *denkan* G.
denken. Cp. GOTH. *þugkjan* =
OSAX. *thunkian*, OHG. *dunkan* G.
dünken, OE. *þynčean* 'to seem'.
ARYAN √ *tong(tng)* in LAT. (Prae-
nestine) *tongēre* 'to think'.

third see *three.*

thirst vb. ME. *thirste* OE. *þyrstan*
and *thirst* sb. from the vb.;
the sb. is ME. *thurst* OE. *þurst*
= TEUT. *þurs-tu-* = OHG. G.
durst, DU. *dorst*; cp. ON. *þorsti*,
GOTH. *þaúrstei* sb. 'thirst'. TEUT.
verbal √ *þers* in GOTH. *gaþaírsan*
'to be dry' — *þaúrsus* 'dry'
(OE. *þyrre* = OHG. *durri* G.
dürr). ARYAN √ *ters trs* in SKR.
trs 'to be thursty' — *trsú* 'gree-
dy', GR. τερσαίνω, LAT. *torreo.*

thirteen, *thirty .*see *three.*

this pron. ME. *this* earlier *thes*
OE. *þes* masc. — *þis* neutr. — *þéos*
fem.; ident. w. OHG. *dese* G.
dieser, DU. *deze.* The article
the (TEUT. *þa-* under *that*) is
extended by GOTH. *sai* 'lo', as
shown by ON. (runic) *sá-si* 'this
here' (*sú-si* fem.).

thistle sb. ME. *thistel* OE. *þístel*
= ON. *þistill*, DU. *dístel*, LG.
dístel, OHG. *dístil* G. *d:stel.*

thither adv. ME. *thider* OE.
þider (orig. *þæder*); derived fr.

the stem *þa-* in *that.* Cp.
GOTH. *þaþrô* 'thence', ON. *þadra*
'there'.

thole sb. ME. *thol* OE. *þol* (*ll*):
Teut. base *þolla-* in ON. *þollr*,
DU. *dol*, G. *rudderdolle.* ARYAN
base *tolno-* (= SKR. *tûna* 'quiver'
for **tulna*) fr. √ *tol* = SKR. √ *tul*
'to lift up', LAT. *tollere.*

thong sb. ME. *thong* orig. *thwong*
OE. *þwong* 'thong'; cp. ON. *þvengi.*
TEUT. √ *þwang.*

thorn sb. ME. *thorn* OE. *þorn*
sb. = ON. *þorn*, OHG. G. *dorn*,
DU. *doorn*; cp. GOTH. *þaúrnus.*
Ident. w. OSLOV. *trĭnŭ* 'thorn';
cp. SKR. *trna* 'grass'.

thorough ME. *thorow* OE. *þorh*;
orig. preposition = OE. *þurh*,
OHG. *duruh* G. *durch*, GOTH.
þaírh.

thou pron. ME. *thou* OE. *þû* =
GOTH. *þû*, OHG. *dû* (G. *du*):
ARYAN ground-form *tû* in LAT.
tu, GR. τύ, SKR. *tu-am.* Cp.
thine.

though conj. ME. *though* earlier
thoh: Scand. loanword of the
11ᵗʰ cent. (ON. *þó* orig. **þoh*).
Corresponding to OE. *þĕah* =
GOTH. *þáuh*; cp. OHG. *doh* G.
DU. *doch.*

thought sb. ME. *thought* OE.
zeþóht: Teut. base *ga-þanhtu-*,
derived fr. √ *þank* in *þink.*

thousand num. ME. *thousand*
thousend OE. *þúsend* = OHG.
dûsunt G. *tausend*, DU. *duizend*,
ON. *þúsund þúshund*, GOTH. *þû-
sundi*; in the Lex Salica, we
find *thús-chunde* 'thousand'. Teut.

base *þûs-hund-*, compound of *hund* = *h u n d r e d* with an ARYAN *tus* 'great, much' (cp. SKR. *tuvi* 'much', *tavas* 'might'). LITH. *tukstantis* = OSLOV. *tysąsta* 'thousand' correspond to the Teut. word.

thrall sb. ME. *thral* (pl. *thralles*) late OE. *þræll* (*þrǽl*) prop. *þrǽll* fr. ON. *þrǽll* 'a thrall' (Teut. base *þrahila-*); cogn. w. OHG. *drigil* 'a slave' and w. GOTH. *þragjan* 'to run' = GR. τρῴχειν 'to run'.

thrash, *thresh* vb. ME. *thresshe* OE. *þёrsčan* str. vb. = GOTH. *þriskan*, OHG. *drëskan* G. *dreschen* (DU. *dorschen*), ON. *þreskja*. TEUT. √ *þresk* (ITAL. *trescare* is of Teut. origin); cp. LITH. *traszkéti* 'to ráttle, clap'?

thrave sb. ME. *thráve* *thrẹve*: a Scand. loanword; cp. ON. *þreſi*, DAN. *trave* 'a number of sheaves'.

thread sb. ME. *thrẹd* OE. *þrǽd* = ON. *þrádr*, OHG. *drât* G. *draht*, DU. *draad*. The dental is suffix. Derivative of √ *þrâ* (*þrê*) in OE. *þráwan* = *t h r o w*.

threat sb. short for ME. *þrẹt* OE. *þrẹat*; cogn. w. OE. *þrútian* *þrẹatian* wk. vb. 'to threaten'; cogn. w. OE. *þrẹaʒan* wk. vb. 'to threaten' = OHG. *drẹwen* *drouwen* (G. *drohen*).

three num. ME. *thrẹ* OE. *þrẹo* (f. n. — *þri* m.); ident. w. GOTH. *þreis*, ON. *þrír*, DU. *drie*, OHG. *drî* G. *drei*: ARYAN base *tri-* in SKR. *tri* (nom. *trayas*), GR. τρεῖς, LAT. *tres*, OIR. *trí*, OSLOV. RUSS. *tri*, LITH. *trys*. — The ordinal

third ME. *thridde* OE. *þridda* corresponds to GOTH. *þridja*, ON. *þridi*, DU. *derde*, OHG. *dritto* G. *dritte*; cp. SKR. *trtîya*, LAT. *tertius*, OSLOV. *tretijî*. — thirteen ME. *threttẹne* short for OE. *þrẹotẹne* (*þryttẏne*). — **thirty** ME. *thrittẏ* OE. *þrittiʒ* *þrítiʒ* = OHG. *drîzuc* G. *dreissig* (see under *ten* about the OE. -*tiʒ* = G. -*zig* in *zwanzig vierzig* etc.). — thrice ME. *thrîes* extended for an older form *þrie* OE. *þriʒa* (*þriwa*) = OSAX. *thrîjo* (*thrîwo*), OFRIES. *thrîa*; see *t w i c e*.

threshold sb. ME. *threshwold* OE. *þёrscwald* mostly *þёrscold*; ident. w. OHG. *driscûfili*, ON. *þroskjoldr*. Probably not cognate w. *thrash*.

thrice see *three*.

thrift sb. ME. *thrift* fr. ON. *þrift*. The str. vb. thrive ME. *thrîve* is borrowed fr. ON. *þrîfa-sk* 'to thrive'.

throat sb. ME. *thrọte* OE. *þrọtu* = OHG. *droʒʒa* MHG. *droʒʒe* 'throte' (G. *erdrosseln* 'to throttle') ident. w. OLG. *strota*, DU. *strot*: ARYAN ground - form (*s*)*trudâ-*. ITAL. *strozza* 'gullet' is of TEUT (Langobard.) origin.

throe sb. 'pain' ME. *thrọwe* fr. the wk. vb. OE. *þrọwian* = OHG. *druoên* 'to suffer' (Teut. √ *þrôw*).

throne sb. for ME. *trọne* fr. OFR. *trone*.

throng sb. ME. *throng* OE. ʒeþrong fr. the str. vb. OE. *þringan* = OHG. *dringan* G. DU. *dringen*; ident. w. GOTH. *þreihan*, ON. *þryngva* 'to throng': TEUT. √ *þring* *þrênh*,

14*

ARYAN √ *trĕnk trĕnq* in LITH. *trènkti* 'to shake'.

throstle sb. ME. *thrǫstel* OE. *þrǫstle*; cogn. w. LG. *drǎssl* (OSAX. **thrâstala* fr. **þramstala*) and w. ON. *prǫstr* (GOTH. **þrastus*) 'throstle'; cp. also LITH. *strázdas* 'throstle'.

through adv. ident. w. *thorough*: ME. *thuruh* OE. *þurh* = OHG. *duruh* G. *durch*, DU. *dorch*, GOTH. *þairh*.

throw vb. ME. *thrǫwe* OE. *þráwan* str. vb. 'to twist, turn' = OHG. *drâen* G. *drehen* (DU. *draaien*): TEUT. √ *þrê* (also in *thread*) = ARYAN √ *trê(tere)* in GR. τρῆ-μα 'a hole' — τιρεῖν 'to pierce' — τέρετρον 'auger'.

thrush sb. (a bird's name) ME. *thrush* short for OE. *þrýsce* (TEUT. base *þrûskjôn*); cogn. w. OHG. *drôsca* (base *þrauskôn-*).

thud sb. (Scotch) short for OE. *þǫden* 'whirlwind'.

thumb sb. ME. *thombe thumbe* older *þúme* OE. *þúma* = OHG. *dûmo* G. *daumen*, DU. *duim*, SWED. *tumme* (ON. *þumall* 'the thumb of a glove'): TEUT. base *þû-man-*. It rests on an ARYAN adj. *tû-mo-* 'thick, strong' in AVEST. *tûma* (SKR. *tûtuma*) 'strong'; cp. LAT. *tumere* 'to swell'. ARYAN √ *tû*.

thunder sb. ME. *thunder* older form *thoner thuner* OE. *þunor* = OHG. *donar* G. *donner*, DU. *donder* (cp. ON. *þórr* for **þónr* the god of thunder). ARYAN √ *ton ton* in LAT. *tonare* — *tonitru*, SKR. *tan* 'to sound', OE. *þunian* 'to resound, creak' (byform √ *sten* in SKR. *stan*

'to sound', see under *stun*). — **thursday** ME. *thorsday thursday* late OE. *þúresdæʒ* OE. *þunresdæʒ* = OHG. *donares-tag* G. *donnerstag*, DU. *donderdag*, ON. *þórsdagr*. Early translation of LAT. *Iovis dies*. TEUT. *þunara-* was the god of thunder, corresponding to ON. *þórr* 'Thor'.

thus adv. ME. *thus* OE. *þus* = OSAX. OFRIES. *thus*, DU. *dus*; corresponding to OHG. *sus*. Forms of the article *the*.

tick (of a bed) sb. not found in ME. nor OE., probably borrowed fr. DU. *tijk* = OHG. *ziehha* G. *zieche*; source LAT. *thêca*, whence also FR. *taie* 'a tick'.

ticket sb. fr. FR. *étiquette*.

tickle vb. ME. *tikele*.

tide sb. ME. *tíde* 'season' OE. *tíd* (gen. *tíde*) 'time, hour' = ON. *tíd*, OSAX. *tîd*, DU. *tijd*, OHG. *zît* G. *zeit*: Teut. base *tî-di-*, cogn. w. OE. *tî-ma* = *time*. — Hence **tidings** ME. *tídinges* older form *títhende* fr. ON. *tídindi* 'tidings' (= DU. *tijding*, G. *zeitung*).

tie vb. ME. *tíe* OE. *tíʒan téʒan* wk. vb. 'to tie, connect'; derived fr. OE. *tíag* 'bond, chain, rope' = Teut. base *taugô*: √ *taug tauh teuh* 'to pull, draw', cogn. w. LAT. *dûcere* 'to lead'; cp. OHG. *ziohan* G. *ziehen*, OE. *téon* (prt. *téah*).

tight adj. ME. *tiʒht* borrowed fr. ON. *þéttr* (therefore also MF. *thiʒht*) = MHG. *dîhte* (G. *dicht*): Teut. base *þihti- þinhti-*. Cogn. w. *thick*!

tike sb. ME. *tike* fr. ON. *tik* a bitch'.

tile sb. ME. *tile* contraction fr. OE. *tīʒele* — *tiʒle*: source LAT. *tēgula*, whence also OHG. *ziagal* G. *ziegel*, DU. *tegel* *tichel* (cp. FR. *tuile*, ITAL. *tegola*).

till vb. ME. *tile* older *tilien* OE. *tilian* 'to till land, to work'; cogn. w. OHG. *zilôn* G. *zielen* 'to aim at', OSAX. *tilôn* *tilôian*, DU. *telen* 'to till, cultivate' (cp. GOTH. *ga-tils* adj. 'fitting').

till prepos. ME. OE. *til* (in Northumbr. dialect) = ON. *til* 'till, to'. Cogn. w. GOTH. *gatils* and OHG. *zilôn* under *till* vb.

tilt sb. late ME. *telt* 'a covering' for an earlier form *tęld* (under the influence of *tent*) = OE. *ʒetęld* 'a covering, tent'; ident. w. OHG. *zëlt* *gizëlt* G. *zelt* 'tent', ODU. *telt* *ghetelt* 'tent', ON. *tjald*: Teut. base *tëlda- ga-tëlda-*.

timber sb. ME. OE. *timber* 'material for building'; cp. GOTH. *timrjan* 'to build', OHG. *zimbar* 'material for building, edifice' G. *zimmer* 'room', OSAX. *timbar* 'edifice', DU. *timmer*, ON. *timbr*. Cognate w. GR. δέμειν 'to build' — δόμος 'edifice', LAT. *domus* 'house', OSLOV. *domŭ* 'house', SKR. *damá-*.

time sb. ME. *time* OE. *tīma* = ON. *tīmi* time': Teut. base *ti-mon-* fr. the √ *ti* in *tide*.

tin sb. ME. OE. *tin* = ON. DAN. DU. *tin*, OHG. *zin* G. *zinn*: common Teut. base *tina-*.

tinder sb. ME. *tinder* OE. *tyndre*: = base *tundrjôn-* in OHG. *zuntira* G. *zunder*; cp. DU. *tinder*, ON. *tundr*. Teut. verbal √ *tand* *tund* in GOTH. *tandjan*, OHG. *zuntan* G. *zünden*, OE. *ontendan* 'to kindle'.

tine (of a fork) sb. ME. OE. *tind* 'prong, spike' = ON. *tindr* 'a spike', MHG. *zint*: Teut. base *tinda-tenda-*. Probably connected w. *tooth* (Teut. base *tanþ-*).

tire vb. ME. *tire* OE. *týran* with the non-umlauted byform ME. *tęre* OE. *tęorian*.

tit see *titmouse*.

tithe sb. ME. *tithe*; prop. ordinal OE. *tiʒeda* (*teogoda* *tęoþa*) 'tenth'; see *ten*.

titlark see *titmouse*.

title sb. ME. *title* fr. OFR. *title* = FR. *titre*: source LAT. *titulus*.

titmouse sb. (a bird's name) not connected w. *mouse*; the second element of the compound is ME. *mǫse* OE. *máse* = DU. *mees*, OHG. *meisa* G. *meise* 'a titmouse' (FR. *mésange* is of Teut. origin). The first element of *titmouse* (as of *titlark*) is ON. *tit* 'a small bird'.

to prep. ME. OE. *tǫ* prep. adv. = OSAX. *tô* adv. (— *ti* prep.), OHG. *zuo* adv. (—*zi* prep.); cp. DU. *toe*, G. *zu*.

toad sb. ME. *tǫde* OE. *tád-iʒe* (see *tadpole*); there are no further connections.

toast vb. ME. *tǫste* fr. OFR. *toste* = LAT. *tosta* (fr. the vb. *torrere*).

today ME. *tǫ day* OE. *tô daʒe* = OSAX. *te dage*. — For *tonight* — *tomorrow* = ME. *tǫ night* — *tǫ morwe* OE. *tó morgne* cp. OSAX. *te naht* 'tonight'.

toe sb. ME. *tó* (pl. *tón*) OE. *tá* (pl. *tán*) oldest form *táhæ* = OHG. *zêha* G. *zehe*: Teut. base *taihôn*; cp. DU. *teen*, ON. *tá*.

together adv. ME. *tógedere* OE. *tógædre*; cogn. w. *gather*.

token sb. ME. *tóken* OR. *tácen*: Teut. base *taikna-* in OHG. *zeihhan* G. *zeichen*, OSAX. *têkan*, DU. *teeken*; cp. GOTH. *taikns* (base *taikni-*). Pre-Teut. base *doigno- doigni-* cogn. w. GR. δεῖγμα by the side of δείκνυμι. ARYAN √ *dĭk* (*dĭg*) in LAT. *dĭco* (— *dĭgnus* — *prodigium*). E. *teach* OE. *tǽcean* belongs to the same root.

toll sb. ME. OE. *tŏl (ll)* = OHG. *zol (ll)* G. *zoll*, OSAX. DU. *tol*; cp. OSAX. *tolna* = OE. *tolne* 'toll'. Source LAT. *telônium* in a vulgar form *tolonêum* for *telonêum*. Cp. OE. *tolnére* OHG. *zolanâri* = LAT. *tolonarius (telonarius)*.

tomb sb. ME. *tombe toumbe* fr. FR. *tombe* = LAT. *tumba*.

tomorrow see *today*.

tongs sb. ME. OE. *tŏnge (tange)* = OHG. *zanga* G. *zange*, DU. *tang*, ON. *tŏng*: Teut. base *tangô-n-* fr. the ARYAN √ *dak* in SKR. *daç* — GR. δάκνειν 'to bite'.

tongue ME. *tonge tunge* OE. *tunge* = GOTH. *tuggô*, OHG. *zunga* G. *zunge*, DU. *tong*. Teut. base *tungôn-* fr. pre-TEUT. *dɔnghâ-* in OLAT. *dingua* (= LAT. *lingua*).

tonight see *today*.

too ident. w. *to*.

tool sb. ME. OE. *tól* = ON. *tól*;

probably derived fr. the TEUT. √ *tau* 'to make' (see under *taw*).

toom adj. ME. OE. *tóm* loanword fr. ON. *tómr* 'empty'; cp. OSAX. *tômi tômîg*, OHG. *zuomîg* 'empty'.

tooth sb. ME. *tóth* (pl. *téth*) OE. *tóþ* (pl. *téþ*) fr. a Teut. base *tanþ-* in OSAX. DU. *tand*, OHG. *zand (zan* G. *zahn)*, ON. *tɔnn*; ablaut-variation GOTH. *tunþus*, ARYAN base *dont- dɔnt-* in SKR. *dat* — *danta*, GR. ὀδοντ-(ὀδοῦς), LAT. *dent-(dens)*, LITH. *dantis*. ARYAN √ *ĕd* 'to eat' see under *eat*; the form of the Aryan word (cp. *sooth*) is present participle.

top[1] sb. ME. OE. *top (pp)* = ON. *toppr*, DU. *top* (OHG. G. *zopf* 'a tuft of hair'): Teut. base *toppa- tuppa-*.

top[2] sb. (a child's toy) ME. OE. *top (pp)*; phonetically differing fr. the equiv. LG. *dop*, OHG. *topfo* G. *topf*.

torch sb. ME. *torche* fr. FR. *torche*, whence also DU. *toorts*.

touch vb. ME. *touche* fr. FR. *toucher*, whence also DU. *toetsen*.

tough adj. ME. *tough* OE. *tóh* fr. TEUT. **tanhu-*, whence also DU. *taai*, OHG. *zâhi* G. *zähe*. Perhaps cogn. w. OE. *zetɔng* adj. 'in contact with' —*zeténge* 'close to'.

towel sb. ME. *touail* fr. OFR. *toaille* = FR. *touaille*. Source an old Teut. word; cp. OHG. *dwahilla* G. *zwehle* 'towel'. TEUT. √ *þwah* in GOTH. *þwahan* = OE. *þwéan* str. vb. 'to wash'.

tower sb. ME. *tour* late OE.

(11ᵗʰ cent.) *túr* fr. FR. *tour.* Source LAT. *turris.*

town sb. ME. *toun* OE. *tún;* the original meaning 'fence' is seen in OE. *týnan* wk. vb. 'to fence, enclose'. Cp. ON. *tún,* DU. *tuin,* OHG. *zûn* G. *zaun* 'fence, hedge'. Cogn. w. OIR. *dún* 'fortress' (in CELT. place-names as in *Augustodûnum*).

trace sb. ME. *tráçe* fr. FR. *trace* (source LAT. *tractiare*).

trade sb. original meaning 'path' fr. the vb. *tread.*

trail vb. ME. *traile* late OE. *træʒlian* fr. OFR. *trailler,* whence also DU. LG. *treilen.*

traitor sb. ME. *traitour* fr. OFR. *traïtor* (FR. *traitre*) = LAT. *traditor(em).*

tramp, *trample* vb. ME. *trampe* = LG. *trampen trampeln;* cp. GOTH. *trimpan* 'to tread'.

trap sb. ME. *trappe* late OE. *træppe* loanword fr. FR. *trappe;* source OHG. *trappa.*

travel vb. ME. *travaille* fr. FR. *travailler.*

treachery sb. ME. *trécherie triccherie* fr. FR. *tricherie* (FR. *tricher* vb.).

tread vb. ME. *tréde* OE. *trédan* str. vb. = OSAX. *trédan,* DU. *treden,* OHG. *trétan* G. *treten;* cp. GOTH. *trudan,* ON. *troda* 'to tread'. TEUT. √ *tréd trod.*

treason sb. ME. *traisoun* fr. OFR. *traïson* = FR. *trahison:* source LAT. *traditio(nem).*

treasure sb. ME. *tresór* fr. FR. *trésor* = LAT. *thesaurus.*

treat vb. fr. FR. *traiter* = LAT. *tractare.*

tree sb. ME. *tré* OE. *tréo* = GOTH. *triu,* OSAX. *trio,* ON. *tré:* Teut. base *tréwa-,* derived fr. an ARYAN *dru doru* in SKR. *dru dâru* 'wood', GR. *δρῦς* 'oak' — *δόρυ* 'spear', OSLOV. *drüva — drévo* 'wood'; cogn. w. *tar* and *trough.*

tripe sb. ME. *tripe* = DU. *trijp* fr. FR. *tripe.*

trouble vb. short for ME. *troubler.*

trough sb. ME. *trogh* OE. *troh trog* = ON. OHG. G. DU. *trog:* Teut. base *troga- truga-,* probably derived fr. ARYAN *druwood'* under *tree.*

trout sb. ME. *troute* (for *troughte?*) OE. *trúht:* early loanword fr. LAT. *trúcta* = FR. *truite.*

truant sb. ME. *trüant* prop. *trüaund* fr. FR. *truand* 'a vagabond'.

truce sb. ME. *tréwes* plural form of ME. *tréwe* 'truce' = OE. *tréowa* 'confidence, faith'. Derivative of the adj. true ME. *tréwe* OE. *ʒetréowe ʒetrýwe* = OHG. *triuwi gitriuwi* G. *(ge)treu,* OSAX. *triuwi;* cp. GOTH. *triggws* — ON. *tryggr* 'true'. Cogn. w. OPRUSS. *druwis* 'belief' — *druwit* 'to believe'. ARYAN √ *dru.* See *truth* and *trust.*

trump sb. ME. *trumpe trompe* fr. FR. *trompe,* whence also ODU. *trompe.*

truncheon sb. ME. *trounchoun tronchoun* fr. OFR. *tronchon* = FR. *tronçon.*

trust sb. ME. *trust* fr. ON. *trǫust* 'confidence' *(= OHG. *trôst* G. *trost* 'consolation'): Teut. base *trausta-* fr. an ARYAN base *drouzda-*; cogn. w. IR. *druit* (base *druzdi-*) 'firm, trustworthy'.

truth ME. *treuthe* OE. *treowþ* 'faith, fidelity'; abstract formation to *true*.

try vb. ME. *trie* fr. FR. *trier*.

tub sb. ME. *tubbe* = DU. *tobbe*, LG. *tubbe* 'a tub'; cogn. w. OHG. *zubar* G. *zuber*. Source LAT. *tubus* 'a pipe, tube'?

tuck vb. ME. *tukke* = OHG. *zockôn zucken*: intensive formation of √ *tuh* in GOTH. *tiuhan* = OHG. *ziohan* (see under *tie*).

Tuesday sb. ME. *Thwesday* OE. *Thwesdæʒ* = ON. *Týsdagr*, G. (Alemann.) *Zistag*: translation of LAT. *Martis dies*. The Teut. god *Tiw* corresponds to *Mars*. OE. *Tiw* ON. *Týr* rests on ARYAN *deiwos* 'god' (in SKR. *dêva*, LAT. *deus*; cp. ON. *tívar* 'the gods').

tumble vb. ME. *tumble tomble* fr. OE. *tumbian* 'to dance, tumble'; cp. DU. *tuimelen* fr. ODU. *tûmen*.

tun sb. ME. *tunne tonne* OE. *tunne* = DU. *ton*; ident. w. OHG. *tunna* G. *tonne* and FR. *tonne*. Source and history of the group not cleared up yet.

turbot sb. ME. *turbut* fr. FR. *turbot*.

turf sb. ME. *turf torf* OE. *turf* = ON. *torf*, OHG. *zurba*, DU. *turf* 'peat': Teut. base *turb- torb-* fr. an ARYAN base *dṛbh- dǝrbh-*; cp. SKR. *darbha* 'bunch of grass'.

turn vb. short for ME. *tourne* late OE. *tírnian* fr. FR. *tourner*.

turtle sb. ME. OE. *turtle* (= OHG. *turtulatûba* G. *turtellaube*) fr. LAT. *turtur*.

tusk sb. ME. *tusk tusch* short for OE. *túsc (tusc)*; probably Teut. base *tunska-*, derived fr. TEUT. *tunþ- (tanþ-)* = *tooth*.

twelve num. ME. OE. *twelf* (infl. ME. *twelve* OE. *twelfe*) = GOTH. *twalif*, OHG. *zwëlif* G. *zwölf*, OSAX. *twelif*, DU. *twaalf*. The word rests on the num. *two*; the 2nd element (cp. LITH. *dvylika* 'twelve') occurs again in GOTH. *ainlif* = OHG. *einlif* (see *eleven*). — **twenty** ME. *twenty* OE. *twentiʒ* probably contracted for *twezentiʒ* = OHG. *zweinzug* (G. *zwanzig*, DU. *twintig*). — **twice** adv. ME. *twies* prop. *twíe* OE. *twiʒa (twiwa tuwa)*. —

twig sb. ME. *twig* pl. *twigges*; cogn. w. OE. *twí* (pl. *twíʒu*), OHG. *zwî* and also w. OHG. *swîg* G. *zweig*, DU. *twijg*. Probably connected w. the numeral *two* (ARYAN stem *dwi-*).

twins pl. ME. *twinnes* OE. *ʒetwinnas*; ident. w. ON. *twinnr* 'two and two'; cp. OHG. *zwiniling* G. *zwilling*, DU. *tweeling* 'a twin' and LITH. *dvynù* 'twins'. All derived fr. the ARYAN stem *dwi-*; see *two*.

twine vb. ME. *twine* vb. fr. the sb. OE. *twín* 'linen, a twisted thread' = DU. *twijn*, which is ident. w. MHG. G. *zwirn*, DU. *twcern*: Teut. base *twizna-* fr.

√ *twis* (see under *twist*), cogn. w. the num. *two*.

twinckle vb. ME. *twincle* OE. *twinclian*.

twist vb. ME. *twiste* vb. fr. OE. *twist* sb. 'rope' = ODU. *twist* 'thread'; TEUT. √ *twis* as in G. *zwirn* 'thread'; see *twine*.

twit vb. short for ME. *at-wite* OE. *æt-wítan* str. vb. 'to reproach'; cp. OE. *ěd-wít* sb. 'reproach' and GOTH. *idweitjan* vb. 'to reproach', OHG. *firwîʒʒan* G. *verweisen*, DU. *verwijten* 'to reproach' and OE. *wíte*, OSAX. *wíti*, OHG. *wîʒʒi* 'punishment', GOTH. *fraweitan* str. vb.

twitch vb. ME. *twicche* (without palatalisation *twicke*) OE. *twiććian*

= G. *zwicken* (cp. OHG. *zwěcchôn*): Teut. ground-form *twikkjôn?

twitter vb. ME. *twitere* = OHG. *zwizzirôn* G. *zwitschern*; perh. a reduplicated WEST-TEUT. *twitwirôn?* (TEUT. √ *twis?*).

two num.: orig. *twain* masc. — *two* f. n. = ME. *twein* — *twǫ* OE. *tweʒen* — *twá* (*tú* n. for *twú* orig. *twǫ*); cp. OHG. *zwêne* — *zwâ* — *zwei*, OSAX. *twêne* — *twô* (*twâ*) — *twê*, GOTH. *twai* — *twôs* — *twa*. ARYAN stem *duo-* *dwo-* in LAT. *duo*, GR. δύο (but δώδεκα for *δϝώδεκα), SKR. *dua dva*.

tyrant sb. ME. *tíraunt* (with excrescent *t* as in *pageant*) fr. OFR. *tiran* = LAT. *tyrannus*.

U

udder sb. ME. *udder* short for OE. *úder* = OHG. *ûtar* (G. *euter*), ODU. OFRIES. OSAX. *ûder*; ARYAN base *ûdhr-* in SKR. *ûdhar*, LAT. *ûber*; cp. GR. οὖθαρ. All equivalent.

ugly adj. ME. *úglý* fr. ON. *uggligr* 'dreadful'; cp. ON. *ugga* 'to fear'.

umpire prop. *numpire* (as *auger* for orig. *nauger*) ME. *noumpére* fr. OFR. *nonper*.

un-[1] prefix (of adjectives) ME. OE. *un-* = G. OHG. GOTH. *un-*; ident. w. LAT. *in-*, GR. αν- ά-, SKR. *an- a-*: ARYAN ground-form *ṇn-*, cogn. w. SKR. *na*, LAT. *ne*, GOTH. OHG. *ni*, OE. *ne* 'not'.

un[2] prefix (of verbs) ME. *un-* late OE. *un-* OE. *on-* = GOTH. *and-*, OHG. *int-* G. *ent-*.

uncle sb. ME. *uncle oncle* fr. FR. *oncle* (= LAT. *avunculus*). Cp. also *aunt*, *nevew*, *niece*.

under prep. ME. OE. *under* = GOTH. OSAX. *undar*, ON. *undir*, DU. *onder*, OHG. *untar* G. *unter*. Two different prepositions are blended in this form: LAT. *inter*, SKR. *antar* and LAT. *infra* SKR. *adhás*.

up prep. adv. ME. *up* OE. *úpp*; ident. w. OHG. *ûf* G. *auf*, OSAX. *ûp*; cp. the ablaut-relation GOTH. *iup*. Cogn. w. OE. *ufan* 'from above' = OHG. *obana* OSAX. *obana* 'from above'. See *above* and

and *over*. *upon* ME. *upon* OE.
upp-on; cp. ON. *upp á*.

urchin sb. ME. *irchoun* fr. OFR.
ireçon (FR. *hérisson*); source a
vulgar LAT. *ericio(nem)* = LAT.
ericius 'hedge-hog' (the genuine
E. word was OE. *iʒel* = OHG.
igil G. *igel*, cogn. w. GR. ἐχῖνος).

us pron. ME. *us (ous)* OE. *ús* for
TEUT. *uns-* in G. OHG. GOTH. *uns*,
OSAX. *ûs*, DU. *ons*. Cp. *our*
and *we*.

use sb. ME. *üse* fr. FR. *us* =
LAT. *usus*.

usquebaugh sb. fr. IR. *uisge
beatha* 'water of life'; ident. w.
whisky.

utmost short for ME. *outemeste*
OE. (w. umlaut) *ýtemest;* ident.
w. *outmost*.

utter vb. ME. *uttre outre* derived
fr. ME. *oute* vb. 'to put out' OE.
útian 'to put out'. Source *out*.

V

vain adj. ME. *vain* fr. FR. *vain*
= LAT. *vânus*.

vale sb. ME. *vál* fr. FR. *vale*
and valley ME. *valeie* fr. FR. *vallée*.
Source LAT. *vallis*.

valiant adj. ME. *valiaunt* fr.
FR. *vaillant*.

valley see *vale*.

van ident. w. *fan*.

vane sb. (a wether-cock) ME.
(Kent.) *váne* — (else) *fáne* OE.
fǎna = OHG. *fano (gund-fano)*
G. *fahne*, DU. *vaan*, GOTH. *fana:*
Teut. base *fanan-*, cogn. w.
LAT. *pannus* 'cloth'.

vanish vb. ME. *vanisshe* fr.
OFR. *vanir (vaniss-);* source LAT.
evanescere.

vanquish vb. ME. *venquisshe*
fr. OFR. *veinquir (veinquiss-)*
= FR. *vaincre;* source LAT. *vin-
cere*.

vat sb. ME. (Kent.) *vat* — (else)
fat OE. *fæt* = OSAX. ON. *fat*,

OHG. *faʒ* G. *fass*, DU. *vat:* Teut.
base *fata-*. Cogn. w. LITH. *pûdas*
'a pot' and OHG. *faʒʒôn* G. *fassen*
'to contain'.

vaunt vb. short for ME. *avaunte*
vb. fr. OFR. *avanter* (FR. *vanter*)
= late LAT. *vanitare*.

veal sb. ME. *vḗl* fr. OFR. *vḗel*
(FR. *veau*); source LAT. *vitellus*
'a little calf'.

veil sb. ME. *veile* fr. ONFR. *veile*
= LAT. *vêlum*.

vein sb. ME. *veine* fr. FR. *veine*
= LAT. *vêna*.

venison sb. ME. *veneisoun* fr.
OFR. *veneison* = LAT. *venatio(nem)*.

venom sb. ME. *venim* fr. OFR.
venim = LAT. *venênum*.

verse sb. ME. *vḗrs* fr. FR. *vers;*
OE. ME. *fers* is loanword fr. LAT.
versus with the medieval pro-
nunciation of LAT. *v* as *f*.

very adj. ME. *verrei verrai* fr.
OFR. *verai* (FR. *vrai*); source

a LAT. type *verâcus* for LAT.
verâc-em.

vessel sb. ME. *vessél* fr. OFR.
veissel (FR. *vaisseau*) == LAT.
vascellum (*vasculus* — *vas*).

vetch sb. ME. *vecche* fr. OFR. *veche*
(FR. *vesce*) == LAT. *vicia*, whence
also OHG. *wicka* G. *wicke* DU. *wik*.

vex vb. ME. *vexe* fr. FR. *vexer*
== LAT. *vexare*.

vial (*phial*) sb. ME. *viole* fr. FR.
fiole (OFR. *violé*).

vice sb. ME. *viçe* fr. FR. *vice*
== LAT. *vitium*.

victory sb. ME. *victórie* fr. OFR.
victórie == FR. *victoire*.

victuals sb. (ME. *vitaille*) fr.
OFR. *vitaille* in the spelling *vic-
tuaille*. Source LAT. *victualia*.

view sb. fr. FR. *vue*.

vigil sb. ME. *vigíle* fr. FR. *vigile*
== LAT. *vigilia*.

vigor sb. ME. *vigour* fr. OFR.
vigour (FR. *vigeur*) == LAT.
vigor-em.

vile adj. ME. *víl* fr. FR. *vil* ==
LAT. *vîlis*.

villain sb. ME. *vilein* fr. OFR.
vilein == LAT. *villanus*.

vine sb. ME. *víne* fr. FR. *vigne*
== LAT. *vinea*. Cp. *wine*.

vinegar sb. ME. *vinégre* fr. FR.
vinaigre == LAT. *vinum acre*. For
the 2nd element cp. *eager*.

vinewed adj. (the initial *v*
instead of *f* is due to Kentish
influence) fr. OE. *fynegian* 'to
become mouldy' (*fyniȝ* 'mouldy').

vintage sb. transformed fr. ME.
vindáȝe, which rests on FR. *ven-
dange* == LAT. *vindemja* (whence
OHG. *wintimma* 'vintage').

viol sb. fr. FR. *viole* == ITAL.
SPAN. *viola*; source a late LAT.
vitula, whence also *fiddle*.

virgin sb. ME. *virȝíne* fr. OFR.
virgine.

virtue sb. ME. *vértû* fr. FR. *vertu*.

visage sb. ME. *visáȝe* fr. FR.
visage. — vision sb. ME. *visioun*
fr. FR. *vision*.

vixen sb. (*v* instead of *f* due to
Kentish influence) OE. **fyxen*:
Teut. base *fuhsinjô-* (G. *füchsin*),
derived fr. TEUT. *fuhs- fohs-*
under *fox* (*-injô-* being fem.
suffix as in G. *göttin*, *gräfin* etc.).

voice sb. ME. *vois* fr. OFR. *vois*
(FR. *voix*) == LAT. *vox*.

voutch vb. ME. *vouche* fr. OFR.
voucher (== LAT. *vocare*).

vow sb. ME. *vou* fr. OFR. *vou*
(FR. *voeu*) == LAT. *votum*.

voyage sb. fr. FR. *voyage*; cp.
source *véáȝe* fr. OFR. *veiage*,
pja ME. LAT. *viaticum*.

W

wade vb. ME. *wáde* OE. *wádan*
(prt. *wód*) str. vb. == ON. *vada*,
DU. *waden*, OHG. *watan* str. vb.
(G. *waten* wk. vb.): TEUT. √*wâd*,

ARYAN √ *wâdh* in LAT. *vâdere* 'to go'.

wafer sb. ME. *wáfre* fr. OFR. *waufre* = FR. *gaufre*; ident. w. DU. *wafel*, G. *waffel* (OSAX. *wâfla). The group prop. meant 'honey comb' as in FR. and is derived fr. a Teut. word (OHG. *wabo* G. *wabe*; √ *wëb* in *weave*).

wag vb. ME. *wagge* (OE. *waggian) derived fr. √ *wëg* (in OE. *wagian* 'to move, wag'); see *way*.

wage sb. ME. *wáge* fr. OFR. *wage* (FR. *gage*): source a vulgar LAT. *wadium* for LAT. *vadium* (influenced by a TEUT.-GOTH. *wadi* 'a pledge' under *wed*).

waggon sb. fr. DU. *wagen*; ident. w. *wain*.

wail vb. ME. *waile weile*; derived fr. ME. *wei* 'woe' (loanword fr. ON. *vei*; see *woe*).

wain sb. ME. *wain* OE. *wæʒn*: Teut. base *wagnu-* in OHG. *wagan* G. DU. *wagen* (ON. *vagn*); ARYAN √ *wëgh* as in LAT. *vehiculum*, GR. ὄχος, OIR. *fén* 'wain'. See *way*.

waist sb. ME. *wást*; doubtful whether allied to *wax*?

wait vb. ME. *waite* fr. OFR. *waiter*; source a vulgar LAT. vb. *wactare*, der. fr. OHG. *wahta* = GOTH. *wahtuô* 'a watching'. For the root see *wake* and *watch*.

wake vb. ME. *wáke* OE. *wâcian* = OSAX. *wakôjan*, DU. *waken*, ON. *vaka*, OHG. *wahhên* G. *wachen* wk. vb. (only GOTH. *wakan* str.

vb.). Cp. also OE. *weccean*, OHG. *węckan*, OSAX. *wękkian*, DU. *wekken*, GOTH. *wakjan* 'to awake'. ARYAN √ *wëg* in LAT. *vegere* 'to excite, arouse' (*vigil* 'awake') and SKR. *vâjay* 'to incite'. See *watch* (and *wait*).

walk vb. ME. *walke*: intensive formation (cp. *lurk*, *stalk*) of OE. *weallian* 'to wander' = OHG. *wallôn* G. *wallen*.

wall sb. ME. *wal* (pl. *walles*) OE. *weall* (pl. *weallas*) = DU. *wal*, OSAX. *wal* (pl. *wallôs*); not found in OHG. (but G. *wall* borrowed fr. LG.). Source LAT. *vallum* 'a rampart'.

wall-eyed adj. fr. OE. *wealden-tʒe* = ON. *vald-eygđr* 'wall-eyed'?

wallow vb. ME. *walwe* OE. *wealwian* 'to wallow'; cp. GOTH. *walwisôn* 'to wallow' and *walwjan* 'to roll'. Cogn. w. LAT. *volvere* (GR. εἱλύειν) 'to roll'. ARYAN √ *wëlw wolw*.

walnut sb. ME. *walnote walnute* OE. *wealh-hnutu* = ON. *valhnot*, DU. *walnoot* G. *walnuss* (not found in OHG.). The former element (TEUT. *walha-*) see under *Welsh* (*walnut* prop. meant 'French nut'; cp. LAT. *nux Gallica* = FR. *gauge*).

walrus sb. = DU. *walrus walros*, G. *walross*, DAN. *hvalros*; cp. ON. *hrosshvalr* (whence OE. *horshwæl*): lit. 'a horse-whale'. See *whale*.

wan adj. ME. *wan(nn)* OE. *wann* (*wonn*).

wand sb. ME. *wand* fr. ON.

vǫnd (gen. *vandar*) = GOTH. *wandus* 'a rod'. Cogn. w. LITH. *wanta*? or w. *wind* vb.? **wander** vb. ME. *wandre* OE. *wandrian*; cp. MHG. G. *wandern* *wandeln* (OHG. *wantalôn*) 'to wander'. Cogn. w. *wend* vb.

wane vb. ME. *wâne* OE. *wânian* = OHG. *wanôn*, ON. *vana* 'to wane, diminish': derived fr. TEUT. *wana-* 'lacking' in OE. *wan*, ON. *vanr*, OHG. *wan*, GOTH. *wans* 'lacking' (cp. DU. *wanhoop* 'despair' and G. *wahnwitz* 'want of wits'). Cogn. w. SKR. *ûna* 'wanting'. — **want** sb. ME. *want* fr. ON. *vant* neutr. of *vanr* 'lacking, deficient'. — **wanton** ME. *wantoun* prop. *wantǫwen* for *wantogen*: OE. *togen* is participle of *téon* (see *team*) 'to educate'.

war sb. ME. (since 12th cent.) *werre* = DU. *werre* fr. OFR. *werre* (FR. *guerre*); source OHG. *wërra* 'vexation' (OHG. OSAX. *wërran* str. vb. 'to bring into confusion or disorder').

ward sb. ME. *ward* OE. *weard* 'watchman, guardian' = OSAX. *ward*, OHG. G. *wart* (ON. *vǫrdr* for *wardus*): ARYAN √ *wor* see under *wary*. — **warden** sb. ME. *wardein* fr. OFR. *wardein* (*gardein*) ident. w. *guardian*; see *guard*. — **wardrobe** ME. *warderǫbe* fr. OFR. *warderobe* (FR. *garderobe*).

ware sb. ME. *wâre* OE. *wâru* 'merchandise' = DU. *waar* G. *ware*, ON. *vara*.

warlock sb. for ME. *warlǫwe* OE. *wârloga* 'traitor' (= OSAX. *wârlogo*): compound of OE. *wâr* 'faith, agreement' and *-loga* 'a liar' (OE. *léogan* under *lie* [1]).

warm adj. ME. *warm* OE. *wearm* = OSAX. OHG. G. DU. *warm*, ON. *varmr* (cp. GOTH. *warmjan* 'to make warm'): Teut. base *warma-* for ARYAN base *ghwërmo-* in GR. *ϑϵρμός* (*ϕϵρμός*) = LAT. *formus* 'warm'.

warn vb. ME. *warne* OH. *wearnian war(e)nian* = OHG. *warnôn* G. *warnen* 'to warn'.

warp sb. ME. *warp* OE. *wearp* derived fr. OE. *weorpan* ME. *werpe* str. vb. 'to throw' = GOTH. *walrpan*, OSAX. *wërpan*, DU. *werpen*, OHG. *wërfan* G. *werfen* str. vb. 'to throw'. ARYAN √ *wergw* in SKR. *vrj* 'to remove', OSLOV. *vrěsti* (*vrüga*) 'to throw'.

warrant sb. ME. *waraunt* fr. OFR. *warant* (FR. *garant*).

wart sb. ME. *werte*: umlauted byform of OE. *wearte* = ON. *varta*, ODU. *warte*, OHG. *warza* G. *warze*. Perhaps cogn. w. OE. *wearr* 'callosity, wart' and LAT. *verrûca* 'wart'.

wary adj. extension of ME. *war* OE. *wær* 'cautious, aware' = GOTH. *wars*, OSAX. *war* 'cautious' (OHG. *giwar* G. *gewahr*): ARYAN √ *wor* also in GR. *ὁρᾶν* 'to observe'.

was (I, he) — **were** (we) ME. *was-wëre* OE. *wæs-wéron* (*wéron*): forms of the preterite of OE. *wësan* = DU. *wezen*, OHG. *wësan*, GOTH. *wisan* (G. *wesen* sb. 'a being'). ARYAN √*wes* in SKR. *vas* 'to stay in a place'.

wash vb. ME. *wasshe* OE. *wascan* == ON. *vaska*, OHG. *wascan* G. *waschen*. ARYAN √*wask* in IR. *faiscim*, w. *gwasgu* 'I press'.

wasp sb. ME. *waspe* OE. *wæps* fr. a Teut. base *wafsa-* in OHG. *wafsa*; cogn. w. LAT. *vespa*, LITH. *vapsà* 'breeze', OSLOV. *vosa* 'wasp'. ARYAN √*webh* in *weave*; *wasp* orig. 'weaver'.

waste adj. ME. *wást* fr. OFR. *wast* (cp. FR. *gâter* 'to make waste'). Source LAT. *vástus*, influenced by TEUT. *wôsti* 'waste' (OE. *wéste*, OHG. *wuosti* G. *wüst* fr. an ARYAN *wástu-* in OIR. *fás*, LAT. *vástus* 'waste').

watch vb. ME. *wacche* OE. **wæč-čan* (in the pres. partic. *wæččende*) == OE. *wâcian* under *wake*.

water sb. ME. *wáter* OE. *wæter* == OSAX. *watar*, DU. *water*, OHG. *wazzar* G. *wasser*: WEST-TEUT. base *watera-*; ident. w. GOTH. *watô*, ON. *vatn*. Cogn. w. *wet* and outside of TEUT., w. GR. *ύδωρ*, SKR. *udan*, OSLOV. RUSS. *voda* 'water'. ARYAN √*wod*: *ud*.

wattle sb. ME. *watel* OE. *watol* 'hurdle, tile'.

wave sb. derived fr. the wk. vb. *wave* ME. *wáve* OE. *wâfian* 'wave, fluctuate'; cp. ON. *váfa* 'to vibrate to and fro'.

wax sb. ME. *waxe* OE. *weaxan* str. vb. == OHG. OSAX. *wahsan* G. *wachsen*, DU. *wassen*; cp. GOTH. *wahsjan*. ARYAN √*weks uks* in SKR. *ukś* 'grow up, get strong', GR. *άἔειν* 'wax'. Cp. *ox*.

wax sb. ME. *wax* OE. *weax* == ON. *vax*, OHG. *wahs* G. *wachs*, DU. *wass*. Cogn. w. LITH. *waszkas*, OSLOV. RUSS. *vosku*.

way sb. ME. *way wey wei* OE. *wëȝ* == OSAX. OHG. *wëg* G. DU. *weg*, ON. *vegr*, GOTH. *wigs* 'way': Teut. base *wëga-* (allied to LAT. *via* 'way'), derived fr. the TEUT. √*wëg* in OE. *wëgan* 'to carry' == OHG. *wëgan* 'to move', GOTH. *gawigan*; ident. w. LAT. *vehere* 'to carry', GR. *ἔχειν*, SKR. *vah* 'to carry': ARYAN √*wëgh* also in *wain*.

we pron. ME. OE. *wé* == GOTH. *weis*, OHG. G. *wir*, OSAX. *wî*; ident. w. SKR. *vay-am* 'we': ARYAN ground-form *wei* fr. a stem *wë-* in ON. *várr* 'our'.

weak adj. ME. *weik* fr. ON. *veikr veykr*; ident. w. OE. *wâc* ME. *wók* == DU. *week*, OSAX. *wêk*, OHG. *weih* G. *weich*. TEUT. √*wîk* in OE. *wîcan* 'to give way' == OSAX. *wîkan*, ON. *víkja*, OHG. *wîhhan* G. *weichen*. Cogn. w. GR. *εἴκειν* 'to give way', LAT. *vices* 'change'. ARYAN √*wîg wîk*.

weal sb. ME. *wéle* OE. *wëla* (*weola*) 'prosperity, riches' == OSAX. *wëlo* 'happiness, riches' (OHG. *wëla* — *wola* G. *wohl* 'welfare'). Cogn. w. *well* and *will*. — **wealth** ME. *welthe* extension of *weal* == DU. *weelde*.

wean sb. ME. *wëne* OE. *wënian* 'to wean a child' prop. 'to accustom'; ident. w. OSAX. *wënnian*,

(G. *gewöhnen*), ON. *venja* 'to accustom'. Derived fr. the adj. *wana-* in ON. *vanr* 'accustomed' (cp. OHG. *giwon* OE. *ʒewun* 'usual').

weapon sb. ME. *wḗpen* OE. *wǣpen* == ON. *vápn*, OSAX. *wâpan*, DU. *wapen*, OHG. *wâffan* G. *waffe* (GOTH. *wêpna* plur.).

wear vb. ME. *wḗre* OE. *uĕrian* wk. vb. 'to clothe' == GOTH. *wasjan* 'to clothe', OHG. *wĕrian*, ON. *verja* 'to cloth': TEUT. √*waz was* (also in GOTH. *was-ti* 'garment'), ARYAN √*wĕs* in LAT. *vestis* 'garment', GR. *ἐσ-θής* 'clothing', *ἕννυμι* 'I clothe', SKR. *vas* 'to clothe'.

weary adj. ME. *wḗrȳ* OE. *wḗriʒ* (*wǣriʒ*) == OSAX. *wôrig* 'tired', OHG. *wuorag* 'intoxicated': TEUT. √*wôr?* or *wôʒ?*

weasand sb. ME. *wḗsend* OE. *wǣsend* umlauted byform of OE. *wâsend* 'throat, gullet' == OFRIES. *wâsende* 'windpipe', OHG. *weisunt* 'veins'.

weasel sb. ME. *wĕsel* OE. *wĕsule* == OHG. *wisula* G. *wiesel*, DU. *wezel* 'weasel'. Perhaps cogn. w. LAT. *visio* 'bad smell', whence OFR. *voison* 'foumart'.

weather sb. ME. *wḗder* OE. *wĕder* == OSAX. *wĕdar*, DU. *weder*, OHG. *wĕtar* G. *wetter*, ON. *vĕdr*: Teut. base *wĕdra-*, ARYAN base *wedhro-* in OSLOV. *vedrŭ* 'clear' (weather) — *vedro* 'clear weather'.

weave sb. ME. *wḗve* OE. *wĕfan* str. vb. == ON. *vĕfa*, DU. *weven*, OHG. *wĕban* G. *weben*. ARYAN √ *wĕbh ubh* (see **wasp**, *wafer* and

weevil) also in GR. *ὑφή-ὕφος* 'a web' — *ὑφαίνειν* 'weave'. — web ME. OE. *web (bb)* fr. TEUT. *wabja-* in OHG. *weppi*, DU. *web*, ON. *vefr* 'a web'.

wed vb. prop. 'to engage' ME. *wedde* OE. *weddian* == GOTH. *gawadjôn* 'to pledge', ON. *vedja*. Derived fr. the sb. OE. *wedd* == GOTH. *wadi*, OHG. *wĕtti* 'a pledge' and cogn. w. LAT. *vas* — *vadis* 'a pledge'. Further relations see under *gage* and *wage*. — **wedlock** ME. *wedlǫk* OE. *wedlâc* (OE. *lâc* 'gift, offering').

wedge sb. ME. *wĕggĕ* OE. *wĕġ* == OHG. *wĕcki* (G. *weck*), DU. *wig*, ON. *veggr*: Teut. base *wagja-*; cogn w. LITH. *wagis*, LETT. *wadsis* 'a wedge'.

wedlock see *wed*.

Wednesday ME. *wednes-day* umlauted byform of OE. *Wôdnes-dæʒ* == LG. *wôdnesdach*, DU. *woensdag*: prop. 'day of Wóden': translation of LAT. *Mercurii dies*. The Teut. god *Wôden* (OHG. *Wuotan*, ON. *Odinn*) is identified w. *Mercurius*.

weed[1] sb. (plantname) ME. *wĭd* OE. *wĕod* == OSAX. *wiod* 'weed'.

weed[2] sb. 'garment' ME. *wĕde* OE. *wĕd wǣd* (infl. *-e*) == ON. *vâd*, OSAX. *wâd*, OHG. *wât* 'clothing, garment': Teut. base *wĕ-di-* fr. an ARYAN √ *wĕ* 'to weave' in SKR. *vâ* 'to weave'.

week sb. ME. *wḗke wike* OE. *wĭcu* == OSAX. *wika*, ON. *vika*, OHG. *wĕhha wohha* G. *woche* 'week'; cp. GOTH. *wikô* 'order, succession'.

Derived fr. √ *wîk* in OE. *wîcan* 'to give way' see under *weak.*

ween vb. ME. *wẹne* OE. *wẹnan* (prop. *wánan*) 'to hope, expect' = GOTH. *wênjan*, ON. *véna*, OHG. *wân(n)an* G. *wähnen*: derived fr. OE. *wẹn (wán)* sb. 'hope' = OHG. *wân* G. *wahn*, ON. *ván*, GOTH. *wêns*: Teut. base *wêni-*.

weep vb. prop. a str. vb. ME. *wẹpe* (prt. *wẹp*) OE. *wêpan wápan* (prt. *wẹop*) = GOTH. *wôpjan* wk. vb., OSAX. *wôpian*, OHG. *wuoffan* MHG. *wüefen* 'lament', ON. *ǽpa* (orig. **vápa*) 'to cry'. TEUT. √ *wôp.*

weevil sb. ME. *wẹvel wivel* OE. *wifel* = OSAX. *wibil*, OHG. *wibil*, ON. *yfill:* derived fr. the TEUT. √ *wêb* in *weave;* cp. LITH. *wabalas* 'weevil'. — From the same root also *weft* ME. OE. *wêft* = ON. *vêptr.*

weight sb. ME. *weiȝht* fr. ON. *vétt* orig. **væht;* cp. OE. *wiht* 'weight' fr. OE. *wêgan* (see *way*).

weird sb. 'fate' cp. ME. *wirde* OE. *wyrd* 'fate' = ON. *urd,* OSAX. *wurd* 'fate'. Derived fr. TEUT. *wêrþan* = OE. *weordan,* OSAX. *wêrdan,* OHG. *wêrdan* G. *werden,* ON. *verda,* GOTH. *wairþan* 'to become'. ARYAN √ *wert* in LAT. *vertere* 'to turn', SKR. *vŗt* 'to turn'.

welkin sb. ME. *welkne welken;* umlauted byform of ME. *wolkne* OE. *wolcen* 'cloud' = OSAX. OHG. *wolkan,* OSAX. *wulka,* OHG. *wolka* G. *wolke* 'cloud'. Perhaps cogn. w. OSLOV. *vlŭgŭkŭ* 'humid' —

vlaga 'humidity', LITH. *vilgyt* 'to moisten'. ARYAN √ *wolg.*

well adv. ME. OE. *wẹl* = DU. *wel,* OSAX. *wẹl,* ON. *vẹl;* cp. OHG. *wẹla wola* G. *wohl* (GOTH. *waíla*). Origin doubtful, but connection w. *weal* and *will* certain.

well sb. ME. *welle* OE. *welle wella.* (*wylle wylla*): Teut. base *walljôn-:* umlaut-relation of OE. *weallan* str. vb. 'boil, flow' = OSAX. OHG. *wallan* str. vb. 'boil, flow'. ARYAN √ *wel wal* in OE. *wylm* 'boiling, flowing' = SKR. *ûrmi* 'flood', OHG. *wẹlla* G. *welle* 'wave' = OSLOV. *vlŭna,* LITH. *vilnis* 'wave'.

Welsh adj. ME. *welsh* OE. *wylisc* umlauted fr. a TEUT. *walhiska-;* derived fr. OE. *Wealh* 'foreigner', prop. 'a Celt' (cp. *walnut*). The corresponding adj. OHG. *walhisc* — sb. *Walah* means an inhabitant of a Romance country. TEUT. *Walha-* rests on the Celtic tribe name *Volcae.*

wen sb. ME. *wen* OE. *wenn* 'tumor' = DU. *wen,* LG. *wêne:* Teut. base *wanja-* (perhaps cogn. w. *wound?*).

wench sb. ME. *wenche* older *wenchel* prop. 'infant'; ablaut-relation of OE. *wincel* 'child'.

wend vb. (only in the prt. *went*) fr. ME. *wẹnde* prt. *wente* OE. *wẹndan* prt. *wênde;* orig. meaning 'to turn' = GOTH. *wandjan,* OSAX. *wẹndian,* OHG. *wẹntan* G. *wenden.* Causal of *wind.*

were see *was.*

west sb. ME. OE. *wëst* == ON. *vëstr*, DU. G. *west* (FR. *ouest* of Teut. origin).

wet adj. short for ME. *wçt* OE. *wét wât* == ON. *vátr*, OFRIES. *wêt*: Teut. base *wêta-* fr. the same root as *water*.

wether sb. ME. *wether* OE. *wëder* == GOTH. *wiprus*, ON. *vëdr*, OSAX. *withar wëthar*, DU. *weder weer*, OHG. *widar* G. *widder*. Cogn. w. LAT. *vitulus* 'calf' and SKR. *vatsa* 'calf'.

whale sb. ME. *whal* (pl. *wháles*) OE. *hwǽl* (pl. *hwǎlas*) == ON. *hvalr*, OHG. *wal* (G. *walfisch*, DU. *walvisch* == ON. *hvalfiskr*). Cogn. w. GR. ηέλωο 'monster'. Cp. *walrus*.

what pron. ME. *what* OE. *hwæt* == OHG. *hwaʒ* G. *was*, DU. *wat*, OSAX. *hwat; cp. the Teut. stem *hwa-* under *who*.

wheat sb. ME. *whçte* OE. *hwǽte* == GOTH. *hwaiteis*, ON. *hveiti*, DU. *weite*, OHG. *weizzi* G. *weizen*. Cogn. w. *white* == TEUT. *hwîta-* (in ME. we find *whîte* 'wheat' by the side of *whçte*).

wheel sb. ME. *whçl* OE. *hwçol* (w. the byform *hweowol hwcogol*) == ON. *hjól* (for *hwjól*) — *hvêl*, DU. *wiel* (OFRIES. *fial*): TEUT. base *hweula-* (for *hwëgwla-*) and *hwëhwla-*, ARYAN base *qeqlo-* in SRK. *cakra* 'wheel', GR. κύκλος 'wheel'. By the side of the reduplicated word *qe-ql-o-* cp. OSLOV. *kolo* 'wheel'.

wheeze vb. ME. *whçse* OE. *hwçsan* (for *hwásan*) 'to wheeze'; cogn. w. OE. *hwósta*, ON. *hésti*, OHG. *h(w)uosto* G. *husten*, DU. *hoest* 'coughing'. TEUT. √ *hwôs* == ARYAN √ *kâs* in SKR. *kâs*, IR. *casad*, LITH. *kósèti* 'to cough'.

whelk sb. cp. ME. *wilk* OE. *wiolc weolc* (older *wiluc*) 'whelk' == DU. *wulk* **welk** *willok*. Ident. w. OFR. *welke*.

whelp sb. ME. *whelp* OE. *hwëlp* 'whelp, cub' == ON. *hvëlpr*, DU. *welp*, OHG. *hwëlf wëlf*.

when conj. ME. *when* OE. *hwænne* fr. stem *hwa-* in *who*.

whence adv. ME. *whenne-s* prop. *whanene* OE. *hwanone* older *hwanon* == OHG. *hwanân*.

where pron.-adv. ME. *whér(e)* OE. *hwǽr* (ME. *whóre* late OE. *hwár*) == OSAX. OHG. *hwár* MHG. *wâr* G. *wo*, DU. *waar*: TEUT. base *hwér* (cp. GOTH. *hvar*); derived fr. stem *hwa-* under *who*.

whet vb. ME. *whette* OE. *hwettan* 'to sharpen' == ON. *hvetja*, DU. *wetten*, OHG. *hwęzzan* G. *wetzen* 'to sharpen': Teut. ground-form *hwatjan*. Cogn. w. ON. *hvatr*, OSAX. *hwat*, OHG. *hwaʒ* 'sharp': TEUT. √ *hwat*.

whether pron. ME. *whether* OE. *hwæder* 'which of two' == GOTH. *hvapar;* corresponding by ablaut to OHG. *hwëdar* 'which of two'. GR. ηότεϱος (SKR. *katara*) 'which of two' is more closely allied to GOTH. OE. The word is orig. comparative to stem *hwa-* (*hwĕ-*) in *who*.

whey sb. ME. *whçy* OE. *hwǽʒ* == DU. LG. *wei* (byform MLG. *huy hoie* DU. *hui*).

15

which pron. ME. *which* OE. *hwylč* (prehistoric form **hwilič*) = GOTH. *hvileiks*, OSAX. *hwilik*; cp. OHG. *hwęlih* G. *welch*: Teut. base *hwilika-* (*hwēlika-*) and for OHG. *hwęlih* a base *hwalika-*. Derived fr. stem **hwa-** *hwē-* under **who.**

while sb. ME. *whīle* OE. *hwīl* infl. *hwīle* = GOTH. *hveila*, OHG. OSAX. *hwīla*, G. *weile*, DU. *wijl*. ON. *hwīla* 'bed' (cp. OHG. *hwīlēn* 'to rest') points to connection w. LAT. *quiētus* 'quiet' and OSLOV. *pociti* 'to rest'. ARYAN √ *qī*.

whine vb. ME. *whine* OE. *hwinan* str. vb. 'to make a shrill sound' = ON *hvina* 'to whiz'.

whisky ident. w. *usquebaugh.*

whisper vb. ME. *whispere* OE. *hwisprian* 'to murmur'; cp. OHG. *hwispalōn* G. *wispeln*. Sound-imitation? or cogn. w. *whistle?*

whistle vb. ME. *whistle* OE. *hwistlian*; perh. akin to *whisper.*

whit ident. w. *wight.*

white adj. (short in *Whit-sunday* lit. 'white sunday') ME. *whīt* OE. *hwīt* = GOTH. *hveits*, ON. *hvītr*, OHG. *hwīz* G. *weiss*: Teut. base *hwīta-*, cogn. w. SKR. *çvēta* 'white' — √ *çvit* 'to shine'. ARYAN √ *kwid kwit*. See also *wheat* and *whittle.*

whither pron. ME. *whider* OE. *hwider*; cp. GOTH. *hvadrē* 'whither'; derived fr. the stem **hwa-** *hwē-* in *who.*

whittle sb. short for ME. *whittel* OE. *hwītel* 'blanket'; derived fr. *white.*

who pron. ME. *whǫ* prop. *whǫ* OE. *hwā* = GOTH. *hva-s*; cp. OHG. *hwē-r* G. *wer*: stem *hwa- hwē-*, also in *what* and *how* and in *which, whither, whether.* ARYAN base *qo-* in LAT. *quo-d*, SKR. *ka-s* 'who', LITH. *ka-s* 'who'.

whole adj. ME. *hǫl* OE. *hāl* (hence the abstract formation *health*) = GOTH. *hails*, ON. *heill* (see *hail*), OHG. G. *heil*, OSAX. *hêl*, DU. *heel*: Teut. base *haila-* (whence derived *hailaga-* = *holy*). Ident. w. OSLOV. *čēlŭ* 'complete, whole' (ground-form *kailo-*); cp. OPRUSS. *kailustikan* 'health'.

whore sb. ME. OE. *hǫre* 'prostitute' = ON. *hóra*, OHG. *huora* 'adulteress'; cp. GOTH. *hōrs* 'adulterer'. ARYAN √ *kār* 'to love' in OIR. *cara* 'friend' — *caraim* 'I love' (Gallo-LAT. *carisa* 'prostitute') and LAT. *cârus* 'dear'.

why pron. ME. *whī* OE. *hwī* = ON. *hvī*: instrum. of the stem *hwa-* in *what.*

wick sb. short for ME. *węke* OE. *węoce* = OHG. *wiohha*, LG. *wēke*, DU. *wiek:* Teut. base *weukōn*, perhaps reduplicated for *wē-wk-ōn*, as made probable by the equiv. OE. *wēcca* = G. (dial.) *wicke*; cogn. w. MHG. G. *wickel?*

wicked adj. extended for ME. *wicke.*

wicket sb. ME. *wikét* fr. ONFR. *wiket* (FR. *guichet*), whence also ODU. *wiket* (DU. *winkel*).

wide adj. ME. OE. *wīd* = ON. *vīdr*, OSAX. *wīd*, DU. *wijd*, OHG.

wit G. *weit:* TEUT. *wîda-*, perhaps participle of a lost verbal √ *wî.*

widow sb. ME. *widwe* OE. *widewe* (*wuduwe*) = GOTH. *widuwô*, OHG. *witawa* G. *witwe*, OSAX. *widowa*, DU. *weduwe.* Ident. w. the equiv. SKR. *vidhavâ*, LAT. *vidua,* OSLOV. *vidova*, OIR. *fedb*: ARYAN base *widhawâ.*

wield vb. ME. *wẹ́lde* OE. *ʒewẹ́ldan* (*ʒewýldan*) wk. vb. fr. a TEUT. **gawaldjan.* Derived fr. the str. vb. OE. *wáldan wẹaldan* = GOTH. OSAX. *waldan*, OHG. *waltan* (G. *walten*) 'to govern'. ARYAN √ *wal* in LAT. *valere* 'to be strong'; **cp.** also OSLOV. *vlasti*, LITH. *valdýti* 'to govern'.

wife sb. MI. OE. *wîf* = ON. *vîf*, OSAX. *wîf*, DU. *wijf*, OHG. *wîb* G. *weib*: Teut. base *wîba-.* No equiv. connections outside of TEUT. (an older word for 'wife' see under *queen*). — **woman** ME. *wumman* prop. *wimman* (pl. *wimmen*) OE. *wîf-mann* (pl. *wîf-menn*) lit. 'a wife-man'.

wight sb. ME. *wiʒht* OE. *wiht* 'thing, creature, being' = OHG. OSAX. *wiht* 'thing, being' (G. DU. *wicht*); cp. GOTH. *waihts* 'thing' and ON. *vǽttr* 'being, thing'. Teut. base *wihti-* for *wẽhti-* ident. w. OSLOV. *veštĭ* 'thing': ARYAN base *wẽkti-.*

wild adj. ME. OE. *wilde* fr. a TEUT. *wilþja-* (prop. *wẽlþja-*) = GOTH. *wilþeis*, ON. *villr*, OSAX. OHG. *wildi* G. DU. *wild.* Probably connected w. *wold* OE. *wẹald* = = OHG. G. *wald* 'wood', as FR.

sauvage = LAT. *silvaticus* fr. LAT. *silva* 'wood'. — **wilderness** (cp. DU. G. *wildernis*) extension of ME. *wilderne* 'a desert'.

wile sb. ME. (fr. 12th cent.) *wile* fr. OFR. *wile* (*guile*); ident. **w.** *guile.*

will vb. ME. *wille* (prt. *wõlde*) OE. *willan* (prt. *wõlde*) = GOTH. *wiljan*, ON. *vilja*, OSAX. *willian*, DU. *willen·* Teut. base *wiljan* (prop. *wẽljan*); ident. w. OSAX. *wẽllian*, OHG. *wẹllan* (G. *wollen*) fr. a TEUT. *waljan.* ARYAN √ *wẽl wol* in LAT. *vel-le*, OSLOV. *voliti*, LITH. *velyti.* All equivalent. Perhaps cogn. w. *well* and *weal*; also GOTH. *waljan* 'to choose' = OHG. *wẹllan* G. *wählen*, OHG. *wala* G. *wahl* 'choosing', SKR. √ *var vr* 'choose'. Cp. the following word.

will sb. ME. *wille* OE. *willa* = OSAX. OHG. *willio*, DU. *wil*, G. *wille*, GOTH. *vilja*, ON. *vili*: Teut. base *wiljan-* for *wẽljan-*, derived fr. √ *wẽl* in *will* vb.; cp. OSLOV. *volja* sb. 'will'.

willow sb. ME. *wilwe* OE. *wylig* (infl. **wilge?*); ident. w. DU. *wilg* ODU. LG. *wilge* OSAX. *wilgia*, MHG. *wilge.*

wimple sb. ME. OE. *wimpel* OE. *winpel* 'neck covering' = DU. G. *wimpel* OHG. *wimpal.* Source and history unknown (OFR. *guimple* FR. *guimpe* are of TEUT. origin; see *gimp*).

win vb. ME. *winne* OE. *winnan* str. vb. = GOTH. *winnan* 'to suffer', OHG. OSAX. *winnan* 'to

15 *

struggle' (G. *gewinnen*, DU. *winnen*),
ON. *vinna*: Teut. verbal √ *wĕnn*,
cogn. w. SKR. *van* 'obtain, ac-
quire'.

wind sb. ME. OE. *wĭnd* = OSAX.
DU. *wind*, OHG. *wint* G. *wĭnd*, ON.
vindr, GOTH. *winds*: Teut. base
winda- prop. *wĕndo*- = ARYAN
base *wĕnto*- in LAT. *ventus*, SKR.
vâta 'wind'. Derived fr. the
ARYAN √ *wĕ* in OE. *wáwan* =
GOTH. *waian*, DU. *waaien*, OHG.
wâen G. *wehen* 'to blow'; cp. LITH.
vĕjas 'wind', OSLOV. *vĕtrŭ* 'wind'
— *vĕjati* 'to blow', SKR. √ *vâ* 'to
blow', GR. ἀήτης 'wind'. Cp.
window.

wind vb. ME. *wĭnde* OE. *wĭndan*
str. vb. = GOTH. OSAX. *windan*,
ON. *vinda*, OHG. *wintan* G. DU.
winden: TEUT. √ *wĕnd wand*. —
windlass sb. (machine for raising
heavy weights) transformed fr.
ME. *windas*: loanword fr. ON.
vind-áss prop. 'a winding pole'.

window sb. ME. *windŏwe* bor-
rowed fr. ON. *vind-auga* 'window',
lit. 'wind-eye'. See *wind* sb. and
eye (ON. *auga*).

wine sb. ME. OE. *wîn* = GOTH.
wein, ON. *vín*, OSAX. OHG. *wîn*
G. *wein* DU. *wijn*: Teut. base
wîna-, early loanword fr. LAT.
vînum (cp. *vine* and *vintage*),
whence also ITAL. *vino* — FR.
vin and OIR. *fîn*, OSLOV. *vino*.

wing sb. ME. *winge* short for
older *wĕnge*: loanword fr. ON.
vænger.

wink vb. ME. *winke* OE. *wincian*
wk. vb. 'blink, wink'; OHG. *winkan*

str. vb. (G. *winken*) 'to give a
sign' = ME. *winke* str. vb. 'wink'.

winnow vb. ME. *windwe* OE.
windwian; ident. w. OHG. *wintôn*
(for *wintwôn*) 'to winnow'; cp.
GOTH. *winpi-skaúrô* 'a winnowing
fan', LAT. *ventilare* 'to winnow'.
All cogn. w. *wind* sb.

winsome adj. ME. *win-som* OE.
wynn-sum = OHG. *wunni-sam* (G.
wonne-sam): derived fr. OE. *wynn*
= OSAX. OHG. *wunnia* (cp. G.
wonne) 'joy'.

winter sb. ME. OE. *winter* =
GOTH. *wintrus*, OSAX. OHG. *wintar*
DU. G. *winter*, ON. *vettr*: Teut.
base *wintr*-. Perhaps cogn. w.
CELT. *vindo*- 'white' in OIR. *find*
'white'?

wipe vb. ME. *wĭpe* OE. *wĭpian*;
cp. LG. *wip* sb. 'wisp of straw'
and GOTH. *wipja* 'garland' —
weipan 'wreathe'. TEUT. √ *wĭp*.

wire sb. ME. OE. *wĭr* = ON.
vĭrr, LG. FRIES. *wĭr*; cogn. w.
OHG. *wiara* 'wire' and LAT. *viriae*
'armlets of metal', which ac-
cording to Plinius' Hist. Nat. 15
is a Celtic word.

wise adj. ME. OE. *wĭs* = ON.
vĭss, GOTH. *weis*, OSAX. OHG. *wĭs*
(OHG. *wîsi* G. *weise*), DU. *wijs*.
Teut. base *wĭsa*- (for *wĭt-to*-),
derived fr. the ARYAN √ *wĭd* in
GR. οἶδα, SKR *vêda* = GOTH. *wait*,
OE. *wât*, OHG. *weiz* G. *weiss*. See
wit.

wise sb. ME. OE. *wĭse* = OSAX.
OHG. *wîsa* G. *weise*, DU. *wijs*:
Teut. base *wĭsô-n*- (FR. *guise* ITAL.
guisa of Teut. origin). Probably

connected w. **the** ARYAN √*wid* 'to know' under *wise* — *wit.*
wish vb. ME. *wisshe* short for OE. *wýscean* fr. a Teut. **base** *wunskjan* = OHG. *wunsc(i)an* G. *wünschen*, DU. *wenschen*, ON. *œskja* 'to wish'; cp. SKR. *vẫch* 'to wish': ARYAN √*wnsk?*

wisp sb. ME. *wisp* (**not found in** OE.); perh. ident. w. ON. *visk*, OHG. *wise* G. *wisch* 'wisp of straw'?

wit vb. ME. *wite* OE. *witan* 'to know' = GOTH. OSAX. *witan*, ON. *vita*, DU. *weten*, OHG. *wizzan* G. *wissen*. The 1st and 3d p. sing. were ME. *wọt* OE. *wât* = GOTH. *wait*, ON. *veit*, OSAX. *wêt*, OHG. *weiẓ* G. *weiss*, corresponding to SKR. *vêda* 'I know, he knows', GR. *οἶδα οἶδε*. See also *witness.*

wit sb. ME. *wit (tt)* OE. *(ẓe)witt* 'intellect, understanding' = OSAX. *giwit*, OHG. *wizzi* (G. *witz*) 'understanding', ON. *vit* 'intellect': derived fr. *wit* vb.

witch sb. ME. *wicche* OE. *wiččea* 'wizard' — *wiččę* 'witch'; ident. w. FRIES. LG. *wicke* 'witch' — LG. *wicker* 'wizard' (LG. *wicken* vb. 'to predict' = OE. *wiččian* 'use witchcraft') and probably cogn. w. OE. *wiẓlian* 'practise divination' — *wiẓlere* 'diviner' = ODU. *wijchelâre*, DU. MLG. *wichelen* 'practise divination'. TEUT. √*wikk wîg.*

witch-elm sb. ME. *wicche* short for OE. *wiče* 'elm' fr. a Teut. base *wikjôn-.*

with prep. ME. *with* OE. *wid* prep. 'against' short for *wider* (in compounds like OE. *widersaca*

widerflita 'adversary') = ON. *vid vidr*, OSAX. *with wider*, OHG. *widar* G. *wider*, GOTH. *wipra.*

wither vb. ME. *widre* vb. fr. *weather* (ME. *wẹder*).

withy sb. ME. *wlthl* OE. *wldiẓ* 'willow'; cogn. w. OHG. *wîda* G. *weide*, ON. *vidja* and GR. *ἰτέα*, LITH. *zil-vitis*, POL. *witwa*, PRUSS. *witwo* 'a willow'. ARYAN √*wî* in LAT. *vî-tis vî-men* and OSLOV. *viti* — LITH. *vyti* 'to twine, plait'.

witness sb. ME. *witnesse* OE. *witness* (infl. -*e*) 'testimony'; as GOTH. *weitwôds* and ON. *vitni* 'witness', derived fr. the TEUT. √*wit* 'to know'; see *wit* vb.

wizard sb. ME. *wisard* transformed (under the influence of ME. *wis* = *wise*) fr. **wischard:* loanword fr. OFR. *wischard (guischard)* 'prudent, cunning'.

woad sb. ME. *wọd* OE. *wâd* = DU. *weede*, OHG. *weit* G. *waid:* Teut. base *waida-*, pre-Teut. *waita-*; cp. LAT. *vitrum* 'woad'.

woe interj. ME. *wọ* OE. *wâ* interj. = GOTH. *wai*, ON. *vei*, OHG. OSAX. *wê* G. *weh* DU. *wee*. Ident. w. LAT. *vae* interj. 'woe': ground-form ARYAN *wai.*

wold sb. ME. *wọld* OE. *wâla* (*wẹald* in '*Weald* of Kent') fr. a Teut. base *walpu-;* cp. OSAX. OHG. G. *wald* 'wood', DU. *woud* 'wood', ON. *vọllr* 'plain, field': pre-TEUT. *waltu-s*, cogn. w. SKR. *v.íṭa* (for **vâlta?*) 'garden'? See **wild.**

wolf sb. ME. *wolf* (pl. *wolves*) OE. *wulf* (pl. *wulfas*) = GOTH.

wulfs, ON. *úlfr* (for **vulfr*), OSAX. *wulf;* cp. OHG. G. *wolf:* Teut. base *wulfa- wolfa-,* ARYAN base *wəlqo-* in SKR. *vŗka,* GR. λύκος, LAT. *lupus,* LITH. *vilkas,* OSLOV. *vlŭkŭ.* All equivalent.

woman see *wife.*

womb sb. ME. *wọ́mbe* OE. *wâmb (wọ́mb)* 'stomach' = GOTH. OHG. *wamba,* ON. *vọmb,* DU. *wam* 'belly, stomach': Teut. base *wambô-.*

wonder sb. ME. *wonder* OE. *wundor* = OSAX. *wundar,* OHG. *wuntar* G. *wunder,* ON. *undr:* Teut. base *wundra-.*

wont adj. for ME. *woned* p. participle of ME. *wone* OE. *wunian* 'to be used to'; cp. OE. *ʒewuna* 'custom, use' and ON. *vanr,* OHG. *giwon* G. *gewohnt* 'accustomed'. See *wean.*

woo vb. ME. *wọ́we* OE. *wọ́gian* 'to woo'; **no** further relations known. TEUT. √ *wôg.*

wood sb. ME. *wode* OE. *wudu* orig. *widu* = ON. *vidr* 'tree, wood', OHG. *witu* 'wood' (also in OHG. *witu-hopfa* G. *wide-hopf*): Teut. base *widu-,* pre-Teut. base *widhu-* in CELT. *vidu-* (GALL. *Vidu-Casses*); cp. OIR. *fid* 'tree'.

wool sb. ME. *wolle* OE. *wull* infl. *wulle* = GOTH. *wulla,* ON. *ull* (for **vull*); cp. OHG. *wolla* G. *wolle:* Teut. base *wullô wollô,* ARYAN base *wəlnâ* in SKR. *ûrņâ,* OSLOV. *vlŭna,* LITH. *vilna* 'wool'; cogn. w. LAT. *villus vellus* 'fleece' and SKR. √ *vŗ (var)* 'to cover'.

word sb. ME. OE. *wọ́rd* = GOTH. *waúrd,* ON. *ord* (for **vord*), OSAX.

word, DU. *woord,* OHG. G. *wort:* Teut. base *worda-,* pre-Teut. base *wǝrdho-* in LAT. *verbum,* OPRUSS. *wirds* 'word', LITH. *vardas* 'name'. ARYAN √ *wer (wrê)* in GR. εἴρειν 'to say' — ῥῆμα 'word'?

work sb. ME. *werk* OE. *weorc* = OSAX. OHG. *wērk* G. DU. *werk,* ON. *verk;* Teut. base *wērka-,* ARYAN base *wērgo-* in GR. ἔργον. ARYAN √ *wērg* in GR. ῥέζειν 'to do' — ὄργανον 'instrument', SKR. *vŗjana* 'labor'; cp. GOTH. *waúrkjan,* OHG. *wurkan* = OE. *wyrčean* vb. 'to work'. See *wright.*

world sb. ME. *world wērld* OE. *worold weorold* = OSAX. *wērold,* DU. *wereld,* OHG. *wēralt (worolt)* G. *welt,* ON. *vērọld.* First element of the compound *(wēr-ald-)* is TEUT. *wēra-* 'man' in GOTH. *wair,* OSAX. OHG. OE. *wēr,* ON. *vērr* (ARYAN base *wiro-* in LAT. *vir,* SKR. *víra,* LITH. *výras* 'man'). 2nd part of the compound is TEUT. *aldi-* in GOTH. *alds* 'world', OE. *ýld (ẹld)* 'period, age'.

worm sb. ME. *worm* for *wurm* prop. *wirm* OE. *wyrm* fr. a Teut. base *wurmi-* in OSAX. OHG. G. *wurm,* GOTH. *waúrms;* ident. w. LAT. *vermis* 'worm'; cp. ON. *ormr* (for **wormaz*) and GR. ῥόμος (for ϝρόμος).

wormwood sb. transformed fr. OE. *wērmọ́d (wormọ́d)* = OHG. *wērmuota (wormuota).* Formation and origin unknown.

worse compar. adj. ME. *worse wurse* older *wirse* OE. *wyrsa* = OSAX. *wirso* fr. a Teut. base *wirsizan-* in GOTH. *waírsiza* = OHG. *wirsiro*. — *worst* superl. ME. *worste wurste* orig. *wirste* OE. *wyrsta* fr. a TEUT. superl. *wirsistan-* in GOTH. *waírsista*, OSAX. OHG. *wirsisto*.

worship sb. ME. *worschip* older *wurpschipe* OE. *weordscipe*: derived fr. *worth*.

wort[1] **sb. (a** plant) ME. *wort wurt* older *wirt* OE. *wyrt* **fr. a** Teut. base *wurti-* in GOTH. *waúrts*, ON. *urt*, OSAX. **wurt,** OHG. G. *wurz* 'plant, herb': ARYAN √*wərd* in LAT. *rādix* **(for** **vrādŭc-*) see under *root*.

wort[2] **sb. (a kind of drink)** ME. **wort wurt** for *wirt* OE. *wyrt* for *wirt = ON. *virtr*, MHG. *wirz* 'wort': TEUT. ground-form *wirtiz* (pre-TEUT. base *wĕrdes- wĕrdos*).

worth adj. ME. *worth wurth* OE. *wyrde*: umlauted byform of OE. *weorþ* = GOTH. *waírþs*, OSAX. *wĕrth*, ON. *vĕrdr*, OHG. *wĕrd* (G. *wert*): ident. w. LITH. *vertas*, OPRUSS. *werts* 'worthy'.

wound sb. ME. *wounde* OE. *wúnd* infl. *wúnde* = OSAX. *wunda*, OHG. *wunta* G. **wunde,** ON. *und* (for *vund): Teut. base *wundô-*. Cogn. w. the adj. GOTH. *wunds* = OE. *wúnd*, OSAX. *wund*, OHG. *wunt* G. *wund*. TEUT. √*wun*, ARYAN √*wən* in GOTH. *winnan* 'to suffer, feel pain' (see *win*)?

wrath sb. ME. *wraththe* short for OE. *wrǽþþu* (Teut. base *wraiþiþô*): umlaut-abstract of OE. *wráþ* adj. = *wroth*.

wreak vb. ME. *wrḗke* OE. *wrēcan* str. **vb.** = GOTH. *wrikan* ('to **persecute'),** OSAX. *wrēkan*, DU. *wreken*, OHG. *rēhhan* (for *wrēhhan) G. *rächen* 'to revenge'. ARYAN √ *wrĕg urg* in LAT. *urgere* 'to urge', SKR. *vrj* 'to remove'.

wreath sb. ME. *wrḗthe* OE. *wráþ*; cogn. w. *writhe*.

wren sb. ME. *wrenne* OE. *wrenna*; ident. w. OSAX. *wrĕndio* and probably w. OHG. OSAX. *(w)renno* 'a stallion' (medieval LAT. *warannio*).

wrench sb. ME. *wrench* 'deceit' OE. *wrĕnc* 'deceit, trick' **fr. a** Teut. base *wranki-* (also in MHG. **rank** 'trick' G. *ränke* plur.). The **modern E.** meaning 'twist, sprain' seems to **be older** than the metaphorical sense in ME. OE. **and G.** See also *wrong*.

wretch sb. ME. *wrecche* OE. *wreccea* 'outlaw, exile' = OHG. OSAX. *wrĕkkio* (G. *recke* 'warrior'); derived fr. √*wrek* in GOTH. *wrikan* 'persecute' (see *wreak*).

wright sb. ME. *wrighte* OE. *wyrhta* = OSAX. *wurhtio*, OHG. *wurhto* (MHG. *-würhte*) 'worker'; derived fr. TEUT. *wurhtwjan-*; cp. GOTH. *waúrstwja* 'worker' by the side of *waúrstw* 'work'. For the root see *work*.

wring vb. ME. *wringe* OE. *wringan* str. **vb.** 'to press out' = DU. LG. *wringen*, OHG. *ri gan*, (for *wringan) 'to press out' (G. *ringen*).

wrinkle sb. ME. *wrinkel* OE. **wrinkle** = ODU. *wrinckel*; cogn. w. MHG. *runke* and OHG. *runza* (for *wrunka — *wrunkza).

wrist sb. ME. *wrist* OE. *wyrst*

= MHG. G. *rist* (for *wrist), ON. *rist*
SWED. *vrist* 'instep, wrist'; perhaps
COGD. W. G. *reihen* MHG. *rihe* 'wrist'?
write vb. ME. *write* OE. *writtan*
sti. vb. =. OSAX. *writan*, ON.
ritta 'to write'. Orig. sense 'to
engrave, scratch, tear, split' in
OSAX. *writan* =. OHG. *rîzzan*
(for *wrîzzau) G. *reissen*. Cp.
GOTH. *writs* 'a stroke of a pen'.
TEUT. √ *writ*.

writhe vb. ME. *writhe* OE. *wridan*
str. vb. 'to twist' = OHG. *rîdan*,
ON. *ritda* str. vb. 'to wind, twist'.
Cogn. w. *wroth*.

wrong adj. ME. *wrong (wrang)*
late OE. (11th cent.) *wrang* bor-
rowed fr. ON. *rangr* (older
*vrangr) 'wrong, unjust' prop.
'awry, perverse'. Probably fr.
the same root as *wrench* (TEUT.
√ *wrank wrang*).

wroth adj. short for ME. *wroth*
OE. *wráþ* (see also *wrath*) =
OSAX. *wrêth*, ON. *vreidr reidr*,
ODU. *wreed* 'wroth'; orig. sense
in OHG. *reid* (for *wreid) 'curled'.
√ *wrîþ* 'to twist' in *wreath* and
writhe.

wry fr. ME. *wrie* vb. 'to twist'.

Y

yacht sb. fr. DU. *jacht* prop.
jachtschip; DU. *jacht* corresponds
to G. *jagd* 'hunting' (OHG. *jagôn*
G. *jagen* 'to chase').

yard[1] sb. ME. *ӡȇrd* prop. *ӡẻrd* OE.
ӡẻard 'fence, enclosure' = ON.
gardr: Teut. base *garda-* = ARYAN
base *ghorto-* in LAT. *hortus* (GR. χόρ-
τοϛ) 'garden'. Allied to *garden*.

yard[2] sb. (a measure) ME.
yerde OE. *ӡerd* (*ӡyrd*) 'rod, rood'
= OHG. *gẻrta* G. *gerte* 'a rod,
switch'; cp. GOTH. *gazds* 'a stick,
goad' = ON. *gaddr* 'goad' and
LAT. *hasta* 'a spear' (common
base *ghazdha-*).

yarn sb. ME. *ӡȇrn* prop. *ӡẻrn* OE.
ӡẻarn = ON. OHG. G. *garn* (DU.
garen); perhaps cogn. w. ON. *gorn*
'guts' and LITH. *zarna* 'entrail'?

yarrow sb. ME. *ӡarwe* OE. *ӡearwe*

= OHG. *garwa* G. *garbe*, DU.
gerw 'millefolium'.

yawl vb. ME. *ӡoule* by the
side of *goule* vb. (change of *ӡ*
and *g* unexplained); source ON.
gaula (*ӡọula*) 'to bellow'.

yawn vb. ME. *gáne gọne* OE.
gánian (the phonology of the
ME. word is dark) = OHG. *geinôn*
(G. *gähnen*); derived fr. OE. *tọ-
ӡínan* str. vb. 'to yawn' = ON.
gína; cogn. w. OHG. *giên giwên*
'to yawn': ARYAN √ *ghî* in LAT.
hiare, OSLOV. *zijati*, LITH. *žiòti*
'to yawn'.

ye pron. ME. *ӡẻ* OE. *ӡẻ* fr. a
prehistoric *jiz* = DU. *gij*, OSAX.
gî, OHG. *ir* (for *jir) G. *ihr*;
oldest TEUT. form *jûs* in GOTH.
jûs 'ye'. Ident. w. SKR. *yûy-am*
'ye': ARYAN stem *iu — yu*.

yea adv. ME. *ʒé* OE. *ʒeá* (for **ʒǽ*) = OSAX. OHG. *jâ* G. *ja* 'yes'; oldest form GOTH. *ja* 'yes'. — yes ME. *yes* OE. *ʒese* for **ʒeá-swá* prop. 'yea so' (cp. ME. *nese* für *ne-swa*).

yean older *ean* vb. ME. *éne* OE. *ʒanian* (*ʒe-ʒanian*) 'to yean': derived fr. a TEUT. *auna-* (for *agwna-*) 'lamb' = LAT. *agnus*, OIR. *úan*: ARYAN base *aghno-*.

year ,vb. ME. *ʒér* OE. *ʒér* (*ʒeár* for **ʒǽr*) = OHG. *jâr* G. *jahr*, DU. *jaar*, ON. *ár*, GOTH. *jêr*: Teut. base *jêra-*; cogn. w. the ablauted GR. *ὥρος* 'year' — *ὥρα* 'season' and w. AVEST. *yâre* 'year'.

yearn vb. 'desire' ME. *yérne* fr. ME. *yérn* OE. *ʒéorn* 'desirous' (whence also the umlauted OE. *ʒýrnan* 'desire') = GOTH. *gairns*, OSAX. OHG. *gërn* 'desirous': TEUT. √ *gër* in OHG. *gërôn* G. *begehren* — OHG. *gër* 'desirous' — *girî* (G. *gier*) sb. 'desire'. ARYAN √ *gher* in SKR. *hary* vb. 'desire'.

yell vb. ME. *ʒelle* OE. *ʒéllan* (*ʒillan*) = OHG. *gëllan* G. *gellen*, DU. *gillen*, ON. *gjalla* 'to resound'. Cp. *stanyell*.

yellow adj. ME. *ʒelwe* OE. *ʒeolo* (infl. *ʒeolw-*) fr. a Teut. base *gëlwa-* in OSAX. OHG. *gëlo* G. *gelb*, DU. *geel*: ARYAN base *ghëlwo-* in LAT. *helvus* 'light yellow'. ARYAN √ *ghël* also in ON. *gulr* 'yellow', GR. *χλωρός* 'green', OSLOV. *zelenü* 'yellow'; from the same root also *gold* (and *glow*?). — yellow-hammer (a bird's name)

rests on the equiv. OE. *amore* = OHG. *amero* G. *ammer*.

yelp vb. ME. *ʒelpe* OE. *ʒélpan* (*ʒilpan*) str. vb. 'to boast' = ON. *gjalpa*, OHG. *gëlpfan*.

yes see *yea*.

yesterday adv. ME. *ʒesterday* OE. *ʒeostrandæʒ* (*ʒystrandæʒ*) prop. only *geostra(n)* = OHG. *gëstarôn* G. *gestern*, DU. *gisteren* (*gister-avond*); cp. GOTH. *gistra-dagis* with the sense of 'tomorrow'. Teut. base *gëstra-*, cogn. w. ON. *t-gǽr* and LAT. *heri*; GR. *χθές* and SKR. *hyas* 'yesterday' point to an ARYAN base *ghyes* 'yesterday'.

yet adv. ME. *ʒet* short for OE. *ʒét* (*ʒýt*, *ʒít*); ident. w. OFRIES. *ieta eta* 'yet'.

yew vb. ME. *éw* OE. *éow iw* = OHG. *îwa* G. *cibe*, ON. *ýr*: Teut. base *îwa-*, ident. w. OE. *eoh* 'yew' — OHG. *îha* 'yew'. FR. *if* (whence borrowed DU. *ijf*) is of Teut. origin. Cp. also CYMR. *yw* 'yew'.

yield vb. ME. *ʒélde* OE. *ʒéldan* (*ʒildan*) str. vb. 'to pay' = GOTH. *gildan*, ON. *gjalda*, OHG. *gëltan* str. vb. 'to pay': TEUT. √ *geld*.

yoke sb. ME. *ʒok* (pl. *ʒókes*) OE. *ʒeóc* (pl. *ʒeócu*) = GOTH. *juk*, ON. *ok* (for **jok*), DU. *juk*, OHG. *joh* G. *joch*: Teut. base *joka-*, ARYAN base *jûgo-* in LAT. *jûgum* GR. *ζυγόν*, SKR. *yugá* 'yoke'. ARYAN √ *jug* in GR. *ζεύγνυμι*, LAT. *jungere*, SKR. *yuj* 'to yoke'.

yolk sb. ME. *ʒolke* (*ʒelke*) OE. *ʒeoleca* for TEUT. *gël(w)ukan-*:

derived fr. TEUT. *gĕlwa-* = *yel-low*.

yon pron. ME. *ʒón ʒón* OE. *ʒeón* (see *beyond*); cogn. w. GOTH. *jains*, OHG. *jenêr* G. *jener*.

yore adv. ME. *ʒóre* OE. *ʒeára* (pron. *jâra*) prop. 'of years' gen. plur. of OE. *ʒeár* = *year*.

yow pron. ME. *ʒow* acc. dat. of *ʒé* (= *ye*), OE. *éow* acc. dat. of *ʒé* (= *ye*); ident. w. OHG. OSAX. *eu* OHG. *iu*; ARYAN base *iw* under *ye*.

young adj. ME. *ʒong ʒung* OE. *ʒeong* (prop. *jung*) = GOTH. *juggs*, OSAX. OHG. G. *jung*, DU. *jong*, ON *ungr* (for **jungr*): TEUT. *junga-*, contracted fr. *juwungo-* = LAT. *juvencus*, SKR. *yuvaça* 'young': ARYAN base *juwɔnko-* (ablauted byform in CYMR. *ieuanc* 'young'). Cogn. w. LAT. *juvenis*, SKR. *yuvan*, OSLOV. *junŭ*, LITH. *jáunas* 'young'.

— **youth** sb. ME. *ʒouthe* older *ʒuwede* for *ʒugede* OE. *jugod (ʒeogod)* = OSAX. *jugud* fr. a base *jugunþ-* in OHG. *jugund* G. *jugend*: TEUT. *jugunþ-* probably for *juwunþ-* cp. LAT. *juven-t-a* (and GOTH. *junda* contracted for **juwunda*); derived fr. ARYAN *juwen-* in LAT. *juvenis*, SKR. *yuvan* etc.

yule sb. ME. *ʒól* fr. ON. *jól*; ident. w. OE. *ʒéol* (contracted fr. *ʒeohol*) 'Christmas' Cogn. w. GOTH. *jiuleis* 'november' = ON. *ȳlir* (OE. *Giuli* in Beda). Teut. base *jeula-* (in ON. *jól*) and *jiul-ja-* (in GOTH. *jiuleis*): OE. *ʒeohhol* 'Christmas' points to TEUT. *jĕhw-la-* (by the side of *jeula-* for *jĕgwla-*); probably related to ON. *él* 'snow-storm' (TEUT. base *jĕhwla*). Hence *Yule* 'the time of snow-storms' and GOTH. *jiuleis* 'the month of snow-storms'.

www.ingramcontent.com/pod-product-compliance
Lightning Source LLC
Chambersburg PA
CBHW020108030726
47498CB00006B/2000